高职高专类教材

U0875461

点钞与计算技术

第二版

雷玉华　主编

余　滢　余　芳　林少徽　副主编

中国财富出版社

图书在版编目（CIP）数据

点钞与计算技术 / 雷玉华主编．—2 版．—北京：中国财富出版社，2019.5（2020.1 重印）
（高职高专类教材）
ISBN 978－7－5047－3660－4

Ⅰ．①点…　Ⅱ．①雷…　Ⅲ．①银行业务—高等职业教育—教材　Ⅳ．①F830.4

中国版本图书馆 CIP 数据核字（2019）第 100972 号

策划编辑　郑晓雯　　**责任编辑**　张冬梅　郑晓雯
责任印制　尚立业　　**责任校对**　孙会香　卓闪闪　　**责任发行**　董　倩

出版发行　中国财富出版社
社　　址　北京市丰台区南四环西路 188 号 5 区 20 楼　　**邮政编码**　100070
电　　话　010－52227588 转 2098（发行部）　010－52227588 转 321（总编室）
010－52227588 转 100（读者服务部）　010－52227588 转 305（质检部）
网　　址　http：//www. cfpress. com. cn
经　　销　新华书店
印　　刷　北京京都六环印刷厂
书　　号　ISBN 978－7－5047－3660－4/F·3027
开　　本　787mm×1092mm　1/16　　**版　　次**　2019 年 6 月第 2 版
印　　张　20　　**印　　次**　2020 年 1 月第 2 次印刷
字　　数　462 千字　　**定　　价**　59.80 元

前　　言

点钞与计算技术是高职高专院校财经类专业学生的一门必修课程，也是金融、财经和企业财会人员应知应会的基本内容。特别是随着经济的快速发展和人民生活水平的不断提高，点钞和计算技术的应用越来越广泛，普及率越来越高。为了适应形势发展的客观需要，弥补高职高专相关专业教材之不足，我们专门编写了这部具有较高实用价值的《点钞与计算技术》。

本教材紧扣高职高专财经类院校培养“技能型、实用型、复合型高级财经管理人才”的目标，融汇了编者30多年教学科研和为银行等金融机构员工培训的经验，并借鉴各商业银行等用人单位招聘、录用人才的专业标准，凝结了编者在点钞与计算技术方面的大量心血和艰辛探索。本教材集理论与实践于一体，在传承优秀传统文化遗产——珠算的基础上，系统总结介绍了点钞与计算技术的最新研究成果，与高职高专院校财经类专业培养目标相适应。

本教材由相互关联的三个部分组成。

一是点钞技术。本教材把点钞技术作为第一章，不仅提出了点钞应知应会的基本要求，系统介绍了各种手工点钞和机器点钞以及捆钞的方法，还详细介绍了人民币及国际通用的几种主要货币的鉴别方法。教材中的诸多方法为编者实践和教学经验的总结与升华，在为银行员工培训作重点介绍时非常受欢迎。

二是数字的书写与错数的订正。数字书写是从事财会、金融等部门工作的朋友们必须掌握的基本功。本教材系统介绍了汉字大写数字和阿拉伯小写数字的书写及有关规定，并结合有关规定介绍了数字错误书写的订正方法。

三是计算技术。本教材不仅系统介绍了珠算的加、减、乘、除这一传统的计算技术，而且还结合金融、财务部门工作实际，重点介绍了心算、电子计算器和计算机小键盘的使用等新的计算手段，以方便大家提高工作效率。而关于使用各种方法计算传票算与账表算的论述，更是编者多年教学经验与体会的总结。

本教材的独到之处，一是系统、全面地介绍了当今关于点钞与计算技术的各种最新成果，不仅利于教学，而且对开展有关理论研究具有参考价值；二是既有一定的理论探索，又有在银行等企业使用的实践基础，比较好地实现了理论与实践的有机结合，且各种方法相互融合，适用面非常广泛；三是在体例编排上体现创新、自成一体，而且各章都提出了明确的教学重点、难点及应知应会的基本要求，图文并茂、深入浅出，有助于社会人员自学；四是充分体现了高职高专院校财经类专业实训课程的特点，并参照了银行等金融部门的具体要求，具有很强的针对性、实用性和可操作性，对学生以后从事财经工作具有直接的指导作用。

本教材既适用于高职高专财经类专业教学、银行等金融部门对员工进行业务培训，也可以作为广大经济工作者、柜台工作人员、点钞和计算技术理论研究工作者的参考用书。

编　者

2019 年 5 月

目　录

第一章　点钞技术 ………………………………………………………………（ 1 ）
第一节　点钞的基本知识 ………………………………………………………（ 1 ）
一、点钞技术的产生和发展 ……………………………………………………（ 1 ）
二、点钞的基本程序 ……………………………………………………………（ 2 ）
三、点钞的基本要求 ……………………………………………………………（ 2 ）
四、点钞的基本要领 ……………………………………………………………（ 2 ）
五、点钞的基本方法 ……………………………………………………………（ 4 ）
六、点钞的操作流程 ……………………………………………………………（ 4 ）
第二节　手持式点钞法 …………………………………………………………（ 6 ）
一、手持式单指单张点钞法 ……………………………………………………（ 6 ）
二、手持式一指多张点钞法 ……………………………………………………（ 11 ）
三、手持式四指四张点钞法 ……………………………………………………（ 12 ）
四、手持式五指五张点钞法 ……………………………………………………（ 14 ）
五、手持刀切式三指三张点钞法 ………………………………………………（ 15 ）
六、手持扇面式点钞法 …………………………………………………………（ 16 ）
七、手持推捻式单指单张点钞法 ………………………………………………（ 17 ）
第三节　手按式点钞法 …………………………………………………………（ 20 ）
一、手按式单指单张点钞法 ……………………………………………………（ 20 ）
二、手按式双指双张点钞法 ……………………………………………………（ 21 ）
三、手按式三指三张和四指四张点钞法 ………………………………………（ 21 ）
四、手按式单指推动点钞法 ……………………………………………………（ 22 ）
五、手按式五张扳数点钞法 ……………………………………………………（ 22 ）
第四节　硬币整点法 ……………………………………………………………（ 23 ）
一、手工整点硬币 ………………………………………………………………（ 23 ）
二、工具整点硬币 ………………………………………………………………（ 24 ）
第五节　机器点钞法 ……………………………………………………………（ 25 ）
一、点钞机的使用常识 …………………………………………………………（ 25 ）

二、机器点钞前的准备 …………………………………………………… (26)
三、机器点钞的操作程序 ………………………………………………… (26)
四、旧版点钞机点验2015年版第五套人民币的处理方法 ……………… (27)
五、机器点钞的注意事项 ………………………………………………… (28)
第六节 捆钞 ……………………………………………………………… (28)
一、手工捆钞 …………………………………………………………… (28)
二、机器捆钞的操作程序 ………………………………………………… (29)
三、捆扎钞票的有关规定 ………………………………………………… (29)

第二章 货币鉴别技术 ……………………………………………………… (33)
第一节 人民币的真假鉴别 ………………………………………………… (33)
一、人民币概述 …………………………………………………………… (33)
二、第五套人民币的类型和特点 ………………………………………… (33)
三、人民币的一般防伪措施 ……………………………………………… (35)
四、假人民币的类型和特点 ……………………………………………… (37)
五、人民币的真假鉴别方法 ……………………………………………… (38)
第二节 发现假币的处理 …………………………………………………… (65)
一、发现和处理假币的基本概念 ………………………………………… (65)
二、金融机构发现假币的处理 …………………………………………… (66)
三、防、反假币基本操作流程 …………………………………………… (66)
四、假币管理 ……………………………………………………………… (67)
五、国家有关法律规定 …………………………………………………… (68)
第三节 残缺、污损人民币的挑剔与兑换 ………………………………… (70)
一、残缺、污损人民币挑剔原则 ………………………………………… (70)
二、残缺、污损人民币挑剔标准 ………………………………………… (70)
三、残缺、污损人民币兑换标准 ………………………………………… (70)
四、残缺、污损人民币兑换方法 ………………………………………… (71)
五、残缺、污损人民币兑换步骤 ………………………………………… (71)
六、主辅币的兑换 ………………………………………………………… (72)
七、外币的兑换 …………………………………………………………… (72)
八、残缺、污损人民币的鉴定与管理法规 ……………………………… (72)
九、人民币图样使用和经营、装帧使用的有关法律规定 ……………… (73)
第四节 外币的真假鉴别 …………………………………………………… (74)
一、外币票面的构成 ……………………………………………………… (74)
二、外币的一般防伪措施 ………………………………………………… (75)
三、鉴别外币的一般方法 ………………………………………………… (77)
四、美元的防伪特征分析及举例 ………………………………………… (78)

五、港币的防伪特征分析及举例 …………………………………… (84)
六、欧元的防伪特征分析及举例 …………………………………… (92)
七、英镑的防伪特征分析及举例 …………………………………… (95)
八、日元的防伪特征分析 …………………………………………… (97)

第三章 数字书写与错数订正技术 …………………………………… (101)
第一节 阿拉伯数字的书写 ………………………………………… (101)
一、阿拉伯数字的书写要求 ………………………………………… (101)
二、阿拉伯数字金额书写的有关规定 ……………………………… (102)
第二节 中文大写数字的书写 ……………………………………… (103)
一、中文大写数字 …………………………………………………… (103)
二、中文大写数字的书写要求 ……………………………………… (103)
三、中文大写数字金额书写的有关规定 …………………………… (104)
四、结算凭证的书写要求 …………………………………………… (105)
五、票据日期的书写要求 …………………………………………… (106)
第三节 错数的订正 ………………………………………………… (107)

第四章 珠算概述 …………………………………………………… (112)
第一节 珠算的基础知识 …………………………………………… (112)
一、算盘的种类 ……………………………………………………… (112)
二、算盘的结构 ……………………………………………………… (112)
三、算盘上的记数与看数 …………………………………………… (113)
四、算盘的置放、打算盘的姿势与清盘 …………………………… (114)
第二节 拨珠法 ……………………………………………………… (115)
一、三指拨珠法 ……………………………………………………… (115)
二、双手拨珠法 ……………………………………………………… (118)
三、两指拨珠法 ……………………………………………………… (118)
第三节 基本运算技巧 ……………………………………………… (125)
一、看数、记数 ……………………………………………………… (125)
二、点题移卷（盘） ………………………………………………… (126)
三、摸档拨珠 ………………………………………………………… (126)
四、盯盘写数 ………………………………………………………… (127)
五、连接 ……………………………………………………………… (127)

第五章 珠算加减法 ………………………………………………… (128)
第一节 珠算加减法概述 …………………………………………… (128)
一、加减法的意义 …………………………………………………… (128)

二、加减法的运算顺序 …………（128）
第二节 基本加减法 …………（129）
一、口诀加减法 …………（129）
二、无诀加减法 …………（133）
三、口诀加减法与无诀加减法的结合 …………（139）
第三节 简捷加减法 …………（144）
一、借减法 …………（144）
二、补数加减法（凑整加减法） …………（147）
三、以加代减法 …………（148）
四、分节加减法 …………（148）
五、穿梭加减法 …………（149）
六、一目多行加减法 …………（149）
第四节 珠算加减的查错方法 …………（162）
一、漏算或重算复核法 …………（162）
二、数字颠倒复核法 …………（162）
三、正负号颠倒复核法 …………（163）
四、错位复核法 …………（163）
五、尾差复核法 …………（164）

第六章 珠算乘法 …………（165）
第一节 珠算乘法概述 …………（165）
一、乘法的定义 …………（165）
二、珠算乘法运算的特点 …………（165）
三、珠算乘法的种类 …………（166）
四、珠算乘法大九九口诀 …………（166）
第二节 珠算乘法的定位方法 …………（167）
一、数的位数 …………（168）
二、定位方法 …………（169）
三、定位法小结 …………（173）
第三节 空盘前乘法 …………（174）
一、一位数乘法 …………（174）
二、多位数乘法 …………（177）
三、空盘前乘法小结 …………（180）
第四节 置数乘法 …………（183）
一、破头乘法 …………（183）
二、隔位头乘法 …………（186）
三、留头乘法 …………（187）

四、掉尾乘法 …… (189)
五、置数乘法小结 …… (190)
第五节 珠算简捷乘法 …… (191)
一、连乘法 …… (191)
二、滚乘法 …… (193)
三、省乘法 …… (194)
四、跟踪乘法 …… (196)
第六节 珠算乘法小结 …… (201)
一、乘法的检误 …… (201)
二、乘法的练习方法 …… (202)

第七章 珠算除法 …… (205)
第一节 珠算除法概述 …… (205)
一、除法的定义 …… (205)
二、珠算除法的种类 …… (205)
第二节 除法的定位方法 …… (206)
一、公式定位法 …… (206)
二、盘上公式定位法 …… (206)
三、固定个位档定位法 …… (207)
第三节 商除法 …… (208)
一、一位数商除法（固定个位档定位法） …… (209)
二、多位数商除法 …… (211)
三、补商 …… (214)
四、退商 …… (215)
第四节 改商除法 …… (217)
一、一位数除法（固定个位档定位法） …… (217)
二、多位数除法 …… (219)
三、补商 …… (220)
四、退商 …… (221)
第五节 珠算简捷除法 …… (223)
一、省除法 …… (223)
二、凑整除法 …… (225)
三、补数除法 …… (226)
第六节 珠算除法小结 …… (228)
一、除法的检误 …… (228)
二、除法的练习方法 …… (229)

第八章 珠算式心算 …………………………………………………… (231)
第一节 珠算式心算概述 ………………………………………… (231)
一、心算的概念及种类 ………………………………………… (231)
二、珠算式心算的作用 ………………………………………… (232)
第二节 珠算式心算加减法 ……………………………………… (233)
一、加减听心算 ………………………………………………… (233)
二、加减看心算 ………………………………………………… (235)
三、珠算式心算加减练习方法 ………………………………… (236)
第三节 珠算式心算乘法 ………………………………………… (239)
一、单积一口清乘法 …………………………………………… (239)
二、群积一口清乘法 …………………………………………… (250)
第四节 珠算式心算除法 ………………………………………… (254)
一、珠算式心算除法的基本程序 ……………………………… (254)
二、用算盘递位迭减来说明珠算式心算除法的计算方法 …… (254)
三、念（听）珠算式心算除法的计算方法 …………………… (256)
四、看珠算式心算除法的计算方法 …………………………… (256)
五、怎样练成“一口清” ……………………………………… (257)

第九章 计算器和计算机小键盘的使用 …………………………… (259)
第一节 计算器的使用 …………………………………………… (259)
一、计算器概述 ………………………………………………… (259)
二、一般型计算器的外部结构及按键功能 …………………… (260)
三、一般型台式计算器的基本操作方法 ……………………… (263)
四、一般型台式计算器的计算过程举例 ……………………… (264)
五、函数型计算器的外形结构及各键功能 …………………… (267)
六、函数型计算器的基本操作方法 …………………………… (268)
七、使用计算器的注意事项 …………………………………… (270)
第二节 计算机小键盘的使用 …………………………………… (271)
一、计算机小键盘键的分布及功能 …………………………… (271)
二、计算机小键盘的指法 ……………………………………… (272)

第十章 传票算、账表算与票币计算 ……………………………… (275)
第一节 传票算 …………………………………………………… (275)
一、传票的种类 ………………………………………………… (275)
二、翻打百张单式传票 ………………………………………… (276)
三、翻打百张复式传票 ………………………………………… (279)
第二节 账表算 …………………………………………………… (292)

一、账表算的种类 …………………………………………………… (292)
二、账表算的规格及题型 ……………………………………………… (292)
三、用计算器或计算机小键盘计算账表算 ……………………………… (294)
四、用珠算计算账表算 ……………………………………………… (298)
第三节　票币计算 ……………………………………………………… (305)
一、票币计算的概念 ………………………………………………… (305)
二、票币计算题型 …………………………………………………… (306)
三、票币计算的要点 ………………………………………………… (306)
四、注意事项 ………………………………………………………… (307)

第一章 点钞技术

教学目标及重点、难点

通过本章的学习和训练，要求熟悉点钞的基本知识和钞票捆扎的方法；掌握手持式单指单张点钞法、手持式四指四张点钞法、手按式单指单张点钞法和手按式三指三张点钞法的基本操作技能、要点与步骤；了解其他点钞方法；熟悉硬币的整点法和机器点钞法。

教学重点是手持式单指单张点钞法、手持式四指四张点钞法、手持刀切式三指一张点钞法、手按式单指单张点钞法和手按式三指三张点钞法。

教学难点是手持式单指单张点钞法、手持式四指四张点钞法和手按式三指三张点钞法。

第一节 点钞的基本知识

所谓点钞，即整理、清点钞票，目的是保证进出钞票的数量和质量。在银行，点钞泛指清点各种票币，又称票币整点。现在，与金融机构一样，其他部门的现金流量也都很大。因此，点钞不仅是前台柜员以及出纳人员一项经常的、大量的、技术性很强的工作，也是所有从事财会、金融、商品经营等工作人员必备的基本技能。在财会、金融和商品经营等部门的实际工作中，点钞技术的质量和效率还是考核前台柜员和出纳员业务素质的重要指标。所以，掌握点钞技术是做好前台柜员和出纳工作的基础，也是前台柜员和出纳员的一项必备素质。

一、点钞技术的产生和发展

点钞技术是随着纸币的产生而产生的。纸币发行后，点钞技术开始在银行中兴起。

点钞技术随着金融事业的发展而发展。银行现金业务的与日俱增，为点钞技术的发展开辟了广阔的天地，各种点钞方法相继出现。到20世纪80年代，已逐步形成具有银行特点的点钞方法。我国地域辽阔，各地自然流传的点钞方法很多，常用的点钞方法有 20 多种。究竟哪种方法最好，目前尚无定论。因为好与差都是相对的，在一个时期内某种点钞方法被认为较好，经过一段时间，就可能被另一种方法所代替；在此地适用的方法，在另一个地方不一定适用；另外，不同的金融机构也往往采用不同的点钞方法。

二、点钞的基本程序

前台柜员和出纳员在办理现金收、付和整点业务时，一般应按下列程序办理。

（1）审查现金收、付款凭证及其所附原始凭证的内容，看是否填写清楚、齐全，两者内容是否一致。

（2）依据现金收、付款凭证的金额，先点大数（即整数），再点小数（即零数）。具体来讲，就是先点主币（大额票面金额），再点辅币（小额票面金额），结合先点成捆、成把、成卷（指铸币）的，再点零数。在点数过程中，一般应边点数，边在算盘或计算器上加计金额。点数完毕，算盘或计算器上的数字和现金收、付款凭证上的金额应相同。

（3）从整数至零数，逐捆、逐把、逐卷点数，在拆捆、拆把、拆卷时应暂时保存原有的封签、封条和封纸，以便发现差错时证实和区分责任，点数无误后才可扔掉。

（4）点数无误后，即可办理具体的现金收付业务。

三、点钞的基本要求

出纳员在办理人民币收、付和整点工作时，应以准确、快速为前提。

首先是“准”，即清点和记数要准确。点数准确，除了平时勤学苦练基本功外，在操作过程中还要做到“一集中、二坚持、三准备、四对清”。“一集中”，即精神集中；“二坚持”，即定型操作、坚持复核；“三准备”，即思想、款项、工具准备；“四对清”，即凭证金额看清、钞票当面点清、号单对清、钞票付出当面交代清。

其次是“快”，即在“准”的前提下，努力提高工作效率。

最后是“好”，凡经复点整理的票币，应达到“五好”捆钱标准，即做到点数准确、残钞挑净、平铺整齐、把捆扎紧、盖章清晰，也就是“点准、挑净、墩齐、扎紧、盖章清楚”的点钞“五要求”。

四、点钞的基本要领

要达到点钞“五要求”，必须掌握点钞的基本要领。以下几点对于任何一种点钞方法都是适用的。

（1）姿势要端正，手指与钞票的接触面要小。点钞的坐姿会直接影响点钞技术的发挥与提高。正确的姿势应该是身体坐直、挺胸，全身肌肉放松，双肘自然放在桌上，持票的左手腕部接触桌面，右手腕部稍抬起。另外，在进行手工点钞时，捻钞的手指与钞票的接触面要小。如果接触面过大，一是手指往返动作的幅度随之增大，导致手指动作的频率下降；二是钞票不易捻出，最终影响点钞速度。

(2) 操作要定型，用具放置要定位。点钞需用的算盘（或计算器）、簿册、笔、海绵缸（或点钞蜡）、印泥、印章、扎条（也称纸条、腰条、扎钞纸条）和点钞机等要按使用顺序在固定位置放好。一般将扎条放在捻钞的一侧（大多放在右侧），以使用顺手为原则。

(3) 钞票要清理整齐。

①在清点钞票之前，要将某些破损、质软和不符合要求的钞票挑拣出来，对弯折、折角、揉搓过的钞票要将其整直、抹平。

②每张钞票都清理整齐、平直后，再按券别、版别分类，将 100 张同面额的钞票第一张正面朝上、最后一张背面朝下扎成一把。

③对于不足百张的同面额钞票，应以 10 张为单位起“叠”，每10 张为一叠，即用 1 张钞票拦腰包住其余 9 张钞票；对于成叠的钞票，应用扎条捆扎好并将实际金额写在扎条上；对于不成叠的各券别零散张数，应用另一扎条捆扎好，并将实际金额写在扎条上。

④整点损伤币，除按上述规定整理外，必须将扎条在票币的 1/4 处捆扎，整点两截、火烧等损伤币，必须用纸粘贴好，严禁用金属物连接。

⑤整点标准要达到七成新，即票面完整无损，没有缺口、裂角、洞孔或严重裂边、裂缝；票面整洁、干净，不能有墨迹、油迹、汗迹、熏焦等污染；钞票纸质挺括，不能绵软或较旧；票面图案清晰，不能模糊不清。

⑥将钞票清理好后，呈坡形在桌面上堆放整齐。对手工点钞来说，一般置于持钞的一侧（大多放在左侧）。整齐、平直的钞票有利于点钞的准确性，这是点准钞票的前提。

(4) 动作要连贯。动作连贯是提高点钞技术质量和效率的必要途径。它包括两个方面的要求：一是点钞过程要连贯，即拆把、持钞、捻钞、墩齐、扎把、盖章等各个环节必须密切配合，环环紧扣，保持连续性。如用手持式单指单张点钞时，左手取钞票拆小把持钞，右手拇指蘸水或点钞蜡；整点中轻点快弹，右手捻钞，左手向前送钞；点完 100 张蹾齐钞票的同时左手持票，右手取扎条，随即使左手的钞票跟上去迅速扎好小把；在右手放钞票的同时，左手取另一把钞票等，以此类推，连续完成。不管是手工点钞还是机器点钞，第 1 组连续动作和第 2 组连续动作之间，要尽量缩短或不留空隙时间。当第 1 组的最后一个动作即将完毕时，第 2 组的第一个动作应该快速跟上。二是捻钞的动作要连贯，即捻钞时双手动作协调、速度均匀，切勿忽快忽慢。如用手持式四指四张点钞时，每次捻动的张数要一致，不要忽多忽少，以免记数不准。另外，在整点过程中尽量减少不必要的小动作，如蘸水次数过多、蹾齐钞票时间过长，都会影响动作连贯，以致影响点钞速度。

(5) 钞票扇面形成要均匀。不管用哪种点钞法，钞票在清点前，都要把票面打成扇形或坡形，使票面有一个坡度，也就是扇面上每张钞票都露出一定宽度的边，其间隔距离必须均匀一致，使之在捻钞过程中不易夹张，便于捻动。

(6) 钞票要蹾齐。蹾齐是点钞技术中不可缺少的一个环节，它直接影响扎把的质量，从而影响点钞的整体质量。它包括两个方面的要求：一是点完一把钞票在进行扎把之前，要把钞票蹾齐，标准是4条边水平，卷角要拉平，不露头或呈梯形错开，即前、后、左、右四面不得凸出超过0.5厘米。二是在每把钞票点好之后，应该同点钞之前一样，将其整齐放置于捻钞的一侧，便于盖章。如果钞票点好后没有放置整齐，而是横七竖八地放置，最后盖章时就会手忙脚乱，从而影响整个点钞速度。

(7) 钞票要捆紧。首先是小把要扎紧。要求扎条扎好之后，以提起把中第一张钞票不被抽出为准。其次是大捆要捆紧。将10把钞票蹾齐，按“#”字形捆扎，以用力推不变形、抽不出钞票为准。

(8) 盖章要清晰。凡经复点整理的票币，应逐把（卷）在扎条侧面加盖带行号的经办员名章，不得打捆后再补章。盖章是点钞过程的最后一环，是分清责任的标志，表示对此把钞票的质量和数量负责。因此，盖章要清晰，以看得清行名、姓名为准。

总之，点钞的基本要领可概括为：

> 平铺整齐，边角无折；同券一起，不能混淆；券面同向，不能颠倒；
> 验查真伪，去伪存真；剔除残币，完残分放；百张一把，十把一捆；
> 扎把捆捆，经办盖章；清点结账，复核入库。

五、点钞的基本方法

点钞包括整点纸币和硬币。按照是否自动化，可以分为手工点钞和机器点钞两大类。根据持票姿势的不同，手工点钞可分为手按式点钞法和手持式点钞法两种。手按式点钞法是将钞票放在桌面上操作；手持式点钞法是在手按式点钞法的基础上发展而来的，其速度远比手按式快，是一种使用更为普遍的点钞方法。手持式和手按式点钞法又可分为单指单张、单指多张、多指多张等方法。相关人员可根据地域的不同选择不同的方法。例如，我国北方地区普遍采用扇形点钞法，南方部分地区采用手持刀切式、手持推捻式等点钞法。整点硬币的方法有手工整点硬币和工具整点硬币两种。手工整点硬币是基本的整点方法，不受客观条件的限制，只要熟练掌握，在工作中与工具整点速度相差不大。

点钞方法的分类如图1－1所示。

六、点钞的操作流程

点钞的操作流程主要包括6道工序（手工、工具和机器点钞操作流程基本相同），如图1－2所示。

(1) 拆把。拆把即把待点的成把钞票的封条拆掉。需要注意的是，在款项没有清点完毕之前，扎条不能丢掉，如图1－3所示。

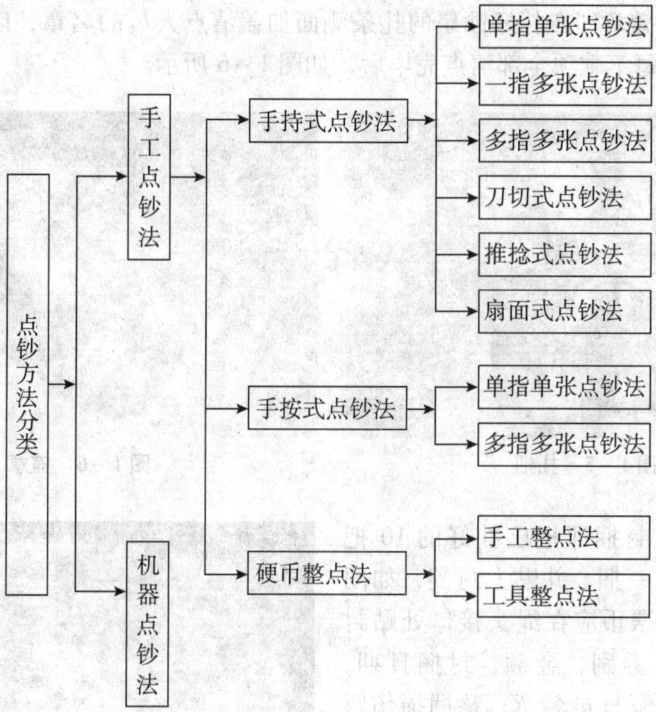

图1－1　点钞方法的分类

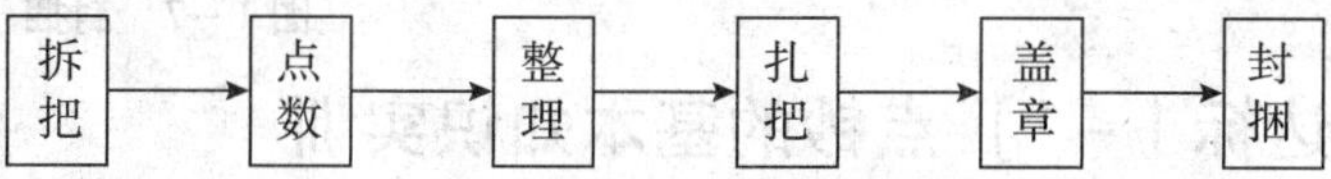

图1－2　点钞的操作流程

（2）点数（持钞、捻钞）。点数即手点钞，眼看捻动的钞票，脑记数，点准100张，如图1－4所示。

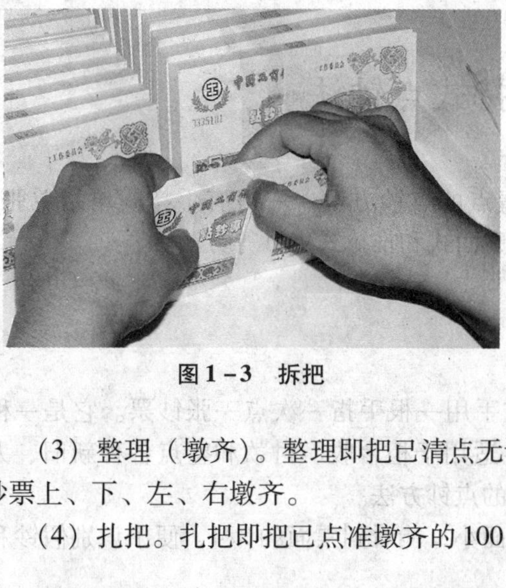

图1－3　拆把

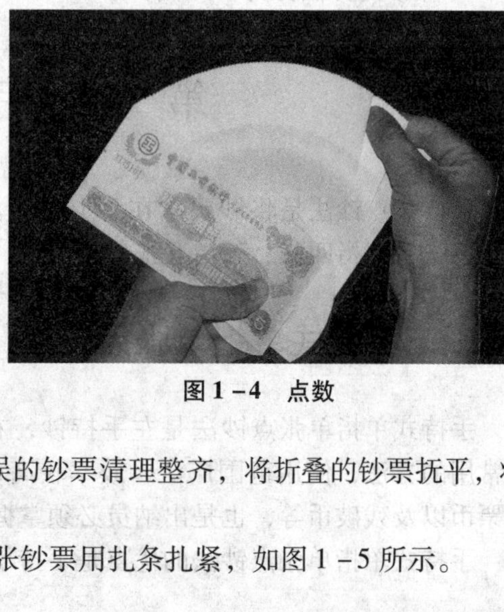

图1－4　点数

（3）整理（墩齐）。整理即把已清点无误的钞票清理整齐，将折叠的钞票抚平，将钞票上、下、左、右墩齐。

（4）扎把。扎把即把已点准墩齐的100张钞票用扎条扎紧，如图1－5所示。

（5）盖章。盖章即在扎好钞票的扎条侧面加盖清点人员的名章，以明确责任。盖章工序一般留在每笔款项全部清点完毕后，如图 1 –6 所示。

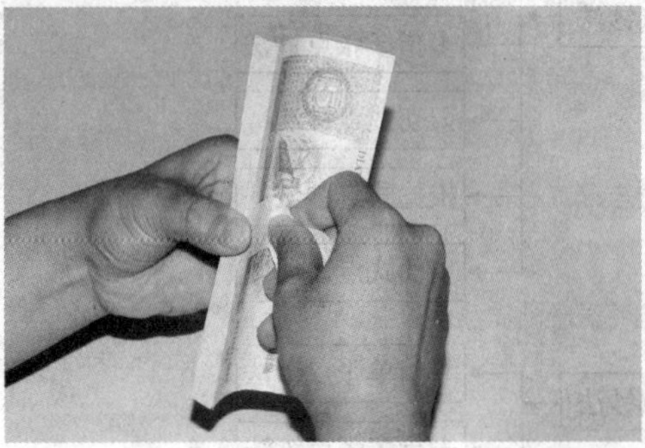

图 1 –5　扎把

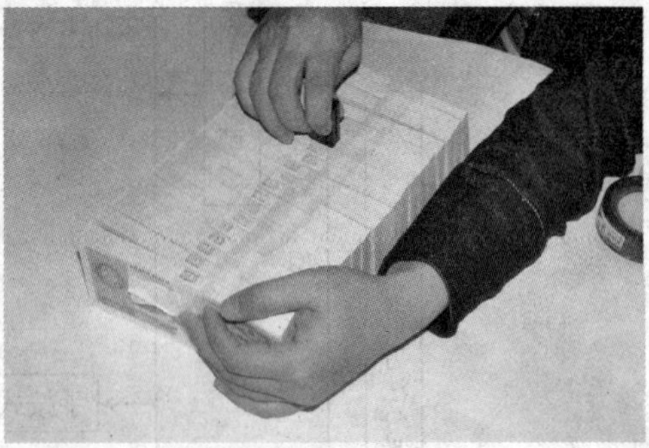

图 1 –6　盖章

（6）封捆。封捆即把已扎好的 10 把钞票用绳子打成一捆，并贴上封签，如图 1 –7所示。成捆票币应在绳头接口处贴封签，注明行名、券别、金额、封捆日期，并加盖封包员、复核员名章；整捆损伤票应在封签上加盖“损伤”字样戳记，以便识别。

图 1 –7　封捆

[实训与达标 1 –1]　点钞的基本知识实训

1. 点钞要注意哪些基本要领?
2. 点钞的操作流程包括哪几道工序?
3. 点钞的方法分为哪几类?

第二节　手持式点钞法

手持式点钞法是将钞票拿在手上进行清点的点钞方法。一般有手持式单指单张、一指多张、四指四张、五指五张、刀切式、扇面式和推捻式点钞等方法。

一、手持式单指单张点钞法

手持式单指单张点钞法是左手持钞，右手用一根手指一次点一张钞票。它是一种最常用的方法，使用范围广泛，效率较高，适用于柜台收、付款和整点各种新旧、大小票币以及残破币等，也是出纳员必须掌握的点钞方法。

手持式单指单张点钞法的优点是手持票面小，能看到票面的 3/4，便于识别假钞和剔除残破券，准确度高。缺点是一次只点一张，劳动强度大。具体操作有以下几个步骤。

(1) 拆把。

方法1：初点拆小把。钞票横执，正面朝向身体，持票时左手拇指在钞票正面的左端中央约占票面的1/4处，食指和中指在钞票背面与拇指一起捏住钞票，无名指和小指自然弯曲，捏起钞票后，伸向票前压住钞票的左下方，中指弯曲稍用力，与无名指、小指卡紧钞票，食指伸直，拇指向上移动按住钞票的侧面将钞票压成瓦形，并使左手手心向下，然后用右手脱去钞票的扎条，如图1－8所示。同时，左手将钞票往桌面轻轻一擦，如图1－9所示。拇指借用与桌面的摩擦力将钞票向上翻成微开的扇形票面，如图1－10所示。右手拇指、食指、中指蘸水或点钞蜡做点钞准备。这种拆把方法不撕断扎条，便于查看图章和继续使用。

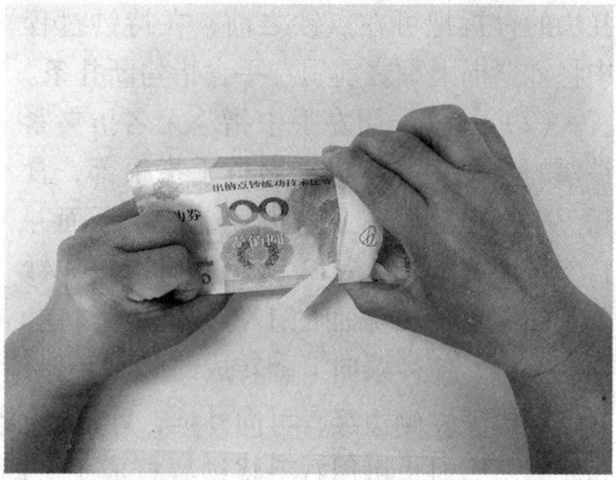

图1－8　左手持钞，右手脱去扎条

图1－9　将钞票往桌面轻轻一擦

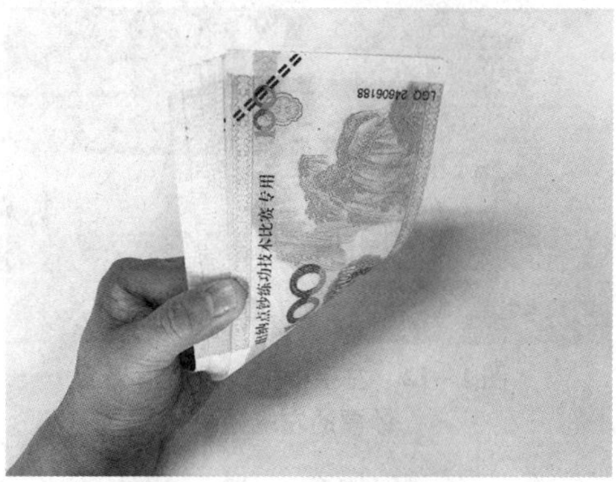

图1－10　微开的扇形票面

方法2：复点拆小把。钞票横执，正面朝向身体，用左手的中指和无名指夹住钞票的左上角，拇指按在钞票的上边沿处，食指伸直，中指稍用力把钞票放在桌面上，使钞票的左上角翘起呈瓦形，然后用左手食指向前伸勾断扎条，并抬起食指使扎条自然落在桌面上，再用左手拇指翻起钞票成微扇形票面，左手食指在钞票后面伸直协助拇指打开扇面后支撑钞票，右手拇指、食指、中指蘸水或点钞蜡做点钞准备。这种拆把方法左右手同时操作，拆把速度快，但勾断的扎条不能再使用。

方法3：左手横执已墩齐的钞票，正面朝向自己，拇指在钞票内侧，中指、无名指、小指在钞票外侧，食指伸直放在钞票的正面中心处，并用力往下压，前后手指配合把钞票压成瓦形，右手的拇指与食指、中指将原扎条退下，不损坏原扎条，如图

1－11 所示。

采用缠绕捆扎法的，拆把可在扎把结束时，左手拇指将原扎条向外拉；采用拧扎法的，拆把可在点钞之前，在持钞过程中将钞票向上翻之前用左手食指勾断扎条。

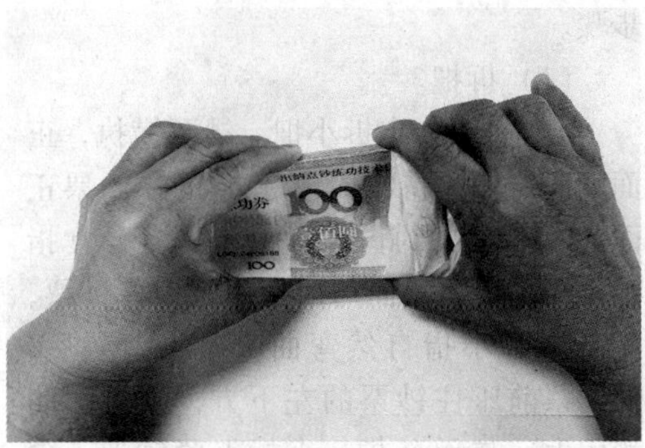

图 1－11　左手横执，右手拆把

（2）持钞。用左手中指、无名指夹紧钞票的左端中央，尽量靠近手指根部，食指、中指在上面，无名指、小指在下面并自然弯曲，如图 1－12 所示。拇指按住钞票正面左侧约占票面的 1/3 处，用力将钞票向上推，使钞票向上翻转成约 120°弧形，并捏住钞票左侧边缘，再向外推，顺势将钞票捻成向上微开的扇面形，使钞票成约 70°角立起，有时也可用右手将钞票打成一个扇面形，左手食指伸直抵住钞票背面，以便捻钞，如图 1－13 所示。

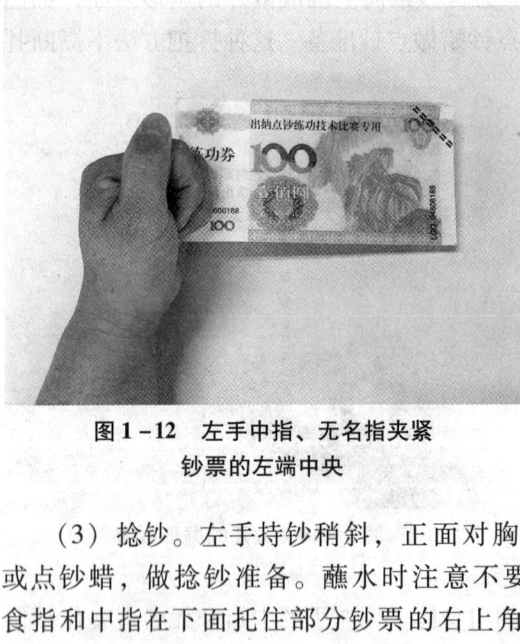

图 1－12　左手中指、无名指夹紧钞票的左端中央

图 1－13　左手食指伸直抵住钞票背面

（3）捻钞。左手持钞稍斜，正面对胸前，持钞定型后，右手拇指、中指蘸水或点钞蜡，做捻钞准备。蘸水时注意不要过多，否则会将钞票浸湿而不易下张。食指和中指在下面托住部分钞票的右上角，配合拇指工作。右手拇指指尖捻钞票的右上角，将钞票向右下方逐张捻动。捻动时，用拇指的大关节带动小关节配合活动，拇指不要抬起，捻动的幅度要小而轻，如图 1－14 所示。拇指每捻动一张，右手无名指将捻起的钞票往怀里弹，如图 1－15 所示。右手食指在钞票背面适当用力，以利于捻钞时下张均匀，同时左手拇指按捏钞票不要过紧，要配合右手起自然助推的作用。

（4）记数。记数采用分组记数法。每捻动一张默记一个数，不要念出声，心、眼、手三者密切配合，这样既快又准。单指单张点钞的记数通常有两种方法，一种是单数分组记数法，另一种是自然记数法。

图1－14　捻钞拇指手势

图1－15　捻钞无名指手势

①单数分组记数法。

方法1：按照“1，2，3，4，5，6，7，8，9，1（即10）；1，2，3，4，5，6，7，8，9，2（即20）”，以此类推，数到“1，2，3，4，5，6，7，8，9，10（即100）”的规律，一直记到最后一个数是“10”，就是100张。这种方法是把100个数编成10组，每组都由10个数组成，前面9个数表示张数，最后一个数既表示这一组的第10张，又表示这个组的组数（即第几组）。这样将2位数字变成1位数字，点数记数的频率容易吻合，省脑易记，不易出错，建议用此法。

方法2：按照“1，2，3，4，5，6，7，8，9，10；2，2，3，4，5，6，7，8，9，10；3，2，3，4，5，6，7，8，9，10，…”的规律来记数，这种记数方法的原理与方法1相同，不同的是把组的号码放在前面，所以仍然可行。

②自然记数法。

自然记数法即按照“1，2，3，…，11，12，13”到“98，99，100”的规律记数。因为在“1”到“100”的数中，绝大部分是两位数，往往记数速度跟不上捻钞速度，建议不用此法。

如果在点完钞票之后，发现有多余或缺少，则可在原扎条或点钞成绩记录单上写“0”“+1”“+2”“+3”“－1”“－2”“－3”或“100”“101”“102”“103”“99”“98”“97”等字样，并放在旁边。

（5）挑残破券。点钞过程中发现的残破券不要急于抽出，应随手向外一扭，使钞票伸出外面一截，如图1－16所示。此残破券要记数。待点完一把后，抽出残破券，补上好票。如果在点钞过程中急于抽出残破券，则容易带出其他钞票，使钞票松散，不利于清点。

（6）墩齐。双手将点完的100张钞票竖起墩齐，把钞票的边端清理整齐，然后左手持票做扎把准备。

（7）扎把。

①缠绕捆扎法。这种方法也叫缠绕折掖法，多在临柜收款时采用，它又有两种方法。

方法1：将墩齐的钞票横执，左手拇指在票前，中指、无名指在票后，捏住钞票1/3处。拇指捏住钞票向下压，使钞票呈瓦状；食指在钞票上侧，把100张钞票分开一条缝；右手将扎条一端在票面1/2或1/3处插入缝内，如图1－17所示，抽出左手食指并压在扎条上，然后右手拇指、食指、中指将扎条由外向里（怀里）缠绕两圈，如图1-18所示；将扎条一端留在钞票正面上侧，沿着上侧边向右折45°，如图1-19所示。折时，左手食指按住上侧扎条，用右手拇指、食指捏住扎条（纸条长度一般为票面宽度的4倍），再向右折掖，顺势用拇指将尾端插入圈内，最后将钞票按平即可。

图1-16　挑残破券

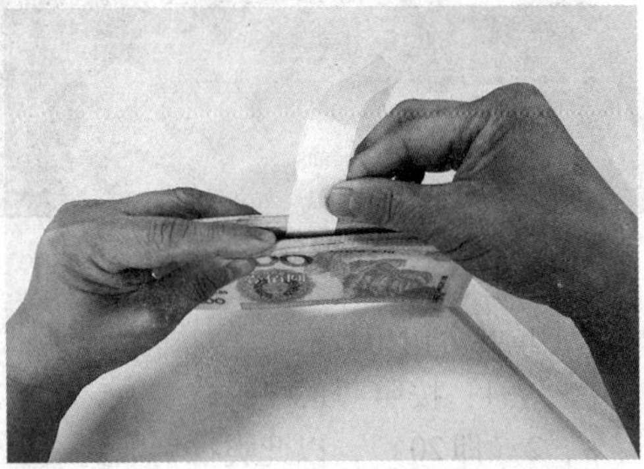

图1-17　在票面1/2或1/3处插入缝内

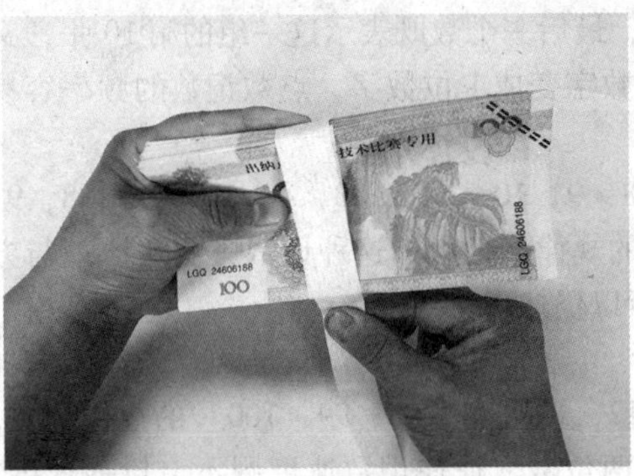

图1-18　缠绕两圈

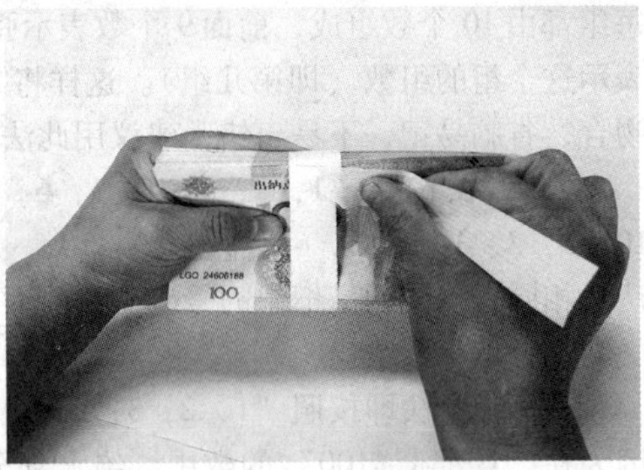

图1-19　沿着上侧边向右折45°

方法2：将墩齐的钞票横执，左手拇指在内，其他四指在外握住钞票左端，五指一起用力，使钞票向内弯曲，弧度不要过大；右手将扎条一端贴于钞票上侧或背面中间（水平中间），左手食指或中指将扎条一端压住；右手拇指在内，中指、食指在外持扎条由背面向怀内缠绕，绕至下端，如图1-20所示；中指移到拇指一侧，与食指夹住纸条继续上绕，快速缠绕2圈；绕至下端时，右手腕向右侧翻转，使扎条呈45°折角，如图1-21所示，用拇指（或食指）顺势将扎条插入钞票正面下端圈内，也可用左手拇指或食指接拉过来，最后将钞票按平即可。

②拧扎法。拧扎法也叫拧结法，比赛时可采用此种方法。

具体方法：左手握住已墩齐的钞票，正面朝向自己，拇指在票前，中指、无名指、小指在票后，食指伸直放在钞票的上侧面，使之捏成瓦形；右手将扎条（长度一般约等于票面宽度的3倍）从钞票凸面放置在钞票1/2处，将两端扎条头绕到凹面，左手食指、拇指分别按住扎条与钞票厚度交界处；右手拇指、食指夹住其中一端扎条头，中指、无名指夹住另一端扎条头，并合在一起，右手顺时针转180°，左手逆时针转

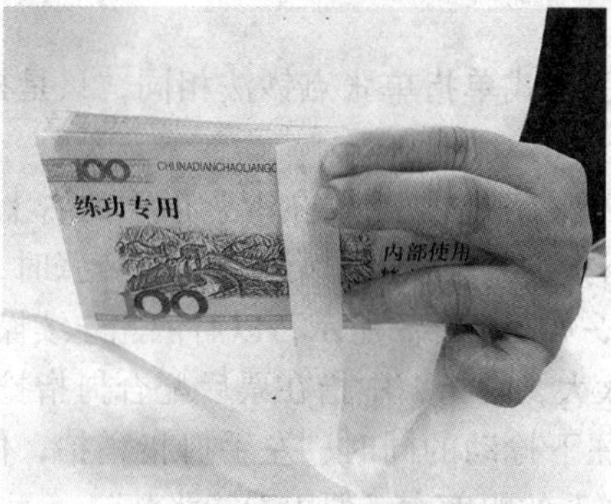

图1－20　持扎条由背面向怀内缠绕，绕至下端

图1－21　右手腕向右侧翻转，使扎条呈45°折角

180°，将拇指和食指夹住的那一头从扎条与钞票之间绕过、打结，如图1－22所示，用食指将扎条掖在凹面斜瓦里，使扎条卡在下部，并将钞票压平。

图1－22　食指将扎条掖在凹面斜瓦里

（8）盖章。点完的钞票都要盖上经办人的名章，名章应盖在侧面的扎条上，印章要清晰。

以上是手持式单指单张点钞法的操作过程。单指单张点钞法训练的口诀如下：

> 左手夹紧斜度好，右手捻拨幅度小；蘸水一次点一把，点数忌口要用脑；
> 捻钞读数合节拍，单数编组办法好；两手配合紧协调，左拿右放争分秒；
> 准中求快练硬功，确保优质高工效。

二、手持式一指多张点钞法

手持式一指多张点钞法是在手持式单指单张点钞法的基础上发展而成的，即一指可点两张或两张以上钞票的方法。

这种点钞法的优点是记数简单、省力、效率高；缺点是一指捻下几张钞票，能看到的中间几张票面幅度小，残破票、假钞不易被发现。它适用于收、付款，整点各种主币、辅币。

这种点钞法除了捻钞和记数外，其他均与手持式单指单张点钞法相同，只是持票时钞票的倾斜度稍大。

（1）捻钞。右手食指放在钞票背面右上角，右手拇指肚放在钞票正面的右上角，拇指尖超出票面，点两张时拇指肚捻第 1 张，拇指尖紧跟往下捻第 2 张；点 3 张时，拇指肚先捻第 1、2 张，拇指尖紧跟往下捻第 3 张，如图 1－23 所示，以后依此连续操作；点 4 张以上时，拇指均衡用力，捻的幅度不要太大，食指、中指在票后配合拇指捻钞，无名指向怀里弹，弹的速度要快。在右手拇指往下捻动的同时，左手拇指稍抬，使票面拱起让钞票下落，点数时眼睛从左侧看，这样看的幅度大，便于看清张数。

图 1－23　拇指肚捻第 1、2 张，拇指尖紧跟往下捻第 3 张

（2）记数。采用分组记数，如点 2 张，则 2 张为一组记一个数，50 组就是 100 张；如点 3 张，则 3 张为一组记一个数，33 组余 1 张就是 100 张；如点 4～7 张或以上者，均以此方法计算。

三、手持式四指四张点钞法

多指多张点钞法是一种用一个以上的指头，一次捻下两张以上钞票的点钞方法。这种类型的点钞方法很多，手持式有双指双张、三指三张、四指四张、五指五张点钞法等，这些方法各有特点。目前，手持式四指四张点钞法较为先进，下面将重点介绍。

手持式四指四张点钞法是用小指、无名指、中指和食指依次各点 1 张（一次点 4 张，称为“一手”），一手点 4 张钞票，循环清点，直到点完最后 1 张钞票的点钞方法。这种点钞方法应用广泛，适合柜面收、付款业务以及整点工作的初点、复点。

这种点钞法的优点是省力、省脑、速度快，时数可达 3 万多张。操作时主要用手关节活动，动作范围小，可减轻劳动强度；四指同时动作，一次 4 张，下张均匀，票面可视幅度较大，便于挑剔损伤券、识别真假钞；点数时不必先拆扎条，只需将扎条挪在票面左侧 1/4 处，这样发现问题可以保持原状，便于追查。缺点是初学时动作难度较大，钞票不整齐，不易点准。要掌握这种方法，必须刻苦训练。其操作分以下几个步骤。

（1）持钞。钞票横立，左手持钞，手指向下，掌心向内，中指在前，食指、无名指、小指在后，呈“∪”形交叉，“∪”形口向下，从钞票的上侧边，票面约1/4处插入，将钞票夹紧，无名指按在钞票左端边沿，如图1－24所示。然后以中指为轴并自然弯曲，使中指背面顶住钞票，向外用力；食指、无名指、小指同时向内（手心）用力，将钞票弯折呈“∩”形，如图1－25所示。“∩”形口朝里，手心转动90°朝胸，使钞票的一侧向外，另一侧向里，凸向右，即由“∩”形变成“⊃”形，中指和无名指夹住钞票，食指移到钞票侧边，拇指轻轻按住钞票的外上角，向里、向下推动，使钞票展开呈坡形扇面，坡向手心，扇向里开，扇幅较小，食指用指尖在侧边管住钞票，以免滑出，如图1－26所示。最后将夹好的钞票移到离前胸20厘米左右的位置，做捻钞准备。

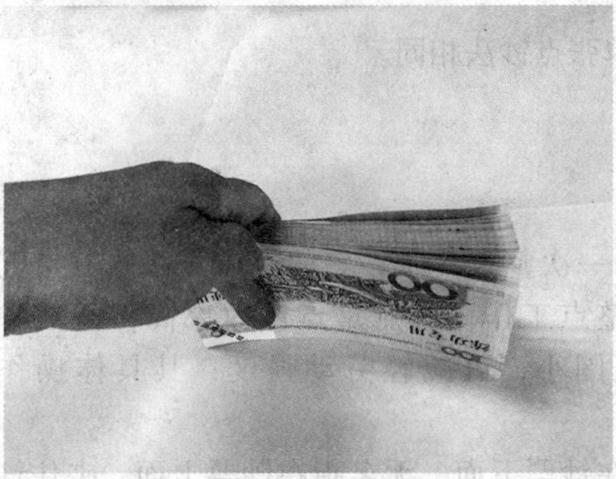

图1－24 中指在前，其他指在后夹紧钞票

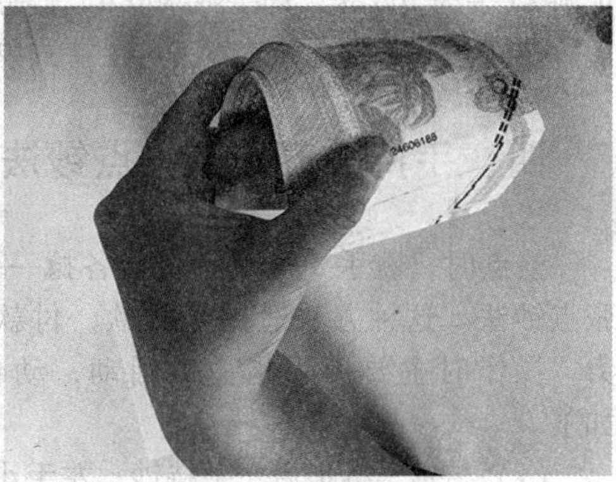

图1－25 将钞票弯折呈“∩”形

（2）捻钞。左手持钞在下，右手在上，右手拇指贴在钞票的右里角，其余四指同时弯曲并拢，小指稍叠在无名指内；小指在下，食指在上，4个指尖呈一条斜线；从小指开始捻下第1张钞票，接着无名指、中指、食指按顺序各捻下一张，依次下滑4个手指，每次下滑动作共捻下4张，叫“一手”，如图1－27所示。一手捻完接着捻第2手、第3手……直至捻完第25手共计100张。

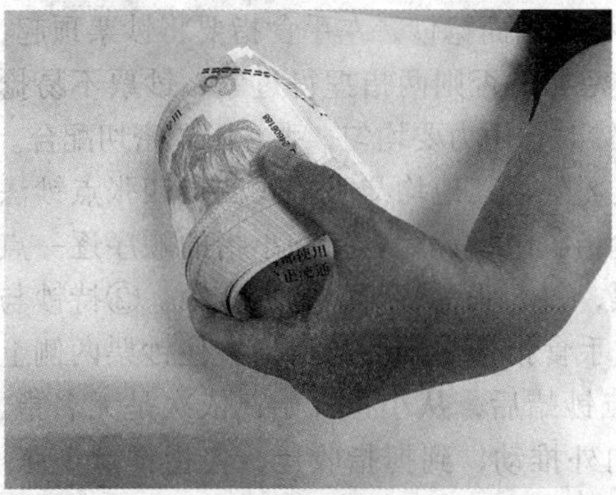

图1－26 拇指按住钞票外上角，食指指尖在侧边管住

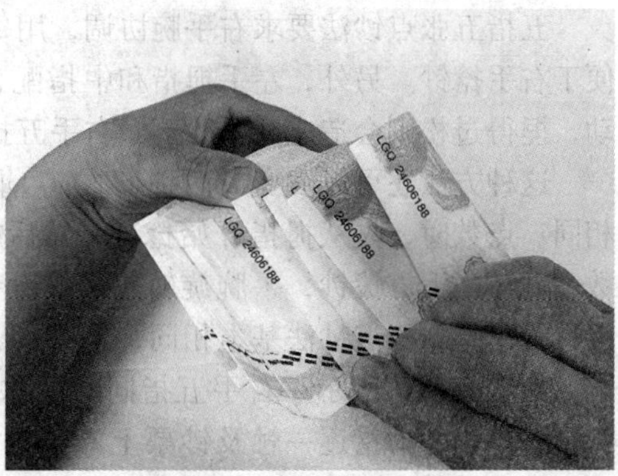

图1－27 小指、无名指、中指、食指各捻1张

捻钞动作要连贯迅速，同时右手拇指要向前移动，手指与钞票的接触面要小，以指尖接触票面为佳。指甲要剪短，使指头肌肉凸出，直接摩擦钞票；捻钞幅度要小，四指一起动作，加快点钞频率。右手捻钞时，左手要配合动作，每捻出一手，左手拇指要推动一次，食指适时松开，使捻出的钞票自然下落，然后按住未点的钞票，循环操作。两手之间、手指之间应紧密配合，否则点钞无法顺利进行。右手指不能紧张，肌肉要放松，下张时一张紧接一张，一下紧接一下。当食指下张时，小指马上跟上，前一手与后一手之间不间歇，一气呵成，沙沙有声，很有韵律。初学者要注意指法的衔接，一定要点准，精学多练，不能只图形式。

（3）记数。四指点钞是采取点钞和计算相结合的方法记数。每次点 4 张为一手，记满 25 手为 100 张，即手数乘以 4，得总张数。

（4）墩齐、扎把与盖章。与手持式单指单张点钞法相同。

四、手持式五指五张点钞法

整点时，右手 5 个手指依次各捻一张，一次整点 5 张钞票的点钞方法叫五指五张点钞法。这种方法适用于收款、付款和整点工作。优点是点钞效率高，记数省力。操作时主要用手指关节活动，动作范围小，可减轻劳动强度，其具体操作如下。

（1）持钞。拆把后左手持钞，左手小指在钞票下面，无名指在钞票上面，夹住钞票左端，中指、拇指夹住钞票上端两侧，拇指要高于中指，中指稍用力，使钞票向后弯曲呈瓦形，食指稍弯曲顶住钞票背面上端中间。

（2）捻钞。先用右手拇指从左上角向下方拨起第 1 张，接着用食指、中指、无名指、小指依次从右上角向左下方拨起第 2 张、第 3 张、第 4 张、第 5 张，完成一次整点后再用拇指拨钞……反复循环操作，直至点完，如图 1－28 所示。

（3）记数。采用分组记数法，每次点 5 张为一组，点 20 组为 100 张。

（4）墩齐、扎把和盖章。与手持式单指单张点钞法相同。

五指五张点钞法要求右手腕协调，用每个手指侧面捻钞，左手食指要将钞票顶起，便于右手捻钞。另外，左手拇指和中指配合要密切，否则两指捏得过紧，钞票不易捻动，捏得过松则会造成钞票脱落。右手五指捻钞时，用力要均匀，手、眼要密切配合。

这种方法还可以演变成两种形式：①除点数外，其他均与手持式四指四张点钞法相同。点数时，先从拇指开始捻钞，然后按食指、中指、无名指和小指的顺序逐一点数，向怀内下方拨钞，手腕旋转连续拨动钞票，每 5 张为一组，记 1 个数。②持钞与手持式单指单张点钞法基本相同，不同的是左手食指伸出票面与拇指夹住钞票两侧上端，如图 1－29 所示。右手五指同时蘸水或点钞蜡后，从小指开始，依次是无名指、中指、食指、拇指逐一触及钞票上端，轻轻向外推动，到拇指收尾，各指推点 1 张。每 5 张为一组，记 1 个数。

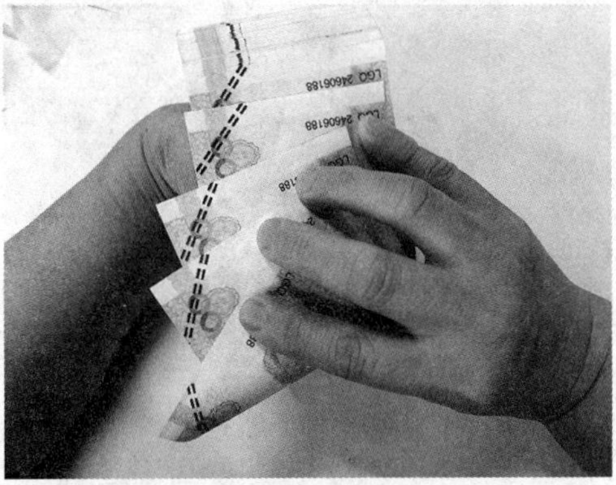

图 1－28　右手拇指、食指、中指、无名指、小指各捻 1 张

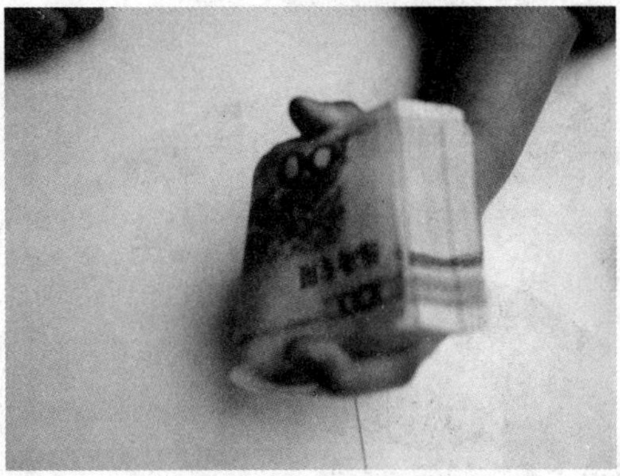

图 1－29　左手食指伸出票面与拇指夹住钞票两侧上端

五、手持刀切式三指三张点钞法

手持刀切式三指三张点钞法是用左手持钞，右手 3 个指头捻钞，因捻钞的动作像用刀切菜而得名。

这种点钞法的优点是速度快，其手指捻钞的动作和手按式三指三张点钞法相同，简单易学；缺点是所能看到的票面较小，不宜整点残破券多的钞票。其操作方法分以下几个步骤。

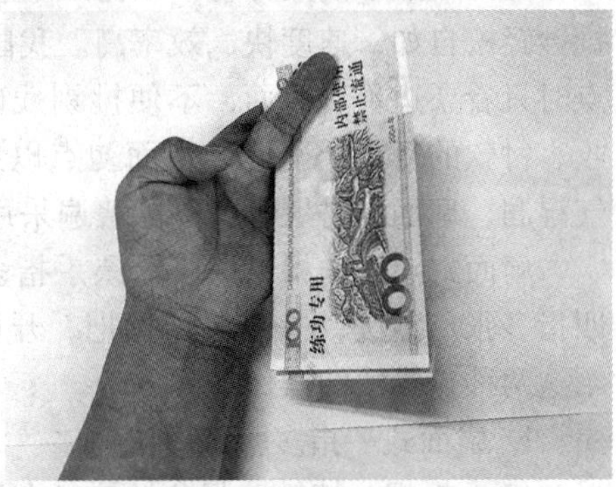

图 1－30　左手中指与食指、无名指、小指夹住钞票左下角

（1）持钞。左手中指在钞票正面，与食指、无名指、小指（在钞票背面）夹住钞票的左下角，如图 1－30 所示。将钞票横立，钞票右侧边正对胸前，左手拇指在钞票的上侧边 1/2 处稍用力管住钞票。

（2）捻钞。右手肘向下稍抬起，掌心向下，右手拇指带起钞票右上侧角的部分钞票（不宜过多或过少），使钞票呈“S”形，如图 1－31 所示。无名指向下，像刀切菜似的先捻起第 1 张，随后中指、食指跟无名指捻钞动作一样依次捻起第 2 张、第 3 张，然后将捻起的 3 张钞票一起迅速放开，由左手自动夹住。每指各捻下 1 张，三指共捻 3 张，如图 1－32 所示，称为“一手”。一手捻完接着捻第 2 手、第 3 手……直至第 33 手，余 1 张，即 100 张捻完。其三指捻钞的方法与手按式三指三张点钞法相同，只是手指捻钞的方向不同，刀切式是向下捻，手按式是向外捻。点数时，注意动作的幅度要小，手指不宜抬得过高。

（3）记数。采用分组记数法，每 3 张为一手，记到 33 手，最后剩下 1 张，即为 100 张，点钞只记“手”数。

（4）墩齐、扎把、盖章。与手持式单指单张点钞法相同。

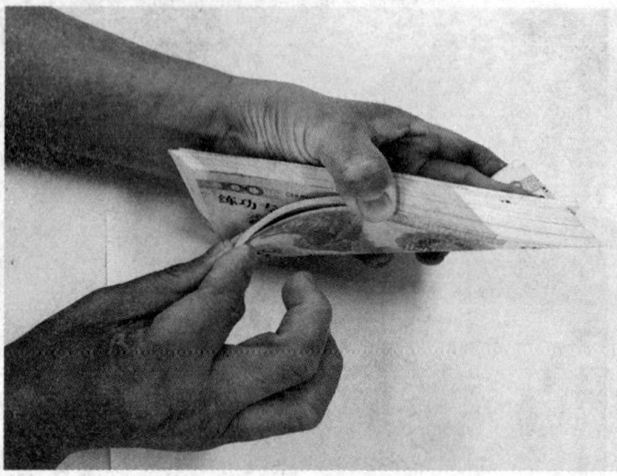

图1-31 使钞票呈“S”形

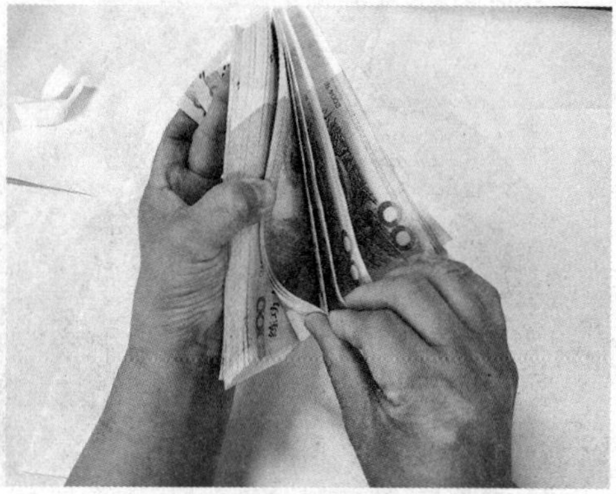

图1-32 右手无名指、中指、食指各捻起1张

六、手持扇面式点钞法

扇面式点钞法是指将钞票捻成扇形进行清点的方法。其优点是双手完全离开桌面，捻钞轻松自如，速度快、效率高。我国北方地区普遍采用这种方法。其缺点是由于清点时只看票边不看票面，不便挑剔残破券和鉴别假钞。因此，它只适合整点新票币及收、付款的复点，不适合柜面初点以及整点新、旧、破混合的钞票，而且南方地区空气湿润，扇面不易展开，不能普遍采用。

扇面式点钞法根据按压钞票手指多少的不同，可分为一指（一按）多张点钞法和四指多张点钞法，一般包括拆把、开扇、清点、记数和合扇等基本环节。下面分别介绍这两种点钞法的操作过程。

1. 扇面式一指多张点钞法

（1）拆把、持钞。竖拿钞票，右手拇指和食指捏住并撕断扎钞纸条后，双手拇指移到钞票正面中间约1/4处，其余手指放在钞票背面，虎口抵住钞票右侧面，做开扇准备，如图1-33所示。

（2）开扇。开扇也叫打扇面，是扇面点钞最关键的环节。扇面要开得均匀，即每张钞票间隔都要均匀。

开扇方法：以左手为轴，右手食指将钞票向胸前左下方压弯，然后再猛向右方闪动，同时右手拇指在票前向左上方推动钞票，食指、中指在钞票后面用力向右捻动，左手指在钞票原位置向逆时针方向画弧捻动，食指、中指在票后用力向左上方捻动，右手拇指逐步向下移动。至右下角时，即可将钞票打成扇形。如有不均匀，可双手持钞抖动，使其均匀。打扇面时，左右两手一定要配合协调，不要将钞票捏得过紧。如果点钞时采取一按10张的方法，扇面要开小一些，便于清点。

（3）点数。左手持扇面，右手中指、无名指、小指托住钞票背面，拇指在钞票右上角1厘米处，一次按下5张或10张；按下后用右手食指压住，拇指继续向前按第2次，以此类推；同时左手应随右手点数速度向内转动扇面，以迎合右手按动，直至清点完毕。

（4）记数。采用分组记数法。一次按5张为一组，记满20组为100张；一次按10张为一组，记满10组为100张。

（5）合扇。清点完毕合扇时，将左手向右倒，右手4个手指稍弯曲，托住钞票的右侧向左合拢，左右手指往中间一起用力，使钞票竖立在桌面上，两手松拢轻墩，把钞票横执墩齐，做扎把准备。

（6）扎把和盖章。与手持式单指单张点钞法相同。

2. 扇面式四指多张点钞法

扇面式四指多张点钞法是用四指交替拨动、分组点数、一次点多张的方法。每组分5张、10张、12张、14张、16张不等，时数可达3.6万张以上，是一种速度较快的点钞方法。这种点钞法除了点数外，其他均与扇面式一指多张点钞法相同。

以四指7张为例。左手持扇面，先用右手拇指清点第1个7张，然后用右手食指沿钞票上端向前移动，接着数第2个7张，中指、无名指依次清点第3个7张、第4个7张，这样完成第1组动作。当无名指点完时，拇指则由里边迅速越上去接第5个7张，开始第2轮的操作，4个手指依次清点，循环操作，直到点完为止。点8张、9张乃至10张，也是同样的操作过程，只不过每指按下的张数不同而已。如图1－34所示。

图1－33　开扇准备

图1－34　扇面式四指多张点钞法

七、手持推捻式单指单张点钞法

手持推捻式单指单张点钞法是用两手的中指、无名指夹住钞票，用两手拇指轮番向上推捻或用右手拇指推捻，左手拇指接住并送于食指、中指之间。此法目前使用较少，只有在特殊情况下才使用，这里不做详细介绍。

［实训与达标1－2］手持式点钞法实训

一、手持式单指单张点钞法操作题

1. 操作要求。不管用哪种点钞方法，坐姿及点钞动作都要正确、规范。凡点过的钞票，必须保证质量，做到准、齐、扎紧（以提起把中第一张钞票整把不掉下来的紧度为标准），旧扎条要放入新扎把里，用以表明需重新扎把。

2. 扎把、拆把练习。先用缠绕捆扎法扎把，再用手持式单指单张点钞法初点拆小把或复点拆小把的方法拆把，反复练习。要求5秒以内完成扎把、拆把。

3. 分小组集中训练手持式单指单张点钞法，每天至少练习30分钟，由小组长记录每天点1把的时间，计时包括点钞拆把、持钞、捻钞、记数、挑残破券、墩齐、扎把和盖章8个步骤。

4. 单把测试。手持式单指单张点钞法测试标准：每把（100张）35秒以内点对点完（包括扎把）为优秀，每把40秒以内点对点完为良好，45秒以内点对点完为及格。

5. 多把测试。用时5分钟，给5把以上的钞票，要求连点带扎5把以上。点对3把为及格，点对4把为良好，点对5把为优秀（包括扎把、盖章）。

二、手持式四指四张点钞法张数和票币金额计算（见表1-1，每手4张）

表1-1 人民币张数和票币金额计算

	第1题			第2题			第3题			第4题		
面值	手数	张数	金额	手数	张数	金额	手数	张数	金额	手数	张数	金额
壹佰元	25手			25手+1			25手+2			25手+3		
壹佰元	26手			25手-1			25手-2			25手-3		
壹佰元	24手			24手+3			24手+2			24手+1		
伍拾元	25手			25手+2			25手+3			26手		
伍拾元	25手+1			26手+1			24手+2			24手+1		
贰拾元	25手			25手+3			25手+1			26手+2		
贰拾元	26手+1			26手+3			24手+3			24手+2		
壹拾元	26手			24手+2			24手+3			26手+3		
伍元	25手+1			26手+1			24手+1			26手+3		
壹元	27手+1			26手+1			27手+2			26手+3		
伍角	23手			23手+2			26手+2			23手+1		
壹角	25手			25手+2			25手+3			26手+1		
	合计			合计			合计			合计		

三、手持式四指四张点钞法和手持刀切式三指三张点钞法操作题

1. 分组计时练习手持式四指四张或手持刀切式三指三张点钞法的操作步骤。测试标准：每把（100张）30秒以内点对点完为优秀（包括扎把），35秒以内点对点完为良好，40秒以内点对点完为及格。

2. 点钞综合测试。准备10把以上的钞票，用时7分钟，要求连点带扎8把以上。点对8把为及格，点对9把为良好，点对10把以上为优秀（包括扎把、盖章）。

四、手持式单指单张点钞法和手持式四指四张点钞法综合操作题

某天客户张先生拿着一天的营业额到银行存钱，他给前台柜员一叠杂乱、弯折的

钞票，金额是 33 500 元。其中 100 元面额的钞票有 260 张，有 2 张残破券；50 元面额的钞票有 120 张，10 元面额的钞票有 150 张。请你清点。操作步骤及注意事项如下。

1. 审查现金收款凭证及其所附原始凭证的内容，看是否填写清楚、齐全，两者内容是否一致。

2. 注意姿势。点钞时身体笔直，胸部稍挺，眼睛和钞票保持一定距离，一般以 20 厘米较适宜。点钞时，左手和肘放在桌上，右手肘部也放在桌上，手腕稍抬起，这样能减轻劳动强度，持久工作。

3. 每张钞票都清理整齐、平直后，再按券别、版别分类，将相同面额的钞票第 1 张正面朝上，最后一张背面朝下叠放在桌面左侧。

4. 依据现金收款凭证的金额，用手持式单指单张点钞法初点钞票，再用手持式四指四张点钞法复点钞票。

首先，清点 100 元面额的钞票。左手拿起待点的部分钞票，持钞、捻钞、记数，边点边将残破券随手向外一扭，使钞票伸出外面一截，点完 100 张后，把左手多余的钞票放在待点的 100 元钞票上，抽出 2 张残破券，补上 2 张好票；墩齐，采用缠绕捆扎法扎把，扎好后右手将钞票放在桌面右侧；左手拿起待点的钞票，再按上述步骤点完第 2 把钞票；将剩下的 60 张钞票，每点 10 张用 1 张钞票拦腰包住其余 9 张钞票打成“一叠”，共有 6 叠，用扎条捆扎好并将实际金额写在扎条上。

其次，清点 50 元面额的钞票。操作步骤与清点 100 元面额的钞票相同，点完 1 把和 2 叠钞票。

最后，清点 10 元面额的钞票。操作步骤与清点 100 元面额的钞票相同，点完 1 把和 5 叠钞票。

5. 边点数边在计算器或算盘上加计存款金额，点数完毕，计算器或算盘上的数字与现金收款凭证上的金额应相同，应是 33 500 元。

6. 点数无误后盖章。将扎好的 100 元面额的钞票 2 把、50 元面额的钞票 1 把、10 元面额的钞票 1 把，共 4 把钞票横执，在侧面纸条加盖清点人员的名章。

7. 办理具体的现金存款业务。

五、手持刀切式三指三张点钞法张数和票币金额计算（见表 1－2，每手 3 张）

表 1－2　　人民币张数和票币金额计算

	第 1 题			第 2 题			第 3 题			第 4 题		
面值	手数	张数	金额	手数	张数	金额	手数	张数	金额	手数	张数	金额
壹佰元	33 手			33 手 +1			33 手 +2			34 手		
壹佰元	34 手 +1			33 手 −1			33 手 −2			32 手		
壹佰元	34 手 +2			32 手 +1			32 手 +2			35 手		
壹佰元	35 手 +2			35 手 +1			36 手 +1			36 手		

续 表

	第1题			第2题			第3题			第4题		
面值	手数	张数	金额	手数	张数	金额	手数	张数	金额	手数	张数	金额
伍拾元	31手			33手+2			34手			35手+1		
伍拾元	31手+1			35手+2			33手+2			32手		
贰拾元	36手			32手+2			33手+1			34手+1		
贰拾元	35手+1			33手+2			35手+2			32手+1		
壹拾元	33手+1			32手+2			33手+1			33手+2		
伍元	33手			34手+1			34手			36手		
壹元	34手+1			34手+2			35手+2			36手+1		
伍角	33手+1			33手+2			34手			32手+2		
壹角	33手			33手+1			34手			34手+1		
	合计			合计			合计			合计		

第三节 手按式点钞法

手按式点钞法又称伏案式（或案台式）点钞法，是将钞票安放在桌面进行清点的点钞方法，也是银行最传统、最常用的点钞方法。手按式点钞法一般可分为单指单张点钞法、双指双张点钞法、三指三张点钞法和四指四张点钞法等。

一、手按式单指单张点钞法

手按式单指单张点钞法较适用于收、付款工作的初点和复点，以及整点各种新、旧、大、小钞票，尤其适用于不足100张零票的整点。因此，在整点辅币及残破券多的钞票时常用此法。

这种点钞法的优点是准确率高，清点时看到的票面较大，便于挑剔损伤券和识别假币。其缺点是由于要将捻钞的手肘向上抬起，容易疲劳，导致点钞速度降低。与手持式单指单张点钞法相比，手按式单指单张点钞法的速度要慢一些，劳动强度也大一些。其操作方法分为以下几个步骤。

(1) 放钞、按钞、拆把。将钞票横放在桌面上，一般放在点钞员正胸前。用左手小指、无名指微弯曲按住钞票左上角约占票面1/4处（票面占得不要太大，以免影响票面检查），食指伸向纸条并将其勾断，食指、中指自然弯曲，拇指呈自然放松状态，右手小指、无名指按住钞票右上角，做好点钞准备，如图1－35

所示。

（2）捻钞。捻钞时，右手肘向上抬起，掌心向下，右手拇指托起右下角的部分钞票（约20张），食指在右下角捻起钞票后，左手拇指快速接过，并送至左手的食指与中指之间夹住，如图1－36所示，以后依此循环操作。

（3）记数。记数采用单数分组记数法。

（4）墩齐、扎把与盖章。与手持式单指单张点钞法相同。

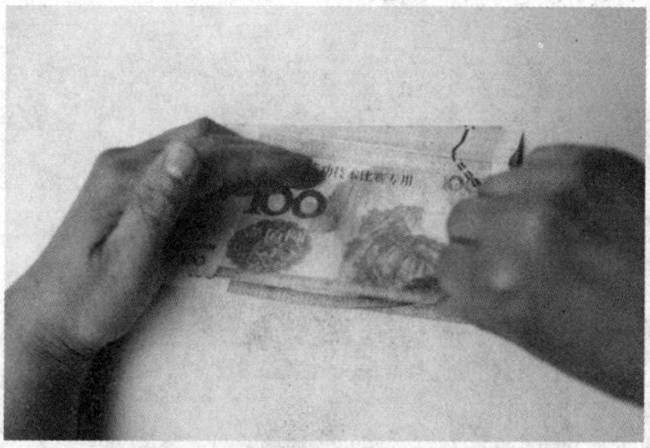

图1－35　放钞、按钞、拆把

图1－36　右手食指在右下角捻起钞票

二、手按式双指双张点钞法

这种点钞法适用于收、付款和整点各种新旧主币、辅币。其优点是速度比手按式单指单张点钞法快一点。其缺点是不便于挑剔残破券和识别假币，劳动强度也较大。

手按式双指双张点钞法除了捻钞和记数外，其余操作方法均与单指单张点钞法相同。

（1）按钞、捻钞。把钞票横放在桌面上，左手的无名指、小指微曲按住钞票左上角约1/4处，右手食指、中指蘸水或点钞蜡，然后用拇指托起右下角的部分钞票，用中指向上捻起第1张，随即用食指捻起第2张，捻起的这两张钞票由左手拇指往上推送到左手食指与中指之间夹住。

（2）记数。记数采用分组记数法，两张为一组，记满50组即为100张。

三、手按式三指三张和四指四张点钞法

手按式三指三张和四指四张点钞法适用于收、付款和整点多种新旧主币、辅币。此法速度快，但由于除了第1张外，其余各张所能看到的票面较小，因此不宜用来整点残破券多的钞票。这种点钞方法可以分成放钞、按钞、捻钞、记数等步骤（扎把、盖章同前）。其操作过程如下。

（1）放钞。把钞票斜放在桌面上，使其右下角伸出桌面，椅子要斜放，使身体与桌面呈三角形，这样便于操作且省力。

（2）按钞。左手小指、无名指按住钞票左上角，食指、中指自然弯曲，拇指呈自然放松状态；同时，右手的食指、中指、无名指和小指蘸水或点钞蜡准备捻钞。

（3）捻钞。右手肘向上抬起，掌心向下，右手拇指托起右下角的部分钞票（不宜过多或过少），三指三张点钞是先用无名指捻起第 1 张，随即以中指、食指依次捻起第 2 张、第 3 张，如图 1－37 所示；四指四张点钞是先用小指捻起第 1 张，无名指、中指和食指依次各捻起 1 张。捻起的 3 张（或者 4 张）钞票，称为“一手”。用左手拇指向上推送到左手的食指和中指间并夹住，点数时手指不宜抬得过高，如图 1－38 所示。

图 1－37　右手无名指、中指、食指依次各捻起 1 张

图 1－38　送到左手的食指和中指间夹住

（4）记数。采用分组记数法记数。三指三张点钞法以每 3 张为 1 手，记一次数，数到 33 余剩 1 张即是 100 张。四指四张点钞法是以每 4 张为 1 手，记一次数，数到 25 手时即是 100 张。

（5）挑残破券。整点时发现有残破券，待点完一组 3 张后，用右手将残破券暂时向外一扭折起，等到点完一把后再取出来。

四、手按式单指推动点钞法

这种点钞法的优点是效率高；缺点是清点零数和付款配票不方便，不易发现假钞和剔出残破券。

操作方法：将钞票横放在桌上，左手小指、无名指自然弯曲，按住钞票的左上角约 1/4 处，右手肘靠在桌子上，右手五指自然弯曲，用中指第 1 关节托起部分钞票后，中指、无名指、小指垫入部分钞票下面；拇指从右下角推起数张钞票；食指按在钞票右上角配合拇指推动，同时也防止拇指推动时钞票向上移动。左手拇指根据右手推起的钞票进行记数，并将钞票送到食指、中指之间夹住，以后依此循环操作。记数可采用分组记数法。如一次推捻 4 张为一组，数 25 组即为 100 张。

五、手按式五张扳数点钞法

这种方法适用于整点各种主币及复点工作，新旧残破票混在一起时不宜用此种方法。其优点是速度快；缺点是所能看到的票面小，不便挑残破券及鉴别假钞。

操作方法：双手持票，两手拇指在票前，其余各指在票后，捏住钞票的下半部将其竖立；然后以左手拇指向右推，右手 4 个手指向左推，下端约伸出桌面 2 厘米，左手中指、无名指、小指按住钞票右下角扳起钞票，使其向左散开；左手拇指在扳起的钞票中部一次扳 5 张，拇指扳起一次用中指、食指夹住。记数时，5 张为 1 组，记一次数，数到 20 组即为 100 张。

[实训与达标 1 -3] 手按式点钞法实训

一、手按式单指单张点钞法操作题

1. 手按式单指单张点钞法练习，要求分小组集中训练、测试，每天练习至少 30 分钟。

2. 单把测试。手按式单指单张点钞法测试标准：每把（100 张）35 秒以内点对点完（包括扎把）为优秀，40 秒以内点对点完为良好，45 秒以内点对点完为及格。

3. 多把测试。用时 8 分钟，给 10 把以上的钞票，要求连点带扎 8 把以上。点对 8 把为及格，点对 9 把为良好，点对 10 把为优秀（包括扎把、盖章）。

二、手按式三指三张点钞法操作题

1. 分组计时集中训练手按式三指三张点钞法的操作步骤。测试标准：每把（100 张）30 秒以内点对点完为优秀（包括扎把），35 秒以内点对点完为良好，40 秒以内点对点完为及格。

2. 点钞综合测试。给 20 把以上的钞票，用时 11 分钟，要求连点带扎 16 把以上。点对 16 把以上为及格，点对 18 把以上为良好，点对 20 把为优秀（包括扎把、盖章）。

三、手按式单指单张点钞法和手按式三指三张点钞法综合操作题

某天某公司出纳员李女士到银行取钱给员工发工资，取款单上填写的金额是 157 200 元。特别要求要有 50 元、20 元、10 元面额的钞票各 2 000 元，5 元面额的钞票 1 000 元和 1 元面额的钞票 200 元，请你办理取款业务，并写出操作步骤。

第四节　硬币整点法

一、手工整点硬币

手工整点硬币一般用于收款时收点硬币尾零款。整点硬币应按面额分类，以 100 枚（或 50 枚）为 1 卷，10 卷为 1 捆。一次可清点 5 枚、12 枚、14 枚或 16 枚，最多一次可以清点 18 枚，主要依个人技术熟练程度而定。手工整点硬币一般分为拆卷、清

点、记数、包装、盖章5个环节。

（1）拆卷。将需要使用的新包装纸平放在桌面，右手持硬币卷的1/3处放在新的包装纸中间；左手撕开硬币包装纸的一头，然后用右手从左端至右端压开包装纸；包装纸压开后，左手食指平压硬币，右手抽出已压开的包装纸，即可开始清点。

（2）清点。从右向左分组清点。清点时，用右手拇指和食指将硬币分组清点，每次清点的枚数因个人技术熟练程度而异，可一次清点5枚或10枚或更多。为保证准确，可用右手中指从一组中间分开查看，如一次清点16枚为一组，即从中间分开一边8枚；如一次清点18枚为一组，则一边为9枚。

（3）记数。采用分组记数法。一组为一次，每次的枚数相同。如一组10枚，则10次100枚即为1卷，叠放在包装纸的1/2处。

（4）包装。硬币清点完毕后即可包装。先用双手的无名指分别顶住硬币的两头，用拇指、食指、中指捏住硬币的两端；再用双手拇指把靠里半边的包装纸向外掀起，并用食指掖在硬币底部；然后用右手掌心用力向外推卷，随后用双手的拇指、食指和中指分别把两端包装纸向中间方向折压紧贴硬币；用拇指将后面的包装纸往前压，用食指将前面的包装纸往后压，使包装纸与硬币贴紧；最后用拇指、食指向前推币，包装完毕。

（5）盖章。硬币包装完毕后，将其整齐地平放在桌面上，卷缝的方向要一致。用左手掌心推动硬币向前滚动，右手将图章按在硬币的右端，同时顺势滑动，使印章盖得又快又清晰。

二、工具整点硬币

工具整点硬币是指大批的硬币借助硬币整点器进行清点，大致分为拆卷、清点、包装和盖章等步骤。

（1）拆卷。将整卷硬币掰开或用刀划开包装纸，使硬币落入硬币整点器内。拆卷有以下两种方法。

一是震裂法。以双手的拇指、食指和中指捏住硬币的两端向下震动，震动的同时左手稍向里扭动，右手稍向外扭动，用力要适度，不要使硬币震散。包装纸震裂后，取出震裂的包装纸，使硬币落入硬币整点器内。

二是刀划法。首先要在硬币整点器的右端安装一个刀刃向上的刀片，拆卷时双手拇指、食指和中指捏住硬币的两端，从左端向右端从刀刃上划过，这样包装纸被刀刃划开一道口，硬币进入整点器盘内，然后把被划开的包装纸拿开，准备点数。

（2）清点。硬币放入整点器后，双手的食指和中指放在整点器两端，将整点器夹住，再用右手食指将硬币顶向左端，然后两手拇指放在整点器两边的按钮上用力推动，通过动槽的移动，分币等量交错，每槽5枚。检查无误后，两手松开，硬币自动回到原位。一次看清，如有氧化变形及伪币应随时剔出，如数补充后准备包装。

（3）包装。两手的中指顶住硬币两端，拇指在卷里边、食指在卷外边将硬币的两端捏住。两手向中间稍用力，将硬币从整点器中提出放在准备好的包装纸中间。其余包装方法同手工整点硬币。

（4）盖章。与手工整点硬币相同。

第五节　机器点钞法

机器点钞就是使用点钞机整点钞票。机器点钞效率高，一般时数可达 5 万 ~7 万张，比手工点钞快 2 ~ 3 倍，能有效地改善银行柜台服务质量，减轻点钞员的劳动强度，而且在点钞的同时还能够检验钞票的真假。因此，它成为商业银行柜台经办人员点钞的主要方式，点钞员都应熟练掌握此方法。机器点钞适用于复点比较新的、大面额的批量款项，而残币和辅币还要靠手工清点。

目前，点钞机的型号和种类很多（见图 1 – 39 和图 1 – 40），功能也各不相同，更新换代也很快，但其原理大同小异，主要功能都是点钞和防伪，操作方法也基本相同。使用点钞机前，应仔细阅读使用说明书，以便更好地掌握点钞机的性能，充分发挥点钞机的作用。

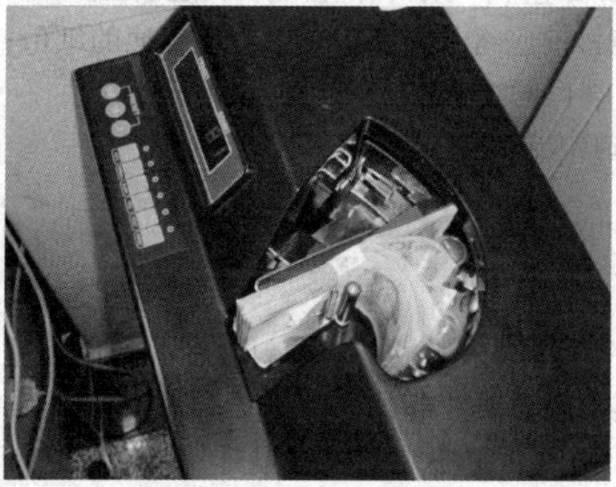

图 1 – 39　立式点钞机

图 1 – 40　台式点钞机

一、点钞机的使用常识

市面上出售的点钞机，一般都具有智能点钞、清点计数、预置计数等多种工作状态；具有半张识别、连张识别、重张识别、窄钞识别、残钞识别 5 项异常票面识别功能；具有荧光辨伪、磁性辨伪、红外辨伪、磁性安全线辨伪 4 种主要辨伪功能；还具有准确判断机器中是否夹有钞票并自动吐出的自动吐钞功能。因此，点钞机可检测假币，既可点钞计数，又能辨伪，用户可按点钞的要求选择功能和调整辨伪灵敏度。多数点钞机还设置了识读新版安全线，不仅能识别有荧光反应的假币，对无荧光反应的大额假币亦能准确辨别；能自动检测假币；能对连张、半张等异常纸币报警提示；还能全面兼容新旧版人民币。一般来说，点钞机的本机控制部分采用了先进的电脑单片机，既减少了不必要的开关，也更易操作，更智能化。

二、机器点钞前的准备

（1）开箱。对新买的设备，应先把随机配件取出，然后将点钞机安放在平稳的桌面上，检查机器外观有无变形、损坏，各部件接口是否牢靠，螺钉是否紧固。点钞前，应将点钞机安放在操作员正前方稍右、距点钞台边20~30厘米的地方。

（2）连接电源。如果机器各部件完好无损，即可将电源插到220V的电源插座上。为确保人身安全，电源插座应有安全接地线。

（3）试机。打开电源开关，计数显示屏显示“0”，电机旋转3秒钟，表示电源接通，机器处在正常操作状态。如选购了外接显示器，则将外接显示器插到点钞机背后（有的在旁边）的外接显示器接口端。先试机，检查下钞是否准确、通畅、整齐。每天第1次使用机器时，用一叠已知数量的含有假币的钞票进行试验，检查机器计数和辨伪是否准确。当只需清点张数而不需鉴伪时，把功能键选择到“计数”工作方式。

（4）点钞物品的摆放。机器调试结束后，将待点的钞票整齐地摆放在点钞机的右侧，按票面值大小顺序排列，或从小到大，或从大到小，切不可大小夹杂排列，以免影响效率。然后将印章、纸条等用具按本人使用习惯摆放整齐，以保证点钞过程的连续性。

（5）剔除有问题的纸币。为避免错检，点钞前应将下列纸币剔除：补了疤的纸币；经过洗涤的纸币；污渍严重的纸币；破损、有裂口的纸币。

（6）选择按键。根据点钞的不同需要，选择功能键。

三、机器点钞的操作程序

（1）持钞。右手握住钞票，将同一面额的一叠纸币捻成一定的斜度，并稍用力使钞票形成微梯形，同时食指勾断扎条，将钞票平放在喂钞台上。

（2）整点。拆把后，把钞票均匀散开，平放在滑钞板上，点钞机开始自动传送计数、识别、整理。待滑钞板上的钞票全部输送完毕，机器自动停止点数，此时计数器显示窗上显示的数字就是该叠钞票的数量。取出接钞台上的钞票，点钞机显示窗上的数字将自动清零，准备重新计数。放钞不正确时，会产生真钞误报或机器提示出现点钞不准，请把接钞器上的纸币重新摆好，放到进钞台，按复位键再重新清点。放钞正确使鉴别能力更强，计数或者计数字更正确。

（3）复点。在非预置整点及累加整点状态下，当启动点钞机运转时，上次整点数据自动将计数显示窗移到预置显示窗；本次整点结束后将两次显示窗数据进行比较，即可达到复点目的。

（4）累计显示。当需要累计显示时，应按一下面板的“累加”键，指示灯亮，点钞机就在计数显示窗原显示数目的基础上进行累加计数。点钞完毕，计数显示窗显示的数目就是多次点算纸币的数量之和。累计显示达（999+1）时，计数显示窗自动恢复到“0”。

（5）墩齐、扎把。当计数显示窗反映出来的数字为“00”或“100”时，即可扎把。扎把时，左手拇指在上，其他 4 个手指在下，手掌向上把钞票从接钞台里拿出。拿钞时注意不要漏张，然后将钞票墩齐，按缠绕式或拧结式扎把。

机器复点大量钞票时，为了提高效率，下钞、拿钞和扎把的动作要连贯。当右手将一把钞票放入喂钞台后，马上拿第 2 把、拆扎条、折成坡形，做下钞准备。当传送带上最后一张钞票落下后，左手迅速将钞票拿出；同时右手将第 2 把钞票放入喂钞台，然后拿扎条扎把。如此反复，连续作业，可以缩短机器空转时间，高度利用机械功能，提高点钞效率。

（6）盖章。复点完全部钞票后，点钞者要逐把盖好名章。钞票盖章要先轻后重，整齐、清晰。

（7）扫尾。每天机器用毕，应关掉电源、拔下插头，用毛刷清扫机内灰尘，然后用布盖好以防尘。

四、旧版点钞机点验 2015 年版第五套人民币的处理方法

2015 年版第五套人民币放到旧版点钞机里，会警铃大响，被判定为假币。下面介绍如何用旧版点钞机点验新版人民币的方法。

（1）去点钞机官网下载驱动软件。这个方法适用于有 USB 接口的点钞机，在家就可以实现在线升级（见图 1-41）。

（2）售后升级。此方法适用于等级比较低的点钞机，没有 USB 升级功能。售后用专业设备实现芯片升级（见图 1-42）。

图 1-41 有 USB 接口的点钞机

图 1-42 没有 USB 接口的点钞机

上述两种方法各有利弊。可 USB 升级的点钞机一般价格较贵，前期投入较大，但后续升级费用较低。可以芯片升级的点钞机价格低，但后续需要拿到售后升级，费时费力费钱。

（3）更新时必须选择比较合适的点钞机。市面上的点钞机依据类别可分为：A 类点验钞机，必须具备 9 种以上鉴别能力/鉴别技术；B 类点验钞机，必须具备 5 种以上；C 类点验钞机，必须具备 4 种以上。其中，A 类银行用最为专业，B 类一般公司、单位用，C 类适合一般店铺使用。

五、机器点钞的注意事项

（1）点钞时，必须检查点钞机计数器显示的读数是否为零，数字非零时必须按“清零”键将读数清零。

（2）送钞是机器点钞的关键。送钞时右手要平稳，左手拇指稍用力向下方掀动钞票下侧面，使钞票呈微梯形后放入喂钞口，注意不可用力往下压钞票，要让钞票自动下滑。下钞时，点钞员眼睛要注意传送带上的钞票面额，看钞票是否有其他票券、残损钞票、假钞等异常情况，同时观察数码显示情况。

（3）钞票全部下到接钞口后，要看清计数器上显示的数字是否与实际张数相符。如不符，要重新清点一次。

（4）左手将清点无误的钞票从接钞口取出后，要检查点钞机周围有无掉张，无掉张时，右手应立即将下一把钞票放入喂钞口清点，尽量不留空隙。

（5）点钞时出现计数显示器闪烁，是机器提示出现点钞不准，要求重新整点的警告。如因操作不熟练导致卡钞、出现紊乱时，应立即关闭电源开关。整点过程中，若机器经常停机，且计数显示器闪烁时，可按顺时针方向稍微垂直调节螺丝。

（6）酌情选择紫光和磁性辨伪功能。为了准确辨伪，在整点 20 元及以上人民币时，应同时选择紫光和磁性辨伪功能。因 10 元及以下钞票不含磁性油墨，所以整点 10 元以下钞票，不能打开磁性辨伪功能，否则会造成误报停机。

（7）把清点无误的钞票墩齐、扎把时（盖章工序一般留在每笔款项全部清点完毕后），眼睛应紧盯着点钞机上还在清点的其他钞票。扎好的钞票应放在点钞机的左侧。

在日常练习中，机器点钞的口诀如下：

紧张操作争分秒，左右连贯用技巧；右手投下欲点钞，左手拿出捻币钞； 两眼观察票面跑，余光扫过计数表；顺序操作莫慌乱，环节动作要减少； 原钞扎条顺序换，快速扎把须做到；维修保养经常搞，正常运转工效高。

第六节 捆 钞

捆钞是把已经扎把、盖章的钞票，按照一定的方向排列，按“#”字形（双十字）每 10 把扎成一捆。捆钞有手工捆钞和机器捆钞两种。

一、手工捆钞

双手各取 5 把钞票，并在一起墩齐，然后将 10 把钞票叠放，票面向下，面上垫纸，并将票面的1/4伸出桌面。左手按住钞票，右手拇指与食指持绳放在伸出桌面一头的票面处，然后用左手食指按住绳子，右手将绳子从右往上绕一圈与绳子的另一端合并，将钞票自左向右转两下，打上麻花扣。这时钞票横放在桌面，已束好的一头在右边，再将钞票向外倾斜，将绳子从钞票底面绕一圈，绕到左端票面的1/4处打上麻花扣，然后将钞票再翻转过来拧一个麻花扣。最后用右手食指按住麻花扣，左手食指捏住绳子一头，从横线上穿过系上活扣，在垫纸上贴上封签，并在封签上加盖日戳和点钞员、捆钞员名章，其结头处于垫纸之上封签之下的中位，捆钞样式如图1－43所示。

二、机器捆钞的操作程序

（1）调整。调整机器螺丝，使之适合要捆券别的松紧度，然后固定螺丝。

（2）挂绳。将绳拧成麻花扣，按“#”字形放置在捆钞机底面平台的凹槽内，绳两头留的长度要一致。

（3）放钞。两手各取5把钞票，并在一起墩齐，然后将10把钞票叠起，正面朝上，放在捆钞机的放钞台上，下面放好切去一角的垫纸。

（4）压钞。合上活动夹板，用右手扳下压力扶手（如是电动捆钞机则按下“紧”开关），使钞票压到已调好的松紧度。

（5）系绳。两手分别捏住绳子的两头，从上端绳套穿过，双手拉紧，从两侧把绳子绕到钞票的正面，使绳子的两端合拢拧麻花扣。然后左手按住交叉点，右手捏住绳子的一头从钞票上面竖线穿过系上活扣，在垫纸上贴上封签，加盖日戳及点钞员和捆钞员名章。机器捆钞如图1－44所示。

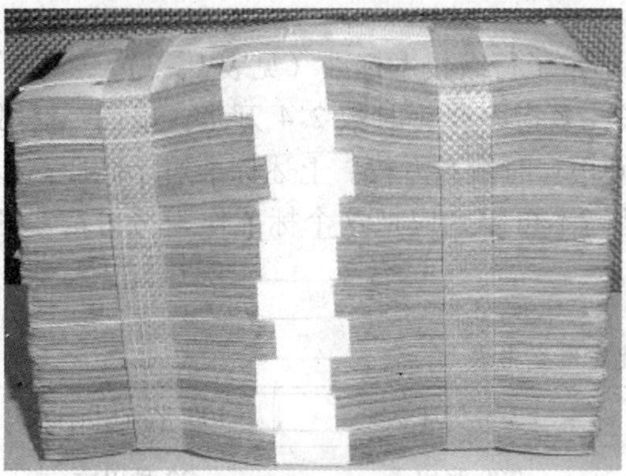

图1－43　捆钞样式

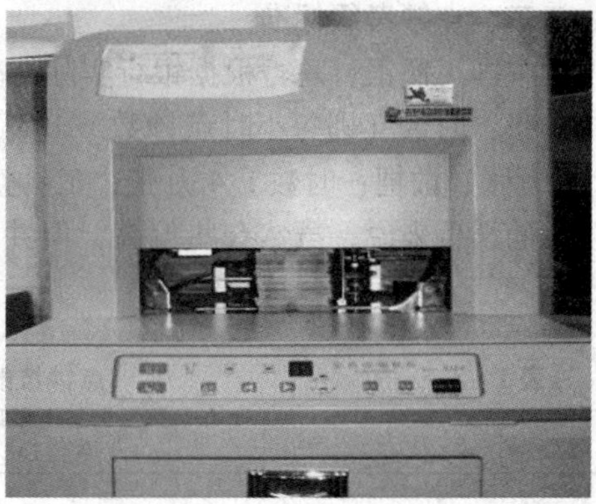

图1－44　机器捆钞

三、捆扎钞票的有关规定

（1）捆钞时要坚持操作程序，必须按每只手各取5把成一捆，以防成捆钞票多把或少把，发生差错。

(2) 整捆钞票在捆扎时要垫衬纸，用于粘贴封签。衬纸垫于钞票上一起捆扎，封签贴在捆扎绳外。要注意衬纸与封签都必须切去一角，以看清票面。

(3) 捆扎绳不能有结，最后的活扣结一定要打在衬纸表面，并用封签纸粘住。

(4) 不论是手工捆扎钞票还是机器捆扎钞票，都要以"捆紧"为原则，要通过拉紧钞绳，进行交叉固定，使钞票不易松开。

(5) 捆扎钞票完毕，要在封签上加盖日戳以及点钞员、捆钞员名章，以明确职责，便于查找差错。

[实训与达标1-4] 点钞综合实训

一、点钞训练的方法

1. 通过点钞，熟练地运用视觉、手感、听觉、对比等方法找出第五套人民币的防伪特征。这是训练鉴别人民币真伪的基本功之一。

2. 点钞动作可分解训练。从持钞、捻钞、记数、墩齐、扎把到盖章等，每个具体动作都分开训练。

3. 快速从单指单张点钞法中找到夹在其中的不同票面纸币、辅币。这是训练挑残破券、假钞的基本功。

4. 在教学中，多次组织学生进行个人和集体训练。每年要组织一定规模的个人全能比赛、集体项目比赛，进行等级鉴定考核等多种形式的实训。因为个人训练能提高能力；集体训练能增强竞争意识，锻炼心理素质，检验训练的效果；等级鉴定和比赛能培养坚韧不拔的毅力和实现更高目标的信心。

二、点钞考级标准

中国工商银行总行根据银行实际情况，确定了行级技术标准（见表1-3），要求单指单张：时数（即每小时点钞数）1.5万张；多指多张：时数2.4万张；扇面：时数2.6万张；散把：时数1.4万张；工具整点硬币：时数6万枚。上述标准对于高职高专院校的学生来说，虽然有些偏高，但并不是高不可攀，应把这个标准作为努力奋斗的目标。

表1-3 点钞技能量化标准参考表

点钞方法	等级	3分钟张数	100张所用时间
单指单张	一	700张以上	22秒以内
	二	600~699张	24秒以内
	三	500~599张	26秒以内
多指多张	一	1 000张以上	17秒以内
	二	800~999张	20秒以内
	三	700~799张	22秒以内

续 表

点钞方法	等级	3 分钟张数	100 张所用时间
扇面	一	1 000 张以上	16 秒以内
	二	900～999 张	20 秒以内
	三	700～799 张	22 秒以内

三、点钞综合实训、测试操作步骤及要求

1. 为每个考生准备 5 把或 10 把练功券，每把 100 张，反复清点无误，并编上序号。

2. 在编好序号的 5 把或 10 把练功券中随机挑出 2 把，在某一把中抽出 1 张，即 -1 张，在另 1 把或另 4 把中抽出 2 或 3 张，即 -2 或 -3 张；或者加 1 张、加 2 张、加 3 张、加 5 张，即 +1、+2、+3、+5 张等。

3. 考生自带点钞用具，包括笔、点钞蜡或海绵缸。点钞开始前，监考人员发给学生若干张扎条、一个信封、点钞成绩记录单。

4. 正式开考前，监考人员发给学生已经出好题的 5 把或 10 把练功券。待考生准备完毕后，监考人员发出“预备——开始!”口令，同时按下计时表计时，考生开始操作。考试进行到 2 分钟或 4 分钟时，监考人员提示“考试时间还剩 1 分钟”。3 分钟或 5 分钟后，监考人员下达“时间到，五、四、三、二、一，停!”口令，每位考生必须停止点钞、扎钞等操作，全体起立，迅速将各自清点过的扎成把的练功券与未清点的散券分开摆放好，将尾钞放在信封里，并退场。

5. 由监考评分教师清点每个考生的尾钞，看扎把是否紧，旧扎条是否放入新扎把里。由评分教师将清点情况记录在点钞成绩记录单上。

四、散把点钞技能比赛规则和评分标准

1. 比赛内容：点钞

2. 比赛要求：

（1）钞券构成。点钞券采用 100 元面额的人民币或练功券。

（2）手工点钞比赛每场限时 1 分钟。比赛用品均由组委会提供，包括点钞纸、海绵缸等。

（3）开赛前选手可将比赛用的练功券和工具放到适合自己的位置，不准松动、抖动和试点。

（4）点钞方法不限，可用单指或多指点钞。

（5）每场比赛结束最后 10 秒钟以倒计时的方式，以便选手掌控时间。

（6）结束口令响时，选手应立即停下点钞，并把手中已点练功券与未点部分分开摆放在桌上，并向裁判员申报已点张数；同时，把已点张数写在评分表上，由裁判员验收。

（7）一场比赛结束，裁判员应当场根据比赛计分规则，计算成绩，填写成绩单。

（8）选手必须佩戴参赛号牌参赛。参赛号牌统一贴右下角。

3. 评分标准

点钞要求做到点准、墩齐（无折角、不露头）。在规定时间内点钞准确的前提下，按实点张数多少排列名次，并填写表1－4。

(1) 有下列情形之一的，按折扣计算成绩。

参赛者点钞数与评委确认数不相符的，误差1张扣5张已点张数，误差2张的扣除10张已点张数，以此类推。

(2) 有下列情形之一的，不计成绩。

在“停止”令发出后，仍未停止手上动作者，将未点练功券冒充已点练功券不计成绩。

(3) 选手的仪容仪表10分，将按评分标准打分，得几分就相应地在最后张数上加上几张，如得6分就在最后张数上加6张，得8分就加8张，以此类推。

表1－4　　点钞计分单

姓名	点钞数	评委确认数	误差扣除	最后张数	仪容仪表	最后张数
＊＊＊	100	99	5	94	8	102

第二章　货币鉴别技术

教学目标及重点、难点

通过本章的学习和训练，熟悉人民币、外币的一般防伪特征；了解假人民币的种类及伪钞的辨别技巧；掌握人工鉴别与机器鉴别真假人民币、美元、港元等的方法；掌握假币的处理、残损人民币的挑剔与兑换。

教学重点是人民币的真假鉴别，真假美元、港元的鉴别方法；假币的处理、残损人民币的挑剔与兑换方法。

教学难点是真假币的鉴别方法。

第一节　人民币的真假鉴别

一、人民币概述

《中华人民共和国中国人民银行法》第三章第十六条规定："中华人民共和国的法定货币是人民币。"1948 年 12 月 1 日中国人民银行成立时，开始发行第一套人民币；1955 年 3 月 1 日开始发行第二套人民币；1962 年 4 月 20 日开始发行第三套人民币；1987 年 4 月 27 日开始发行第四套人民币；1999 年 10 月 1 日开始发行第五套人民币。

按照法律规定，人民币（缩写"RMB"）的主币单位为"元"；人民币辅币单位为"角"和"分"；人民币货币符号为"￥"，国际货币代码为"CNY"。人民币没有规定法定含金量，它执行价值尺度、流通手段、支付手段等职能。

目前，市场上流通的人民币共有 8 种券别，分别为 1 角、5 角、1 元、5 元、10 元、20 元、50 元、100 元，形成主辅币三步进位制，即 1 元 = 10 角 = 100 分。人民币按照材料的自然属性，分为金属币（亦称硬币）、纸币（亦称钞票）两种。无论纸币、硬币均等价流通。目前，市场上流通的人民币以第五套为主。

二、第五套人民币的类型和特点

第四套人民币于 1987 年 4 月 27 日起发行。由于设计、印制开始于我国改革开放之初，囿于当时的条件，本身存在一些不足之处，如防伪措施简单，不利于反假；缺少机读性能，不利于钞票自动化处理。凡此种种，都要求我们适时发行新版人民币。1997 年 4 月 1 日起部分币种停止发行。中国人民银行 2018 年 3 月 20 日发布公告，自 2018 年 5 月 1 日起，停止第四套人民币 100 元、50 元、10 元、5 元、2 元、1 元、2 角纸币和 1 角硬币在市场上流通。

第五套人民币共 8 种面额，其中 1 元有纸币、硬币两种。第五套人民币根据市场流通中低面额主币大量承担找零角色的实际，增加了 20 元面额，取消了 2 元面额，使面额结构更加合理。第五套人民币采取“一次公布，分次发行”的方式。1999 年 10 月 1 日，首先发行了 100 元纸币；2000 年 10 月 16 日，发行了 20 元纸币、1 元和 1 角硬币；2001 年 9 月 1 日，发行了 50 元、10 元纸币；2002 年 11 月 18 日，发行了 5 元纸币、5 角硬币；2004 年 7 月 30 日，发行了第五套人民币 1999 年版 1 元纸币；2005 年 8 月 31 日，发行了第五套人民币 2005 年版，面额有 100 元、50 元、20 元、10 元、5 元纸币和不锈钢 1 角硬币；2015 年 11 月 12 日，发行了第五套人民币 2015 年版 100 元纸币，如表 2－1、表 2－2 所示。

表 2－1　第五套人民币纸币一览表

券别	图案		主色调	发行时间
	正面	背面		
100 元纸币	毛泽东头像	人民大会堂（北京）	红色	1999－10－01、2005－08－31、2015－11－12
50 元纸币	毛泽东头像	布达拉宫（西藏拉萨）	绿色	2001－09－01、2005－08－31
20 元纸币	毛泽东头像	桂林山水（广西桂林）	棕色	2000－10－16、2005－08－31
10 元纸币	毛泽东头像	长江三峡（重庆）	蓝黑色	2001－09－01、2005－08－31
5 元纸币	毛泽东头像	泰山（山东泰安）	紫色	2002－11－18、2005－08－31
1 元纸币	毛泽东头像	西湖三潭印月（浙江杭州）	橄榄绿色	2004－07－30

表 2－2　第五套人民币硬币一览表

券别	图案		材质及主色调	直径	发行时间
	正面	背面			
1 元硬币	行名、面额、拼音、发行年号	菊花	钢芯镀镍，银色	25 毫米	2000－10－16
5 角硬币	行名、面额、拼音、发行年号	荷花	钢芯镀铜合金，金色	20.5 毫米	2002－11－18
1 角硬币	行名、面额、拼音、发行年号	兰花	铝镁合金、不锈钢，白色	19 毫米	2000－10－16、2005－08－31

第五套人民币继承了我国印制技术的传统经验，并借鉴了国外钞票设计的先进技

术。其特点是：在原材料工艺方面做了改进，提高了纸张的综合质量和防伪性；固定水印立体感强、形象逼真；磁性微缩文字安全线、彩色纤维、无色荧光纤维等在纸张中有机运用，并且采用了计算机辅助设计手工雕刻、电子雕刻和晒版腐蚀相结合的综合制版技术；特别是在二线和三线防伪方面采用了国际通用的防伪措施，为专业人员和研究人员鉴别真伪提供了条件。与第四套人民币相比，第五套人民币的防伪技能由10多种增加到20多种，主景人像、水印、面额数字均较以前放大，便于群众识别，在防伪性能和适应货币处理现代化方面有了较大提高。

第五套人民币各面额正面均采用毛泽东同志新中国成立初期的头像，底衬采用我国著名花卉图案，背面主景图案分别选用人民大会堂、布达拉宫、桂林山水、长江三峡、泰山和西湖。通过选用有代表性的、富有民族特色的图案，充分表现了我们伟大祖国悠久的历史和壮丽的山河，弘扬了伟大的民族文化。

三、人民币的一般防伪措施

人民币集中体现了当前我国最先进的印刷技术，采用了印钞专业纸张、水印、凹印、安全线、对印、多条接线、磁性油墨等多种防伪措施。第五套人民币纸币的规格：100元券为155毫米×77毫米，50元券为150毫米×70毫米，20元券为145毫米×70毫米，10元券为140毫米×70毫米，5元券为135毫米×63毫米，1元券为130毫米×63毫米。人民币的一般防伪措施如图2－1所示。

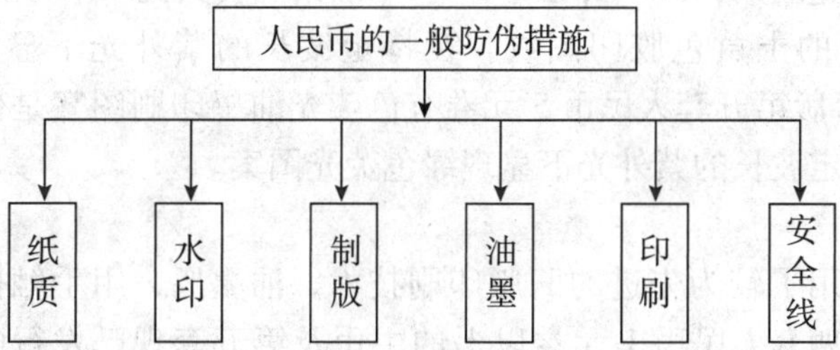

图2－1　人民币的一般防伪措施

1. 纸质

印制人民币的纸张主要原料是棉纤维和高质量木浆，在造纸过程中不加荧光增白剂，在紫外光下无荧光反应。其特点是用料讲究，工艺特殊，预置水印。例如，第五套人民币的100元券、50元券、20元券、10元券，在票面上均可看到纸张中有红、蓝彩色纤维。

2. 水印

水印是钞票纸在抄造过程中通过丝网的变化所形成的图案、文字，具有灰度清晰、层次分明、立体感强的特点。水印按其在票面的分布情况，分为固定水印、半固定位置连续水印和满版水印；按其透光性，分为多层次水印、白水印、黑水印。人民币的水印有固定水印、白水印和满版水印等。固定水印是指在钞票上某一固定位置的水印，迎光透视，立体感很强。白水印是一种迎光透视、透光性很强的图案。满版水印是指整张钞票上都散布有水印，如第三套人民币 1 元券、2 元券、5 元券（已停止流通）。

3. 制版

人民币的制版除使用我国传统的手工制版外，还采用了多色套版印制钞票图纹的胶印和凹印接线技术，以及正背面图案高精度对印技术。对印技术是指钞券在印制过程中，正、背面同一部位分别印有花纹或图案，迎光透视两面花纹或图案完全重合或互补，它是通过胶印一次印刷完成的，具有较强的防伪功能。例如，第五套人民币 100 元券、50 元券正面上方图案，20 元券正面右侧下方及背面图案，10 元券正面上方胶印图案，多处印有胶印缩微文字。

4. 油墨

印制人民币使用的是特殊配方油墨。使用这种油墨印制的多次套版人民币色泽鲜艳、色调协调、层次清晰，在大额人民币上还采用了无色荧光油墨、磁性油墨、光变油墨面额数字、隐性面额数字等主动防伪技术。

应用荧光油墨的钞票，在普通光下无任何反应；而在紫外光灯下，不同颜色的荧光油墨会有不同颜色的反光。荧光油墨分为有色荧光油墨和无色荧光油墨，例如，1999 年版、2005 年版第五套人民币 100 元券有色荧光油墨印刷是位于票面背面主景上方椭圆形图案中的红色线纹，在特定波长的紫外光下显现橘黄色荧光图案；1999 年版、2005 年版第五套人民币 50 元券的有色荧光油墨印刷图案是位于票面背面主景上、下胶印图纹中的黄绿色线纹，在特定波长的紫外光下显现黄色荧光图案；1999 年版、2005 年版第五套人民币 20 元券有色荧光油墨印刷图案位于钞票背面中间，在特定波长的紫外光下显现绿色荧光图案；1999 年版、2005 年版第五套人民币 10 元券有色荧光油墨印刷图案是位于票面的土黄色胶印图纹，在特定波长的紫外光下显现黄色荧光图案；1999 年版、2005 年版第五套人民币 5 元券有色荧光油墨印刷图案是位于票面背面的绿色胶印图纹，在特定波长的紫外光下显现绿色荧光图案。

5. 印刷

人民币印刷采用了较为先进的凹版印刷技术，油墨厚，用手触摸有凹凸感，防伪性能强。例如，第四套人民币 1 元券以上的主币及第五套现已发行的人民币，正面人像、行名、国徽、面额、花边、盲文等，背面拼音行名、主景、面额、少数民族文字、行长章等，均采用了凹版印刷技术。

6. 安全线

安全线是指在纸张的抄造过程中直接加入，成为钞纸结构的组成部分。目前所用的有不透明塑料线、荧光线、缩微印刷线。其种类可分为封闭式安全线和开窗式安全线两种。人民币使用了金属安全线、缩微文字安全线、开窗式安全线等防伪技术。开窗式安全线指安全线一段一段地表露在钞票的表面，看起来不连贯，但用荧光一照是连在一起的，组成一条完全的安全线。例如，1999 年版第五套人民币 10 元券使用全息磁性开窗安全线，20 元券使用明暗相间的安全线，50 元券、100 元券使用磁性缩微文字安全线，增加了人民币的主动防伪功能。

四、假人民币的类型和特点

假人民币是指仿照真人民币纸张、图案、水印、安全线等原样，利用各种技术手段非法制作的伪币。假人民币包括伪造币和变造币两种。

1. 伪造币的类型及特征

伪造币是指仿照真币的图案、形状、色彩等采用各种手段制作的假币。伪造的货币主要有机制假币、拓印假币、彩色复印假币、手工描绘或手工刻版印制的假币、照相假币和铸造假币。

①机制假币。其主要特征是：纸张韧性差、无弹性，纸张内无水印图案，水印用浅色油墨加盖在纸面且模糊不清；底纹浅，呈网状结构；连线出现断裂或重叠，主景图案层次不丰富；在紫外光下呈荧光反应；安全线用黄色油墨加印在纸面上。

②拓印假币。其主要特征是：纸质较差，无挺括度，纸张由3层组成，正、背两面各为一层薄纸，且纸面涂有一层油质，中间为一层白纸，墨色暗淡，无光泽。水印描绘在中间白纸上，失真度较大，在紫外光源下，有强烈荧光反应。纸幅一般较真票略小。

③彩色复印假币。其又分为黑白复印、彩色复印和激光复印等种类，主要特征为：纸质为复印机专用纸，弹性差，手感光滑；线条呈点状结构；正背面出现色差，正面人像偏红或偏黄色；水印是用白色油墨加盖在背面；在紫外光下有强烈荧光反应；冠字号码是加印而成等。

④手工描绘假币。其主要采用手工描绘伪造而成，主要特征是：底边凹印图案呈不规则状；人像、图案等失真度较大；水印多为手工描绘；在紫外光下有荧光反应等。

⑤手工刻版印制假币。其主要采用蜡纸进行刻印或通过电子扫描制成蜡版，然后油印而成，主要特征是：纸质无弹性，正反两面黏合而成；水印手工描绘，失真度大；油墨无光泽，色彩暗淡；在紫外光下有荧光反应等。

⑥照相假币。其主要特征是：纸面较光滑，纸质无弹性；人像、图案无立体感；无底纹线，墨色出现色差；水印是描绘而成，失真度较大；纸幅比真币略小等。

⑦铸造假币。这是指采用铸造的方法制作的假硬币。

2. 变造币的类型及特征

变造币指在真币的基础上或以真币为基本材料，利用挖补、揭层、涂改、拼凑、移位、重印等多种方法制作，使其改变形态的假币。变造币主要有剪贴变造币和揭页变造币两种。

①剪贴变造币。剪贴变造币是指使用多张真钞通过挖补，拼出数张假币，以达到混淆、混用，从中非法获利目的的假币。其特征是：拼凑出的钞票纸幅比真钞短缺一小截，或者花纹不衔接，钞票背面有纸条或叠压粘贴痕迹。

②揭页变造币。揭页变造币是指经过处理，将真钞揭开为正、背面两张，再贴上其他纸张，折叠混用，以达到非法获利目的而制成的假币。其特征是：揭张后的钞票比真钞票纸质薄、挺括度差，一面用其他纸张裱糊，只要将票面展开，正反面一看即可发现。

五、人民币的真假鉴别方法

真假钞票的鉴别方法主要有直观对比法、仪器识别法、特殊分析法3种。

1. 直观对比法

从对比的形式上，可以把直观对比法概括为眼看、手摸、耳听3种方法。

(1) 眼看。观察票面的外观颜色、水印、安全线、胶印缩微文字、有色纤维、隐形面额数字、对印图案、号码等。

①看水印。看钞票的水印是否清晰，有无层次和浮雕的效果。第五套人民币各券别纸币的固定水印位于票面正面左侧的空白处，迎光透视，可以看到立体感很强的水印。100元券、50元券的固定水印为毛泽东头像图案；20元券、10元券、5元券纸币的固定水印分别为荷花、月季花、水仙花花卉图案。

②看安全线。第五套人民币1999年版纸币在各券别票面正面中间偏左，均有一条安全线。100元券、50元券的安全线迎光透视，分别可以看到缩微文字“RMB100”“RMB50”，仪器检测均有磁性；20元券迎光透视，是一条明暗相间的磁性安全线；10元券、5元券安全线为全息磁性开窗式安全线，即安全线局部埋入纸张中，局部裸露在纸面上，开窗部分分别可以看到由微缩字符“￥10”“￥5”组成的全息图案，仪器检测有磁性。

③看光变油墨。第五套人民币100元券和50元券正面左下方的面额数字采用了光变油墨印刷。将垂直观察的票面倾斜到一定角度时，100元券的面额数字会由绿色变为蓝色；50元券的面额数字则会由金色变为绿色。

④看票面图案。看票面图案是否清晰，色彩是否鲜艳，对接图案是否可以对接上。第五套人民币1999版纸币的阴阳互补对印图案应用于100元券、50元券和10元券中。这3种券别的正面左下方和背面右下方都印有一个圆形局部图案，迎光透视，两幅图案准确对接，组合成一个完整的古钱币图案。

⑤看凹印部位图案。看凹印部位图案是否均由点线构成。雕刻凹版印刷技术广泛应用于第五套人民币的毛泽东头像、中国人民银行行名、面额数字、盲文面额标记等处。特点是图文线条精细、层次丰富、立体感很强，用手触摸有明显的凹凸感。

⑥用放大镜看。用5倍以上的放大镜观察票面，看图案线条、缩微文字是否清晰干净。真币的花纹、线条粗细均匀，图案清晰、色彩鲜艳、颜色协调、层次分明；而假币则线条凌乱、粗细不一，图案色彩层次暗淡不清、水印呆板、失真、模糊、无立体感。

第五套人民币纸币各券别正面胶印图案中，多处印有缩微文字，在各券别纸币背面也有该防伪措施。100元券缩微文字为“RMB”和“RMB100”；50元券为“RMB50”和“50”；20元券为“RMB20”和“人民币”；10元券为“RMB10”和“人民币”；5元券为“RMB5”和“人民币”字样。

(2) 手摸。用手触摸凹印人像、行名、大面额数字、盲文面额标记等，真钞线纹光洁，凹凸感明显。

①摸人像、盲文点、中国人民银行行名等处是否有凹凸感。第五套人民币纸币各

券别正面主景均为毛泽东头像，采用手工雕刻凹版印刷工艺，形象逼真、传神，凹凸感强，易于识别。

②摸纸币是否薄厚适中，挺括度是否良好。

（3）耳听。即用手甩、弹、抖，使钞票纸发出声音，钞票专用纸张发出的声音清脆，与伪钞使用的民用纸张有明显不同。如手持钞票用力抖动、手指轻弹或两手一张一弛轻轻对称拉动，真钞能听到清脆响亮的声音。而假币由于制造设备落后，印刷的光洁度、挺括度都不如真币好，因此声音比较沉闷。

在直观对比法中，当用眼看、手摸、耳听等方法发现了可疑票币，但仍不能确定其真伪时，还可用票样与可疑票币局部图案、花纹对比，从纸质、墨色、印刷技术等方面进行对比；或者可以用尺量，假币的长度和宽度通常小于真币。

用直观比较法识别人民币的真伪，亦可通过对比真假人民币的主要特征来进行，如表2－3所示。

表2－3　　真假人民币的主要特征对比

项目	特征对比	
	真币	假币
纸张识别	人民币纸张采用专用钞纸，主要成分为棉短绒和高质量木浆，具有挺括、耐折、不易撕裂、抖动时声音发脆响等特点	假币纸张绵软、韧性差、易断裂、抖动时声音发闷
水印识别	人民币水印是在造纸中采用特殊工艺使纸纤维堆积而形成的暗记，分满版水印和固定水印两种。如现行人民币1元券、2元券、5元券为满版水印暗记；10元券、50元券、100元券为固定人头像水印暗记。其特点是层次分明、立体感强，透光观察清晰	假币特点是水印模糊，无立体感，变形较大，用浅色油墨加印在纸张正、背面，不用迎光透视就能看到
凹印技术识别	真币的技术特点是图像层次清晰，色泽鲜艳、浓郁，立体感强，触摸有凹凸感，如1元券、5元券和10元券人民币在人物、字体、国徽、盲文点处都采用了这一技术	假币图案平淡，手感光滑，花纹图案较模糊，并由网点组成
荧光识别	1999年版50元券、100元券人民币分别在正面主图景两侧印有在紫外光下显示纸币面额阿拉伯数字“100”或“50”和汉语拼音“YIBAI”或“WUSHI”的金黄色荧光反应，但整版纸张无任何反应	假币一般没有荧光暗记，个别的虽有荧光暗记，但与真币比较，颜色有较大差异，并且纸张会有较明亮的蓝白荧光反应
安全线识别	真币的安全线是立体实物与钞纸融为一体，有凸起的手感	假币一般是印上或画上的颜色，如加入立体实物，会出现与票面皱褶分离的现象。此外，还可借助仪器进行检测，可用紫外光、放大镜、磁性等简便的方法对可疑票券进行多种检测

2. 仪器识别法

仪器识别法是指用5~10倍的放大镜观察缩微文字、接线、图案颜色；用专用验钞仪检测荧光纤维、荧光油墨的荧光反应；用磁性检测仪检测磁性号码、磁性安全线等部位的磁性特征。

3. 特殊分析法

特殊分析法是指通过专用设备分析纤维成分、油墨成分等方法鉴定钞票真伪，技术要求高，对钞票有一定破坏性，一般为印钞厂等单位使用。

仪器识别法和特殊分析法都是借助一些简单的工具和专用的仪器来分辨人民币的真伪。这里对两种识别方法综述如下。

①借助放大镜可以观察票面线条清晰度、胶印和凹印缩微文字等，真币底纹线清晰、连续，假币底纹线模糊、间断。

②用紫外灯光照射票面，可以观察钞票纸张和油墨的荧光图纹反应，真币无荧光反应，假币有荧光反应。

③用磁性检测仪可以检测黑色横号码的磁性印记，真币有磁性油墨、有反应，假币无磁性油墨、无反应。

④用防伪点钞机来鉴别人民币真伪。这是一种集点钞与防伪功能于一身的工具。目前较通行的是将综合使用光谱、红外线、紫外光照射、荧光和磁性油墨等辨假措施运用于防伪点钞机。在机器点钞的运行过程中如出现假币则会自动停机并报警。

⑤人民币自动验钞机。这是一种比较先进的人民币鉴别工具。一般采用CPU控制及数码识别技术，由微电脑存储各种版本人民币及假币参数，对钞票的安全线、水印、尺寸、纸质、磁性油墨及荧光特性等进行多重真伪鉴别，具有验钞速度较快、准确率较高、使用方便、体积小等特点。

[实训与达标2-1] 1999年版第五套人民币的防伪特征分析及实训

一、观看录像片——第五套人民币的防伪常识

通过登录中国人民银行网站，观看由中国人民银行制作的录像片——第五套人民币的防伪常识。

要求：学生边看录像片边做笔记，教师要对重要的防伪特征做提示和强调。

二、1999年版第五套人民币的一般防伪特征分析

第五套人民币的防伪技术比前四套人民币更加先进，表现在以下几个方面。

1. 水印

固定图案（人像、花卉）水印，位于票面正面左侧空白处，迎光透视，可见立体感很强的多色调水印图案。第五套人民币的5种纸币都含有水印。100元券、50元券在正面左侧有与主景人像相同、立体感很强的毛泽东头像水印；20元券是一朵荷花；10元券和5元券采用了双水印，10元券是月季花和位于双色横号码下方的数字“10”

两处水印图案；5 元券是水仙花和数字“5”两处水印图案。

2. 安全线

第五套人民币的 5 种纸币均采用了安全线技术。100 元券、50 元券采用了磁性缩微文字安全线，安全线上的缩微文字分别是“RMB100”和“RMB50”；20 元券采用了带有磁性且明暗相间的安全线；10 元券和 5 元券均采用了全息磁性开窗式安全线。

3. 红、蓝彩色纤维

彩色纤维是预先将一些特殊纤维染上颜色，在造纸过程中不规则地加到纸张中间，纤维与纸张的其他纤维紧密结合，具有较强的防伪性。第五套人民币的纸张中都含有不规则分布的红色或蓝色纤维丝（1 元钞票无）。

4. 光变油墨面额数字

第五套人民币首次采用了光变油墨技术，用来印刷 100 元券和 50 元券正面左下方的面额数字。将垂直观察的票面倾斜到一定角度时，100 元券的面额数字由绿色变为蓝色；而 50 元券的面额数字则由金黄色变为绿色。

5. 雕刻凹版印刷

手工雕刻凹版是通过钞票雕刻师手工雕刻方式制版而成的。由于每个雕刻师均有自己的刀法、风格，其雕刻线条的深浅、弧度、角度别人很难模仿，具有极强的防伪性。雕刻凹版印刷技术广泛应用于第五套人民币的毛泽东头像、中国人民银行行名、盲文面额标记等处。例如，第五套人民币 50 元券正面毛泽东头像和背面的布达拉宫主景钢板雕刻就是由艺术家马荣采用手工雕刻凹版印刷工艺完成的。特点是：图文线条精细、层次丰富、立体感很强，用手触摸有明显的凹凸感。再如，第五套人民币正面的装饰花纹精选了具有中国传统历史文化特色和民族特色，并有一定经典意义的纹饰。其中，100 元券采用了中国漆器的花纹，50 元券是少数民族的挑绣，20 元券是青铜饕餮的纹路，10 元券则是中国传统瓷器的花纹。

6. 阴阳互补对印图案

阴阳互补对印图案应用于 100 元券、50 元券和 10 元券中。这 3 种券别的正面左下方和背面右下方都印有一个圆形局部图案。迎光观察，正背图案互补组合成一个完整的古钱币图案。

7. 隐形面额数字

隐形面额数字是用横线竖线交叉和点线结合构成的花纹，使一个完整的图案中隐藏着特定的图文或数字。按照一定的角度观察，就能看到隐蔽的图文或数字。第五套人民币的隐形面额数字印在钞票正面的右上方。将钞票置于与眼睛接近水平的位置，面对光源做平面旋转 45°或 90°，即可看到隐形面额数字。

8. 凹印缩微文字和胶印缩微文字

第五套人民币的 5 种纸币都含有凹印缩微文字和胶印缩微文字，必须借用放大镜才能分辨出来。凹印缩微文字分布于 100 元券、50 元券和 5 元券的背面主景下方和右下角的面额数字内，以及 20 元券、10 元券和 5 元券正面右上方的装饰图案中。胶印缩微文字分别位于 100 元券、50 元券、10 元券和 5 元券的正上方，20 元券的正面右侧和下方以及背面图案中，缩微文字均为“RMB20”和“人民币”字样。

9. 横竖双号码和双色横号码

第五套人民币100元券和50元券正面采用了横竖双号码：100元券、50元券的横号码均为黑色，并有磁性。竖号码100元券为蓝色、50元券为红色；20元券、10元券和5元券则采用了双色横号码，号码的左半部分为红色，右半部分为黑色。

10. 凹印接线印刷

票面正面大面额数字采用雕刻凹版印刷，两种墨色对接完整。

11. 胶印接线印刷

票面正面左侧中国传统图案由线条组成。每根线条呈现出两种以上不同的色彩，不同色彩之间对接完整。

12. 无色荧光油墨印刷图案

票面正面行名下方胶印底纹处，在特定波长的紫外光下可以看到面额数字，该图案采用无色荧光油墨印刷，可供机读。

13. 无色荧光纤维

在特定波长紫外光下，可看到纸张中随机分布有黄色和蓝色荧光纤维。

14. 有色荧光油墨印刷图案

票面背面主景图案中的部分图形，在特定波长的紫外光下显现荧光图案。

15. 磁性油墨印刷号码

用磁性检测仪器检测，票面正面黑色横号码有磁性，可供机读。

16. 红外光油墨印刷图案

钞票正背面部分图案在特定波长红外光下可见图案。

17. 硬币

第五套人民币的硬币有3种，包括1元、5角和1角，正面铸有“中国人民银行”、面额数字的拼音字母以及发行年号，背面为“中国人民银行”的拼音字母及花卉图案。

三、1999年版第五套人民币100元、50元假币的主要特征举例

【例1】 根据某市公安局曾缴获的第五套人民币100元面额假币，总结其主要特征有以下几点，如图2-2所示。

（1）纸张：采用普通书写纸，在紫外灯光照射下，票面呈蓝白色荧光反应。

（2）水印：用淡黄色油墨印在票面背面水印位置的表面，背面垂直观察，可看到一个模糊的淡黄色毛泽东头像印刷图案；迎光透视，固定人像水印轮廓模糊，没有浮雕立体效果。

（3）印刷：票面颜色较浅；采用胶版印刷，除了正面毛泽东雕刻凹版印刷图案的衣领位置有粗糙感外，其他地方平滑，票面主要图案无凹版印刷效果，墨色不厚实；手工雕刻图像线条粗糙，立体感差，形象不传神；票面线条均由网点组成，呈点状结构；无红、蓝彩色纤维。

（4）安全线：用无色油墨印在票面正、背面纸的表面，垂直观察，正背两面均可看到一条淡灰色印刷线条；迎光透视，模糊不清；缩微文字模糊不清；无磁性。

(a)正面

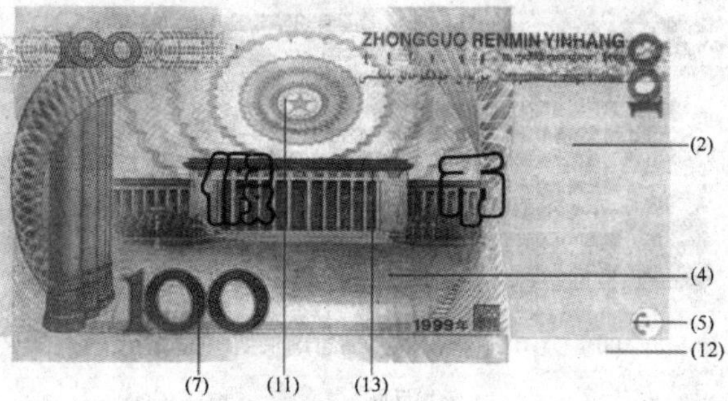

(b)反面

图 2－2 1999 年版第五套人民币 100 元假币

来源：工商银行深圳分行

（5）阴阳互补对印图案：古钱币阴阳互补对印图案错位、漏白和重叠。

（6）胶印缩微文字：胶印缩微文字模糊不清。

（7）凹印缩微文字：凹印缩微文字模糊不清。

（8）隐形面额数字：无隐形面额数字。

（9）光变油墨面额数字：光变油墨面额数字不变色。

（10）无色荧光油墨印刷图案：在紫外灯光照射下，无色荧光油墨“100”较暗淡，颜色浓度及荧光强度较差。

（11）有色荧光油墨印刷图案：在紫外灯光照射下，有色荧光油墨印刷图案色彩单一，较暗淡，颜色浓度及荧光强度较差。

（12）无色荧光纤维：无无色荧光纤维。

（13）冠字号码：横竖双号码中的黑色部分无磁性。

【例 2】 某市公安部门曾查获 1999 年版第五套 50 元面额假人民币数十万张，其主要特征如图 2－3 所示。

（1）纸张：采用普通书写纸，在紫外灯光照射下，票面呈蓝白色荧光反应。

（2）水印：用淡黄色油墨印在票面正、背面水印位置的表面，垂直观察，可看到一个淡黄色毛泽东头像印刷图案；迎光透视，固定人像水印轮廓模糊，没有浮雕立体效果。

（3）印刷：票面颜色较浅；采用胶版印刷，表面平滑，票面主要图案无凹版印刷效果，墨色平滑不厚实；手工雕刻头像线条粗糙，立体感差，形象不传神；票面线条

(a)正面

(b)反面

图 2－3　1999 年版第五套人民币 50 元假币

来源：工商银行深圳分行

均由网点组成，呈点状结构。

（4）安全线：用淡灰色油墨印在票券正面纸的表面，正面垂直观察，可看到一条淡灰色印刷线条；缩微文字模糊不清；无磁性。

（5）红、蓝彩色纤维：用彩色油墨印在票券的正面，在成批同个冠字号码的假人民币中，红、蓝彩色纤维固定、不随机。

（6）阴阳互补对印图案：古钱币阴阳互补对印图案错位、重叠。

（7）胶印缩微文字：胶印缩微文字模糊不清。

（8）凹印缩微文字：凹印缩微文字模糊不清。

（9）隐形面额数字：无隐形面额数字。

（10）无色荧光油墨印刷图案：在紫外灯光照射下，无色荧光油墨印刷图案“50”较暗淡，颜色浓度及荧光强度较差。

（11）有色荧光油墨印刷图案：有色荧光油墨印刷图案色彩单一，颜色浓度及荧光强度较差。

（12）无色荧光纤维：无无色荧光纤维。

（13）光变油墨面额数字：光变油墨面额数字不变色。

（14）冠字号码：横竖双号码中的黑色部分无磁性。

四、实际操作题

从中国人民银行申请几张 1999 年版第五套人民币 100 元和 50 元面额假币与真币混

合在一起，让每个学生自己鉴别出真假钞，并说出自己是通过什么方法鉴别出来的，假币有哪些主要特征。

五、简答题

1. 什么是水印？
2. 什么是安全线？
3. 什么是隐形面额数字？
4. 什么是手工雕刻凹版？
5. 什么是彩色纤维？
6. 什么是对印技术？
7. 人民币印钞纸由什么原料制成？与普通印刷纸相比有什么不同？
8. 简述变造币的定义及主要形式。
9. 简述伪造币的定义及主要形式。
10. 第五套人民币 1999 年版纸币采用了哪几种安全线？

[实训与达标 2-2] 2005 年版第五套人民币的防伪特征分析及实训

一、2005 年版第五套人民币的一般防伪特征分析

2005 年版第五套人民币于 2005 年 8 月 31 日发行，共发行了 100 元、50 元、20 元、10 元、5 元纸币和 1 角硬币 6 种券别。它保持了 1999 年版第五套人民币主图案、主色调，规格不变，从构成货币的基本要素来说，不是发行一套新的人民币，是对现行流通的 1999 年版第五套人民币的继承，又是对 1999 年版第五套人民币的创新和提高。目前，第五套人民币 2005 年版与 1999 年版同时流通。2005 年版第五套人民币的一般防伪特征如下。

1. 2005 年版第五套人民币与 1999 年版的相同之处

（1）2005 年版第五套人民币规格、主景图案、主色调、中国人民银行行名和汉语拼音行名、隐形面额数字、花卉图案、国徽、盲文面额标记、民族文字等票面特征，均与现行流通的 1999 年版第五套人民币相同。

（2）2005 年版第五套人民币 100 元、50 元纸币的固定人像水印、手工雕刻头像、胶印缩微文字、雕刻凹版印刷等防伪特征，均与现行流通的 1999 年版第五套人民币 100 元、50 元纸币相同。

（3）2005 年版第五套人民币 20 元纸币的固定花卉水印、手工雕刻头像、胶印缩微文字、双色横号码等防伪特征，均与现行流通的 1999 年版第五套人民币 20 元纸币相同。

（4）2005 年版第五套人民币 10 元、5 元纸币的固定花卉水印、白水印、全息磁性开窗安全线、手工雕刻头像、胶印缩微文字、雕刻凹版印刷、双色横号码等防伪特征，均与现行流通的 1999 年版第五套人民币 10 元、5 元纸币相同。2005 年版第五套人民币 10 元纸币的阴阳互补的胶印对印图案，与现行流通的 1999 年版第五套人民币 10 元纸

币相同。

2. 2005 年版第五套人民币与 1999 年版的区别

（1）调整防伪特征布局。2005 年版第五套人民币 100 元、50 元纸币正面左下角胶印对印图案调整到正面主景图案左侧中间处，光变油墨面额数字左移至原胶印对印图案处，背面右下角胶印对印古钱币图案调整到背面主景图案右侧中间处。

（2）调整防伪特征。

①调整隐形面额数字观察角度。2005 年版正面右上方有一装饰性图案，将票面置于与眼睛接近水平的位置，面对光源做上下倾斜晃动，分别可以看到“100”“50”或“20”等面额数字字样，随观察角度不同，数字可以呈深色或浅色。

②将原全埋式磁性镂空缩微文字安全线调整为全息磁性开窗安全线。第五套人民币 2005 年版 100 元、50 元纸币背面中间偏右有一条开窗式安全线，开窗部分分别可以看到由缩微字符“￥100”“￥50”组成的全息图案，仪器检测有磁性。2005 年版 20 元纸币正面中间偏左有一条开窗式安全线，开窗部分可以看到由缩微字符“￥20”组成的全息图案。

③取消原横竖双号码中的竖号码，第五套人民币 2005 年版 100 元、50 元纸币将横号码改为双色异形横号码。用特定仪器检测，有磁性。正面左下角印有双色异形横号码，左侧部分为红色，右侧部分为黑色。字符由中间向左右两边逐渐变小，20 元及以下面额钞票未改动。

④背面主景下方的凹印缩微文字“RMB100”和“人民币”长度适当缩短，不穿过面额数字和“YUAN”。第五套人民币 2005 年版 20 元纸币背面主景图案桂林山水、面额数字、汉语拼音行名、民族文字、年号、行长章等均采用雕刻凹版印刷，用手触摸，有明显凹凸感。

⑤调整纸张特种原料，运用中性抄纸技术。

（3）增加防伪特征。

①白水印。2005 年版第五套人民币 100 元、50 元纸币位于正面双色异形横号码下方，2005 年版第五套人民币 20 元纸币位于正面双色横号码下方，迎光透视，分别可以看到透光性很强的水印“100”“50”“20”等面额数字字样。

②凹印手感线。正面主景图案右侧，有一组自上而下规则排列的线纹，采用雕刻凹版印刷工艺印制，用手指触摸，有极强的凹凸感。

③防复印标记。2005 年版第五套人民币各面额（包括 1999 年版 1 元纸币）的水印周围，有一些特殊排列的圆圈（欧姆龙环），其作用是防止纸币被复印或打印。

④特殊标记。正面行名下方无色荧光油墨印刷图案，增加特种标记，可供机读。

⑤阴阳互补对印图案。2005 年版第五套人民币 20 元纸币正面左下角和背面右下角均有一圆形局部图案，迎光透视，可以看到正背面的局部图案合并为一个完整的古钱币图案。

此外，2005 年版第五套人民币的背面主景图案下方的面额数字后面，增加人民币单位元的汉语拼音“YUAN”，年号改为“2005 年”；取消了各券别纸张中的红、蓝彩色纤维。

综上所述，1999 年版第五套人民币 100 元、50 元纸币共有 8 种专业防伪特征，10 种公众防伪特征；2005 年版 100 元、50 元纸币共有 9 种专业防伪特征，11 种公众防伪特征。第五套人民币 2005 年版 100 元、50 元纸币均保留了 1999 年版 100 元、50 元纸币的 5 种专业防伪特征，调整了 5 种公众防伪特征。

二、2005 年版第五套人民币 100 元假币的主要特征及举例

【例 3】　2005 年版第五套人民币于 2007 年以来在我国一些地区陆续发现冠字号码为“HD90”“HD95”“HB90”“CE86”“CH31”“JD13”“TJ38”“YT51”和“ED78269834”的高仿真 100 元面额假钞。所谓高仿真，实际上与其他假币一样，都属于机制胶印假币。其纸张、水印、安全线、光变油墨面额数字、阴阳互补对印图案均与真币有明显差别。商业银行验钞机和自动存取款机均能识别，持有人也可以用通常的手摸、眼看识别方法辨别出来。

（1）以“HD90”开头的百元假币。其主要以“HD9026”开头，至少有两种以上版本。较早出现的一个版本，防伪特征少，制作比较粗糙，较易识别。随后制假者针对验钞机的升级，增加了一些假的防伪特征，质量较差的验钞机难以识别。其简要特征如下。

①印刷及纸张。该冠字号码假币为机制胶印，纸张较脆，无韧性。

②水印。固定人像水印及“100”白水印均用无色油墨直接印在纸张正面。其中，水印头像比较模糊，没有立体感，失真比较严重；纸币左下角用光变油墨制作的“100”标记也不会随着视角的不同而改变颜色。

③伪造安全线。目前发现的冠字号码假币有两种安全线：一种是用银黑色磁带夹在正背面纸张中，并在背面用银色油墨烫印全息图案；另一种是用黑色油墨在假币正面印刷黑色条纹、背面用银色油墨烫印全息图案，并刷上磁粉。

④光变油墨面额数字。用珠光油墨印制而成，无光变效果。

⑤阴阳互补对印图案错位。

⑥假币的凹凸感是用坚硬金属模具压制而成的。其中，假币正面右下角的盲文不凸出，没有凹凸感。

⑦隐形面额数字用无色油墨印刷，无须旋转角度即可看见面额“100”的字样。

⑧编号。从假币的背面可以看到，编号已经透过纸张正面，可以隐约看到黑色油墨痕迹。同时，真币的编号都是唯一的，而在“HD90”开头的假钞中，却出现了重号的情况。

⑨金线是印上去的。在钞票的金线处，真钞对着强光可以看到一条明显的黑影，假币却是一条并不太明显且断断续续的半透明影子。

（2）以“CE86”“CH31”开头的百元假币。比“HD”开头的假币仿真度更高。这些假币通过仔细辨认是能辨出真假的，银行的验钞机也能识别。其简要特征如下。

①假币的左边加重了凹凸感较强的印痕，手摸起来和真币相差不大。

②许多假币上都印有水印、安全线、阴阳互补对印图案等伪造标志。

③制假者将针捆成团，装在小塑料袋中，使用时用成团的针扎假币的人头部位，增加凹凸感，这样的钞票摸起来更有质感，更像真币。

（3）以“TJ38”开头的百元假币。仿真程度与“HD90”相似。其简要特征如下。

①图案纹理不清晰，票面“100”防伪字体不会变色，防伪金属线不完整。

②水印线条看起来比较生硬，其正面左下角数字虽能反光，但上面的粉末“撒”出来了。

③逆光的情况下，防伪线不完整，断成几截，不连在一起。

④均为平版印刷，图案纹理不清晰，票面“100”防伪字体不变色。

（4）以“YT51”开头的百元假币。这种假币首次出现于2009年2月23日，被遂宁市安居区公安分局和金融机关合作查获。由于假币变化多样，逼真度很高，而且相关数字开头的钞票也并非全是假币，市民很难辨识。市民在鉴别百元钞票时，要多与真币比较；实在无法鉴别，可以去银行让工作人员帮助辨识。以“YT51”开头的百元假钞的基本特征如下。

①纸张劣质，比真币薄。

②印刷模糊，特别是头像图案比较模糊。

③变色油墨还未达到真币效果，这是鉴别真假币的关键。

（5）以“ED78”开头的百元假币。其特征如下。

①该假币是由“HD90”假币涂改号码而成的，用设备观察时，可在号码“ED78”底部隐隐约约看到“HD90”的字迹。

②假币凹印手感线是用胶水丝印模仿真币的凸起效果，和毛泽东头像衣领附近的凸起效果模仿手法相似，但凸起的位置不在手感线上。

③假币光变油墨模仿较好，与真币变色效果相似，转动观察，可见黄绿色反光或黑绿底色。

（6）通过编码识别真假币。人民币纸币上的编码又称冠字号码。“冠字”是印在纸币上用来标记印刷批次的2个或3个英文字母，由印钞厂按一定规律编排和印刷；“号码”是印在冠字后面的阿拉伯数字流水号，用来标明每张钞票在同冠字批次中的排列顺序。冠字号码是钞票的防伪措施之一。如编号为“WJ135”开头的100元币，编号为“FA”开头的50元币，编号为“AB77”“AB88”“AB99”开头的10元币，均为假币。但是，仅凭冠字号码来判别货币的真假是不准确的，还必须辅以其他方法。例如，上述假钞的纸张都比较柔软，经常接触钱的人用手一摸就能感觉出来。

（7）变造币。变造币是指采用将票券正面或背面揭开，剪割拼凑、涂改面额等非法手段所变造的人民币。其简要特征如下。

①以一张变两张。

②经过分割拼凑多兑，从中牟取非法利益。

【例4】 2014年9月5日，中国人民银行发布有关M3W96假币情况的通报，有多家媒体报道称“M3W96高仿真假币能够通过点验钞机”，引发群众担忧。经过对收缴的M3W96假币进行分析后发现，该类型假币最早出现于2013年3月，其假币特征比较明显，与真币存在较大差异，无法通过合格点验钞机的检验，公众也较易识别，如图 2－4 所示。

图 2－4　M3W96 假币

来源：中国人民银行网站

纸币冠字号码排列方式并非人民币防伪技术和特征，如以“M3W”打头钞票并非都是假币，所以公众不宜以冠字号码排列方式作为判断人民币真伪的依据。以“M3W”打头假币有如下七大特征。

（1）对印图案：假币有漏白和错位，如图 2－5 所示。

（a）真币对印图案　（b）假币对印图案

图 2－5　对印图案

来源：中国人民银行网站

（2）纸张：假币在紫外光下有荧光反应无荧光纤维，如图 2－6 所示。

（a）真币荧光反应　（b）假币荧光反应

图 2－6　2005 年版第五套人民币 100 元真假币的荧光反应

来源：中国人民银行网站

（3）冠字号码：假币字符排列不齐，间隔不规则，如图 2－7 所示。

（4）安全线：假币印刷而成，模糊不清，如图 2－8 所示。

（5）水印：假币固定人像水印模糊不清，如图 2－9 所示。

（6）光变油墨面额数字：假币无变色效果，如图 2－10 所示。

（7）缩微文字：假币模糊不清，如图 2－11 所示。

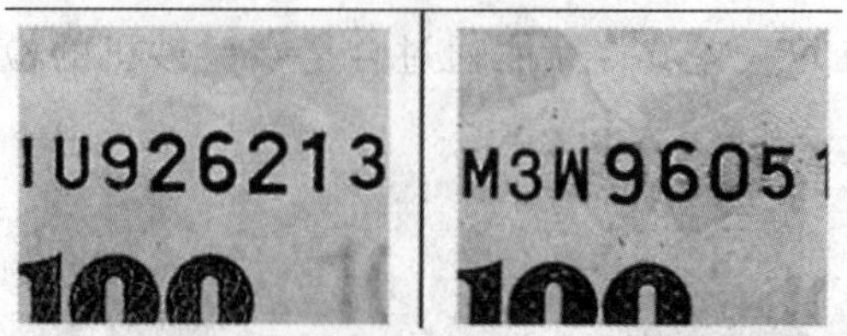

（a）真币字符排列　（b）假币字符排列

图 2－7　冠字号码

来源：中国人民银行网站

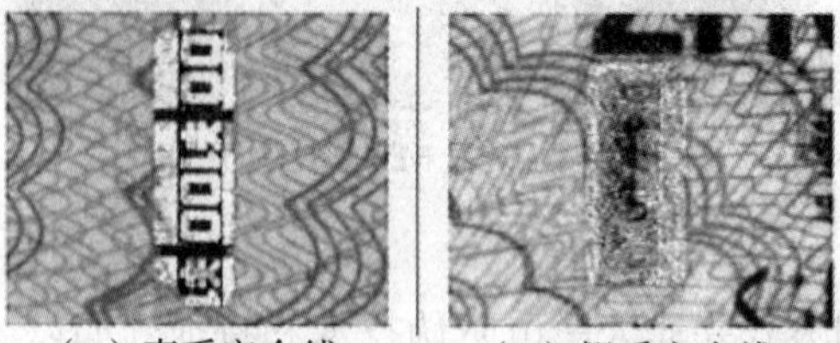

（a）真币安全线　（b）假币安全线

图 2－8　安全线

来源：中国人民银行网站

（a）真币水印　（b）假币水印

图 2－9　水印

来源：中国人民银行网站

（a）真币光变油墨　（b）假币光变油墨

图 2－10　光变油墨面额数字

来源：中国人民银行网站

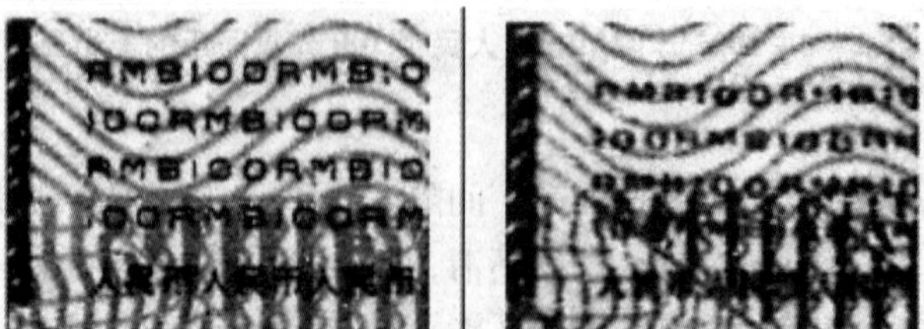

（a）真币缩微文字　（b）假币缩微文字

图 2－11　缩微文字

来源：百度图片

【例5】 2013年，以“C1F9”开头的高仿真假币在北京现身，媒体报道其能够通过银行点验钞机，引发公众担忧。中国人民银行营业管理部于2013年7月4日专门向媒体进行了说明，表示经现场核实调查和鉴定，此类假币没有任何机读特征，用验钞机完全能够检测，外观也与真币存在较大差异，眼观手摸也可识别。5日央行网站再次发出有关“C1F9假币”的通报，提醒公众只要保持警惕，掌握基本的人民币防伪常识，就可以避免假币侵害。

公众可通过以下三种最简单也是最有效的方法识别假币：一是“迎光透视”，真币的水印立体感很强，而假币的水印无立体感，制作粗糙；二是“倾斜看”，真币的光变油墨面额数字垂直角度观察为绿色，倾斜一定角度观察为蓝色，而假币没有变色效果；三是“轻轻触摸”，在光线较暗的情况下，可以用手指轻轻触摸钞票正面右侧的凹印手感线、上方“中国人民银行”字迹、中间团花、毛泽东头像等部位，真币有如浮雕一般的凸凹手感，而假币或平滑或经过造假者二次加工出现比较突兀、不均匀的凸凹感。

以“C1F9”开头假币三大特征，如表2-4所示。

表2-4　以“C1F9”开头假币三大特征

项目	假币特征描述	真假特征对比图	
		真币	假币
光变油墨面额数字	无变色效果		
水印	固定人像水印无立体感； 白水印透光效果较差		
安全线	印刷而成，制作粗糙		

来源：中国人民银行网站

【例6】 （红网长沙）2015年2月4日消息，2月3日上午株洲市民何先生收到了一张仿真度极高的拼接假币，如图2-12所示。钞票正面左侧约1/4的面积为假币，右侧3/4面积为真币；左侧1/4面积中，左下角“100”字样处也为真币，迷惑性极高。据银行工作人员介绍，由于人民币左下角变色荧光数字技术比较先进，难以仿造，所以就将真币上的变色荧光数字进行挖剪，用隐形胶水粘补在假币同一位置上。拼接币的特点主要是：迎光透视能看到明显粘贴痕迹；真假币粘贴处线条图案有错位现象；

使用验钞机检验钞票真伪时，应综合检测钞票的磁性、水印、荧光油墨图案等多种防伪特征，如图 2-13 所示。

图 2-12　2005 年版第五套人民币 100 元真币和假币

注：上面为真币，中间为拼接假币，下面是普通假币。

来源：百度图片

图 2-13　2005 年版第五套人民币 100 元拼接假币

注：背面有明显的拼接痕迹，“RENMIN”字样有错位现象。

来源：百度图片

三、实际操作题

从中国人民银行申请几张 2005 年版第五套人民币 100 元和 50 元面额假币与真币混合在一起，让每个学生自己鉴别出真假钞，并说出自己是通过什么方法鉴别出来的，其假币有哪些主要特征。

四、简答题

1. 2005 年版第五套人民币与 1999 年版第五套人民币 100 元纸币相比，增加了哪些防伪特征？

2. 2005 年版第五套人民币与 1999 年版第五套人民币 100 元纸币相比，防伪特征做了哪些调整？

[实训与达标 2-3] 1999 年版和 2005 年版第五套人民币 20 元、10 元、5 元真假币鉴别实训

一、1999 年版第五套人民币 20 元面额假币的主要特征及举例

【例 7】　某市查获的第五套人民币 20 元假币如图 2-14 所示。其主要特征如下。

（1）纸张：采用普通书写纸，在紫外灯光照射下，票面呈蓝白色荧光反应。

（2）水印：采用淡黄色油墨印在钞票背面水印位置的表面；背面垂直观察，能看到一个线条简单的淡黄色花卉印刷图案；正面迎光透视，看不到固定花卉水印；背面

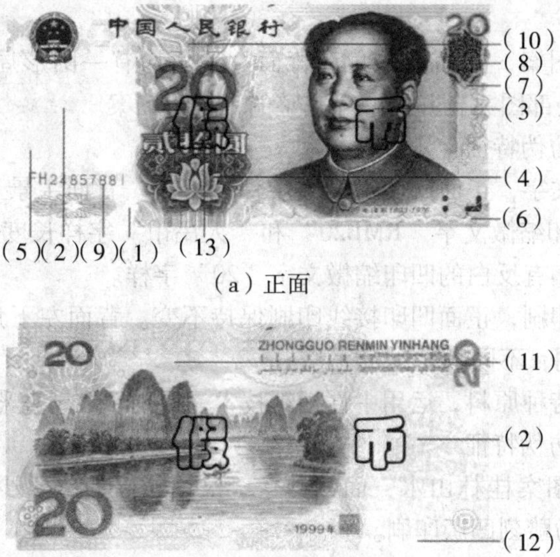

（a）正面

（b）反面

图 2-14　1999 年版第五套人民币 20 元假币

来源：中国人民银行网站

迎光透视，固定花卉水印轮廓模糊，没有浮雕立体效果。

（3）印刷：票面颜色较浅；采用胶版印刷，表面平滑，正、背面主要图案无凹版印刷效果，墨色平滑不厚实；票面线条均由网点组成，呈点状结构；手工雕刻头像线条粗糙，立体感差。

（4）安全线：用浅褐色油墨印在钞票正面安全线部位，垂直观察和迎光透视，安全线模糊不清。

（5）红、蓝彩色纤维：用红、蓝油墨印在钞票的表面。

（6）胶印缩微文字：模糊不清。

（7）凹印缩微文字：平滑、模糊不清。

（8）隐形面额数字：无隐形面额数字。

（9）冠字号码：双色横号码中的黑色部分无磁性。

（10）无色荧光油墨印刷图案：在紫外灯光照射下，无色荧光油墨“20”较淡，颜色浓度及荧光强度较差。

（11）有色荧光油墨印刷图案：无有色荧光油墨印刷图案。

（12）无色荧光纤维：无无色荧光纤维。

（13）凹印接线技术：两种颜色之间过渡不流畅。

二、2005 年版与 1999 年版第五套人民币 20 元纸币的区别

1. 增加的公众防伪特征

（1）白水印，位于正面双色横号码下方，迎光透视，可以看到透光性很强的水印“20”字样。

（2）凹印手感线，正面主景图案右侧，采用雕刻凹版印刷工艺印制，有极强的凹

凸感。

（3）胶印对印图案，正面左下角和背面右下角均有一圆形局部图案，迎光透视，可以看见正背面的局部图案合并为一个完整的古钱币图案。

2. 调整的专业防伪特征

（1）凹印缩微文字，正面凹印缩微文字保持不变。背面主景下方面额数字后增加拼音“YUAN”，凹印缩微文字“RMB20”和“人民币”字样长度适当缩短；左下角面额数字“20”中，印有反白的凹印缩微文字“20”字样。

（2）凹印接线印刷，正面凹印接线印刷保持不变。背面左下角面额数字“20”字样采用雕刻凹版印刷，不同颜色对接完整。

（3）调整纸张特种原料，运用中性抄纸技术，取消了红、蓝彩色纤维。

3. 调整的公众防伪特征

（1）背面主景图案桂林山水、面额数字、汉语拼音行名、少数民族文字、年号、行长印章等均调整为雕刻凹版印刷。

（2）调整隐形面额数字观察角度。

（3）将原磁性安全线调整为全息磁性开窗安全线。

三、第五套人民币 10 元面额假币的主要特征分析

（1）假币纸张比真币厚，有的为两张纸复合而成；纸质松软，挺括度较差，在紫外光下有较强的荧光反应。

（2）全息磁性开窗安全线有两种伪造方式。第 1 种是用银色油墨间隔地涂抹或印刷在假币表层；第 2 种是将镀铝塑料薄膜安全线间隔穿入假币表层。两种伪造安全线均具有磁性，第 2 种伪造安全线的亮度明显高于真币。

（3）固定花卉水印是用浅色油墨加盖在假币背面的，迎光透视，图形模糊，无层次感，在紫外光下有紫红色荧光反应。正面冠字号码无“10”字样白水印。

（4）假币表面的彩色纤维是印刷上去的，且固定在同一位置上。纸张内不含无色荧光纤维。

（5）假币正背面图案、线条均采用电子分色、平版网点印刷，线条模糊，图案缺乏层次，无凹印手感。在放大镜下观察，线条、图案均由网点组成，无胶印、凹印缩微文字。正面右上方椭圆形图案内无隐形数字“10”字样。

（6）在紫外光下观察，正面行名下方胶印底纹处无无色荧光油墨印刷的面额数字“10”字样，背面土黄色胶印图纹无黄色荧光反应。

（7）冠字号码采用胶印印刷。经磁性检测仪检测，号码有磁性。

四、2005 年版与 1999 年版第五套人民币 10 元纸币的异同

2005 年版与 1999 年版第五套人民币 10 元纸币相比，保留的公众防伪特征有固定花卉水印、白水印、全息磁性开窗安全线、手工雕刻头像、胶印缩微文字、胶印对印图案、雕刻凹版印刷和双色横号码。

2005 年版 10 元纸币做了以下几点调整和改进。

（1）增加防复印图案和凹印手感线。

（2）调整了胶印对印图案位置。

（3）调整了隐形面额数字的观察角度，观察更方便。

（4）纸张运用中性抄纸技术制造，取消了红、蓝彩色纤维。

五、2005 年版与 1999 年版第五套人民币 5 元纸币的异同

2005 年版第五套人民币 5 元保留了 1999 年版的主要防伪特征。第五套人民币 2005 年版 5 元纸币在规格、主景图案、主色调、“中国人民银行”行名和汉语拼音行名、面额数字、花卉图案、国徽、盲文面额标记、民族文字等方面均与 1999 年版相同。

2005 年版 5 元纸币做了以下几点调整和改进。

（1）票面正面增加了凹印手感线，背面左下方增加了汉语拼音“YUAN”，年号为“2005 年”；内部增加了特种标记和防复印技术。

（2）调整了隐形面额数字的观察角度，观察更方便，调整了凹印缩微文字。

（3）纸张运用中性抄纸技术制造，取消了红、蓝彩色纤维。

六、实际操作题

从中国人民银行申请几张第五套人民币 1999 年版和 2005 年版 20 元、10 元、5 元面额假币与真币混合在一起，让每个学生自己鉴别出真假钞，并说出自己是通过什么方法鉴别出来的，其假币有哪些主要特征。

七、简答题

1. 2005 年版第五套人民币 20 元纸币增加的公众防伪特征有哪些？

2. 2005 年版第五套人民币调整的专业防伪特征有哪些？

3. 1999 年版与 2005 年版第五套人民币 10 元纸币的异同点有哪些？

4. 简述 1999 年版与 2005 年版第五套人民币 5 元纸币的异同点。

［实训与达标 2－4］第四套和第五套人民币 1 元、5 角、1 角真假币鉴别实训

一、第四套人民币 1 元面额硬币的主要特征分析

第四套人民币 1 元硬币材质为钢芯镀镍，正面为国徽，在国徽的上方内缘有“ZHONGGUO RENMIN GONGHEGUO”字样及年号。背面为牡丹花，在牡丹花的右上方有面额“1 元”及“YIYUAN”汉语拼音，在靠近清边的内侧均匀分布着小珠点。图纹文字整体完整、清晰、饱满，清边均匀，币外缘为圆柱面。

二、第四套人民币 1 元面额假硬币的主要特征分析

目前发现的假硬币多为第四套人民币 1 元币。第四套人民币 1 元面额假硬币模压工艺差，图纹模糊，镀层薄，较易生锈腐蚀。例如，国徽麦穗模糊，绶带层次感差，细条纹分辨不清；国徽中五角星立体感差，五角星的尖角有长有短，顶部圆滑；背面牡丹花蕊模糊不清等。

三、1999 年版第五套人民币硬币的主要特征分析

1999 年版第五套人民币硬币与前几套人民币硬币相比，采用了大面额数字，方便流通。1 元硬币增加了边部滚动技术，增加了硬币的防伪功能。5 角硬币的材质首次采用钢芯镀铜合金，具有色泽光亮、不易锈蚀等特性，该硬币填补了我国硬币币材的空白。总之，第五套人民币防伪技术无论是在数量上、质量上还是总体防伪效果上，较前四套人民币有了显著提高。

四、第五套人民币 2005 年发行的 1 角硬币与 2000 年发行的 1 角硬币的区别

（1）材质不同。第五套人民币 2000 年发行的 1 角硬币材质是铝合金，第五套人民币 2005 年发行的 1 角硬币材质是不锈钢。

（2）色泽不同。第五套人民币 2000 年发行的 1 角硬币色泽为铝白色，第五套人民币 2005 年发行的 1 角硬币色泽为钢白色。

五、鉴别硬币的主要方法

硬币的鉴别方法主要有对比测定法、测量称重法、图纹重合比照法和合金成分分析法。

六、1999 年版第五套人民币 1 元纸币的公众防伪特征

（1）1999 年版第五套人民币 1 元纸币的公众防伪特征有固定花卉水印、手工雕刻头像、隐形面额数字、胶印缩微文字、雕刻凹版印刷、双色横号码、防复印图案、凹印手感线，其中凹印手感线是人民币印制最早采用的防伪特征。

（2）在特定波长的紫外光下，可看到纸张中不规则分布的黄色和蓝色荧光纤维，以及采用无色荧光油墨印刷的面额数字“1”字样的图案。

（3）采用有色荧光油墨印刷的浅棕色胶印图纹，在特定波长的紫外光下显现黄色荧光图案。

七、实际操作题

从中国人民银行申请几枚第四套人民币 1 元面额假硬币与真硬币混合在一起，让每个学生自己鉴别出真假硬币，并说出自己是通过什么方法鉴别出来的，其假硬币有哪些主要特征。

[实训与达标 2－5] 2015 年版第五套人民币的一般防伪特征分析及实训

一、2015 年版第五套人民币 100 元纸币的一般防伪特征分析

中国人民银行定于 2015 年 11 月 12 日起发行 2015 年版第五套人民币 100 元纸币。2015 年版第五套人民币 100 元纸币在保持 2005 年版第五套人民币 100 元纸币规格、正背面主图案、主色调、“中国人民银行”行名、国徽、盲文和汉语拼音行名、民族文字等不变的前提下，对部分图案做了适当调整，对整体防伪性能进行了提升。2015 年版第五套人民币 100 元纸币发行后，与同面额流通人民币等值流通。2015 年版第五套人

民币 100 元纸币的一般防伪特征如下。

图 2－15　2015 年版第五套人民币 100 元纸币的正面图案

来源：百度图片

图 2－16　2015 年版第五套人民币 100 元纸币的反面图案

来源：百度图片

1. 光变镂空开窗安全线

位于票面正面右侧，见图 2－15 所示①的位置。垂直票面观察，安全线呈品红色；与票面成一定角度观察，安全线呈绿色，如图 2－17 所示。透光观察可见安全线中正反交替排列的镂空文字“100”。

图 2－17　光变镂空开窗安全线

来源：百度图片

2. 光彩光变数字

见图 2－15 所示②的位置。垂直票面观察，数字以金色为主；平视观察，数字以绿色为主。随着观察角度的改变，数字颜色在金色和绿色之间变化，并可见一条光带上下滚动，如图 2－18 所示。

图 2－18　光彩光变数字

来源：百度图片

3. 人像水印

位于票面正面左侧空白处，见图 2－15 所示③的位置。透光观察，可见毛泽东头像。如图 2－19 所示。

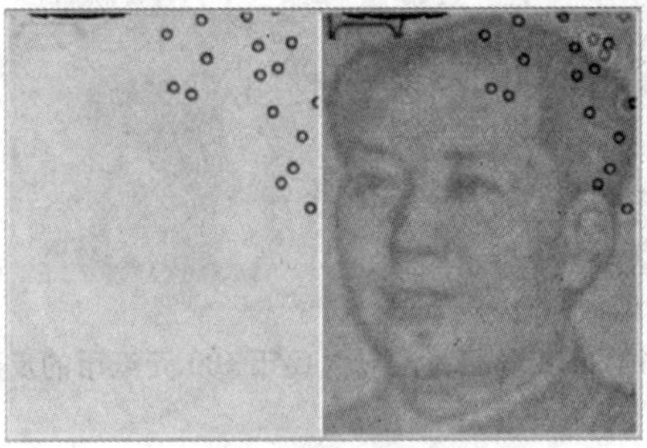

图 2－19　人像水印

来源：百度图片

4. 胶印对印图案

票面正面左下方和背面右下方均有面额数字“100”的局部图案，见图 2－15 所示④的位置。透光观察，正背面图案组成一个完整的面额数字“100”，如图 2－20 所示。

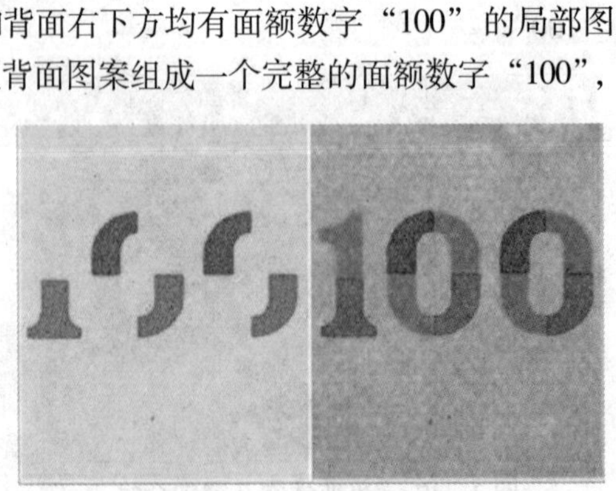

图 2－20　胶印对印图案

来源：百度图片

5. 横竖双号码

票面正面左下方采用横号码，其冠字和前两位数字为暗红色，后六位数字为黑色；右侧竖号码为蓝色，见图 2－15 所示⑤的位置，如图 2－21 所示。

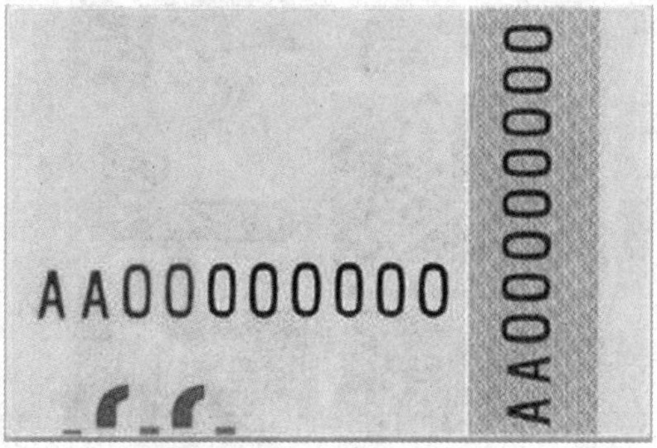

图 2－21　横竖双号码

来源：百度图片

6. 白水印

位于票面正面横号码下方，见图 2－15 所示⑥的位置。透光观察，可看到透光性很强的水印面额数字“100”，如图 2－22 所示。

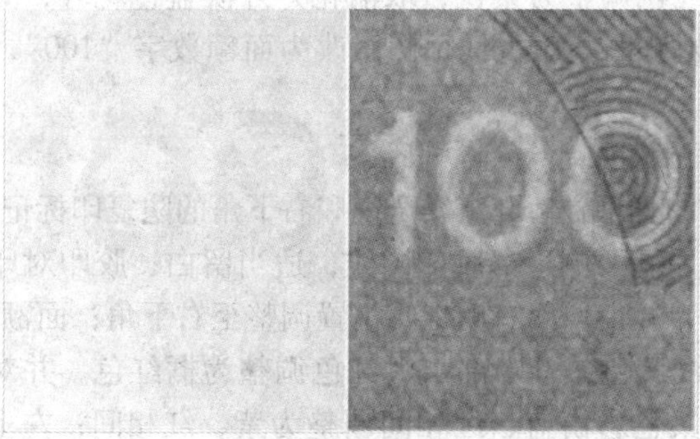

图 2－22　白水印

来源：百度图片

7. 雕刻凹印

票面正面毛泽东头像、国徽、“中国人民银行”行名、右上角面额数字、盲文及背面人民大会堂等均采用雕刻凹印印刷，用手指触摸有明显的凹凸感，见图 2－15 和图 2－16 所示⑦的位置，如图 2－23 所示。

二、2015 年版与 2005 年版第五套人民币 100 元纸币的图案区别

2015 年版与 2005 年版第五套人民币 100 元纸币相比，2015 年版第五套人民币 100 元纸币在保持规格、正背面主图案和主色调等不变的情况下，对图案做了以下调整。

1. 正面图案主要调整

（1）取消了票面右侧的凹印手感线、隐形面额数字和左下角的光变油墨面额数字。

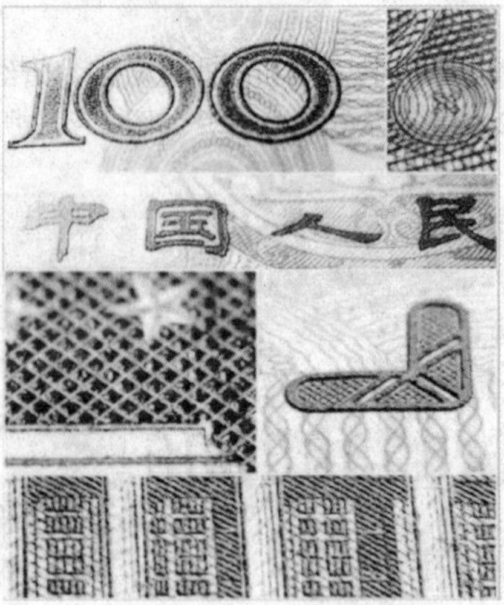

图 2 – 23　雕刻凹印

来源：百度图片

（2）票面中部增加了光彩光变数字，票面右侧增加了光变镂空开窗安全线和竖号码。

（3）票面右上角面额数字由横排改为竖排，并对数字样式做了调整；中央团花图案中心花卉色彩由橘红色调整为紫色，取消花卉外淡蓝色花环，并对团花图案、接线形式做了调整；胶印对印图案由古钱币图案改为面额数字“100”，并由票面左侧中间位置调整至左下角。

2. 背面图案主要调整

（1）取消了右侧的全息磁性开窗安全线和右下角的防复印标记。

（2）减少了票面左右两侧边部胶印图纹，适当留白；胶印对印图案由古钱币图案改为面额数字“100”，并由票面右侧中间位置调整至右下角；面额数字“100”上半部颜色由深紫色调整为浅紫色，下半部由大红色调整为橘红色，并对线纹结构进行了调整；票面局部装饰图案色彩由蓝、红相间调整为紫、红相间；左上角、右上角面额数字样式均做了调整。

（3）年号调整为“2015 年”。

三、简答题

1. 为什么要发行 2015 年版第五套人民币 100 元纸币？

2. 2015 年版第五套人民币 100 元纸币的图案与 2005 年版第五套人民币 100 元纸币有什么区别？

3. 2015 年版第五套人民币 100 元纸币与 2005 年版第五套人民币 100 元纸币的防伪技术和印制质量有哪些改进和提升？

4. 2015 年版第五套人民币 100 元纸币为什么要采用横竖双号码？

5. 2015 年版第五套人民币 100 元纸币为什么要使用光变镂空开窗安全线和磁性全埋安全线两条安全线？

[实训与达标2-6] 真假人民币鉴别综合实训

一、填空题

1. 中华人民共和国的法定货币是________，它的单位是______，它的辅币单位是________、________。

2. 人民币简写符号为______，人民币国际货币符号为______。

3. 1999年10月1日，中国人民银行首先发行了第五套人民币1999年版______纸币；2000年10月16日，发行了第五套人民币1999年版______纸币、______和______硬币；2001年9月1日，发行了第五套人民币1999年版______、______纸币；2002年11月18日，发行了第五套人民币1999年版______纸币、______硬币；2004年7月30日，发行了第五套人民币1999年版______纸币。

4. 2005年8月31日，中国人民银行发行了第五套人民币2005年版______、______、______、______、______纸币和______硬币。

5. 根据世界大多数国家对货币防伪技术的分类，货币防伪通常划分为________、________、________。

6. 纸币的防伪措施主要体现在______、______和______等几个方面。

7. 货币专用纸张的主要原料是______，且未添加任何增白剂，因为钞票本身没有荧光反应。

8. 人民币是用专用特制纸张印制而成的，具有______、______、______等特点。

9. 第五套人民币专用纸张在紫外灯下______荧光反应。

10. 大部分假人民币所使用的纸张在紫外光下有较强______反应。

11. 钞票上的水印图案具有较强的______、______和______。

12. 第五套人民币正面团花的设计：100元为茶色；50元为________；20元为______；10元为______；5元为______；1元为______。

13. 人民币纸币水印的观察方式是______。

14. 第五套人民币1元、5角、1角硬币背面主景图案分别为______、______、______。

15. 伪造人民币水印一般有两种方法：一种是在纸张夹层中涂布______，透光观察，水印所在位置的纸张明显偏厚；另一种是在票面正面、背面或正背面同时使用________印刷类似的水印图案，该图案无须仰光透视也清晰可见，______较差。

16. 纸币真伪的识别通常采用直观对比和仪器检测相结合的方法，即通常所说的______、______、______、______。

17. 在特定波长的紫外光下可以看到第五套人民币纸张中有不规则分布的________色和______色荧光纤维。

18. 第五套人民币各面额纸币正面行名下方胶印底纹处，在特定波长的紫外灯下可以看到______，该图案采用了______油墨印刷，可供机读。

19. 第五套人民币纸币正面主景毛泽东头像，采用______凹版印刷工艺，形象逼真、传神，凹凸感强，易于识别。

20. 第五套人民币纸币正面的主景毛泽东头像、中国人民银行行名、______面额标记等均采用了雕刻凹版印刷，用指触摸有明显凹凸感。

21. 凹版印刷是钞票印刷应用历史最长、最普及、最有效的防伪技术。其特点，一是______，手感强；二是____________。

22. 人民币中，第一次将白水印作为公众防伪措施公布的是第五套人民币 1999 年版______元纸币。

23. 1999 年版第五套人民币纸币纸张中的红、蓝彩色纤维丝______分布。

24. 1999 年版第五套人民币______元、______元、______元纸币采用了胶印对印图案的防伪措施。

25. 第五套人民币 100 元纸币的正面上方椭圆形图案中有______文字，在放大镜下可以观察到"______"和"______"字样。

26. 第五套人民币 100 元纸币的凹印缩微文字分布在票面背面下方，所印的文字为"______""______"。

27. 第五套人民币 100 元、50 元纸币正面左下角的面额数字"100""50"在与票面垂直角度观察时，分别是______色和______色，倾斜一定角度则分别变为______色和______色，这个防伪点的名称是______。

28. 第五套人民币各券别纸币冠字号码均采用______位冠字、______位号码。第五套人民币 1999 年版 100 元、50 元纸币均为______，横号码均为______色，竖号码分别为______色和______色；20 元、10 元、5 元纸币均为______，左侧部分均为______色，右侧部分均为______色。

29. 第五套人民币 100 元纸币票幅长______毫米、宽______毫米。

30. 第五套人民币 100 元、50 元纸币采用了立体感很强的______水印，该水印均位于票面正面______空白处。

31. 第五套人民币 100 元纸币票面正面国徽右侧底纹中有胶印缩微文字，在放大镜下可看到"______"和"______"字样。

32. 第五套人民币正面的装饰花纹精选了具有中国传统历史文化特色和民族特色，并有一定经典意义的纹饰。100 元采用了______的花纹；50 元是______的挑绣；20 元是______的纹路；10 元则是______的花纹。

33. 第五套人民币 100 元、50 元、20 元、10 元、5 元、1 元背面主景图案分别为______图案、______图案、______图案、______图案、______图案、______图案。

34. 第五套人民币纸币的主色调 100 元是______、50 元是______、20 元是______、10 元是______、5 元是______，第五套人民币 1999 年版 1 元纸币的主色调是______。

35. 1999 年版第五套人民币 100 元、50 元纸币采用的是______安全线，迎光观察，分别可见"______""______"的字样；第五套人民币 2005 年版 100 元、50 元纸币采用的是______安全线，开窗部分，分别可见缩微字符

“＿＿＿＿＿”“＿＿＿＿＿”组成的全息图案。

36. 2005 年版第五套人民币 100 元、50 元安全线的开窗部分位于纸币＿＿面，第五套人民币 1999 年版 10 元、5 元和第五套人民币 2005 年版 20 元、10 元、5 元安全线的开窗部分位于纸币＿＿面。

37. 2005 年版第五套人民币各券别纸币取消的公众防伪特征是＿＿＿＿＿＿＿。

38. 2005 年版第五套人民币＿＿元、＿＿元、＿＿元、＿＿元纸币采用了胶印对印图案的防伪措施。

39. 2005 年版第五套人民币＿＿＿、＿＿＿、＿＿＿、＿＿＿、＿＿＿纸币采用了透光性很强的白水印技术。

40. 2005 年版第五套人民币 100 元纸币与 1999 年版 100 元纸币比较，调整的公众防伪措施有胶印对印图案、光变油墨面额数字、＿＿＿＿＿＿＿＿、隐形面额数字、＿＿＿＿。

41. 2005 年版第五套人民币 100 元、50 元纸币的双色异形横号码的字符变化特点是＿＿＿＿＿＿＿＿＿。

42. 2005 年版第五套人民币 100 元、50 元纸币与 1999 年版 100 元、50 元纸币比较，隐形面额数字的调整是指对＿＿＿＿＿＿的调整。

43. 2005 年版第五套人民币＿＿元和＿＿元纸币采用了双色异形横号码。

44. 2005 年版第五套人民币＿＿元、＿＿元、＿＿元纸币在冠字号码下方增加了白水印防伪特征。

45. 第五套人民币 100 元纸币背面主景上方椭圆形图案中的红色线纹，在特定波长的紫外光下显现＿＿＿色荧光图案。

46. 第五套人民币 50 元纸币背面主景上、下方胶印图案中的黄绿色线纹，在特定波长的紫外光下显现＿＿＿色荧光图案。

47. 第五套人民币 50 元纸币正面左侧及背面左下角的面额数字“50”字样，采用凹印接线印刷，＿＿色和＿＿＿色两种墨色对接完整。

48. 第五套人民币 10 元、20 元、50 元纸币票面的宽度均为＿＿毫米，其中，10 元纸币的票面长度为 140 毫米，20 元纸币为＿＿＿毫米，50 元纸币为＿＿＿毫米。

49. 1999 年版第五套人民币 20 元纸币迎光观察可见一条＿＿＿＿的安全线。

50. 2005 年版第五套人民币 20 元纸币正面左侧及背面左下角的面额数字“20”字样，采用凹印接线印刷，＿＿＿色和＿＿＿色两种墨色对接完整。

51. 第五套人民币 20 元纸币背面中间，在特定波长的紫外光下显现＿＿＿＿＿色荧光图案。

52. 第五套人民币 10 元纸币背面土黄色胶印图纹，在特定波长的紫外光下呈现黄色荧光图案，此种防伪特征为＿＿＿＿＿图案。

53. 第五套人民币 10 元纸币正面左侧及背面左下角的面额数字“10”字样，采用凹印接线印刷，＿＿＿色和＿＿＿色两种墨色对接完整。

54. 第五套人民币 10 元纸币和 5 元纸币采用的是＿＿＿＿＿＿安全线，开窗部分分别可见缩微字符＿＿、＿＿组成的全息图案，仪器检测安全线有＿＿＿。

55. 第五套人民币5元纸币正面左侧及背面左下角的面额数字“5”字样，采用凹印接线印刷，______色和______色、______色和______色分别对接完整。

二、多项选择题

1. 中国人民银行发行新版人民币应当公告的内容包括（　　）、主色调、主要特征等。

A. 发行时间　B. 面额　C. 图案
D. 式样　E. 发行目的

2. 1999年版第五套人民币（　　）面额的纸币采用的是双面凹印。

A. 100元　B. 50元　C. 20元
D. 10元　E. 5元

3. 水印从艺术效果看，可分为（　　）等类型。

A. 墨水印　B. 白水印　C. 多层次水印
D. 固定水印　E. 模压水印

4. 以下（　　）防伪措施是在纸张抄造过程中实现的。

A. 手工雕刻头像　B. 水印　C. 荧光安全线
D. 磁性号码　E. 特种安全纤维

5. 以下（　　）防伪措施须迎光透视观察。

A. 光变油墨　B. 水印　C. 隐形面额数字
D. 胶印对印图案　E. 凹印缩微文字

6. 常见的安全线施放技术有（　　）等技术。

A. 全埋式施放　B. 开窗式施放　C. 双安全线施放
D. 全息式施放　E. 半埋式施放

7. 1999年版第五套人民币纸币采用的安全线有（　　）。

A. 磁性缩微文字安全线　B. 明暗相间的安全线　C. 隐性彩色线条安全线
D. 全息磁性开窗安全线　E. 磁性荧光安全线

8. 2005年版第五套人民币100元、50元纸币公众防伪特征调整了（　　）的位置。

A. 隐形面额数字　B. 光变油墨面额数字　C. 胶印对印图案
D. 手工雕刻头像　E. 盲文标记

9. 2005年版100元、50元纸币对专业防伪特征（　　）进行了调整。

A. 雕刻凹版印刷　B. 凹印缩微文字　C. 冠字号码
D. 抄纸工艺　E. 胶印对印图案

10. 2005年版第五套人民币100元纸币增加的公众防伪特征是（　　）。

A. 胶印对印图案　B. 光变油墨面额数字　C. 凹印手感线
D. 白水印　E. 凹印缩微文字

11. 2005年版第五套人民币50元纸币正面（　　）是采用雕刻凹版印刷的。

A. 头像　B. 行名　C. 国徽

D. 对印图案　　E. 含隐形数字的装饰图案

12. 硬币的防伪措施主要体现在（　　）等方面。

A. 材质　　B. 形状　　C. 图纹

D. 铸造工艺　　E. 外缘

13. 第五套人民币取消了传统设计以（　　）为框的设计形式，整个票面呈开放式结构，增加了防伪功能。

A. 花边　　B. 花蕊　　C. 花纹

D. 花色　　E. 花球

14. 1999 年版第五套人民币只有（　　）元纸币在双色横号码下方使用了白水印防伪特征，并在 2005 年版中继续使用。

A. 5　　B. 10　　C. 20

D. 50　　E. 100

15. 变造币是指在真币的基础上，利用（　　）重印等多种方法制作，使其改变形态的假币。

A. 挖补　　B. 揭层　　C. 涂改

D. 拼凑　　E. 移位

三、实际操作题

以小组为单位，将从中国人民银行申请的假钞提供给各组学生鉴别。注意提示学生可以从一个或多个防伪特征上寻找突破口，发现伪造的痕迹。最后教师总结假钞的种类、主要伪造特征及快速识别技巧。

四、简答题

1. 人民币防伪的主要特征有哪些？

2. 简述第五套假人民币的类型和特点。

3. 简述真假人民币的识别方法。

第二节　发现假币的处理

发现假币的处理是一项政策性、技术性很强的工作。2000 年 5 月 1 日起施行的《中华人民共和国人民币管理条例》和 2003 年 7 月 1 日起施行的《中国人民银行假币收缴、鉴定管理办法》，对如何处理假币做出了规定。

一、发现和处理假币的基本概念

根据上述法规，货币是指人民币和外币。人民币是指中国人民银行依法发行的货币，包括纸币和硬币；外币是指在我国境内（中国香港特别行政区、中国澳门特别行政区及中国台湾地区除外）可收兑的其他国家或地区的法定货币。

办理货币存取款和外币兑换业务的金融机构（简称“金融机构”）是指商业银行、城乡信用社、邮政储蓄的业务机构。

中国人民银行授权的鉴定机构是指具有货币真伪鉴定技术与条件，并经中国人民银行授权的商业银行业务机构。

中国人民银行及其分支机构对假币收缴、鉴定实施监督管理，并由中国人民银行负责解释。

二、金融机构发现假币的处理

金融机构在办理业务时，发现假币的处理流程如图 2－24 所示。

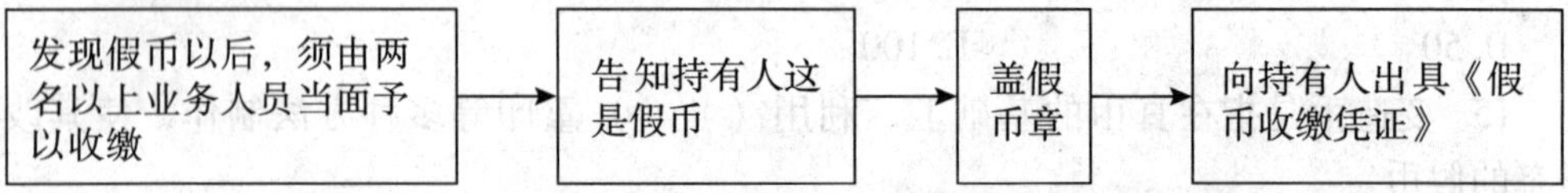

图 2－24 发现假币的处理流程

具体流程如下。

（1）由该金融机构两名以上业务人员当面予以收缴。

（2）对假人民币纸币，应当面加盖“假币”字样的戳记。

（3）对假外币纸币及各种假硬币，应当面以统一格式的专用袋加封，封口处加盖“假币”字样戳记，并在专用袋上标明币种、券别、面额、张（枚）数、冠字号码、收缴人、复核人名单等细项。

（4）收缴假币的金融机构向持有人出具中国人民银行统一印制的假币收缴凭证，并告知持有人如对被收缴的货币真伪有异议，可向中国人民银行当地分支机构或中国人民银行授权的当地鉴定机构申请鉴定。

（5）收缴的假币不得再交予持有人。

三、防、反假币基本操作流程

防、反假币基本操作流程如图 2－25 所示。

（1）告知、盖章。柜员发现假币时应立即告知假币持有人（交存现金的单位和个人），并由两名柜员当面鉴定无误后，在假币正面水印窗和背面中间位置加盖“假币”戳记。

（2）开具凭证。柜员发现假币后，开具一式三联《假币收缴凭证》，收缴凭证上加盖银行业务公章及操作员名章，经持有人签字（如持有人拒绝签字，收缴人可在收缴凭证上注明）后，第一联留存收缴网点，并凭此登记假币没收登记簿，第二联随假币实物上交银行库管员，第三联交假币持有人。

（3）登记、保管。金融机构应对收缴的假币实物进行单独管理，建立假币收缴代保管登记簿，并于每季末解缴中国人民银行当地分支行。

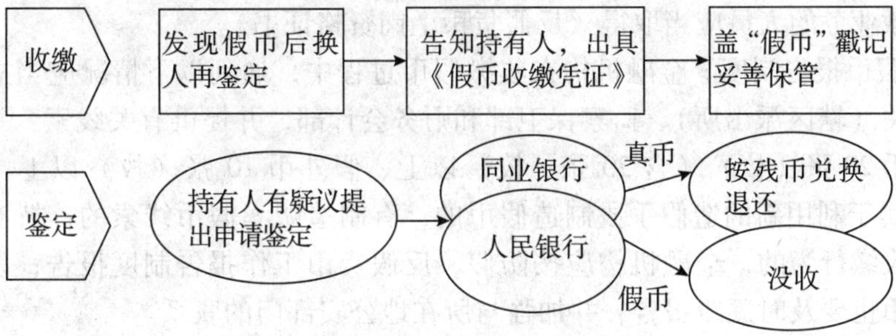

图 2－25　防、反假币基本操作流程

（4）金融机构在收缴假币过程中，应告知持有人如下权利：持有人如对被收缴的货币真伪有异议，可以在 3 个工作日内向中国人民银行当地分支机构或中国人民银行授权的当地鉴定机构申请鉴定；持币人对假币收缴的程序有异议，可以在 60 个工作日内向中国人民银行当地分支机构申请行政复议或依法提起行政诉讼。

（5）进一步鉴定。持有人若对收缴货币的真伪有异议，可以自收缴之日起 3 个工作日内，持《假币收缴凭证》直接或通过收缴单位向中国人民银行当地分支机构或中国人民银行授权的当地鉴定机构，如中国工商银行、中国农业银行、中国银行、中国建设银行提出书面鉴定申请。中国人民银行分支机构和中国人民银行授权的鉴定机构应当无偿提供鉴定货币真伪的服务，不得拒绝受理持有人、金融机构、授权的鉴定机构提出的货币真伪鉴定申请。鉴定机构应当自收到鉴定申请之日起 2 个工作日内，通知收缴单位报送需要鉴定的货币。收缴单位应当自收到鉴定单位通知之日起 2 个工作日内，将需要鉴定的货币送达鉴定单位。鉴定机构鉴定货币真伪时，应当至少有两名鉴定人员同时参与，并做出鉴定结论。鉴定后应出具中国人民银行统一印制的《货币真伪鉴定书》，并加盖货币鉴定专用章和鉴定人名章，将鉴定证明复印件（或一式两联证明的其中一联）交持有人，鉴定证明附《假币收缴凭证》后保管。

授权的鉴定机构，应当在营业场所公示授权证书。

（6）对鉴定结果的处理。

①对盖有“假币”字样戳记的人民币纸币，经鉴定为真币的，由鉴定单位交收缴单位按照面额兑换完整券退还持有人，收回持有人的《假币收缴凭证》；盖有“假币”戳记的人民币按损伤人民币处理。对盖有“假币”字样戳记的人民币纸币，经鉴定为假币的，由鉴定单位予以没收，并向收缴单位和持有人开具《货币真伪鉴定书》和假人民币没收收据。

②对收缴的外币纸币和各种硬币，经鉴定为真币的，由鉴定单位交收缴单位退回持有人，并收回《假币收缴凭证》；经鉴定为假币的，由鉴定单位将假币退回收缴单位依法收缴，并向收缴单位和持有人出具《货币真伪鉴定书》。

四、假币管理

（1）柜员资格。根据《中国人民银行假币收缴、鉴定管理办法》第八条规定，办理假币收缴业务的人员应当取得《反假货币上岗资格证书》。

(2) 假币报告制度。金融机构在收缴假币过程中，遇到以下情况应当立即报告当地公安机关（辖区派出所）、监察保卫部和财务会计部，并提供有关线索：一次性发现假币人民币 20 张（枚）（含 20 张、枚）以上、假外币 10 张（枚）以上（含 10 张、枚）的；属于利用新的造假手段制造假币的；有制造贩卖假币线索的；持有人不配合金融机构收缴行为的，金融机构应按防假、反假货币工作报告制度报告；发现新版和批量假货币也要及时逐级报告，并加强与所在地公安部门的联系。

(3)《中华人民共和国人民币管理条例》对持有或发现他人持有假人民币的处理规定如下：禁止伪造、变造人民币；禁止出售、购买伪造、变造的人民币；禁止走私、运输、持有、使用伪造、变造的人民币。单位或个人持有伪造、变造的人民币的，应当及时上交中国人民银行、公安机关或者办理人民币存取款业务的金融机构；发现他人持有伪造、变造的人民币的，应当立即向公安机关报告。

(4) 中国人民银行各分支机构在复点清分金融机构解缴的回笼款时发现假人民币的，应经鉴定后予以没收，向解缴单位开具《假币没收收据》，并要求其补足等额人民币回笼款。金融机构收缴的假币，每季末解缴中国人民银行当地分支行，由中国人民银行统一销毁，任何部门不得自行处理。

(5) 对于金融机构在假币收缴、鉴定过程中有下列行为之一，但尚未构成犯罪的，由中国人民银行给予警告、罚款，同时，责成金融机构对相关主管人员和其他直接责任人给予相应纪律处分：发现假币而不收缴的；未按照《中国人民银行假币收缴、鉴定管理办法》规定程序收缴假币的；应向中国人民银行和公安机关报告而不报告的；截留或私自处理收缴的假币，或使已收缴的假币重新流入市场的。上述行为涉及假人民币的，对金融机构处以 1 000 元以上 5 万元以下罚款；涉及假外币的，对金融机构处以 1 000 元以下的罚款。

(6) 中国人民银行授权的鉴定机构如拒绝受理持有人、金融机构提出货币真伪鉴定申请的；未按照规定程序鉴定假币的；截留或私自处理鉴定、收缴的假币，或使已收缴、没收的假币重新流入市场的，但尚未构成犯罪的，由中国人民银行给予警告、罚款，同时责成金融机构对相关主管人员和其他直接责任人给予相应纪律处分。涉及假人民币的，由中国人民银行对授权的鉴定机构处以 1 000 元以上 5 万元以下罚款；属于假外币的，处以 1 000 元以下的罚款。

五、国家有关法律规定

《中华人民共和国中国人民银行法》规定：伪造、变造人民币，出售伪造、变造的人民币或者明知是伪造、变造的人民币而运输，构成犯罪的，依法追究刑事责任；尚不构成犯罪的，由公安机关处 15 日以下拘留、10 000 元以下罚款。购买伪造、变造的人民币或者明知是伪造、变造的人民币而持有、使用，构成犯罪的，依法追究刑事责任；尚不构成犯罪的，由公安机关处 15 日以下拘留、10 000 元以下罚款。

未经中国人民银行批准，任何单位和个人不得研制、仿制、引进、销售、购买和使用印制人民币所特有的防伪材料、防伪技术、防伪工艺和专用设备。

《中华人民共和国刑法》规定：伪造货币的，处3年以上10年以下有期徒刑，并处5万元以上50万元以下罚金。有下列情形之一的，处10年以上有期徒刑、无期徒刑或者死刑，并处5万元以上50万元以下罚金或者没收财产：伪造货币集团的首要分子；伪造货币数额特别巨大的；有其他特别严重情节的。明知是伪造的货币而持有、使用，数额较大的，处3年以下有期徒刑或者拘役，并处或者单处1万元以上10万元以下罚金；数额巨大的，处3年以上10年以下有期徒刑，并处2万元以上20万元以下罚金；数额特别巨大的，处10年以上有期徒刑，并处5万元以上50万元以下罚金或者没收财产。变造货币，数额较大的，处3年以下有期徒刑或者拘役，并处或者单处1万元以上10万元以下罚金；数额巨大的，处3年以上10年以下有期徒刑，并处2万元以上20万元以下罚金。

[实训与达标2-7] 发现假币的处理实训

1. 柜员小赵收到一张拼合在一起的100元人民币，发现右半部是假的，左半部是真的，应该怎么办？

2. 小黄大学毕业后，于2005年8月1日到某银行求职，并被顺利录用为储蓄柜员。8月2日小黄刚上班就办理赵先生的存款业务，对假币略有所知的小黄发现其中有一张人民币100元纸币像是假币，他将疑似假币交给储蓄主管，储蓄主管将这张100元纸币拿到二楼办公室，和同事仔细辨别后，确认是假币，于是盖上假币章，并开具了《假币没收凭证》，盖好章，回到柜台将凭证交给赵先生。赵先生悻悻离去。请指出这个案例中的操作是否违反假币收缴程序？为什么？

3. 2006年5月10日，某银行国际业务部小肖办理一顾客美元存款时，发现一张100美元假币，当即在钞票正、背两面加盖“假币”章戳，填制中国人民银行统一印制的中英文对照版人民币收缴凭证，同时叫来储蓄主管复核签章，然后将假币收缴凭证交顾客签字，并告知了顾客享有的权利。请指出该案例中的操作是否违反假币收缴程序？为什么？

4. 2007年10月9日，某货币真伪鉴定机构工作人员小陈接到林女士电话要求鉴定其于9月30日被某银行收缴的一张100元假币，小刘将假币券别、张数、冠字号码、收缴机构等做了详细的记录。10月15日（10月13日、14日为双休日）小刘出差回来后通知收缴单位送达待鉴定货币，并于当日按规定程序进行了鉴定。请指出该案例中的操作是否违反假币鉴定程序？为什么？

5. 陈先生到某银行存款，储蓄柜台工作人员小孙发现其中有一张50元纸币像是假币，她马上叫来储蓄主管，两人经过仔细辨别后，确认这张50元纸币是从未见过的假币种类，于是当着陈先生的面盖上假币章，并开具了《假币没收凭证》，盖好章，将凭证交给陈先生签字，并告知了其权利。陈先生虽予以了配合，但仍不服气，又递上一张50元纸币要求换出假币去中国人民银行鉴定。小孙和储蓄主管商量片刻，确认递进来的是真币后，将假币交给了陈先生。请指出这个案例中的操作是否违反假币收缴程序？为什么？

第三节 残缺、污损人民币的挑剔与兑换

《中国人民银行残缺污损人民币兑换办法》依据《中华人民共和国中国人民银行法》和《中华人民共和国人民币管理条例》制定，并于2003年12月24日颁布、2004年2月1日实施。残缺、污损人民币是指票面撕裂、损缺，或因自然磨损、侵蚀，外观、质地受损，颜色变化，图案不清晰，防伪特征受损，不宜再继续流通使用的人民币。

一、残缺、污损人民币挑剔原则

市场上流通的人民币中有一部分因长期流通磨损破旧的损伤券，在整点票币时应随时挑剔。在挑剔损伤票币时，既要考虑群众使用方便和市场票币的整洁，又要贯彻节约的原则。

二、残缺、污损人民币挑剔标准

根据2004年1月1日实施的《不宜流通人民币挑剔标准》等规定要求，下列货币不宜再在市场流通，各金融机构应该做好兑换、挑剔与回收工作。

（1）纸币票面缺少面积在20平方毫米以上，或已损及行名、花边、字头、号码、国徽之一者。

（2）纸币裂口超过纸幅的1/3；或裂口2处以上，长度每处超过5毫米；裂口1处，长度超过10毫米；或票面裂口已损及花边图案者。

（3）纸币纸质较旧，四周或中间有裂缝或票面断开又粘补者。

（4）纸币票面由于油浸、墨渍造成脏污面积较大或涂写字迹过多；污渍、涂写字迹面积超过2平方厘米；或污渍、涂写面积虽不超过2平方厘米，但遮盖了防伪特征之一，妨碍票面整洁者。

（5）纸币票面有纸质较绵软、起皱较明显、脱色、变色、变形、不能保持其票面防伪功能等情形之一者。

（6）硬币有穿孔、裂口、变形、磨损、氧化、文字、面额数字、图案模糊不清等情形之一者。

三、残缺、污损人民币兑换标准

残损人民币的持币人可向金融机构申请兑换。金融机构应无偿为公众兑换残缺、污损人民币，不得拒绝兑换。

（1）《中国人民银行残缺污损人民币兑换办法》规定，凡残缺人民币属于下列情况之一者，一般可参照下列标准兑换。

①能辨别面额，票面剩余3/4（含3/4）以上，其图案、文字能按原样连接的残缺、污损人民币，金融机构应向持有人按原面额全额兑换。

②能辨别面额，票面剩余1/2（含1/2）至3/4以下，其图案、文字能按原样连接的残缺、污损人民币，金融机构应向持有人按面额的一半兑换。

③纸币呈正“十”字形缺少1/4的，按原面额的一半兑换。

④不予兑换标准：票面残缺1/2以上者；票面污损、熏焦、水湿、油浸、变色，不能辨别真假者；故意挖补、涂改、剪贴、拼凑、揭去一面者。

(2)《残缺人民币兑换办法内部掌握说明》则有更为具体的标准。

①对缺去之部分没有另行拼凑多换可能的票券，可从宽掌握兑换：缺少1/4的兑换全额；缺少5/8的可兑换半额；呈正十字形缺少1/4者按半额兑换。

②对票面污损、熏焦、水湿、油浸、部分变色等，能辨别真假者，亦可按上述标准给予兑换。

③对于因遭火灾、虫蛀、鼠咬、霉烂等特殊原因而损失严重，剩余面积较少或因污染变色严重的票券，可由持票人所在地政府或其工作单位出具证明，经审查来源正当，能分清票面种类，能计算出票券的张数、金额，可予以照顾兑换（例如，由于火灾等原因只剩余一小块，经组织证明情况属实的，可予兑换全额）。

④对企业误收的图案文字不相连接的拼凑票，可根据其中最大的一块按规定标准兑换，如两半张贴在一起，纸幅基本不短少者，可兑换全额。

⑤凡在流通过程中摩擦受到损伤的硬币，只要能辨别正面的国徽或背面的数字，即可兑换全额。凡经穿孔、裂口、破缺、压薄、变形以及正面的国徽，背面的数字模糊不清的硬币，如确非持币人损毁者，亦可按全额兑换。

⑥兑付额不足1分者不予兑换，5分券按半额兑换者兑给2分。

四、残缺、污损人民币兑换方法

金融机构在办理残缺、污损人民币兑换业务时，应向残缺、污损人民币持有人说明认定的兑换结果。不予兑换的残缺、污损人民币，应退回原持有人。残缺、污损人民币持有人同意金融机构认定结果的，对兑换的残缺、污损人民币纸币，金融机构应当面将带有本行行名的“全额”或“半额”戳记加盖在票面上；对兑换的残缺、污损人民币硬币，金融机构应当面使用专用袋密封保管，并在袋外封签上加盖“兑换”戳记。

五、残缺、污损人民币兑换步骤

兑换残损人民币，开户单位可到自己开户银行办理，个人可就近到办理人民币存取款业务的金融机构办理。

兑换时，银行柜员根据残损人民币的兑换标准，仔细辨认票币的真伪、券别、张数，确定可兑换的金额，并当客户面在残损票币上加盖“全额”或“半额”戳记以及两名银行经办人员的名章后，给予兑换。

对大宗火烧、虫蛀、鼠咬、霉烂票币，须由兑换人所在单位（或当地派出所）出具证明，经业务主管签批（必要时报请人民银行确认签批）后，予以兑换；证明材料附于残损现金背后；如有多种券别，应附于金额最多的券别背后，其他券别附清单说明。业务操作同主辅币兑换。

六、主辅币的兑换

凡来银行兑换主辅币的客户，应按现金整点要求将现金整理好，并填写“现金兑换单”，填清券别、张数、金额以及需要兑换的券别、张数、金额，到银行指定兑换窗口进行兑换。将现金兑换单与应兑换的现金一同交给银行兑换柜员。柜员的具体操作步骤如下。

（1）审查凭证。柜员收到客户填写的兑换清单及款项，应审查清单上的日期、金额、券别、张数及兑换人姓名是否齐全，兑入、兑出金额是否相符。

（2）清点录入。柜员边清点现金边与客户填写的兑换清单核对，并按券别录入到计算机。

（3）付出款项。兑换款项配妥付出时，须核对兑换人单位（姓名）、兑换金额，无误后付款，并向客户交接清楚。

（4）打印信息。兑换提供信息打印功能，为便于核对，柜员可将信息打印在兑换清单背面，兑换清单由网点保留 3 个月备查。

七、外币的兑换

持币人填写《代兑外币委托书》一式三联，写明持币人姓名、有效身份证件、住址、日期、外币名称、金额等。第一联退持币人，第二联留存并登记，第三联随残损外币现钞解送代理行。

经审核后加盖经办人章及业务公章。

八、残缺、污损人民币的鉴定与管理法规

残缺、污损人民币持有人对金融机构认定的兑换结果有异议的，经持有人要求，金融机构应出具认定证明并退回该残缺、污损人民币。持有人可凭认定证明到中国人民银行分支机构申请鉴定，中国人民银行应自申请日起 5 个工作日内做出鉴定并出具鉴定书。持有人可持中国人民银行的鉴定书及可兑换的残缺、污损人民币到金融机构进行兑换。

中国人民银行对残缺、污损人民币的兑换工作实施监督管理。金融机构应按照中国人民银行的有关规定，将兑换的残缺、污损人民币交存当地中国人民银行分支机构。停止流通的人民币和残缺、污损的人民币，由中国人民银行负责回收、销毁。

禁止下列损害人民币的行为：①故意毁损人民币。②制作、仿制、买卖人民币图

样，包括放大、缩小和同样大小的人民币图样。③未经中国人民银行批准，在宣传品、出版物或者其他商品上使用人民币图样。④中国人民银行规定的其他损害人民币的行为。任何单位和个人不得印制、发售代币票券，以代替人民币在市场上流通。故意毁损人民币的，由公安机关给予警告，并处1万元以下的罚款。印制、发售代币票券，以代替人民币在市场上流通的，中国人民银行应当责令停止违法行为，并处20万元以下罚款。

九、人民币图样使用和经营、装帧使用的有关法律规定

中国人民银行根据《中华人民共和国中国人民银行法》和《中华人民共和国人民币管理条例》，颁布了《人民币图样使用管理办法》和《经营、装帧流通人民币管理办法》。

1. 《人民币图样使用管理办法》相关规定

人民币图样是指中国人民银行发行的货币（贵金属纪念币除外）的完整图案或主景图案。使用人民币图样是指通过各种手段在宣传品、出版物、网络或者其他商品上使用放大、缩小和同样大小人民币图样的行为。获得使用人民币图样许可的法人，应将使用人民币图样样品报中国人民银行当地分支机构备案。使用与人民币同样大小的人民币图样，必须加盖“图样禁止流通”的非隐形文字字样，字样大小应覆盖图样幅面的1/3以上；使用放大和缩小的人民币图样，放大和缩小的比例必须不低于25%。违反规定在宣传品、出版物、网络或者其他商品上使用人民币图样的，依照《中华人民共和国中国人民银行法》第四十四条进行处罚。

2. 《经营、装帧流通人民币管理办法》相关规定

流通人民币是指中国人民银行发行、正在中华人民共和国境内流通的货币。经营流通人民币是指以营利为目的，买卖流通人民币的行为；装帧流通人民币是指将流通人民币进行外部包装或采取其他方式进行装饰的行为。

申请经营流通人民币的申请人，应是在中华人民共和国境内依法设立的企业法人，注册资本金不得低于50万元人民币。在中华人民共和国境内依法设立的法人可以申请装帧流通人民币，但应符合宣传国家政策、进行爱国主义教育、弘扬民族优秀文化和反映国内外新的科学文化成果等条件；申请装帧流通人民币1万枚（套）以上的法人，还必须获得经营流通人民币许可，并连续经营3年以上，且注册资本金不得低于500万元人民币。

申请装帧流通人民币的申请人，应向中国人民银行当地分支机构提出申请，并提交申请报告，报告中应说明装帧流通人民币的用途、目的、数量、品种、样式、制作单位和装帧单位名称等内容。获得经营流通人民币许可的法人依法终止的，审批机关应注销其经营流通人民币的行政许可，并收回经营流通人民币许可证。

[实训与达标2-8] 残缺、污损人民币的挑剔与兑换实训

1. 什么是残缺、污损的人民币？

2. 金融机构如何兑换残缺、污损人民币？

3. 残缺、污损人民币的具体兑换标准是什么？

4. 如何使用和保管人民币？

5. 某张第五套2005年版人民币100元纸币正面左下角“100”字样被墨水渍遮盖，该墨水渍面积约为1平方厘米。该张纸币是否适宜流通？请简述理由。

6. 残缺、污损人民币持有人对金融机构认定的兑换结果有异议的应该怎么办？

7. 人民币在什么情形下不得流通？

8. 货币真伪的鉴定与鉴别有何异同？

9. 假币没收与收缴有何异同？

10. 在交通事故中，车主看到汽车漆被人蹭坏，在接受对方赔款时觉得太少，因而将对方所赔款的人民币纸币当场撕毁，结果受到公安机关9 000元的罚款。请问公安机关的处罚是否正确？其处罚依据是什么？

第四节 外币的真假鉴别

一、外币票面的构成

通常所说的外币鉴别，主要包括两个方面的内容：一是熟悉各币种的票面内容和流通情况，以避免实际收到的外币与记账外币币值不一致，或把已经退出流通领域的货币收进来；二是辨别真假币，以免收进假钞。各国钞票虽然文字形式不同，但归纳起来，主要由以下内容构成，如图2－26所示。

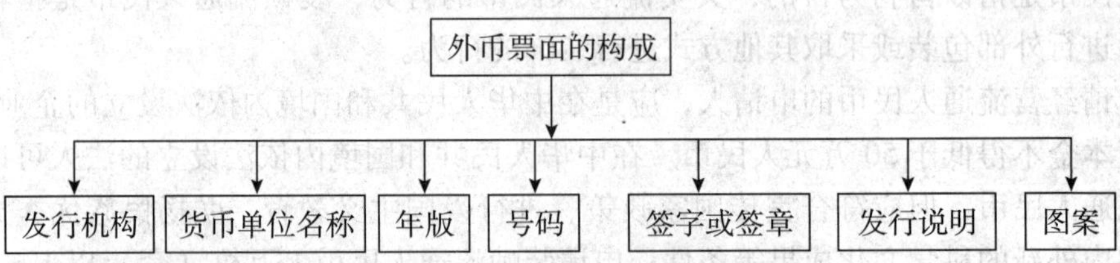

图2－26 外币票面的构成

1. 货币发行机构

目前，世界上发行钞票的机构主要有三种：第一种是政府，如我国香港特别行政区的硬币，全部是由我国香港特别行政区政府发行的；第二种是中央银行，如英国的钞票是由其中央银行——英格兰银行发行的，这种方式为世界各国普遍采用；第三种是政府指定的专业银行，如我国香港特别行政区的纸币就是由我国香港特别行政区政府指定香港渣打银行、香港上海汇丰银行、香港中国银行三家银行发行的，这种情况在世界范围内并不多见。各种货币的发行机构名称通常印在钞票的正面显著位置。

2. 货币单位名称

因货币的发展历史及习俗、习惯不同，各国采用的货币单位名称也不相同。例如，美国、加拿大、日本等国的货币叫“元”，英国的货币叫“英镑”，瑞士的货币叫“法郎”等。

3. 年版

不少国家的钞票均印有年版，有些加有月、日，表示该钞票发行的年份和日期，但这也许并非绝对的发行日期，因为有的钞票在很早就已设计印制了，只不过推迟发行而已。也有些钞票的某种版式长久不变，票面的年版日期是指印刷日期。此外，也有些钞票没有印刷年份和日期。

4. 号码

它表示某一式样钞票的发行数量。钞票的号码采用固定的位数（如6位、8位或10位），为了循环使用，有的在号码前加印代表版数的数字或文字；版数的数字或文字也有通过其他形式来表示的。为了防止将两张钞票拼凑成一张，通常采用两组号码，分别列在钞票正、背面的适当位置。

5. 签字或签章

钞票上的签字或签章，一般为该国政府或发行机构对所发行的钞票在法律地位上的认可。签字一般为2个，也有1个或3个的。

6. 发行说明

表示钞票的法律地位，说明钞票在流通中可以顺利流通，不可拒绝接受，使用的数目也不受限制。

7. 图案

各国钞票上的图案一般都体现了本国的民族文化，如有代表性的建筑物、知名人物、动植物图案等。有的国家还在钞票上印有图案版权说明，表明票面图案是受法律保护的，任何人或组织不得使用。

二、外币的一般防伪措施

钞票是由综合性印刷技术生产的，涉及的专业范围很广，包括造纸工艺、雕刻制版、油墨、印刷等，钞票的防伪技术也是多方面的。随着科技的发展，各国印刷钞票都力求使用最先进、最完善、最可靠的印刷技术，使本国钞票既有欣赏价值，更具民族特色，又增加仿造的难度，以保证钞票在流通中的长期使用和不易仿造。因此，了解各国钞票的印刷特点和质量是我们辨别真假钞票的主要依据。

1. 纸张特点

真钞纸张都是专门制造的，所有的原料和造纸技术都不同于普通纸。钞票用纸一般以长纤维的棉、麻为主，有的还加上了本地物产。例如，日本印钞纸的纸浆中含有三桠皮的成分，从而坚韧耐磨，光洁度和挺括度都很好，经过长期使用不起毛、不断裂。为了防伪，在造纸过程中还采用一些办法使印钞纸具有区别于普通用纸的某些专门特征。例如，目前大多数国家在印钞纸中加入水印、安全线、纤维丝和彩点等，这就明显区别于其他纸张。纤维丝、彩点是在纸浆中加入的，又分为可见和不可见两种。可见纤维丝在纸张表面即可看到并可挑出，不可见纤维丝及彩点则须借助紫光灯等仪器才能看见。为了延长钞票的使用寿命，部分国家已经研制并开始使用塑料代替纸张印制钞票。

2. 水印

水印是指在造纸过程中通过丝网的变化，使纸浆的厚薄密度不同而形成的各种图案。根据水印在钞票上的位置不同，可分为固定水印、非固定水印和连续水印三种。固定水印是指在钞票某一部位的水印；非固定水印是指位置不固定的水印；连续水印是指大块或整张钞票上都散布的水印。其中，固定人像水印技术难度较高，迎光透视清晰可见，图像形象、生动、逼真，立体感强。

3. 安全线

安全线是在造纸过程中加入的，包括金属线、塑料线、聚酯线、缩微印刷线、荧光线等。安全线有封闭式和开窗式两种，目前国际上大多采用开窗式安全线。

4. 制版工艺

制版工艺分为手工刻版和机器刻版两种。票面上主要图案、面额数字等部位多用凹印，线条精细，层次分明，多用手工雕刻。手工雕刻属高级工艺品，其独到的笔法和风格不亚于著名画家和书法家的作品，既可欣赏，又能防伪。机器制版一般用于钞票底纹图案的设计，目前已发展到电子雕刻，式样新颖，花纹线条复杂多变，不易仿造。

5. 油墨

油墨对钞票的印制具有非常重要的作用。真钞的油墨都是由专门研究和生产部门在保密情况下调制的，在油墨调制中还加有某些物质，例如，加磁性介质材料使之成为磁性油墨（美钞正面凹印部位黑色油墨就是磁性油墨），含有荧光物质成为荧光油墨等。大多数真钞的油墨鲜艳而不浓，墨层薄而光亮，油墨色差柔和而协调，经久耐用。

（1）红外线油墨。由于红外线油墨吸收红外线光，钞票图案的某一部位使用红外线油墨，在普通光下无任何反应，但在红外线检测仪下，由于使用部位吸收了红外线光，使得钞票图案显得不完整。

（2）同色异谱油墨。在钞票图案上使用这种油墨，使表面上同色的油墨在不同光谱的光源照射下会发生不同颜色的变化。

（3）温度油墨。这种油墨颜色会随着温度的变化相应地发生变化。

（4）防复印油墨。这种油墨对彩色复印机上的灯光会有反应，如果在彩色复印机上复印使用了这种油墨的钞票，复印出来的图案色调就与原来的完全不同。

6. 印刷技术

印刷在整个钞票的印制过程中处于非常关键的环节，许多防伪技术的应用都在这个环节表现出来。真钞一般采用凹印、凸印与胶印相结合的印刷方法。印刷技术主要是看印刷的清晰度和色彩柔和度等。

（1）凹版印刷。用雕刻的某种金属凹版来印刷钞票的主要部分，如人像和主景等。用此方法印出的为三维图案，立体感强、层次清晰，手摸有凹凸感。

（2）凸版印刷。凸版的版纹向外凸出，印刷时版面和纸张接触，使纸张受压，反面有凸起的痕迹，一般多用于印刷钞票的号码。

（3）胶印（平版印刷）。这是彩色印刷中最普遍的方法，多用于印刷钞票大面积的底纹。此外，目前各国根据经济发展及技术水平，选用了一些先进的印刷技术，以达到防伪的目的。

(4) 多色叠印。这是用几种颜色的油墨在一次套印的基础上，再用几种颜色叠印。多色叠印出来的图案五彩缤纷、鲜艳亮丽，一般多用于小块的装饰图案上。

(5) 双面对印。这是将钞票正、背面的图案完全重合或是将正、背两面的部分图案组成一个完整的图案。

(6) 花纹对接。这是印刷底纹的新工艺，分为两种。一种是花纹满版对接，即钞票根据尺寸裁切后，底纹上原有的花纹在钞票边缘变得不完整，此时将钞票两边对接，即可形成完整的花纹图案，如我国香港汇丰银行发行的100元港币券。另一种是在钞票的四边印有切边标记，将这些标记正面对折，会发现线纹完全吻合，如荷兰盾钞票。

(7) 缩微印刷。就是用微型文字印刷成线条或底纹图案，不借助放大镜几乎无法看出文字。

三、鉴别外币的一般方法

1. 假币的一般特点

鉴别外币真假，必须了解和掌握假钞的一般特点。

(1) 人像或图景不像真钞那样清楚自然，富有立体感。

(2) 水印模糊不清。

(3) 红、蓝纤维丝由于用几块版分次套印，往往套印不准而失真。

(4) 由于伪造者不知真钞上的油墨配方，都是选择市场上的普通油墨，只能仿制近似颜色，复制出的颜色效果不佳，只能近似真钞。如果将真、假钞进行对比，就会看出颜色是不一样的。

(5) 假钞纸张光滑，不像真钞那样有凹印线纹，且假钞用纸是普通纸，不结实、挺括度差，长期使用会断裂，不具有真钞纸的防伪特征。即使仿制了这些特征，也可以看出来。

2. 用比较法鉴别真假外币

鉴别外币的真伪一般采用比较法，就是对比真、假钞的纸张、水印、图案、颜色、凹印线纹、油墨的凸起感、防伪标志等。由于假钞的仿真能力不同，在其仿真能力最弱的一个方面来识别它，再进一步识别其他不同点，就可剥开其全部伪装。具体来说有以下四种方法。

(1) 看，就是用眼睛或借助仪器观察钞票。真外币一般色彩鲜艳、图案生动、线条流畅、层次分明；而假外币一般色彩单调、图案呆板、线条粗细不匀、层次模糊。眼看主要是看人像（或主景）特点，因为钞票一般都是凹版印刷，人像（或主景）线条精细清晰，有层次感。例如，对真、假美元的辨别，先对比凹印线，真钞有凹印线纹，假钞光滑；再核对头像（假钞有时甚至将头像搞混），观察头像清晰度；还可观察水印是否生动，纤维丝是否嵌在纸中等。

（2）摸，就是通过手触摸钞票进行鉴别。手摸主要是摸纸张，因为真币都采用具有一定抗磨损、抗水浸、抗污染的特殊纸，纸质手感挺括、纸纤维不易外露；而假币不可能取得同类纸张，所以其纸质粗糙、绵软无力。真币在特定部位采用了凹版印刷技术，用手摸会有较明显的凹凸感；而假币一般为平版胶印，不会有凹凸感。

（3）听，由于真币纸张挺括，用手摆动时会发出清脆的声音；而假币摆动时发出的声音比较沉闷。

（4）测，主要是通过专用光线检测仪器进行检测，以发现用肉眼看不见的一些特征，如荧光油墨、同色异谱油墨、红外线油墨、磁性油墨等。另外，还有油墨试验（将纸币捏成纸团再放开试验）、针挑票中红蓝纤维丝等方法。但是，钞票检测仪器的设计是以真钞的某些印刷特点为判断准则的，有的假钞也仿制了真钞的某些特点，如果用仪器检查这些特点就不灵了，因此不能完全依靠机器鉴别。

上述四种方法应综合运用，不断积累经验，提高综合分析判断能力，准确识别外币的真伪。

此外，还可借助外币验钞机进行鉴别。

四、美元的防伪特征分析及举例

1. 券类

1928 年以后发行的美元主要有以下几种券别。

（1）政府券。财政部印章（库印）和序列号均为红色，面值有 1 元、2 元、5 元、10 元共 4 种。年版号有 1928、1953、1963、1966，最后年版号为 1966A。

（2）国家券。财政部印章和序列号均为棕色，面值有 5 元、10 元、20 元、50 元、100 元共 5 种。年版号为 1929。国家券有两种：国家银行券和联邦储备银行券。

（3）银币券。财政部印章和序列号为蓝色，面值有 1 元、2 元、5 元、10 元共 4 种。年版号有 1928、1933、1934、1935、1957，最后年版号为 1957B，1963 年停止印刷。战争时期还发行过两类在战区使用的银币券，双面印有“HAWAII”字样的是夏威夷银币券，印有黄色财政部印章的是北非银币券。

（4）金币券。财政部印章和序列号均为金黄色，面值有 5 元、10 元、20 元、50 元、100 元、500 元、1 000 元、5 000 元、10 000 元、100 000 元共 10 种。年版号为 1928 和 1934。

（5）联邦储备券。财政部印章和序列号均为绿色，面值有 1 元、2 元、5 元、10 元、20 元、50 元、100 元、500 元、1 000 元、5 000 元、10 000 元共 11 种。500 元及以上面额的钞票 1945 年停止印刷，1969 年停止发行。

目前只有联邦储备券在继续发行，现在我们所见的美钞几乎都是联邦储备券。其他券种已不再发行，其收藏价值远远超出面值，故已很难见到。因此，本书以后所提及的美钞均指联邦储备券。

联邦储备券由 12 个联邦储备银行发行，流通量占流通总量的 99%。钞票正面右边为美国的库印。库印的背景是与面额一致的阿拉伯数字或英文大写数字，上方是首都华盛顿的地名。库印为圆形，外围有40个齿，排列均匀，圆的中心是一个盾牌。盾牌被一个曲尺形图案分为上下两部分，上半部是一个天平，周围分布22个圆点，中间有13颗五角星；下半部是一把钥匙，左端下边空白孔内有一个英文字母“T”。

2. 美元常识

（1）货币名称：美国元，俗称美金，简称美元（UNITED STATES DOLLAR）。

（2）发行机构：美国中央联邦储备银行（U. S. FEDERAL RESERVE BANK）。

（3）货币符号：US $ 。

（4）国际符号：USD。

（5）辅币进位：1美元=100美分（CENTS）。

（6）流通面值：纸币1美元、2美元、5美元、10美元、20美元、50美元、100美元；硬币1美分、5美分、10美分、25美分、50美分和1美元。此外，还有面值为500美元、1 000美元、5 000美元和10 000美元的4种钞票已于1945年停止印刷，1969年停止流通。

3. 美元的一般防伪特征

（1）纸张。美元不论面值多少，尺寸大小都一样，长为15. 6厘米，宽为6. 6厘米。纸张的成分主要是棉纤维和亚麻，结实、坚韧、挺括，经久耐用，不起毛，对水、油及一些化学物有一定的抵抗能力，拉动时声音清脆，不易断裂。纸张没有添加增白剂，呈本白色，在紫光灯下没有荧光反应。自1880年起，美钞纸内有红、蓝纤维丝，有的夹在纸当中，有的浮于表面，用针尖可以挑出。1885年以后印的美钞，红、蓝纤维丝由上而下分布在钞票正中。1928年及以后的各版钞票，红、蓝色纤维丝不规则地遍布整张钞票。1990年起纸张中（人像左侧）加入了一条聚酯类高分子物质制成的安全线，印有美元符号及面值数字，迎光透视清晰可见，1996年后钞纸中又增加水印图案和方格底纹，1999年以后的部分钞纸有斜底纹。

（2）图案、文字。美元的人物肖像、景物等形象生动，花边图案细致清晰，连号外观饱满整齐。自1928年以后，不分券种和年版，正面上方印有美利坚合众国国名；同一面值正、背面的人像及图景均相同。正面的人像是美国历史上的知名人物，人名印在人像的下边。人像印刷精细，表情自然有神。人像背景是由纵横细小的方格组成，方格大小一致，线条粗细均匀，光线深浅分明，背景图案上面的云层、虚线、实线布局合理，形象自然、清楚。从1990年版开始，在纸币中都增加了文字安全线和凹印缩微超小文字的防伪特征。美元不同面值的正面人像与背面图案的对应关系如表2－5所示。

表2－5　　美元不同面值的正面人像与背面图案的对应关系

面值	正面人像	背面图案
1美元	乔治·华盛顿（WASHINGTON）	美国国玺两面图案
2美元	托马斯·杰斐逊（JEFFERSON）	独立宣言签字会场

续 表

面值	正面人像	背面图案
5 美元	亚伯拉罕 · 林肯（LINCOLN）	林肯纪念堂
10 美元	亚历山大 · 汉密尔顿（HAMILTON）	美国财政部大楼
20 美元	安德鲁 · 杰克逊（JACKSON）	白宫
50 美元	尤利斯 · 格兰特（GRANT）	美国国会大楼
100 美元	本杰明 · 富兰克林（FRANKLIN）	美国独立纪念堂
500 美元	威廉 · 麦金莱（MCKINLEY）	500（已停止流通）
1 000 美元	格罗夫 · 克利夫兰（CLEVELAND）	美国国名 One Thousand Dollars（已停止流通）
5 000 美元	詹姆斯 · 麦迪逊（MADISON）	5 000（已停止流通）
10 000 美元	萨蒙 · 波特兰 · 蔡斯（CHASE）	10 000（已停止流通）

（3）油墨。美元的油墨是专用油墨。采用特殊保密配方配制而成，由指定专业生产厂家生产。正面除了号码和库印为绿色外，全部采用黑色油墨。美元票面颜色单调。1934 年以后各版的油墨还具有磁性，用仪器可以测试出来。背面一律采用绿色油墨。

（4）印刷技术。美元的主要图案为雕刻凹版技术印刷。除正面的连号、库印及洲印是凸印外，其余人像、图案、花边等全是选用最好的薄钢板上雕刻（或蚀刻）成印板，印刷时在印板的凹线与凹点中注满油墨，擦去表面的油墨，经高压压印钞纸，使凹槽中的油墨附着在钞纸之上，形成印刷图案。凹雕版印刷的图案色彩丰富，线条纹理平滑，有漆质的感觉，层次分明、立体感强；用手指抚摸印迹，有一定的浮凸感和空间感。印刷时的高压力透纸背形成压印痕迹，这些印刷效果都是其他印刷技术无法达到的。美元印钞版的制作十分复杂，化学蚀刻——用于字母和数字的腐蚀雕刻；机器雕刻——用于雕刻较为规则的花纹花边；手工雕刻——用于雕刻人物肖像、景物等形象生动之图案，图案伪造异常困难。1990 年以后，各版的正面肖像周围加有缩微文字，2004 年版还增加了平版印刷的底纹。

（5）近年来各版美元不断增加防伪特征。为应对日益猖獗的假钞威胁，美国财政部自 1996 年开始重新设计了美元的版面，发行系列新版美元（简称 NCD）。1996 年印制发行了 100 元券，1997 年、1998 年发行了 50 元券和 20 元券；1999 年发行了 1999 年版 100 元券和 10 元券与 5 元券，后来又发行了 2001 年版 100 元券；2003 年发行 20 美元新版纸币以后，2004 年 9 月 28 日发行了 50 元券；2006 年 3 月 2 日起 10 元券开始流通；2008 年 3 月 13 日起 5 元券开始流通。新版美元采取了许多新的防伪技术与手段。

①肖像。最明显的特征是头像放大，使脸部表情更生动，整个头像的位置偏左，一是为了防止因对折磨损不易辨别图像细微之处，二是为水印提供相应的位置。

②安全线。在造纸过程中镶嵌在纸张中的一条聚酯线，上面印有“USA 面值”字样，不同面额的位置不同。在紫外光下有荧光反应，不同面额会显示不同的颜色。如在紫外光下 100 美元面额的安全线颜色为红色，50 美元安全线颜色为黄色，20 美元安全线颜色为绿色，10 美元安全线颜色为橙色，5 美元安全线颜色为蓝色。

③水印。在所有纸币中都增加了固定人像水印。水印是在纸张制造过程中形成的，图案与钞票正面主图相同，迎光下在钞票两面清晰可见。

④转移油墨（光变油墨）。在钞票正面右下角的面额数字，正视为绿色，斜视则为黑色。如100美元的颜色由绿变黑。1998年印制的钞票还使用了红外光变油墨。

⑤防复制条纹。在人物肖像和建筑的背景中均有应用，有波浪线、折线、同心弧线等，主要用于防止被扫描、复制。

⑥其他防伪技术。如新版10美元共有4处采用了显微印刷技术：较大的火炬图形下方重复出现英文单词“USA”和数字“10”，肖像下方以及钞票左右边框内侧垂直方向印有英文“THE UNITED STATES OF AMERICA”和“TEN DOLLARS”，其光变油墨印刷的面额数字在晃动时颜色在绿色与黑色之间变化。

再如，2004年版50美元彩钞正面五角星图案由金属油墨凹版印刷而成，转动倾斜观察可见金属光泽；正面底纹图案采用了彩虹印刷技术，其两边为红色，中间为黄色，色彩过渡自然、渐变。2004年版20美元正面底纹图案采用了彩虹印刷技术，其两边为绿色，中间为红色，同时采用了光变面额数字，其颜色由古铜色变绿色，色彩过渡自然、渐变。2004年版10美元正面底纹图案采用了彩虹印刷技术，其两边为橙色，中间为黄色，色彩过渡自然、渐变。

4. 美元手工鉴别方法

（1）看。

①看钞票花纹图案。美元真钞正面人像层次丰富、立体感强、目光有神，明亮处和阴影部分过渡自然，发丝、衣领线条精细。而假钞的人像缺乏立体感、目光呆滞、发丝凌乱，明暗过渡不自然，阴影部分过重，有的甚至漆黑一团。

②看钞票颜色。美元真钞的油墨颜色是秘方配制的专色，造假者只能仿制出近似的颜色，真假钞对比有较为明显的区别，尤其是美元假钞背面的绿色，不是太艳，就是发黄。

③看钞票是否有压痕。美元真钞的库印是凸版印刷，纸张上有明显的压痕，假钞则没有。真钞印刷时，用高压力透纸背形成压印痕迹，这是其他印刷技术无法达到的效果。

④看钞票是否有油墨渗透。真钞从钞票正面压下去，使得钞票背面有压痕，并有油墨渗透的痕迹。真钞越旧，压痕越重，油墨渗透得越厉害，钞票显得越脏，而假币越旧背面越干净。

⑤看钞票连号。真钞连号的字体独特，所有的起笔、收笔都是方形的，且粗细一致、排列整齐。而假钞连号的字体有的方、有的圆，横向排列不在一个水平线上。

⑥看光变油墨。因光变油墨极其昂贵，而且是国家控制的产品，很难买到，所以假币一般没有光变油墨，这是最好的鉴别点。

⑦看版面设计。看钞票票面上是否缺少某些项目，或者与真钞有什么不同之处；看钞票的面额与图案是否匹配，以防不法分子将小面额真钞涂改成大面额钞票。

（2）摸。

①摸钞票的纸质是否结实、坚韧，不起毛，不易断裂。一般假钞的纸质较差，比真钞过厚或过薄，不够结实、坚韧，易起毛，易断裂。

②摸钞票主要部位是否有凹凸感。由于成本问题，一般假钞多采取平版印刷，不会有凹凸感。

（3）听。

用手拉动钞票时，真钞声音清脆，假钞声音发闷。

【例8】 2001年，一些地方的中国银行、工商银行、浦东发展银行分支机构相继收缴了境外流入的假美元。经公安机关调查，所发现的假美元主要来自缅甸等周边国家或地区，为2001年精制版，即所谓“超级K假美元”。该版假美元印制精细，仿真度高，凹版印刷、安全线、光变油墨等防伪特征与真钞相当接近。其主要特征如下。

①纸张较1996年版明显变薄，接近真钞，但纸张偏黄。

②有红、蓝纤维，但在放大镜下显得粗细不匀。

③安全线平视时不易看到（1996年版平视可以看到），缩微文字也较1996年版假美元有所改进，但仍不如真钞清晰，光透效果较差。

④左右下角面额数字凹凸手感较真钞还明显。

⑤人像嘴唇线右侧偏短，脸部酒窝雕刻较浅。

⑥人像缺乏立体感和明暗层次感，人像的眼睛不如真钞有神。

⑦正面右下角英文字母“S”的起笔已改为接近真钞（1996年版“S”起笔呈喇叭形），右下角边框第2片叶尖已改为空心（1996年版为实心）。

⑧连号数字号码排列不整齐，字体粗细不匀，有别于真钞，同时冠字多以“CB”为主。

⑨国名字母在背面形成的压痕和油墨渗透不及真钞明显。

⑩背面灯柱左右2根线条一样粗细。

⑪背面钟楼时针一样长短。

【例9】 真假美元特征对比举例，如图2-27至图2-29所示。

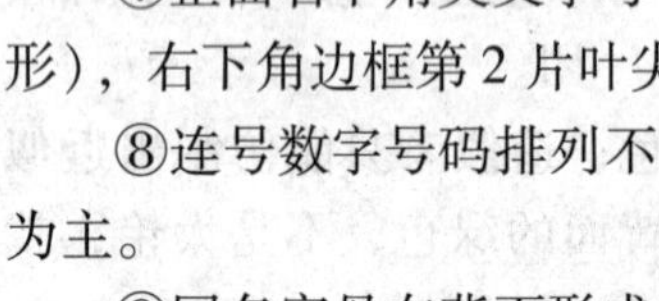

①真钞正面

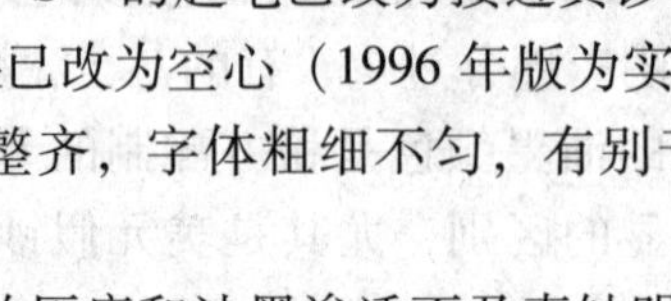

②2001年版假钞正面

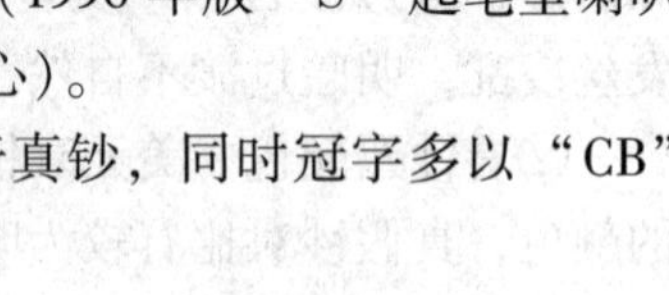

③2003年版假钞正面

图2-27 2001年版美元真钞与2001/2003年版假钞特征对比

注：①假钞的钞纸较真钞偏黄，2003年版假钞较2001年版假钞有所改善，但还是偏黄；②假钞钞票的票面长度较真钞长1毫米；③2003年版假钞较真钞偏厚。

2001年版美元真钞与2001/2003年版假钞特征——连号对比如图2-28所示。

2001年版美元真钞与2001/2003年版假钞特征——安全线对比如图2-29所示。

图 2－28　2001 年版美元真钞与 2001/2003 年版假钞连号对比

注：真钞连号字体大小一致，高低一致，字间间隔一致，笔画粗细一致。假钞通常字体高矮不一，笔画粗细不一，特别是在笔画有交叉、转折的位置以及字的底部或顶端笔画较粗，2003 年版假钞这一现象有所改善，但是与真钞仍有差异。另外，假钞连号颜色与真钞也有差异。真钞"8"字下圈比上圈稍大，假钞上、下圈基本一样大。

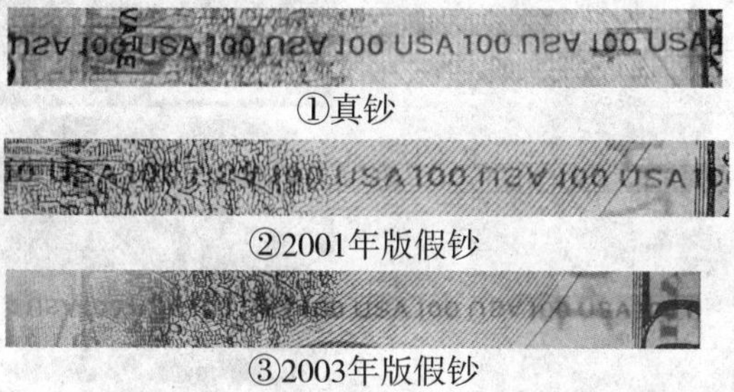

图 2－29　2001 年版美元真钞与 2001/2003 年版假钞安全线对比

注：真钞安全线透明，与钞纸过渡自然。2001/2003 年版假钞安全线看上去均好像有一条黑带子，与钞纸过渡不自然。真钞安全线上的字母和数字大小一致、整齐，笔画饱满，假钞安全线上的字母和数字大小不一，笔画不饱满，常有漏笔画现象。

【例 10】　2003 年 10 月发行彩版美元特征及真假钞对比，如图 2－30 至图 2－31 所示。

2003 年 10 月从 20 元钞票开始，新的货币首次加入了细致背景颜色的特色，不同的颜色将被不同的面值使用，这将会帮助视力障碍者区分面值。彩版钞面额有五种：5 元、10 元、20 元、50 元、100 元，其特征如下：

①彩版 10 美元钞票采用的是橙色、黄色、红色背景颜色，自由象征为自由女神手中火炬的图形和引自《美国宪法》的英文"We the People"。

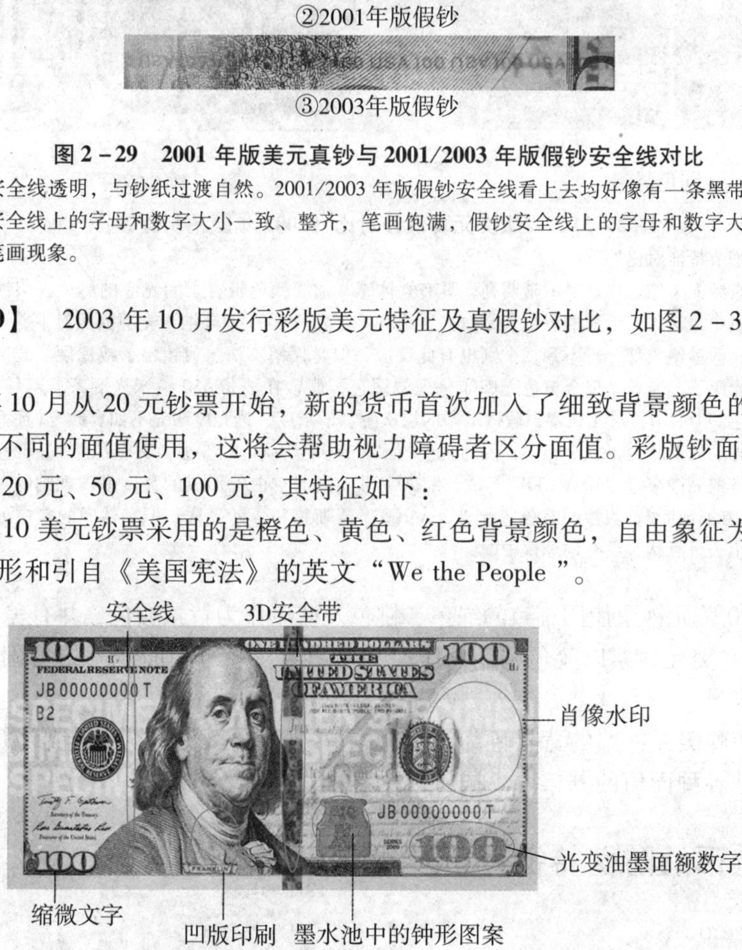

图 2－30　彩版美元 100 元防伪特征

真钞　假钞　①人头像　真钞　假钞　④水印

真钞　假钞　②白亮纤维丝

真钞　假钞　③同色异谱　⑤缩微文字　真钞　假钞

图 2－31　彩版美元真假钞对比（2003 年版精制假钞）

注：真假钞细节特征对比如下。

①人头像：真钞人头像总体效果清晰明亮，具有立体感，油墨颜色带有柔润光泽的黑色；假钞人头像整体颜色黑中透黄或者黑中透灰，为黯淡的黑色。②白亮纤维丝：在波长 700～800 纳米光源的照射下，真钞钞纸中的纤维丝呈白亮颜色；假钞绝大部分看不到，个别也有此反应，但是模糊不清、或粗糙、或僵硬。③同色异谱：真钞在波长 550 纳米光源下，连号呈现金黄色，库印呈现翠绿色；假钞在波长 550 纳米光源下，连号呈现非金黄色，库印呈现非翠绿色。④水印：对光观察，假钞水印的层次感、清晰度、透光度明显不如真钞。（注意：即使同样是真钞，人像水印轮廓的形状也不完全相同，因为真钞的水印有多个版本。）⑤缩微文字：真钞正面左下角的面额数字中是由排列整齐的缩微字母“USA 100”组成，缩微字母间隔的空白处形成的弧度呈现规则的瓜纹状，肉眼看上去就像地球仪中的经纬线；假钞的缩微字母“USA 100”清晰感和真钞一样，但字体间的空白处没有呈现瓜纹的形状，整体看上去呈点状，没有地球仪中的经纬线。

②彩版 20 美元钞票使用细致的绿色、桃色及蓝色作为背景颜色，并有美国鹰图形。

③彩版 50 美元钞票以蓝色和红色作为背景颜色，并有一面飘舞的美国国旗和一颗银蓝金属小星星。

④彩版 100 美元钞票的背景色为淡蓝色。在 100 美元钞票设计上新增了复杂的颜色层，与其他各种面值的钞票均不同，以示区别。

五、港币的防伪特征分析及举例

1. 港币常识

（1）货币名称：香港元，俗称港币，简称港元（HONG KONG DOLLAR）。

（2）发行机构：香港上海汇丰银行（THE HONG KONG AND SHANG HAI BANKING CORPORATION LIMITEI）、香港渣打银行（STANDARD CHARTERED BANK）、香港中国银行（BANK OF CHINA，1994 年5 月1 日起开始在香港发行钞票）和中国香港特别行政区政府。各机构发行的钞票，除票面面额相同外，其他特征均不一样。

（3）货币符号：HKD。

（4）辅币进位：1 港元 =10 毫 =100 分。

（5）流通面值：纸币有 10 港元、20 港元、50 港元、100 港元、500 港元和 1 000 港元 6 种，硬币有 1 毫、2 毫、5 毫、1 港元、2 港元、5 港元、10 港元 7 种。

2. 港币的一般防伪特征

港币的荧光图案是早期主要的防伪手段之一，香港人称之为荧光银码。

1994 年后香港钞票由汇丰银行、中国银行和渣打银行 3 家商业银行发行，统一由香港印钞有限公司在香港印刷。3 家银行发行的港元纸币的防伪手段略有区别，但防伪技术都在不断改进。如 2000 年以后发行的港元已有白水印；汇丰银行 2000 年版、中国银行 2001 年版、渣打银行 2001 年版的 1 000 港元纸张中含有无色荧光纤维；2003 年版港元的全息开窗式安全线位于钞票的背面。归纳起来，港币的防伪技术主要有以下几种。

（1）纸张。印制港币的纸张是 100% 的棉纤维，白色，有着不同于一般纸张的特殊手感，纸质坚挺，扯动声脆，油墨附着力强。

（2）水印。凹水印（又称白水印）与凸水印（也称黑水印）两种防伪水印方法均有使用。

（3）印刷技术。港币正反面的背景图案是由平版胶印而成。在图案中均设计了对印图案，迎光观察，可见钞票正、背面的彩色图案和空白处互补吻合。

（4）其他新技术。

① 2000 年汇丰银行、2001 年香港中国银行和渣打银行发行新的 1 000 元港币，增加了三项防伪特征。一是开窗式全息安全线。安全线在钞纸正面时隐时现，显露部分有银白色反光并可见洋紫荆花和“HK1000”组成的不连续图案；轻转钞票，会变色的洋紫荆花和“HK1000”将出现；迎光观察，清晰可见反白的洋紫荆花和“HK1000”完整排列。二是隐形荧光纤维。常光下不可见。在紫外光照射下清晰可见呈红、蓝、绿 3 种颜色的纤维丝。三是白水印，即高透光度水印或凹水印。对光观察可见高透光度的“1000”面额数字，手摸有凹陷感。

② 汇丰、中银和渣打 3 家银行 2003 年 12 月推出了 100 港元、500 港元，2004 年 10 月推出了 20 港元、50 港元、1 000 港元的 2003 年版钞票。新推出的港元在保留各自原有的特征，如隐形数字（或图案）、凹版印刷、荧光纤维、水印、金属安全线、缩微文字、对印图案和反复印的图案、荧光面额数字、钞票序号等技术外，采用了统一的防伪设计，防伪技术相同、防伪特征的位置相同，以方便公众识别和机器自动化处理。一是变色油墨面额数字。从不同角度斜视钞票时，面额数字呈金、绿色相互交替。二是荧光条码。在紫外光下呈现出明亮的机读荧光条码。三是反光图案。在强光下斜视钞票，会看到明亮反光洋紫荆花图案。四是开窗式全息安全线。一条 4 毫米宽开窗式

全息图安全线交织穿梭在钞票背面。全息图案有洋紫荆花和“HK”字符及面额数字。转动钞票时，在不同的角度会看到变色的洋紫荆花和“HK”字符及面额数字。迎光观察，清晰可见反白的洋紫荆花和“HK”字符及面额数字的完整排列。五是红外特征。所有面额的钞票正、反面都有红外防假特征。

3. 香港上海汇丰银行发行的港币防伪特征

目前香港上海汇丰银行港元发行量占港元总发钞比例最大。

（1）票面设计。1959 年版的水印是戴钢盔的人头侧面像和面额数字。1935—1972 年大票版的水印是一个包头女人头像，1992 年起水印改为狮子头像。1995 年及以后发行的港元正面主图是铜狮头像（或者是铜狮头像与维多利亚港远景），层次分明、纹路清晰、生动传神、线条均匀、阴影自然。钞票印有中英文“香港上海汇丰银行”字样。背面均为汇丰银行大厦和门前铜狮像，并配不同插图；10 元券插图是帆船及现代货船；20 元券插图是旧九龙火车站钟楼或城市景观；50 元券插图是赛龙舟图或建筑一角、山峰；100 元券插图是沙田万佛寺或桥梁；500 元券插图是香港特别行政区政府大楼或机场；1 000 元券插图是香港立法局大楼或城市景观。

（2）防伪特征。一是各种面额均有狮子头水印和安全线。二是在围绕水印图案处均有正背面透视标记，把钞票的背面朝着光线，可见印于背面的彩色图案与位于正面的相似图案空白位置完全吻合。三是在每种钞票正面右下角处都设计有隐形面额阿拉伯数字。四是钞票用凹版印刷方式印刷，尤其正面汇丰银行行徽及背面的狮子头像，用手触摸可感觉到浮雕效果。五是在紫光灯下，钞票正面可见到荧光面额阿拉伯数字；背面部分油墨也有荧光。1977 年版 1 000 元港币和 1985 年版采用了底纹对接和对印技术。1997 年起采用折光法，纸张里面隐藏钞票面额数字。汇丰银行发行的港元冠字号码采用横竖异形双号码，如图 2－32 所示。

4. 香港渣打银行发行的港币防伪特征

（1）票面设计。图案设计正面均采用了神话中的吉祥兽作为设计主题，背面主图是渣打银行大楼和洋紫荆花。10 元券正面为鲤鱼；20 元券正面为神龟；50 元券正面为北狮；100 元券正面为麒麟；500 元券正面为凤凰；1 000 元券正面为飞龙。2003 年各面额钞票正面图案为神话动物；背面图案除 20 元纸币为港口外，其余均为城市景观。1985 年及以后发行的钞票均印有英文“Standard Chartered Hong Kong”（香港渣打银行）字样。

（2）防伪特征。一是有固定位置的水印和安全线。水印位置呈木纹状花纹，透光可看到戴钢盔的古罗马人头像水印 1～3 个，在人头上部有“SCB”字样水印，也有不透明安全线。二是在钞票的左面下部均有前后透视标记。如将钞票的正面图案面向光线，可清楚地看到背后的颜色图案准确地符合正面空间的相同图案。三是钞票采用凹版印刷方法印制，用手触摸有浮凸感觉，尤其是正面的动物和背面的皇家徽章。四是在紫光灯下，钞票的正面可见到荧光阿拉伯数字，背面中间是绿色荧光油墨。五是新旧两版均有对印图案，正背面线条完全吻合。

5. 香港中国银行发行的港币防伪特征

（1）票面设计。1994—2003 年版各面额钞票，正面图案均以中国银行大厦配花卉。

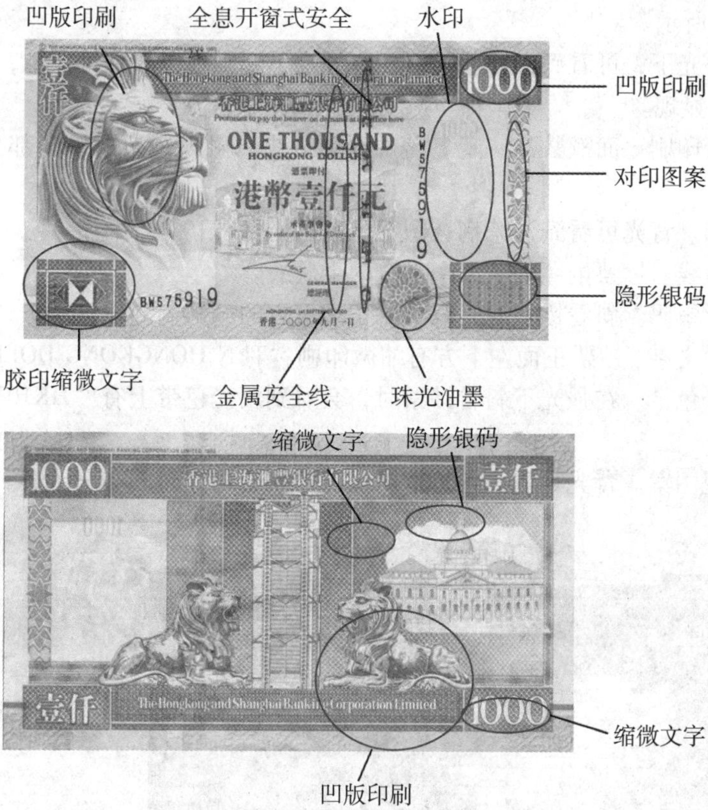

图 2－32　2000 年发行 1 000 元港币防伪特征

其中，20 元港币为水仙花，50 元港币为菊花，100 元港币为荷花，500 元港币为牡丹花，1 000 元港币为洋紫荆花。票面均印有中英文“中国银行”和“BANK OF CHINA”字样。背面图案则各不相同。其中，20 元港币为香港中区及湾仔商业区，50 元港币为香港海底隧道，100 元港币为香港尖沙咀远景，500 元港币为香港葵涌货柜码头，1 000 元港币为香港太平山岛瞰港岛中区；2001 年版的 1 000 元港币正面主景图案改为银行建筑，背面图案为建筑。2003 年版 20 元港币、50 元港币和 1 000 元港币的正面图案为银行建筑，背面图案分别为建筑、城市景观和建筑；100 元港币和 500 元港币的正面图案为中银大楼，背面图案分别是桥梁和机场。票面均印有“中国银行（香港）有限公司”和“BANK OF CHINA（HONG KONG）LIMITED”字样及面额的繁体中文及阿拉伯数字。

（2）防伪特征。一是双面对印，“中”字一列为凹版印刷。二是有安全线和水印，安全线为实芯，水印为坐狮。三是 1996 年 1 月 1 日以后，在花卉所在位置新增了折光反应。2001 年版 1 000 元港元纸币中新增了一条全息开窗文字安全线和“1 000”字样的白水印。其发行的港元纸币胶印对印图案是圆形图案。

6. 中国香港特别行政区政府发行的港币

香港特别行政区政府于 2002 年 7 月 1 日发行了第 1 张纸币，面额为 10 港元，现在主要发行各种硬币和 10 元纸币。香港特区政府发行的港币，由淡紫、紫、蓝及黄四色组成采用了抽象的设计，引入了压印图案、压印隐形数字、反光条带等，具体防伪特征如图 2－33 所示。

（1）紫外光下，可看到红、蓝、绿三色纤维不规则地分布在钞票上，“10”字样的荧光银码同时显现。

（2）凹版印刷。面额数字有着显著的浮雕效果，触摸钞票的中间部分亦可感觉到浮雕效果。

（3）水印。背光可看到洋紫荆花图案及高透光度“10”字样。

（4）安全线。钞票内藏一条 2 毫米宽的金属线。

（5）隐形银码。斜看钞票时，可看见正面下方的“10”字样。

（6）缩微文字。钞票正面左下方有缩微印刷“TEN HONGKONG DOLLARS”。

（7）反光色带。在强光下斜看钞票时，会看到反光色带上有“HK10”字样及洋紫荆花图案 。

（8）透视图案。背光可看到正、背两面图形拼合成完整的骏马图案。

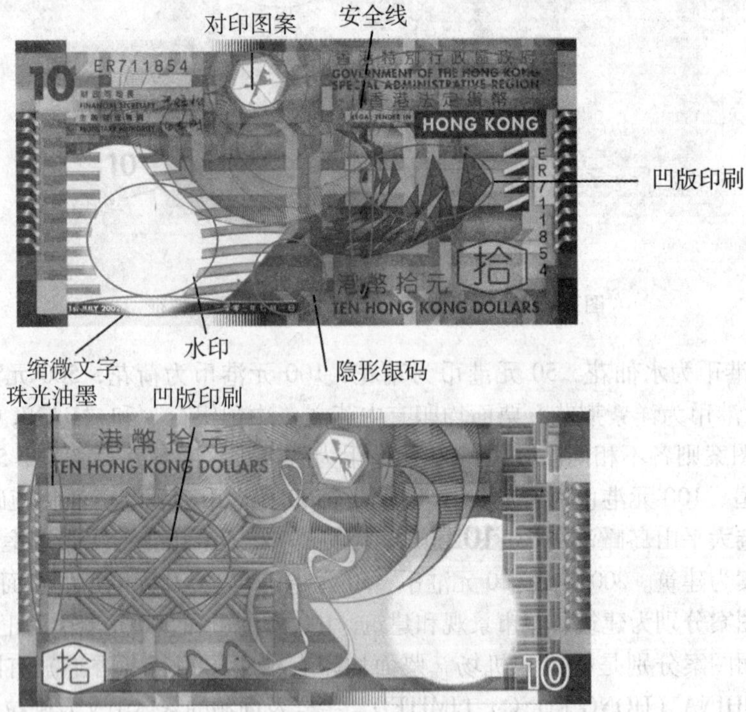

图 2－33 香港 10 元政府券防伪特征详解

7. 港币鉴别的方法

（1）看光变油墨面额数字。从 20 港元起就有光变油墨，因光变油墨价格昂贵，假币没有。

（2）看主要图案、花纹。真钞阴影均匀自然、层次分明，富有立体感；花纹粗细均匀、纹路清晰。假钞阴影平淡、生硬粗糙，缺乏立体感；花纹粗细不一、模糊不均、点线间断。

（3）看水印和安全线。真钞水印及安全线明显清楚，假钞模糊粗糙，水印浮出安全线不清晰。

（4）凹版印刷。手摸真钞有明显凹凸感，假钞很平滑。

【例11】　港币真假钞对比（2000年版），如图2－34所示。

真钞　假钞

①中部楼群

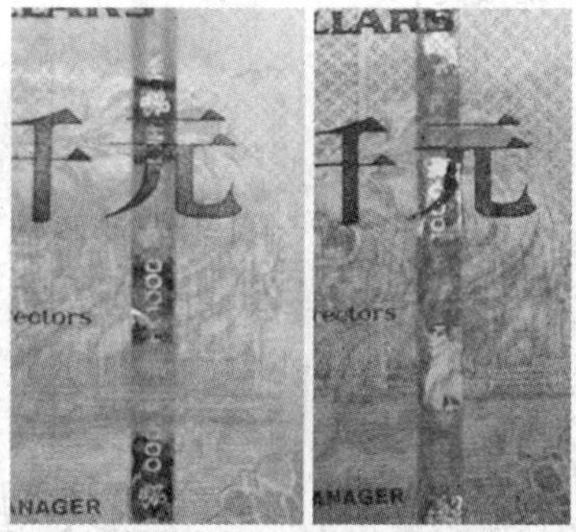

真钞　假钞

②全息磁性开窗安全线

真钞　假钞

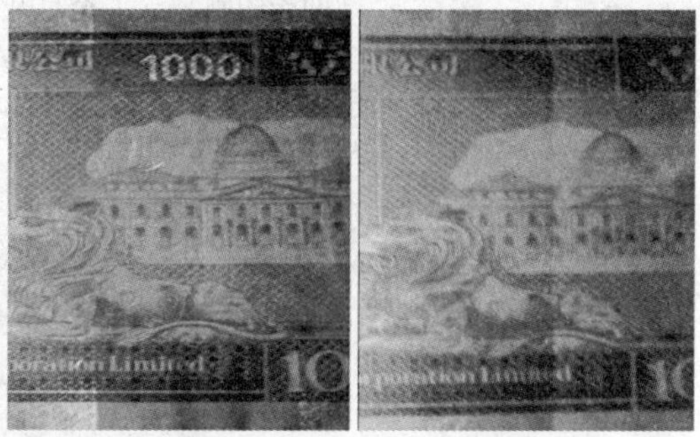

真钞　假钞

③紫外光反应

真钞　假钞

④缩微文字

图2－34　港币真假钞对比（2000年版）

注：港币真假钞细节特征对比如下。

①中部楼群：真钞最左边中银大厦图边框左侧有一缺口，假钞其呈直线状。②全息磁性开窗安全线：假钞全息磁性开窗安全线的闪烁缩微字体不如真钞清楚。③紫外光反应：该版假币钞纸在紫外光灯下的效果不如真钞明显。④缩微文字：真钞在放大镜下清晰可见，假钞部分文字模糊不清。

【例12】　2003年发行港币防伪特征，如图2－35所示。

（1）2003年12月，推出100元和500元面额的全新改版港币，2004年10月推出其余20元、50元和1 000元的新版钞。

（2）所有面额的新版港钞均统一使用相同的防伪特征。

（3）每种面额均采用统一色调。20 元新钞统一为蓝色，50 元新钞的色调则会由紫色转为绿色，100 元新钞为红色，500 元新钞为咖啡色，1 000 元新钞则仍然为金黄色。

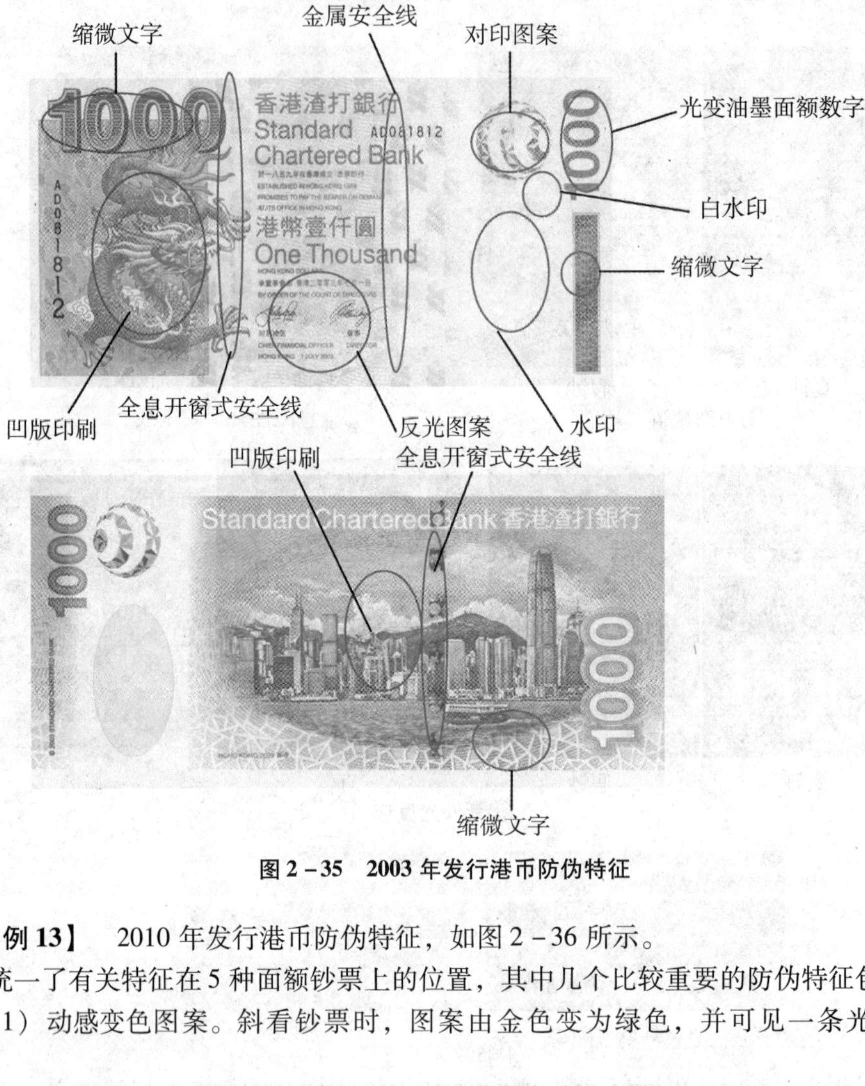

图 2－35 2003 年发行港币防伪特征

【例 13】 2010 年发行港币防伪特征，如图 2－36 所示。

统一了有关特征在 5 种面额钞票上的位置，其中几个比较重要的防伪特征包括：

（1）动感变色图案。斜看钞票时，图案由金色变为绿色，并可见一条光纹上下滚动。

（2）变色开窗金属线。金属线由紫红变为绿色，细看可见“H”及“K”字由微缩字母组合而成。

（3）统一高透光水印。由紫荆花、面额数字及网点图案组成。

（4）荧光透视图案。背光可见完整的图案，在紫外光下呈现两种荧光颜色。

（5）荧光钞票号码。直排号码在紫外光下呈现荧光红色。

（6）新钞票首次加入点字（盲文）及手感线，方便视障人士辨别钞票面额。

【例 14】 2010 年汇丰银行发行 1 000 元港币防伪特征，如图 2－37 所示。

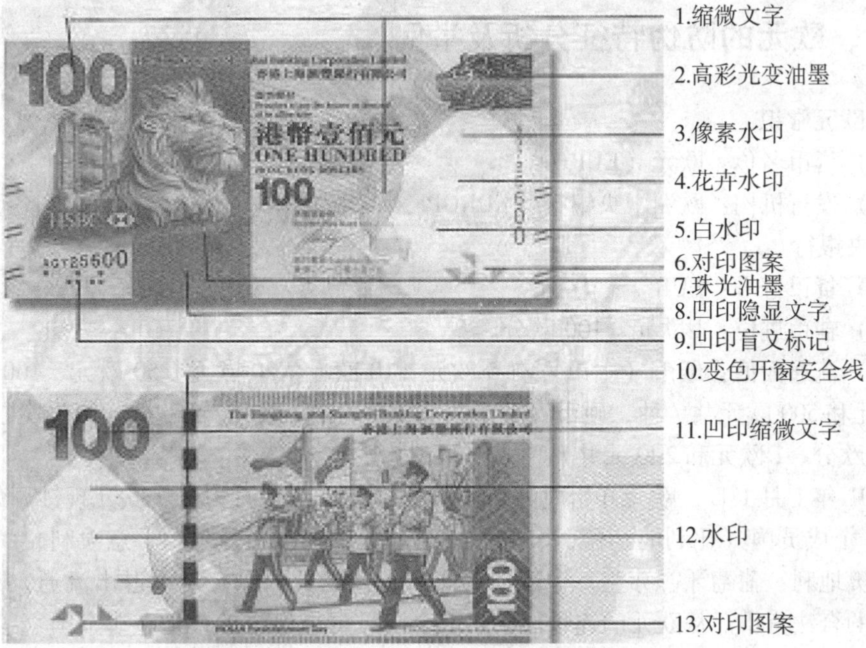

图 2-36　2010 年发行港币防伪特征

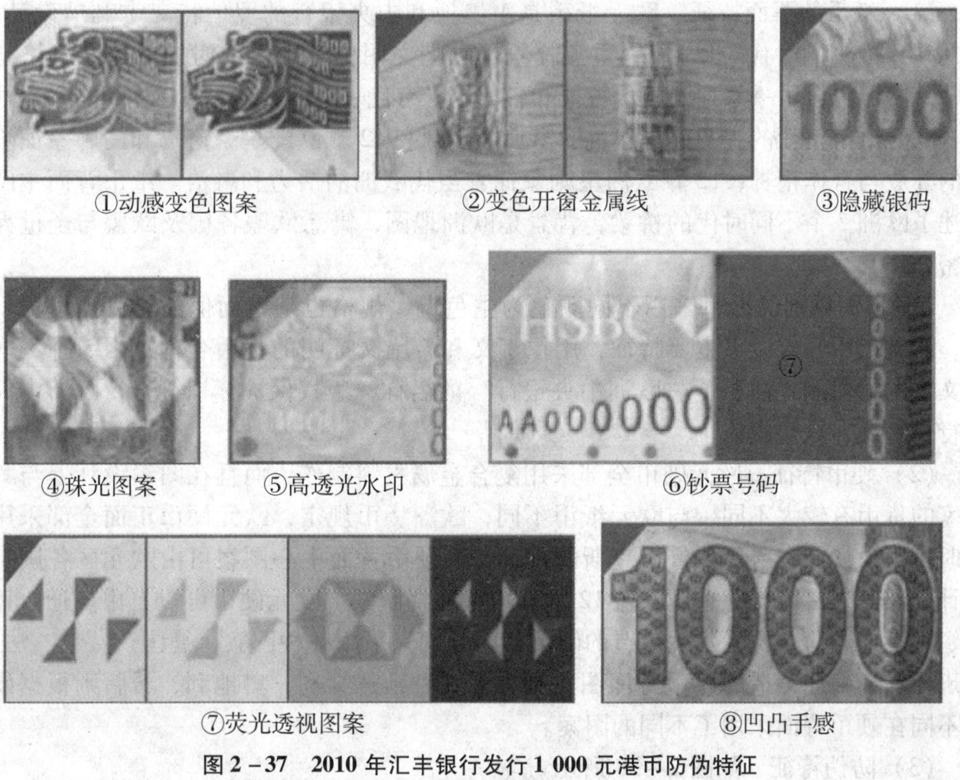

图 2-37　2010 年汇丰银行发行 1 000 元港币防伪特征

六、欧元的防伪特征分析及举例

1. 欧元常识

（1）货币名称：欧元（EURO）。

（2）发行机构：欧洲中央银行（EUROPEAN CENTRAL BANK，ECB）和各欧元成员国中央银行。

（3）货币符号：EUR。

（4）辅币进位：1 欧元 =100 欧分。

（5）流通面值：纸币（主币）有 5 欧元、10 欧元、20 欧元、50 欧元、100 欧元、200 欧元和 500 欧元共 7 种，硬币（辅币）有 1 欧分、2 欧分、5 欧分、10 欧分、20 欧分、50 欧分、1 欧元和 2 欧元共 8 种。

2001 年 1 月 1 日，欧元开始成为结算货币。2002 年 1 月 1 日，欧元现钞开始在欧元区 12 个成员国（比利时、德国、希腊、西班牙、法国、爱尔兰、意大利、卢森堡、荷兰、奥地利、葡萄牙、芬兰）中流通。此后，各成员国原有货币退出流通，欧元成为唯一的合法货币。从欧元的连号冠字第 1 个字母可查出该钞票是在哪个国家印制的。目前欧元假币中仿真度最高的是 50 欧元和 200 欧元。

2. 欧元的一般防伪特征

（1）纸币的票面特征。欧元纸币是由奥地利中央银行的罗伯特·卡利纳设计的，主题是“欧洲的时代与风格”，重点描绘了欧洲文明史 7 个重要时期的建筑风格与特色，其中还包含了一系列的防伪特征和各成员国有代表性的特色。

欧元纸币正面的主图案是建筑的窗户、门廊和 12 颗欧洲星。窗户和门廊象征着欧洲的开放与合作精神，12 颗欧洲星则象征着当代欧洲的活力和融洽。纸币背面主图案描述了欧洲 7 个不同时代的桥梁，背景是欧洲地图，寓意欧盟各国及欧盟与全世界的紧密合作和交流。

7 种不同券别的纸币采用不同颜色为主色调，规格也随着面值的增大而增大。此外，欧元纸币还有以下主要特征：用拉丁文和希腊文标明的货币名称；用 5 种不同语言文字的缩写形式注明了“欧洲中央银行”的名称，版权保护标识符号，欧洲中央银行行长签名，欧盟旗帜。

（2）硬币特征。欧元硬币全部采用复合金属材料制作，而且在图案设计上与其他国家的货币有较大不同。与欧元纸币不同，欧洲货币规定，欧元硬币正面全部采用比利时货币设计专家鲁克·鲁伊克斯的设计，而硬币背面中心图案可由欧元区各国自行设计，但其外沿应统一采用欧盟 12 颗五角星环绕图案。欧元硬币可以自由流通。比利时、卢森堡、荷兰及爱尔兰铸造的硬币背面分别只采用一种图案，德国、芬兰、法国、西班牙和葡萄牙铸造的硬币背面图案则分为 3 种，意大利、奥地利、希腊则根据硬币的不同在硬币背面采用了不同的图案。

（3）防伪特征，如图 2－38 所示。

①纸张。100% 的棉纤维特制纸张，较薄但韧性较强，手触不滑、不脆、较为密

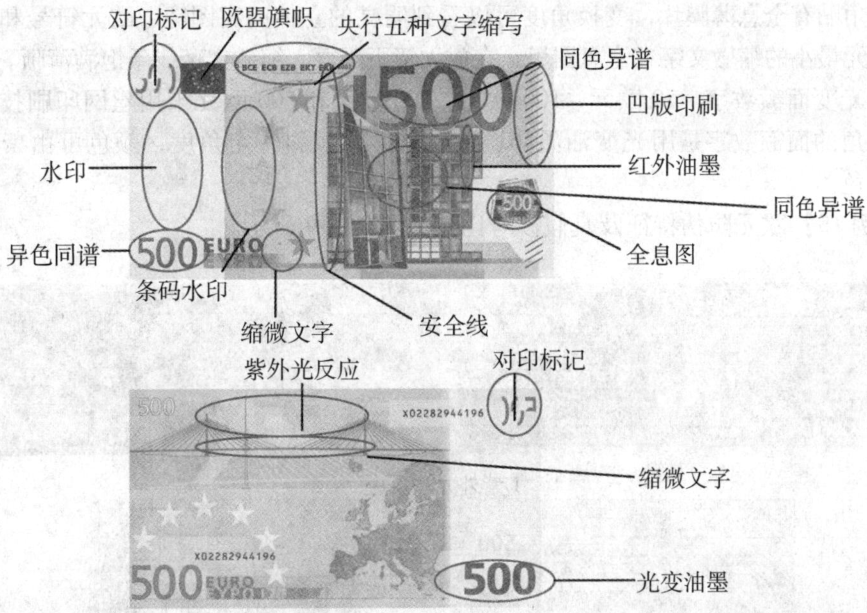

图 2-38　欧元防伪特征

实。钞纸中还掺有荧光纤维，在紫外光下呈红、绿、蓝 3 种颜色。

②水印。欧元纸币均采用双水印，即与每一票面主景图案相同的门窗图案水印及面额数字白水印。迎光可见正面左侧有 3 种水印，即多层次正面主体图案水印、高透光面额数字水印和条形数码水印，右边竖道为机读条码水印。

③安全线。欧元纸币采用了全埋黑色安全线，安全线上有黑底反白的欧元名称"EURO"字母和面额数字，安全线内含机读信息。

④油墨。欧元钞票采用了多种安全油墨印刷，有磁性油墨、反光油墨、变色油墨、荧光油墨、红外光油墨等。变色油墨、反光油墨提供了光变防伪特征，磁性油墨、荧光油墨、红外光油墨印刷的图案须借助仪器观测。

⑤对印图案。欧元纸币两面左上角的不规则图形正好互补成面额数字，对接准确，无错位。

⑥印刷。欧元纸币正面的面额数字、门窗图案、欧洲中央银行缩写及 200 欧元、500 欧元的盲文标记，均采用雕刻凹版印刷，摸起来有明显的凹凸感。

⑦珠光油墨和有色荧光纤维印刷图案。5 欧元、10 欧元、20 欧元背面中间用珠光油墨印刷了一个条带的反光图案，不同角度下可出现不同的颜色，而且可以看到欧元符号和面额数字。在倾斜时可见明亮的光泽。在紫外光下，欧元纸币背面的欧洲地图和桥梁图案均变为黄色。欧元纸币的彩色安全底纹是胶版印刷的。在紫外光下，欧盟旗帜和欧洲中央银行行长签名的蓝色油墨变为绿色，12 颗星由黄色变为橙色，背面的地图和桥梁则全变为黄色。

⑧全息标识。5 欧元、10 欧元、20 欧元正面右边贴有全息薄膜条，变换角度可以观察到明亮的欧盟旗帜、欧元符号和面额数字；50 欧元、100 欧元、200 欧元和 500 欧元正

面右下角贴有全息薄膜片，变换角度可以看到明亮的立体门窗图案、欧元符号和面额数字。欧元最小的缩微文字在全息图里，在放大镜下观察，缩微文字线条饱满清晰。

⑨光变面额数字。50 欧元、100 欧元、200 欧元和 500 欧元采用丝网印刷技术，背面右下角的面额数字是用光变油墨印刷的，将钞票倾斜一定角度，颜色可由紫色变为橄榄绿色。

【例 15】欧元防伪特征及真假钞对比，如图 2－39 所示。

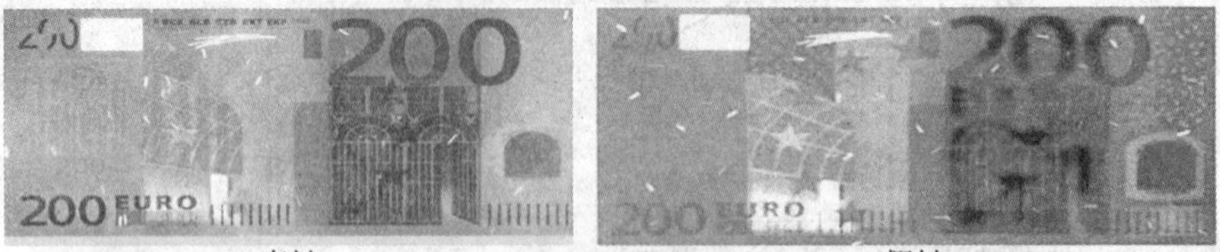

真钞　　假钞

①紫外光下反应

假钞　　真钞

②同色异谱油墨

真钞　　假钞

③全息图

真钞　　假钞

④水印

图 2－39　欧元真假钞对比

3. 欧元纸币的鉴别方法

（1）看。迎光透视，看水印、安全线和对印图案。晃动观察，看全息标志，5 欧元、10 欧元、20 欧元背面珠光油墨印刷条状标记和 50 欧元、100 欧元、200 欧元、500 欧元背面右下角的光变油墨面额数字。

（2）摸。欧元纸币是用纯棉纸张印制的，手感有别于一般纸张。摸纸张，欧元纸币纸张薄、挺括度好，摸起来不滑、密实，在水印部位可以感到有厚薄变化。摸凹印图案，欧元纸币正面的面额数字、门窗图案、欧元中央银行缩写及 200 欧元、500 欧元的盲文标记均是采用雕刻凹版印刷的，摸起来有明显的凹凸感。

（3）听。用手抖动纸币，真钞会发出清脆的声音。

（4）测。用紫外灯和放大镜等仪器检测，在紫外光下，欧元纸张无荧光反应，同时可以看到纸张中有红、蓝、绿三色荧光纤维；欧盟旗帜和欧洲中央银行行长签名的蓝色油墨变为黄色；欧元纸币正背面均有缩微文字，在放大镜下观察，真币上的缩微文字线条饱满且清晰。

七、英镑的防伪特征分析及举例

1. 英镑常识

英国纸币是由成立于1694年的英格兰银行发行的。

（1）货币名称：英镑（POUND）。

（2）发行机构：英格兰银行（BANK OF ENGLAND）。

（3）货币符号：GBP。

（4）辅币进位：1镑=100便士（PENCE）。

（5）流通面值：目前流通的英镑纸币有5英镑、10英镑、20英镑和50英镑4种面额。停止流通的英镑仍可无限期到指定银行机构等值兑换。

2. 英镑的一般防伪特征

（1）票面特点。各面额钞票正面均印有英女王伊丽莎白二世头像，背面是英国著名的历史人物。1971年版5英镑为威灵顿公爵像，2002年版为慈善家伊丽莎白·弗雷像；1975年版10英镑为南丁格尔像，2000年版为生物学家查尔斯·达尔文像；1970年版20英镑为莎士比亚像和雕刻在石台柱上的2个头像及悲剧《罗密欧与朱丽叶》的场景，1999年版为作曲家爱德华·爱尔加爵士像，2007年版为亚当·斯密像；1981年版50英镑为克里斯托弗·雷恩像，1994年版为英格兰银行首任总裁约翰·霍布伦像。

（2）印刷特点。

①纸张。纸张成分是棉和亚麻，纸张洁白挺括，手摸不滑、不光，但正面略比背面光滑，扯动声脆。

②钞纸中固定位置水印和条状水印。5英镑的水印采用半固定，连续用一个人物头像的形式，10英镑、20英镑和50英镑的水印则采用单一人头像固定位置的形式，水印层次清楚。

③安全线。采用开窗式银色金属安全线，由一条银色金属片从上至下夹在纸中，10英磅、20英磅和50英磅的金属线改为开窗安全线，也就是继续露出纸面的形式，是采用先进的造纸技术印刷而成的。1990—1994年版纸币安全线开窗在正面，1999年以后版纸币开窗安全线在背面。50英镑正面右边的金属箔是重要的防伪措施，其上有凹版印刷的红字。

④印刷技术。通常有凹版、凸版、胶印、丝网印刷等。钞票正面的人像、主要图案以及面额字母和数字等以凹版印刷；凹印的女王头像采用手工雕版，套印在彩色底纹线上，生动逼真。50英镑纸币的女王头像右边有银色的热压金属箔，图案为玫瑰花和盾牌，盾牌上还有凹印的女王徽号“EIIR”。“Bank of England”几个字是深凹版印刷，手摸有明显的浮雕效果。各种钞票的底纹采用凸版多色、隔色和套印等方法，线条变化多样。钞票采用花纹对接技术，钞票折叠后，其边角花纹可以完全结合形成完

整图案。整个票面印刷精美、线条清晰、色彩纯正，使用隔色、彩虹印刷技术，色彩变化过渡自然。

⑤缩微文字印制的钞票面额字母和数字。有防复印背景图案设计，清晰、完整，排列整齐。横钞票序列号数字由小变大，彩虹印刷，色彩渐变。

⑥1999 年后发行的纸币又加入了两项易于识别的防伪技术：一是激光全息图膜。钞票正面左侧贴有全息图，在不同角度可以看到不列颠尼亚女神（Britannia）图像或钞票面额数字，全息图中还印有缩微文字。二是荧光面额数字。钞票正面全息图下方，在紫外光下可见明亮的红、绿两色面额数字。2007 年 3 月 13 日开始发行的新版英镑是 20 英镑纸币，主色调为蓝色，增加了全息图安全线和对印图案。

英镑是欧洲印制成本最低的纸币，但英镑的防伪措施更新较快，银行收兑人员要及时掌握新增防伪特征。

【例 16】 英镑（20 镑）防伪特征及真假钞对比，如图 2－40 所示。

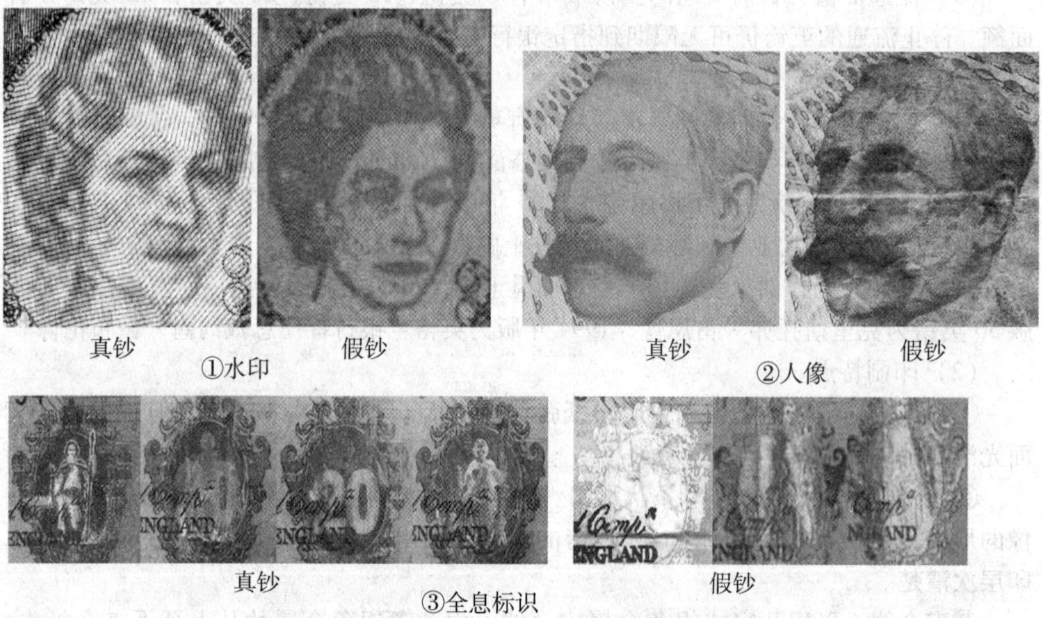

图 2－40 英镑（20 镑）防伪特征及真假钞对比

注：英镑（20 镑）真假钞细节特征对比如下。

①水印：在纸张抄造过程中形成的，在造纸时根据设计制成的模具经压力来增加或减少纤维的密度，纸张湿润未定型前，加压凸版图案，致使纸浆厚薄不一，从而呈现出多层次各种图案的明暗效果。

假钞水印伪造方法有两种：a. 在正、背面两张纸水印窗位置夹一层白纸，涂布或印刷一层白色浆状物或浅色油墨伪造水印。迎光观察，水印部分颜色较暗，假水印模糊、没有层次，用手触摸水印区位置，纸张偏厚。b. 用手工雕刻水印图像作原版，用浅色油墨将水印图像直接印在钞票正面、背面水印窗位置，头像模糊、没有层次，从钞票侧面仔细观察可看到下面或背面的印迹。假钞集团很难伪造这些专用非标设备，对光观察，这张假钞水印的层次感、清晰度、透光度明显不如真钞。

②人像：真钞背面人物爱德华·埃加尔采用凹版雕刻印刷，图像清晰；假钞整体人像轮廓不清晰，无立体感。

③全息标识：真钞正面左侧贴有全息薄膜块，变换角度观察可以看到明亮的不列颠女神像和面额数字交替显现；假钞采用金属箔片压印图案，变换角度只能看到颜色的轻微变化，而不是不同图案的交替出现。

八、日元的防伪特征分析

1. 日元常识

(1) 货币名称：日元银行券，又叫日元（Japanese Yen）。

(2) 发行机构：日本银行（NIPPON GINKO）。

(3) 货币符号：JPY。

(4) 流通面值：纸币1 000日元、2 000日元、5 000日元、10 000日元，硬币1日元、5日元、10日元、50日元、100日元、500日元。

2. 日元的一般防伪特征及鉴别

日本货币通常不公布停止流通日期，只是新版钞票发行后逐渐回收旧版的。目前流通的日元均为1984年以后发行的。日本银行在2000年7月19日发行了2 000日元纸币，2004年发行了1 000日元、5 000日元和10 000日元新纸币。日元特点如下。

(1) 1984年版日元的防伪特征体现在以下几方面。

①纸张特殊。日元纸币属于合成纸张，在制造过程中掺入日本特有的物产三桠树皮浆为原料，坚韧有特殊光泽，呈浅黄色，面额越大颜色越深；抖动时声音清脆。

②水印的独到之处。日元主水印为多色调人像水印，如图2－41所示。制造精细、黑白分明，图案清晰、立体感强、层次丰富。钞票正面左下方环形副水印为白水印，如图2－42所示。钞票有明显的凹陷感，作为盲人触摸识别钞票面额标记。迎光透视非常清晰，从钞票背面看似乎有压痕，是当今最好的水印之一，水印呈黑、白两种颜色。

图2－41 水印

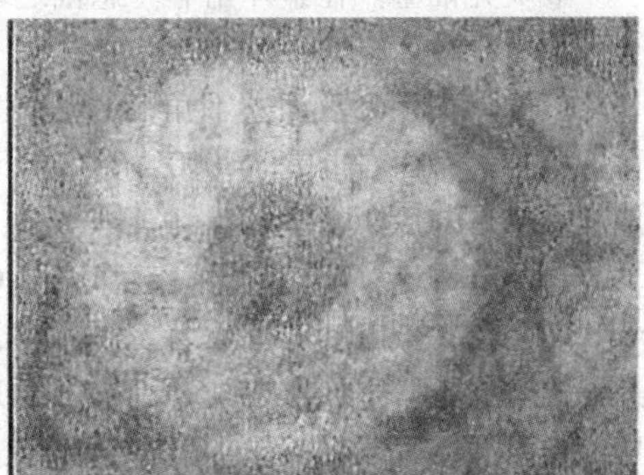

图2－42 白水印

③油墨。日元使用的是特殊防复印油墨，大写面额及人物肖像所用油墨带有磁性。当日元钞票在彩色复印机上复印时，复印出的假钞上的油墨会改变颜色。

④印刷技术。日元底纹及人物肖像采用超细线重叠印刷技术，难以仿制。超细线人物肖像采用雕刻凹版印刷，神态自然。文字用深凹版印制，眼观有漆质的感觉。手触摸有明显的凹凸感。

（2）1993 年版钞票序列号颜色由黑色改为棕色并增加了缩微印刷和荧光防伪。钞票正反面有缩微印刷文字“NIPPON GINKO”，如图 2－43 所示。日本银行“总裁之印”在紫外光下呈红色荧光，如图 2－44 所示。

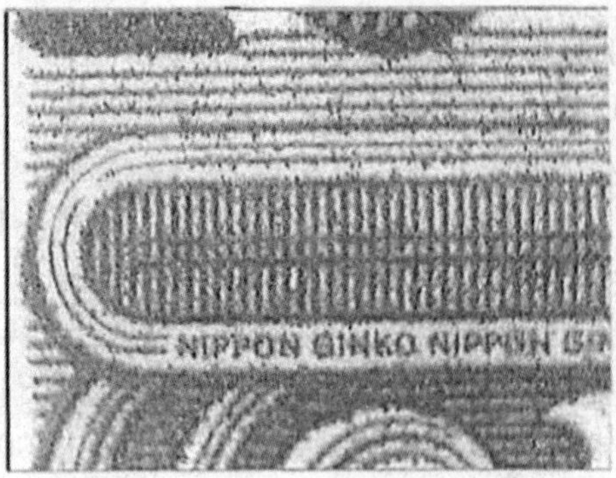

图 2－43　缩微文字

图 2－44　荧光变化印章

（3）2000 年发行的新系列 2 000 元钞票，在保持以前风格的基础上增加了许多新的防伪技术，如图 2－45 所示。

①深凹版印刷。钞票正面中文字、大写面额及左右下方 3 个小圆点采用深凹版印刷技术，凹凸感十分明显。深凹印的圆点代替了以前的副水印，作为盲人触摸识别标志。其中 1 000 日元、5 000 日元券的标记为“◎”，10 000 日元券的标记为“◎◎”。

②变色油墨。右上角面额数字，正视为绿色，斜视为紫色。

③反光油墨。晃动观察，在钞票正面左右两侧可见粉红色光带出现。由珠光油墨印制。

④红外光油墨。在红外光下，钞票正反面部分图案不可见，变化相当显著。

⑤荧光油墨。在紫外光下“总裁之印”呈红色，钞票上花纹、图案中的蓝色部分会变为黄绿色。

⑥隐形文字。正面左下角椭圆形图案中，侧视旋转钞票可见白色或黑色“2000”面额数字。背面右上方“2000”数字的下方，倾斜钞票可看到“NIPPON”字样，而且前 3 个字母与后 3 个字母颜色（黑、白、深、浅）不同。

（4）2004 年 11 月日本银行发行的 1 000 元、5 000 元和 10 000 元新系列钞票和 2 000 年 2 000 元钞票相比，又增加了条码水印，改进了光变防伪措施。5 000 元和 10 000 元钞票采用全息图膜，如图 2－46 所示。1 000 元钞票采用凹印隐形面额数字上叠加珠光油墨印制的面额文字达到在不同角度观察的变化效果。

由于日元兑换比值较小，加上印刷水平高，所以很长时间内几乎没有假币。随着日元不断升值及造纸技术的普及，日元假币也逐渐出现。目前我国境内已发现的 10 000 日元假币特征为：纸张差，没有韧性，脆；虽然有水印，却是画在票面上的；假币的人物印刷比较粗糙，头发部位模糊；没有盲人识别标记；背面野鸡是平版胶印的，无法分辨在纸面上跳起来的痕迹；底纹线条比较模糊，整张钞票的色彩与真币相比有一定差异。

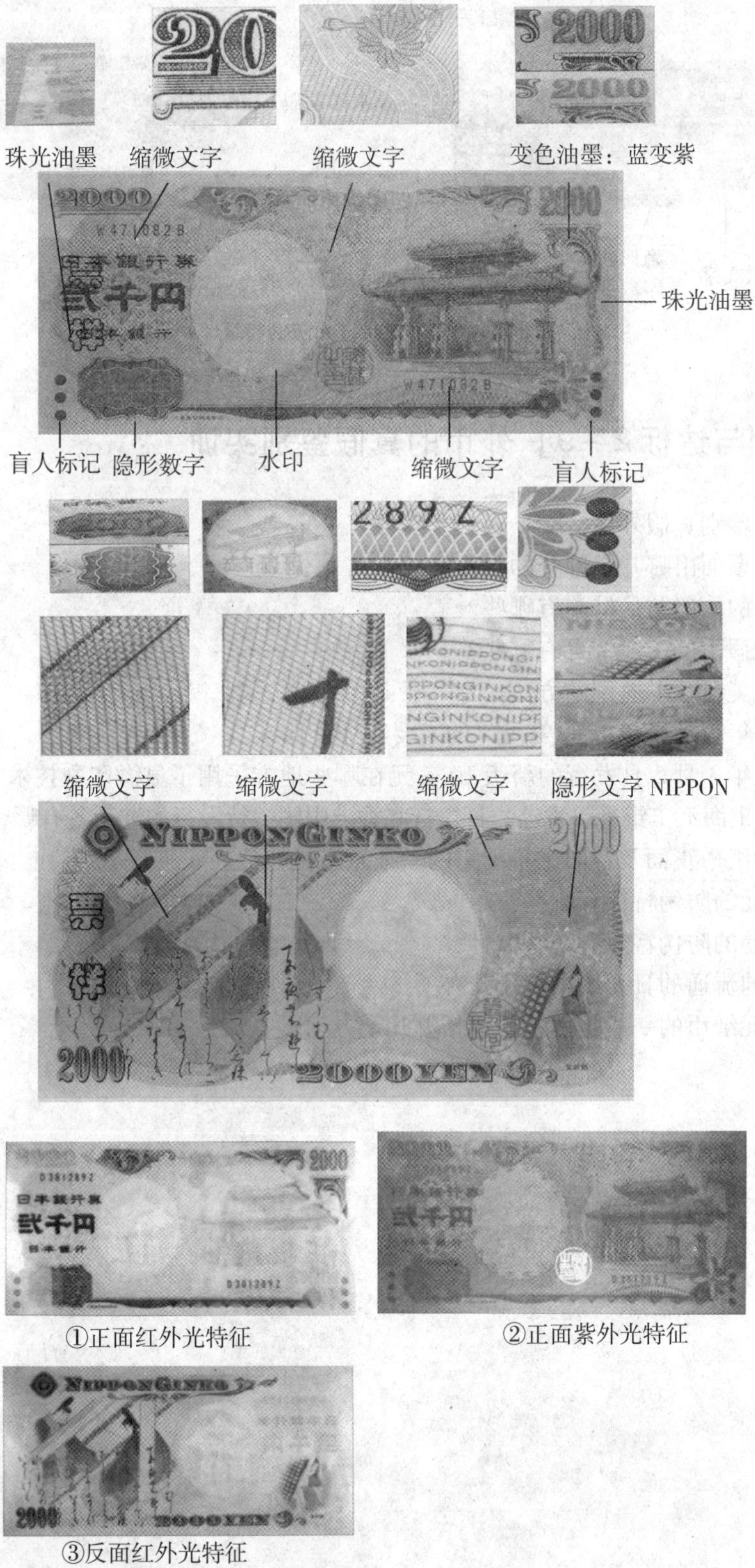

图 2－45　2 000 日元防伪特征

图 2－46　10 000 日元防伪特征

［实训与达标 2－9］外币的真假鉴别实训

1. 怎样鉴别真假外币？
2. 外币票面由哪几个部分的内容构成？
3. 外币的一般防伪措施有哪些？
4. 外币假币的一般特点有哪些？
5. 简述美元手工鉴别的方法。
6. 2001 年版“超级 K 假美元”的主要特征是什么？
7. 2006 年 3 月 2 日发行的新版 10 美元在哪些地方采用了显微印刷技术？
8. 香港上海汇丰银行、香港渣打银行和香港中国银行发行的港币各有哪些防伪特征？
9. 欧元纸币正面及背面主景图案的象征意义是什么？
10. 欧元的防伪特征有哪些？
11. 英镑的防伪特征有哪些？
12. 目前流通的日元纸币有哪几种？
13. 日元纸币的一般防伪特征包括哪几个方面？

第三章　数字书写与错数订正技术

教学目标及重点、难点

通过本章的学习和训练，熟练掌握数字的书写规则，掌握各种凭证及账簿内容的书写规范与管理规范，会用正确的方法订正登记簿上的错账，会整理凭证、账簿等业务档案资料。

教学重点是熟练掌握数字的书写规则以及错数的订正方法。

教学难点是如何规范书写阿拉伯小写金额数字和中文大写金额数字。

第一节　阿拉伯数字的书写

银行、单位与个人填写的各种票据和结算凭证，是办理支付结算和现金收付的重要依据，直接关系到支付结算的准确、及时和安全。票据和结算凭证是银行、单位和个人凭以记载账务的会计凭证，是记载经济业务和明确经济责任的一种书面证明。为此，财政部、中国人民银行总行和中国文字改革委员会1963年就在联合通知中规定了凭证的填写方法。1984年财政部发布《会计人员工作规则》再次予以确认。1996年1月1日起施行的《中华人民共和国票据法》、1996年6月17日财政部颁发的《会计基础工作规范》以及中国人民银行制定的《正确填写票据和结算凭证的基本规定》等法规文件，进一步完善和规范了结算凭证的填写要求。总体上讲，填写票据和结算凭证，必须坚持标准化、规范化，做到要素齐全、数字正确、字迹清晰、不错漏、不潦草，防止涂改。

在我国经济工作中，常用的数字有两种：一种是适用于一切凭证、账册、报表的阿拉伯小写数字；另一种是用于填写原始凭证和重要单据的中文大写数字。

一、阿拉伯数字的书写要求

数字是计算的前提，是计算工作的基础，一切计算的过程和结果都要通过数字来表示和反映。关于阿拉伯数字的书写，一般要求规范化，必须迅速、正确，易于辨认，防止混淆和篡改。

（1）阿拉伯数字的规范写法如图3-1所示。

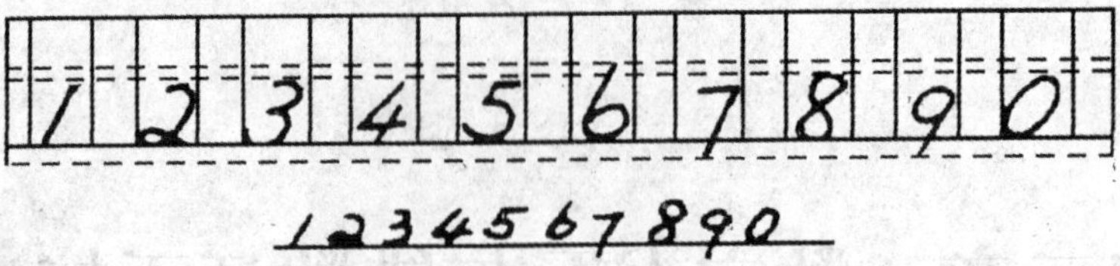

图 3－1　阿拉伯数字的规范写法

（2）书写阿拉伯数字时不能增笔少画，要自上而下，先左后右，一个一个地写，不能连写以免分辨不清，大小应基本一致，间距勿大，保持等宽。

（3）阿拉伯数字应向右倾斜约 60°。

（4）小写金额的阿拉伯数字一定要书写标准、规范。各个数码字要紧靠底线书写，在账表格中的高度一般为1/2。除“7”和“9”上部略低下半格的1/4、下部伸出底线 1/4（看得见就可以）外，其余8个数字不能向下延伸。“7”与“9”出底线部分不能拐尾，以防改“7”为“2”，改“9”为“8”；“9”的上部应是封口的“0”，以防改“9”为“5”。

（5）“6”字上半部分上伸至上半格的1/4处。除“6”外，其余9个数字不要向上延伸，应按标准占半格。这个要求的目的不完全是为了整齐，主要是防范涂改、变造。

（6）“0”字不要留缺口，数与数之间，尤其是“0”与“0”之间不要连笔。

（7）从最高位起，以后各格必须写完。

（8）小数点和分节号（千分空）要写清楚，并有区别。带小数点的数，应将小数点记在个位与十分位之间的下方。

二、阿拉伯数字金额书写的有关规定

（1）阿拉伯数字采用3位分节制。阿拉伯数字的书写，要以国际通用标准和书写惯例为准，对整数部分按3位分节计数，即从个位向左每3位数字之间留出半格空（叫作“千分空”），或在靠近底线处用分节号“，”分开（叫作“数节”）。使用千分空（分节号），易于辨认数的数位，有利于数字的书写、阅读和计算工作。

（2）我国数位排列及计数习惯。整数从个位起向左，每4位为一级叫“数级”。每级以最低的一个数位名为级名，所以从右向左依次为个级、万级、亿级、兆级……每级4个数位的名称都是个、十、百、千与级名的复合名称，如图3－2所示。

数位	万万万位	千万万位	百万万位	十万万位	万万位	千万位	百万位	十万位	万位	千位	百位	十位	个位	十分位	百分位	千分位	万分位	十万分位	百万分位
读法	兆	千亿	百亿	十亿	亿	千万	百万	十万	万	千	百	十	个	分	厘	毫	丝	忽	微

图 3－2　我国的数位排列

（3）3位分节口诀。采用3位分节制与我国4位分级不同，给读数、写数带来困难。为了便于读数、写数，现将3位分节编成口诀，内容如下：

个十百千万，三位分一段，一段前千位，二段前百万，三段前十亿，好读又好记。

（4）货币符号的使用。我国在填制凭证时，阿拉伯数字小写金额前均应填写人民币符号“￥”，符号“￥”既代表人民币的币制，又表示了人民币“元”的单位。所以小写金额前写“￥”以后，数字之后就不要再写“元”了。符号“＄”是美元的币制，如是美元，应在紧靠数字左边加美元符号“＄”。币种符号与阿拉伯数字金额之间不得留有空格。在登记账簿、编制报表时，不能使用货币符号。因为账簿、报表不存在金额数字被涂改而造成损失的情况。

【例1】　人民币壹拾陆亿零肆佰叁拾万零伍佰玖拾元贰角柒分，小写金额应为￥1 604 300 590. 27。

（5）金额角、分等辅币的写法。所有以元为单位（人民币以外的其他货币种类，为该种货币的基本单位，下同）的阿拉伯数字，除表示单价等情况外，一律填写到角分；无角分的，角位和分位可写“00”或者符号“—”占位；有角无分的，分位应当写“0”，不得用符号“—”代替。

【例2】　人民币叁拾元整，应写成“￥30. 00”，或写成“￥30. —”。

人民币叁元陆角，应写成“￥3. 60”，不能写成“￥3. 6—”。

第二节　中文大写数字的书写

一、中文大写数字

中文大写数字表示金额，主要用于填写防止涂改的重要凭证，如收据、借据、发票、支票、合同文书等。中文大写数字分为数字与数位两个部分。每一个数字都要占一个位置，每一个位置表示各种不同的单位。数字所在位置表示的单位称为“数位”。数位按照个、十、百、千、万的顺序，由小到大、从右到左排列，而写数和读数的习惯是自上而下、先大后小、从左到右。中文大写数字包括以下几种：

表示数字的有零、壹、贰、叁、肆、伍、陆、柒、捌、玖。

表示数位的有拾、佰、仟、万、亿、兆。

表示金额单位的有元（圆）、角、分。

表示金额类别的有人民币、港币、美元、日元等。

作截止符号用的有整。

二、中文大写数字的书写要求

对于用中文大写数字表示金额，财政部、中国人民银行等有关主管部门在财会方面的规定中均有明确要求，主要内容如下。

（1）中文大写数字的规范写法如图3－3所示。

（2）用正楷或行书字体书写。

壹贰叁肆伍陆柒捌玖拾佰仟万亿元角分零整

壹贰叁肆伍陆柒捌玖拾佰仟万亿元角分零整

图 3-3　中文大写数字的规范写法

（3）书写格式要规范。银行需要填写大写金额的凭证，均属重要凭证。凡是重要凭证都要用黑色笔书写，字迹清楚、规范，填写支票必须使用碳素笔，需要套写的凭证，必须一次套写清楚。中文大写数字要求勿写满格，大小基本一致，字距、行距都不要过大，保持等宽，要易于辨认，不易涂改。

（4）中文大写数字金额的填写。不能写错别字和滥用简化字，大写金额切忌用一（壶）、二（两、式）、三（参）、四（肆）、五、六（陸）、七（染）、八（扒）、九（玫）、十、块、念、毛、另（0）、园、乙、伯等字样填写，不得自造简化字。如果金额数字书写中使用繁体字，如貳、陸、億、萬、圓的，也应受理。

三、中文大写数字金额书写的有关规定

（1）中文大写数字金额前应标明“人民币”字样，大写数字金额紧接“人民币”字样填写，不得留有空白。大写数字金额前未印“人民币”字样的，应加填“人民币”三字，不能简写一个“币”字。在写了“人民币”后，不要在“币”字和金额之间另加“:”。在票据和结算凭证大写金额栏内不得预印固定的“万、仟、佰、拾、元、角、分”字样。

（2）表示数位的文字前都必须有数字。如 ¥10.00，不能按口语写成人民币拾元整，必须像兆、亿、万、千、百前都有数码字一样，写成人民币壹拾元整。在这里，“拾”仅代表数位，不是数字；“壹拾”既代表位数，又代表数字。所以，“壹拾几”的“壹”字不能遗漏。

（3）阿拉伯数字金额“0”的填写。中文大写应按照汉语语言规律、金额数字构成和防止涂改的要求进行书写。

①阿拉伯数字中间有“0”时，中文大写金额要写“零”字。

【例 3】　¥1，409.50，应写成“人民币壹仟肆佰零玖元伍角”。

②阿拉伯数字中间连续有几个“0”时，中文大写金额中间可以只写一个“零”字。

【例 4】　¥6，007.14，应写成“人民币陆仟零柒元壹角肆分”。

③阿拉伯数字金额万位或元位是“0”，或者数字中间连续有几个“0”，万位、元位也是“0”，但千位、角位不是“0”时，中文大写金额中可以只写一个“零字”，也可以不写“零”字。

【例 5】　¥1，680.32，应写成“人民币壹仟陆佰捌拾元零叁角贰分”，或者写成“人民币壹仟陆佰捌拾元叁角贰分”。

【例 6】　¥107，000.53，应写成“人民币壹拾万柒仟元零伍角叁分”，或者写成“人民币壹拾万零柒仟元伍角叁分”。

④阿拉伯数字金额角位是“0”，而分位不是“0”时，中文大写金额“元”后面应写“零”字。

【例7】　¥16，409.02，应写成“人民币壹万陆仟肆佰零玖元零贰分”。

¥325.04，应写成“人民币叁佰贰拾伍元零肆分”。

¥105.06，大写应为“人民币壹佰零伍元零陆分”。

(4)“整”或“正”字的用法。“整”原始的含义是“整数”，将其作为截止符号在中文大写金额中使用，可防止金额被人涂改。中文大写金额数字到“元”或“角”为止的，在“元”之后应写“整”（或“正”）字，在“角”之后可以不写“整”（或“正”）字。大写金额数字有“分”的，“分”后面不写“整”（或“正”）字。

【例8】　¥600.00，大写应为人民币陆佰元整。

¥10.56，大写应为人民币壹拾元伍角陆分。

¥8.30，大写应为人民币捌元叁角整。

¥8 000 305 900.70 大写应为“人民币捌拾亿零叁拾万零伍仟玖佰元柒角整”。

(5) 表明实物的数字在指明物品名称、规格后，应在数前像标人民币一样标上合计（计、总计）字样，数后标明各自的单位，如个、块、只、枝、吨、公尺等。其他都同金额一样对待。

【例9】　总计叁佰万枝整，小写应写成“3 000 000 枝”；

3 006 000 公斤，应写成叁佰万零陆仟公斤整。

四、结算凭证的书写要求

(1) 收、付款人名称的填写必须与其在银行开户的名称完全一致。不能写简称，不能添字漏字，不能写别字。个人姓名做到“三统一”：凭据上的、名章上的、身份证上的完全统一。

(2) 填写银行票据务必注意两点。一是大、小写金额一定要一致；二是银行票据金额、日期、收款人名称不可更改。否则，即为无效票据。

(3)“付款人开户银行”处改手工填写为银行加盖条章。凡购买的支票等票据未盖银行名称条章的，应到银行补盖。

(4)“用途”栏的填写注意两点。其一，收付款的用途一定要和收付款单位的生产、经营性质相吻合。其二，收付款项的用途要做到既明确又详细。如“贷款”应填为“钢材款”“成衣款”“还款”等字样，以防银行当成单位之间借用资金而发生退票。

(5) 票据和银行结算凭证的戳记应注意使用印泥，不宜使用印油，以防印记不清。

(6) 用白纸手写收（借）条时，要说明对方是谁，为什么收这笔钱，货币的类别和数量，有关条件，收款的时间，写条人的法定资格等。

【例10】　图3－4是4张虚拟的收（借）据，请你先站在收款方，再站在付款方角度予以审查并改错，积累一些经验。

收 据
今收到交电柜交来售货款人民币
乙佰万零两仟参佰玫拾块另染角扒分整。
（¥1 002 390.78）
商店收银员×××（章）
×年×月×日

①

借 据
今借到李平人民币壹拾式 万元，年息3%，限拾年归还。
××公司借款人
×××（章）
×年×月×日

②

收 据
今收到张三思还来人民币
拾伍元陆角整（¥15.60）。
收款人×××（章）
×年×月×日

③

收 据
今收到王武交来水电费计人民币贰佰壹拾元零捌分（¥210.08）。
××公司经收人
×××（章）
×年×月×日

④

图3-4 虚拟的收（借）据

第1张收据，大写金额数字有错，可不写“零”和“整”；“人民币”后应紧跟大写金额，不要转头，应改为人民币壹佰万零贰仟叁佰玖拾元柒角捌分。

第2张借据，大写金额中“贰”错写成“式”；“壹拾贰”的后面应紧跟万元，不要空格或转头；漏写“整”；应改为人民币壹拾贰万元整；“限拾年”应改成“限壹拾年”；小写金额漏写，要补写“（¥120 000.00）”。

第3张收据，大写金额中“人民币”的后面应紧跟大写数字，不要转头；漏写“壹”；应改为人民币壹拾伍元陆角整。

第4张收据是对的，请大家按此规范要求书写。

五、票据日期的书写要求

票据的出票日期必须使用中文大写。为防止变造票据的出票日期，在填写月、日时，月为壹、贰和壹拾的，日为壹至玖和壹拾、贰拾和叁拾的，应在前面加“零”；日为拾壹至拾玖的，应在前面加“壹”。票据出票日期使用小写填写的，银行不予受理。大写日期未按要求规范填写的，银行可予受理，但由此造成的损失，由出票人自行承担。

【例11】 1月17日，应写成“零壹月壹拾柒日”。

2016年10月20日，应写成“贰零壹陆年零壹拾月零贰拾日”。

2007年11月6日，应写成“贰零零柒年壹拾壹月零陆日”。

第三节　错数的订正

制凭证、登账、编表应使用黑色或蓝色墨水的笔，红色只准在表示负数或改错画线时用，不准使用其他颜色。除复写外，不准使用圆珠笔、铅笔。复写时，要保证复写的最后一页清晰可认。在实际工作中，由于各种原因，写错数字是难免的，如用笔不当或写错数字，就应纠正错误。

订正数字要按照规范化的要求进行。

（1）对错误用笔和错误书写一律不得随意涂改、刀刮、用橡皮擦、抠挖和贴补来改正错误。

（2）重要凭证上发生错误时，要重新编制，不得采用画线订正法更正。如是银行票据或预先印有编号的各种凭证，在填写错误后，要加盖“作废”戳记，不能毁掉，需单独保管。

（3）画线订正法。除重要凭证不能更改外，阿拉伯数字出现错误，一般允许按规定来订正错误数字。订正错数的正确方法是画线订正法，即将错误数字全部画一道红线；然后在错数同格的上部用同色墨水（如果没使用错的话）写上正确数字，并加盖订正人名章以示负责。值得注意的是，订正的一定是一个完整的数字，不能只是写错的一个或者几个数字，以免混淆不清。也就是说，只有部分数字写错的，也要把全部数字画掉后写上正确的全部数字。一个结果最多只能修改两次。

【例12】　12 345.00的正确订正法如图3－5所示。

亿	千万	百万	十万	万	千	百	拾	元	角	分
				1	2	3	4	5	0	0
				1	2	2	4	5	0	0

图3－5　正确的订正法

不得采用如图3－6所示的更正方法。

亿	千万	百万	十万	万	千	百	拾	元	角	分
				1	2	3	4	5	0	0
				1	2	2	4	5	0	0

亿	千万	百万	十万	万	千	百	拾	元	角	分
				1	2	3	4	5	0	0
				1	2	2	4	5	0	0

图3－6　错误的订正法

【例 13】　正确的订正法　　　　　　　　　　错误的订正法

	正确的订正法	错误的订正法
①	68，075 ~~48，075~~	
②		6,075（在 6 与 0 之间插写 8）
③		69,075（在 9 上改写 8）
④		60,875（在 0 与 7 之间框改 8）
⑤		~~69~~ 68,075
⑥		~~69,075~~　68,075

（注：在校学习期间，受条件限制，准许用蓝色或黑色芯圆珠笔书写，改错可用蓝线或黑线代替红线，在订正数上也免盖私章。）

【实训与达标】　数字书写与错数订正实训

一、按规定每天在表 3－1 数字练习簿上，1 分钟内书写人民币符号“¥”和 0、1、2、3、4、5、6、7、8、9 这 10 个阿拉伯数字 10 遍。

表 3－1　　　　　　　　书写阿拉伯小写数字

1										2										3										4									
千	百	十	万	千	百	十	元	角	分	千	百	十	万	千	百	十	元	角	分	千	百	十	万	千	百	十	元	角	分	千	百	十	万	千	百	十	元	角	分

二、按规定每天在表 3－2 数字练习簿上，1 分钟内书写中文大写数字“零壹贰叁肆伍陆柒捌玖拾佰仟万亿兆元角分整”2 遍。

表 3－2　　　　　　　　书写中文大写数字

零	壹	贰	叁	肆	伍	陆	柒	捌	玖	拾	佰	仟	万	亿	元	角	分	整

续表

零	壹	贰	叁	肆	伍	陆	柒	捌	玖	拾	佰	仟	万	亿	元	角	分	整

三、在数字练习簿上，按“人民币玖拾捌亿柒仟陆佰伍拾肆万叁仟贰佰壹拾元整”和“¥9 876 543 210.00”练习大、小写，每天最少各写5遍，直到教师认可，才能转为自由练习。

四、根据下列小写金额写出大写金额数字。

1. ¥10.83　　大写：
2. ¥120.06　　大写：
3. ¥1 508.00　　大写：
4. ¥40 078.90　　大写：
5. ¥903 805.43　　大写：
6. ¥160 000.00　　大写：
7. ¥8 000 400.10　　大写：
8. ¥1 700 305 608.92　　大写：
9. ¥103 960 005.19　　大写：
10. ¥140 010.00　　大写：

五、根据下列大写金额写出小写金额数字。

1. 人民币壹角陆分　　小写：
2. 人民币壹拾元肆角伍分　　小写：
3. 人民币捌拾壹万零伍佰元整　　小写：
4. 人民币贰仟零肆元整　　小写：
5. 人民币壹拾万零叁仟元伍角整　　小写：
6. 人民币陆仟柒佰零玖万叁仟伍佰壹拾捌元零陆分　　小写：
7. 人民币肆拾万元整　　小写：
8. 人民币壹佰万元零玖分　　小写：
9. 人民币壹拾万元零肆佰元整　　小写：
10. 人民币伍亿陆仟万零壹佰元叁角整　　小写：

六、根据表3－3所示的大写金额正确写法与错误写法对照，指出错误原因。

表3－3　　大写金额的正确与错误写法

小写金额	大写金额		
	正确写法	错误写法	错误原因
¥24.30	人民币贰拾肆元叁角整	币贰拾肆元参角	
¥5 001.28	人民币伍仟零壹元贰角捌分	人民币五仟另另壹元贰角捌分整	
¥200.09	人民币贰佰元零玖分	人民币贰佰零元玖分	
¥800.00	人民币捌佰元整	人民币：扒百元正	
¥19.06	人民币壹拾玖元零陆分	人民币拾玫元零陆分	
¥70 009.00	人民币柒万零玖元整	人民币染万零零玖元整	
¥9 200.80	人民币玖仟贰佰元捌角整	人民币九千两伯块零扒毛零分	
¥107 000.03	人民币壹拾万零柒仟元零叁分	人民币拾万柒仟零叁分	
¥50 601.02	人民币伍万零陆佰零壹元零贰分	人民币伍万零陆佰壹元零贰分	

七、用画线订正法订正下列错误

1. 请根据订正规则指出下列各题的书写错误，并予以改正。

① ¥596 103.48元

②币721

③人民币十染万另玖百元四角捌分整

④人民币：两园正

⑤ ¥：765 903.48元整

⑥在支票上签署的日期为：二零零七年一月三十日

八、支票、发票的填写

1. 深圳信息职业技术学院商务管理学院王红于2016年6月1日在立信会计用品商店购买实训用品，价值1 700元整。结账时用转账支票付款，开户银行为光大银行梅林分行，账号为20010248737000。请根据以上条件帮助出纳正确填写如下支票。

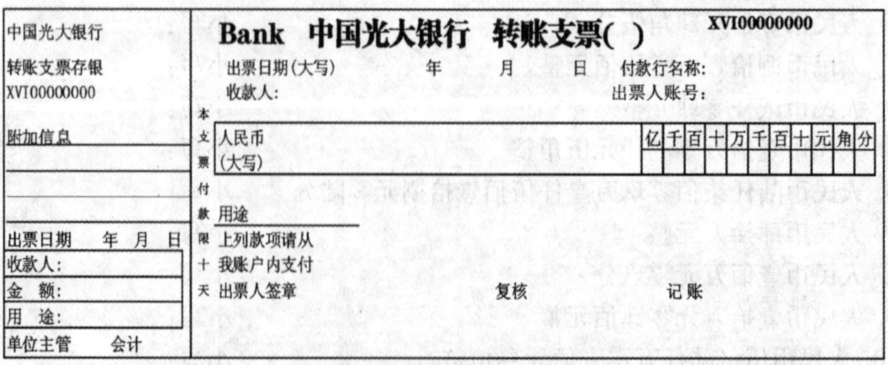

图3－7　转账支票正页

2. 上述实训用品明细是：收据 50 本，单价 10 元；现金日记账 50 本，单价 12 元；银行日记账 100 本，单价 12 元。请帮助收银员开具发票。

深 圳 市 服 务 业 发 票

全国统一发票监制章 发 票 联 广东省深圳市 地方税务局监制

发票代码：24201067171
发票号码：01192501

付款单位（个人）　　　　　　　开票日期　年　　月　　日

经营项目	单位	数量	单价	金额							
				十	万	千	百	十	元	角	分
合计金额（大写）：人 民 币 拾 万 仟 佰 拾 元 角 分						合计金额（小写）：¥					

第二联付款方付款凭证

开票人：　　　　　　　　　　　　　　收款单位（盖发票专用章有效）

图 3－8　深圳市服务业发票

第四章 珠算概述

教学目标及重点、难点

通过本章的学习和训练，了解珠算的起源、本质、功能和作用，熟练掌握珠算的基本知识和拨珠方法。

学习重点是珠算的各种拨珠方法。

学习难点是双指联拨、三指联拨和双手拨珠法。

珠算是我国劳动人民集体智慧的结晶，是我国优秀的科学文化遗产，“是中国的第五大发明”。珠算诞生两千多年来，对我国经济、军事、文化乃至科技的发展，发挥了重要的作用，并对世界文明做出了应有的贡献。

第一节 珠算的基础知识

珠算是以算盘为计算工具，以数学运算规律为基础，用手指拨动算珠作数值计算的一门计算技术。学习珠算不仅能提高计算技能，而且具有独特的启智功能。

一、算盘的种类

我国目前常用的算盘主要有三种。第一种是上二下五七珠圆珠大算盘；第二种是上一下五六珠菱珠小算盘；第三种是上一下四五珠菱珠小（中）算盘。由于采用材料的不同，可分为木质、塑料和金属等多种算盘。按算盘的大小不同，还可分为大、中、小型算盘；大算盘一般是教师用作授课，又叫教具算盘。

二、算盘的结构

算盘是由框、梁、档、珠四个部分组成的。

（1）框——算盘四周的框架。它决定算盘的大小。分上框、下框、左框、右框。

（2）梁——算盘中间的横条。将算盘分为上、下两部分。根据档位划分，很多算盘在梁上每隔三位标有记位点。

(3) 档——通过横条上下贯穿算盘的杆。按等距离排列，一般有13档、15档、17档。档代表位，所以又叫位。

(4) 珠——串在杆上的子，也叫算珠、算盘子。在梁上的叫上珠，在梁下的叫下珠。七珠大算盘最上面的一个珠叫顶珠，最下面的一个珠叫底珠。以前生产的很多是圆珠，现在生产的很多是菱珠。靠梁的珠叫内珠，也叫实珠、梁珠；靠框的珠叫外珠，也叫框珠。将珠拨在不靠梁也不靠框的位置叫虚珠，代表负数。根据计算需要，有时将顶珠（含上珠）悬起来代表10，叫悬珠。在拨珠中，手的某一部分不慎带动的算珠叫带珠，由于拨珠轻重不当未到位的珠叫漂珠。应力求避免带珠和漂珠。

现在生产的算盘多数增加了清盘器。因此，严格说来，算盘的结构已包括五个部分（见图4－1、图4－2、图4－3）。

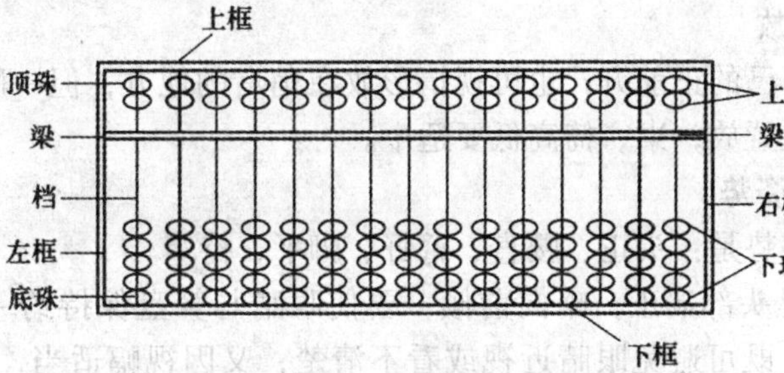

图4－1　圆形七珠大算盘（三指拨珠）

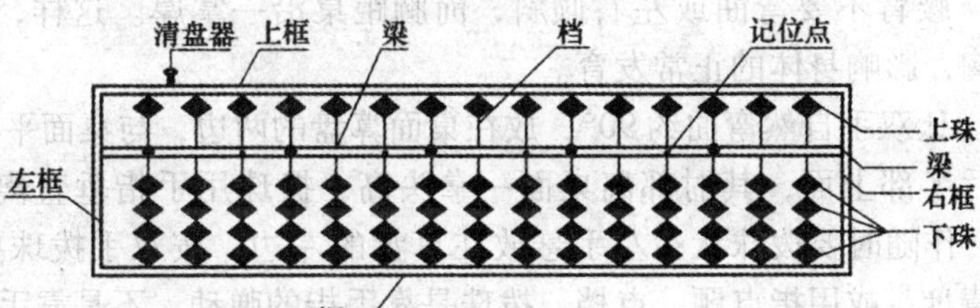

图4－2　菱形五珠中算盘（三指拨珠）

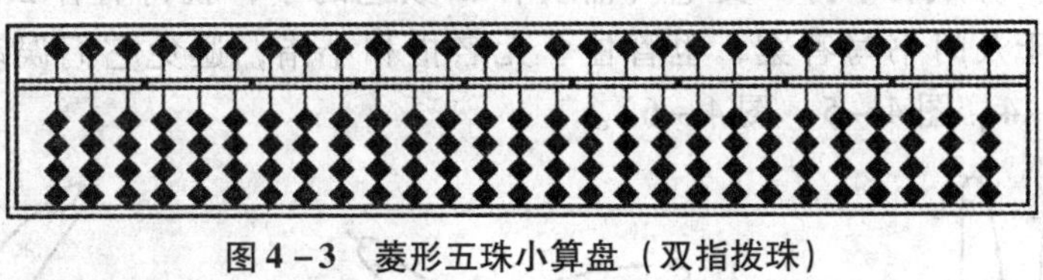

图4－3　菱形五珠小算盘（双指拨珠）

三、算盘上的记数与看数

算盘上记数是以靠梁的算珠来表示的。下珠一个当1，上珠一个当5，珠靠梁时表示数，全部离梁表示0。某档下珠满五，需换用上珠表示，叫作“五升”；某档算珠满十，需向左档进一，叫作“十进”，这就叫作“五升十进制”。以档表示数位，高位在左，低位在右，同阿拉伯数字的书写、看数一致。算盘上不固定个位档，而是根据计算任务、题型临时指定某紧靠数据的记位点作个位。一个数内只准有一个个位点。当算盘内同时可容纳几个数运算时，每个数就各有一个个位点。这些个位点，可任意代表它应代表的单位。但同一个记位点不能代表两个及两个以上数的单位。选好个位点后，同一数内的各个数位也就确定下来，每隔一档，往左扩大十倍，都是整数；往右则缩小十倍，都是小数。

算盘上的记数出现内珠后，其外珠部分（内珠的补数）同时反映另一方面的信息，这叫“二元示数”。如某人原借去 1 000 元，先后还来 800 元、50 元、2 元，在算盘上加总共为 852 元，看其外珠（补数）就知尚欠 148 元。

四、算盘的置放、打算盘的姿势与清盘

（一）算盘的置放

算盘一般放在自己的正前方，也可视情形放在稍右的地方，但一般不宜放在左边。计算资料要紧挨算盘置放，桌、椅高低要适中。

（二）打算盘的姿势

打算盘的正确姿势是：头正、腰直、臂舒、脚平、持笔。

（1）头正。就是头部端正，略向前倾，要使眼睛与算盘保持约一市尺（约 33 厘米）的距离。这样，既可避免眼睛近视或看不清楚，又因视幅适当，用眼睛上下左右瞟动就可看到，避免转动脖子引起颈部酸痛。

（2）腰直。腰背不要弯曲或左右倾斜，前胸距桌沿一掌厚。这样，既可防驼背，又可防挤压前胸，影响身体的正常发育。

（3）臂舒。让双手自然弯曲约 90°，放在桌面算盘的两边，与桌面平行。要求右手臂悬在算盘的后半部上面，其肘部离桌面一拳头高，拨珠用手指垂直离算珠一指厚，方便左右平移，作随时要拨珠状；左手悬放在算盘的左边，按双手拨珠要求，协同右手拨珠运算、清盘，或用指点题、点档。拨珠是靠手指的弹动，不是靠手臂拉动。

（4）脚平。双脚自然张开，约一肩宽，并平放地面，切忌跷起和互绕。

（5）持笔。养成右手持一支笔（需要什么颜色的字，就持有什么颜色墨的笔）的习惯，有利于及时书写答案，也管住了无名指和小指，避免它们误动算珠、妨碍视线（见图 4－4、图 4－5、图 4－6）。

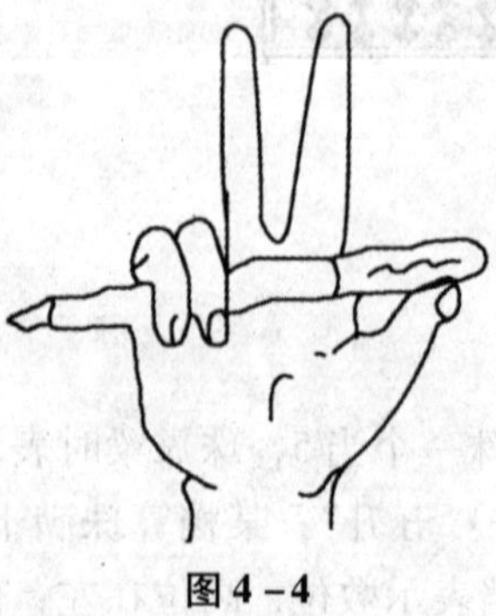

图 4－4

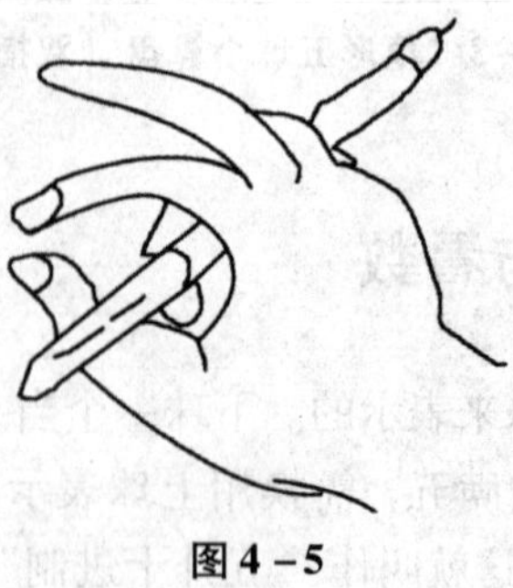

图 4－5

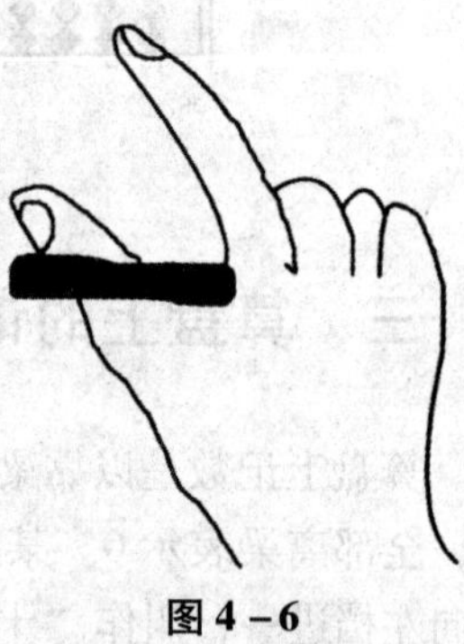

图 4－6

用东北式菱珠小算盘运算，还有一种握盘计算的姿势。计算时，用左手握住算盘的左端平悬在计算的账表上约一厘米高，打完一行数字移动算盘露出一行，边看边打，算盘随数上下、左右移动（见图4－7）。其特点是眼、算盘、数字三点成一直线，从而提高计算的准确度与速度。

图4－7

（三）清盘方法

在每次运算之前，要使所有算珠靠框，使全盘空档，这个过程叫清盘。

清盘有五种方法，请根据实际情况选用。

（1）按。用左手指将清盘器按钮一按，就能清盘。

（2）挤。用右手拇指与食指斜夹着右边的梁往左挤，利用二指的指甲面将靠梁珠上下挤走。

（3）拉。左手将算盘面竖起，下珠已靠边，平放，再用食指指甲面斜着同向拉，全盘空档。

（4）甩。用右手抓大算盘右梁和下边，竖起，向前甩成水平面，达到清盘。

（5）改。将近似数改成第一个要拨的数，既清了盘又置了数，两个过程一次完成，提高了效率。

第二节　拨珠法

按照手指与手指之间既分工又协作的原则，拨动算珠的方法叫拨珠法，也叫指法。珠算是靠手指拨动算珠进行计算的。拨珠时，要用指尖最敏感的部位拨算珠最突出的部位，不可将指尖插入二珠之间太深，也不可用力过猛或过轻。否则，将带动其他算珠或形成漂珠。拨珠方法的巧、拙和优、劣直接影响到计算的准确和速度。

由于算盘大小、拨珠习惯和技能的不同，拨珠法有三指拨珠法、双手拨珠法和两指拨珠法之分。

一、三指拨珠法

这种指法是用右手的拇指、食指、中指来拨珠的，可分别进行单指独拨、双指联拨、三指联拨，主要适用大、中型算盘。

（一）单指独拨

（1）拇指：专拨下珠靠梁，叫“托”（见图4－8），如：+1、+2、+3、+4。

（2）食指：专拨下珠离梁，叫“拨”（见图4－9），如：－1、－2、－3、－4。

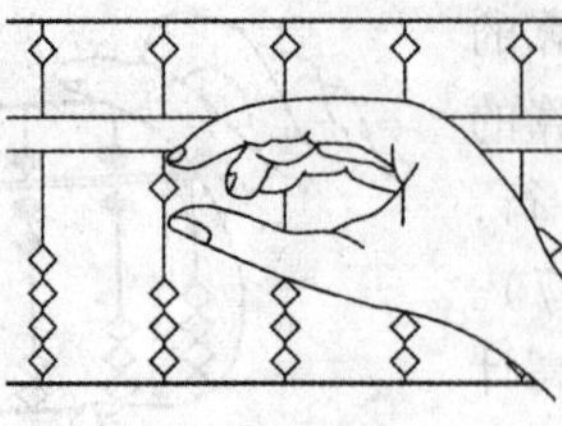

图4-8

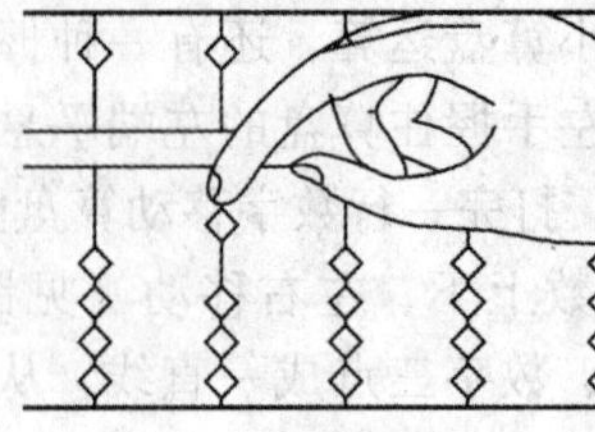

图4-9

（3）中指：专拨上珠靠梁与离梁，叫“拨”和“挑”（见图4-10），如：+5、-5。

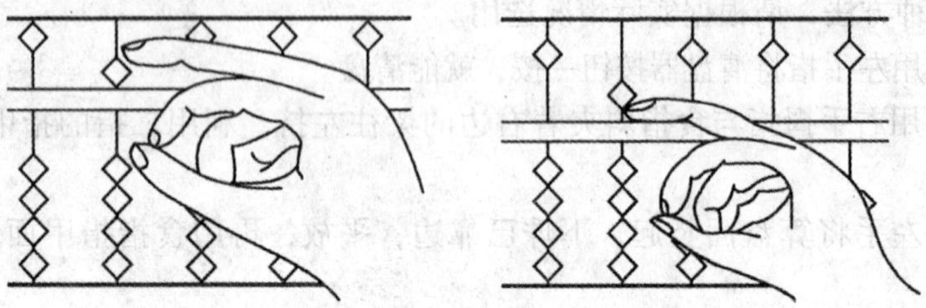

图4-10

三指分别单独拨珠时，另两指应曲向掌心。单指独拨是联拨的基础，联拨是各个单指独拨任意组合和分解的同步动作。只有各个单指准确地独拨，才会有又准又快的各种联拨。

（二）双指联拨

（1）双合。同档上下珠同时靠梁。如在前后几个独立空档上分别+6、+7、+8、+9，就要由中指拨上珠靠梁，同时用拇指拨下珠靠梁。

（2）双分。同档上下珠同时离梁。如9-6、9-7、9-8、9-9，就要由中指拨上珠离梁，同时用食指拨相关下珠离梁。

（3）斜合。前后两档的上下珠同时靠梁。如+15、+25、+35、+45等，就要用中指在各个个位上拨上珠靠梁，同时用拇指在各个十位上拨相关下珠靠梁。

（4）斜分。前后两档的上下珠同时离梁。如15-15、25-15、35-25、45-15，就要用中指在各个个位上拨上珠离梁，同时用食指在各个十位上拨相关下珠离梁。

（5）双上。同档上下珠同时向上拨。如在前后几个独立档5上逐档分别减1、2、3、4，就要由拇指拨相关下珠靠梁，同时用中指拨上珠离梁。

（6）双下。同档上下珠同时向下拨。如4+4、4+3、4+2、4+1，就要由中指拨上珠靠梁，同时用食指（当两指间的跨度不够时则改用拇指）拨相关下珠离梁。

（7）斜上。前后两档相关上下珠同时向上拨。如5+35、5+25、5+15、5+5，就要用拇指在各个十位上拨相关下珠靠梁，同时用中指在各个个位上拨上珠离梁。

（8）斜下。前后两档相关上下珠同时向下拨。如10-5、30-15、40-25，就要由中指在各个个位上拨一上珠靠梁，同时用食指在各个十位上（当两指的跨度不够时则改用拇指）拨相关下珠离梁。

（9）扭进。前后两档有关下珠同时前上后下。如4+6、1+9、3+7、4+8，就要由拇指在各个十位上拨相关下珠靠梁，同时用食指在各个个位上拨相关下珠离梁。

(10) 扭退。前后两档有关下珠前下后上。如10-6、15-7、17-9，就要由食指前伸至各十位档拨相关下珠离梁，同时用拇指退至各个位档拨相关下珠靠梁。

双指联拨要求达到同时拨珠、同时到位、同时响一声，否则不是真正的联拨，而只是两种拨珠动作的连续操作。两指联拨较单指独拨，在理论上速度应当提高一倍。任何两指联拨时，三指中另一指应曲向掌心（见表4-1）。

表4-1　　双指联拨分类用指比较表

指别	名称	档次	说明	用指分工
拇指和中指联拨	双合	同档	将上下珠同时靠梁，如：2+6、1+7、1+8	中指拨上珠靠梁，同时拇指拨下珠靠梁
	斜合	前后两档	将上下珠同时靠梁，如：20+15、12+25、3+45	中指拨后档上珠靠梁，同时拇指拨前档下珠靠梁
	双上	同档	将上下珠同时向上拨，如：5-1、5-2、5-3、5-4	中指拨上珠离梁，同时拇指拨下珠靠梁
	斜上	前后两档	将上下珠同时向上拨，如：5+35、5+25、5+15、5+5	中指拨后档上珠离梁，同时拇指拨前档下珠靠梁
食指和中指联拨	双分	同档	将上下珠同时离梁，如：9-6、9-7、9-8、9-9	中指拨上珠离梁，同时食指拨下珠离梁
	斜分	前后两档	将上下珠同时离梁，如：46-45、48-35、47-15	中指拨后档上珠离梁，同时食指拨前档下珠离梁
	双下	同档	将上下珠同时向下拨，如：4+1、4+2、4+3、4+4	中指拨上珠靠梁，同时用食指（当指间跨度不够时则改用拇指）拨下珠离梁
	斜下	前后两档	将上下珠同时向下拨，如：10-5、11-5、31-15、43-25	中指在后档拨上珠靠梁，同时食指（当两指的跨度不够时则改用拇指）在前档拨下珠离梁
拇指和食指联拨	扭进	前后两档	将下珠同时前上后下，如：4+6、4+9、4+18、3+8	拇指前伸拨下珠靠梁，同时食指在后档拨下珠离梁
	扭退	前后两档	将下珠同时前下后上，如：10-6、20-9、30-17、40-28	食指前伸拨下珠离梁，同时拇指在后档拨下珠靠梁

（三）三指联拨

在右手三指拨珠法中，我们学会了单指独拨与双指联拨，还应学会三指联拨法。运算中，凡是能三指联拨的，应尽量采用此法，以使自己的运算达到更快速度。如9+4、9+3、9+2、9+1，需要用中指、食指在本档减去相关上下珠，同时用拇指在前档加一下珠。又如10－4、20－13、30－21、40－32，需要用食指前伸至十位档减相关下珠，同时用中指、拇指在个位档上加相关上下珠。

三指联拨同样要求像双指联拨一样达到“三同时”，即同时拨珠、同时到位、同时响声。不能分次连续拨。初学时，可先打慢一点，然后再逐渐快打。

二、双手拨珠法

双手拨珠法实际上是以右手三指为主、左手三指配合联拨的一种运算方法。

学习此法要遵循先易后难原则。初学时，以右手三指为主，左手指只拨右手同时无法完成向前档的进位珠或退位珠。在双手联合拨珠时，左手始终放在左一档上，不管有无拨珠动作，都要随着右手在梁上平行移动。左手主要是用拇指和食指拨珠，也分单指独拨和双指联拨。详见两指拨珠法。

如5＋6、5＋7、5＋8、5＋9，当右手拇指、中指将相关上下珠“双上”的同时，左手拇指在前档拨进位数，下珠1。

又如11－6、12－7、13－8、14－9，在用左手食指减10的同时，右手中、食指进行“双下”拨珠。通过一段时间练习，双手联拨就能达到较熟练的程度。

还有一种需要较长时间才能掌握的双手联拨法。它最多可以同时运算三到四位数。

如625＋625＋625＋625＋…＋625＝6 250（625连加十遍）

1 545＋1 545＋1 545＋…＋1 545＝15 450（1 545连加十遍）

又如6 250－625－625－625－…－625＝0（625连减十遍）

15 450－1 545－1 545－…－1 545＝0（1 545连减十遍）

靠右手三指无法一次完成，而双手联拨就可在右手前后档“斜合”的同时，左手指分别用“双合”或“斜合”完成加法计算；在右手“斜分”的同时，左手指分别用“双分”或“斜分”完成减法运算。

双手联拨的关键，是左右两手的紧密配合。不论计算任务如何不同，左右手都要经常联动待命，切实做到“三同时”（同时拨珠、同时到位、同时响声）。随着熟练程度的提高，逐步可以让左手指像右手指一样同时承担任务。

双手联拨有利于全面开发大脑，还为熟练操作电脑创造了有利条件。

三、两指拨珠法

两指拨珠法是指只用右手拇指、食指拨珠的方法。主要适用于东北菱形小算盘，在南方菱形小算盘上，也有一部分人使用。

（一）单指独拨

（1）拇指。主拨下珠靠梁。如＋1、＋2、＋3。

（2）食指。拨上珠靠梁、离梁和下珠离梁。如＋5、－5、－1、－2、－3。

单指独拨必须各指严格分工。它是两指拨珠法的基础。

（二）双指联拨

（1）双合。同档上下珠同时靠梁。是用拇指拨下珠、食指拨上珠同时靠梁，如在空盘上分档加6、7、8、9。

（2）双分。同档上下珠同时离梁。是用拇指拨下珠、食指拨上珠同时离梁，如在9的各独立档上分别减6、7、8、9。

（3）斜合。前后两档上下珠同时靠梁。是用拇指在前档拨下珠、食指在后档拨上珠同时靠梁，如在空盘上分档加15、25、35、45。

（4）斜分。前后两档上下珠同时离梁。是用拇指在前档拨下珠、食指在后档拨上珠同时离梁，如把15、25、35、45分别从各档全部减去。

（5）双上。同档上下珠同时向上拨。是用拇指拨下珠、食指拨上珠同时向上拨，下靠上离，如在几个5上分别减4、3、2、1。

（6）双下。同档上下珠同时向下拨。是用拇指拨下珠离梁，同时用食指拨上珠靠梁，如在几个4上分别加4、3、2、1。

（7）斜上。前后两档上下珠同时向上拨。是用拇指在前档拨下珠靠梁，同时用食指在后档拨上珠离梁，如在6、7、8、9上分别加5。

（8）斜下。前后两档上下珠同时向下拨。是用拇指在前档拨下珠离梁，同时用食指在后档拨上珠靠梁，如在11、22、33、44上分别减5。

（9）扭进。前后两档下珠同时前上后下。是用拇指在前档拨下珠靠梁，同时用食指在后档拨下珠离梁，如在几个独立4上分别加6、7、8、9。

（10）扭退。前后两档下珠同时前下后上。是用食指在前档拨下珠离梁，同时用拇指在后档拨下珠靠梁，如在几个10上分别减9、8、7、6。

两指拨珠法中的双指联拨，除用指有所不同外，联拨的名称、任务完全与三指拨珠法的双指联拨相同，其速度较单指独拨将提高一倍。因此，双指拨珠法中能联拨的都要用双指联拨，并应进一步认真探讨双指拨珠法中的双手联拨。这种方法同样必须做到“三同时”（拨珠、到位、响声），否则，有名无实。

为了帮助大家尽快达到熟练程度，提供一套“指法操”供大家练习。本指法操共有八节，每一节按四八口令边念边拨，逐步加快。每节分四个小节，每小节有两个拨珠动作，前一个动作自左至右（用→表示），后一个动作自右至左（用←表示），来回拨珠共32次。如果是17档算盘，第一节单指独拨，第二节直合直分，第四节同上同下（左边第一档空出，其他各节从左边第一档起拨）。如果是15档算盘，不管哪一节，从左边第一档起拨。每一大节和每一小节之间都可能有余数，下一节的拨珠都应在上一节余数的基础上进行拨加或拨减。八节的动作一定要连贯。

指　法　操

第一大节　单指独拨（见图4-11）。

（1）+2…，-2…　　（2）+3…，-3…

（3）+4…，-4…　　（4）+5…，-5…

盘面结果为空盘。

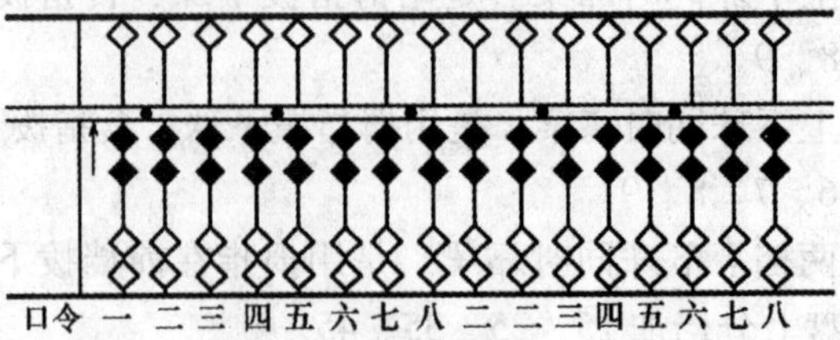

① +2（→）后盘面为2…

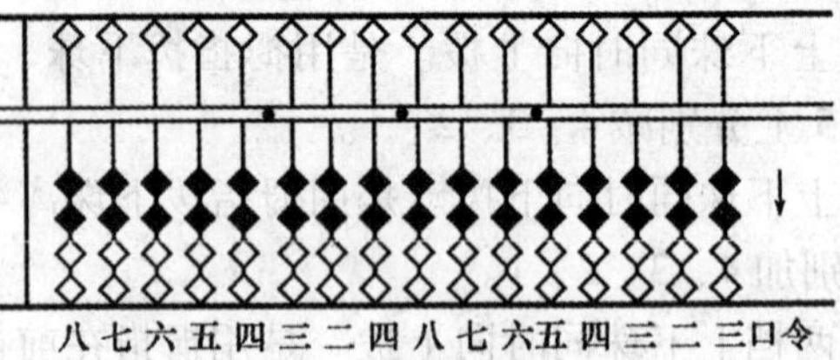

② -2（←）后盘面为空盘

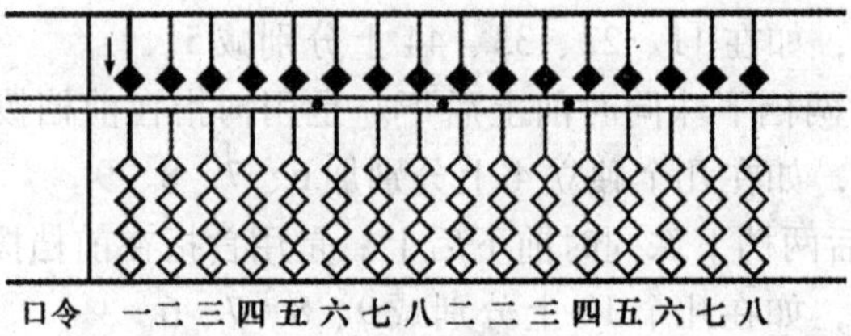

③ +5（→）后盘面为5…

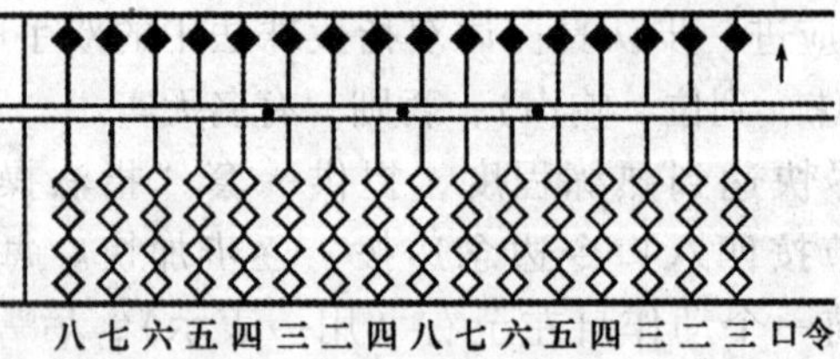

④ -5（←）后盘面为空盘

图4-11 单指独拨

注意：第一大节第二小节 +3…，-3…；第三小节 +4…，-4…的拨珠动作与第一小节 +2…，-2…相同，图示省略，以后各节中的第二小节、第三小节的图示都省略。由于各节中的口令与第一大节相同，也省略。

第二大节 双合双分（见图4-12）。

(1) +6…，-6…　　(2) +7…，-7…

(3) +8…，-8…　　(4) +9…，-9…

盘面结果为空盘。

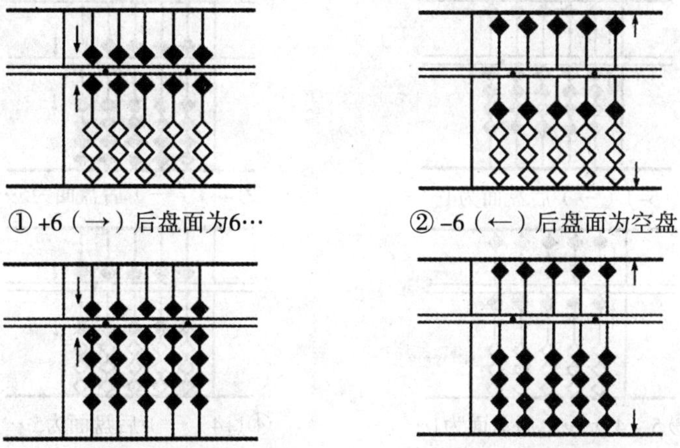

① +6（→）后盘面为6…　② -6（←）后盘面为空盘

③ +9（→）后盘面为9…　④ -9（←）后盘面为空盘

图4－12　双合双分

第三大节　斜合斜分（见图4－13）。

（1）＋15…，－15…　（2）＋25…，－25…

（3）＋35…，－35…　（4）＋45…，－40…

盘面结果为5…

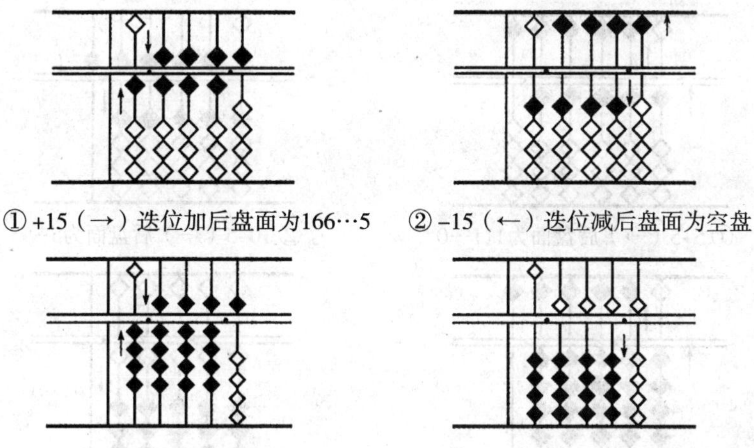

① +15（→）迭位加后盘面为166…5　② -15（←）迭位减后盘面为空盘

③ +45（→）迭位加后盘面为499…5　④ -40（←）后盘面为5…

图4－13　斜合斜分

第四大节　双上双下（见图4－14）。

（1）－1…，＋1…

（2）－2…，＋2…

（3）－3…，＋3…

（4）－4…，＋4…

即 $\begin{cases}(5-1)\ \cdots,\ (4+1)\ \cdots\\(5-2)\ \cdots,\ (3+2)\ \cdots\\(5-3)\ \cdots,\ (2+3)\ \cdots\\(5-4)\ \cdots,\ (1+4)\ \cdots\end{cases}$

盘面结果为5…

第五大节　斜上斜下（见图4－15）。

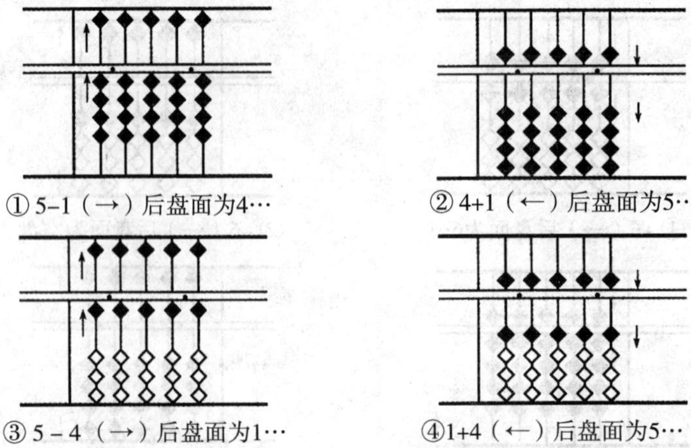

图 4-14　双上双下

(1)　+5…，－5…
(2)　+15…，－15…
(3)　+25…，－25…
(4)　+35…，－30…

即 (5+5)…，(10-5)…
(5+15)…，(20-15)…
(5+25)…，(30-25)…
(5+35)…，(40-30)…

盘面结果为 111…0

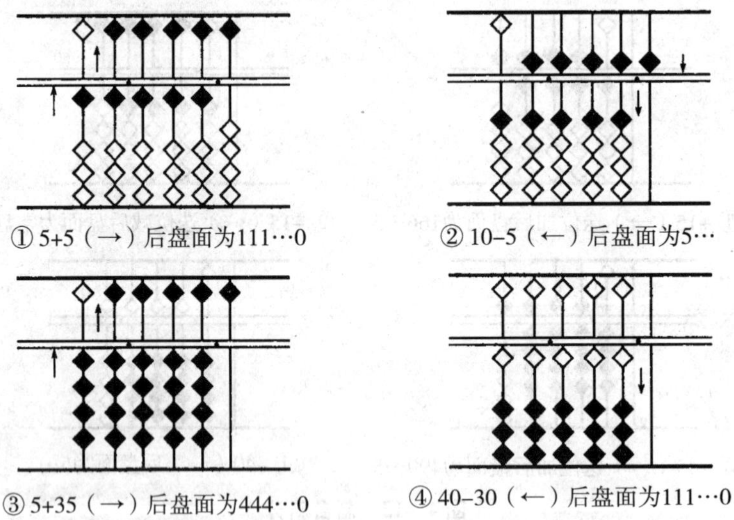

图 4-15　斜上斜下

第六大节　扭进扭退（见图 4-16）。

(1)　+9…，－8…
(2)　+8…，－7…
(3)　+7…，－6…
(4)　+6…，－1…

即 (1+9)…，(10-8)…
(2+8)…，(10-7)…
(3+7)…，(10-6)…
(4+6)…，(10-1)…

盘面结果为 9…

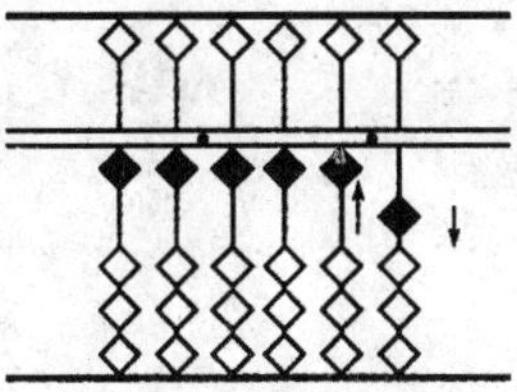

① 1+9（→）后盘面为111…0

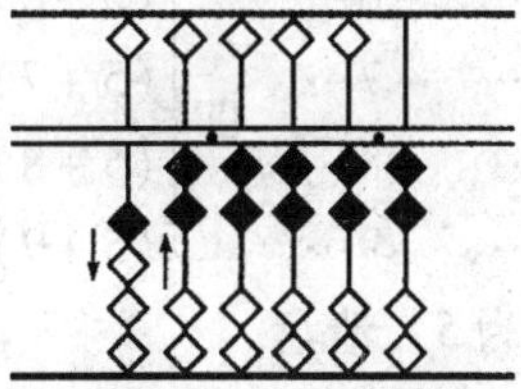

② 10–8（←）后盘面为2…

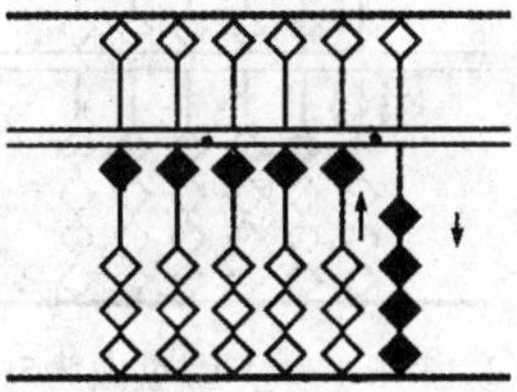

③ 4+6（→）后盘面为111…0

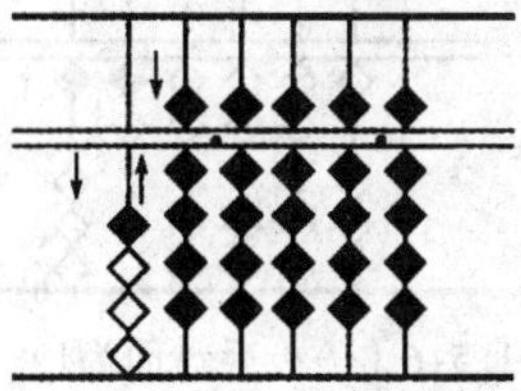

④ 10–1（←）后盘面为9…

图 4－16　扭进扭退

第七大节　三指联拨（见图 4－17）。

（1）＋1…，－2…　　即（9＋1）…，（10－2）…

（2）＋2…，－3…　　　（8＋2）…，（10－3）…

（3）＋3…，－4…　　　（7＋3）…，（10－4）…

（4）＋4…，－5…　　　（6＋4）…，（10－5）…

盘面结果为 5…

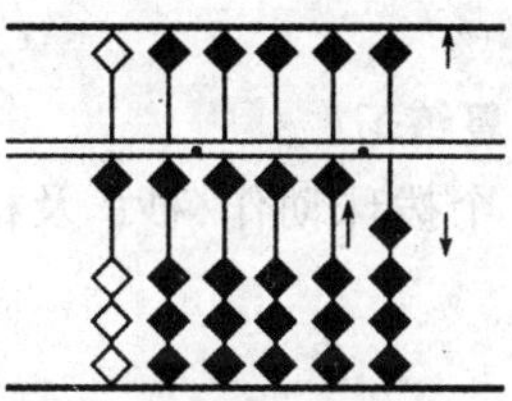

① 9+1（→）后盘面为111…0

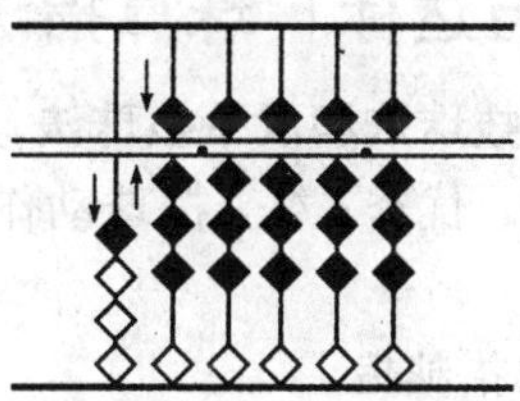

② 10–2（←）后盘面为8…

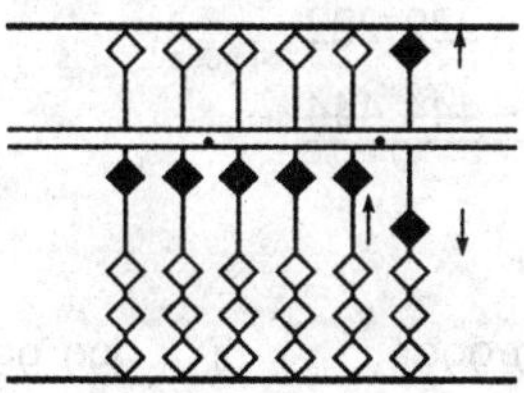

③ 6+4（→）后盘面为111…0

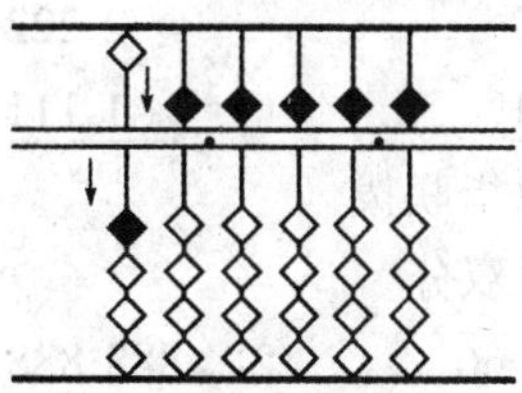

④ 10–5（←）后盘面为9…

图 4－17　三指联拨

第八大节　双手联拨（见图4－18）。

（1）+6…，－6…		（5＋6）…，（11－6）…
（2）+7…，－7…	即	（5＋7）…，（12－7）…
（3）+8…，－8…		（5＋8）…，（13－8）…
（4）+9…，－9…		（5＋9）…，（14－9）…

盘面结果为5，清盘。

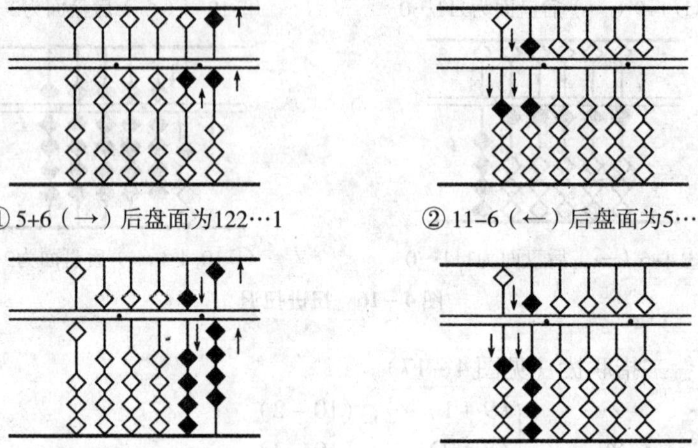

①5+6（→）后盘面为122…1　②11-6（←）后盘面为5…

③5+9（→）后盘面为155…4　④14-9（←）后盘面为5…

图4－18　双手联拨

［实训与达标］珠算指法实训

一、右手拨珠法和双手拨珠法，持笔拨珠，反复练习

速度标准。优秀：4个拨珠动作/秒；良好：3个拨珠动作/秒；及格：2个拨珠动作/秒。

1. 练习单指独拨

①	②	③	④
1 111	5 555	222 222	5 555
2 222	2 222	222 222	3 333
+1 111	+1 111	－444 444	－5 555

2. 练习双指联拨

（1）练习双分

①	②	③	④
666 666	888 888	999 999	999 999
－666 666	－777 777	－888 888	－999 999

（2）练习斜分

①	②	③	④
151 515	252 525	353 535	454 545
－151 515	－252 525	－353 535	－454 545

(3) 练习双上和双下

① 555 555 −111 111	② 555 555 −222 222	③ 666 666 −333 333	④ 888 888 −444 444
⑤ 222 222 +333 333	⑥ 444 444 +111 111	⑦ 444 444 +222 222	⑧ 333 333 +444 444

(4) 练习斜上和斜下

① 1 515 +1 515	② 2 525 +1 515	③ 303 030 −252 525	④ 404 040 −152 535

(5) 练习扭进、扭退

① 444 444 +666 666	② 333 333 +777 777	③ 444 444 +888 888	④ 444 444 +999 999
⑤ 100 000 −66 666	⑥ 100 000 −77 777	⑦ 222 222 −88 888	⑧ 333 333 −99 999
⑨ 333 333 +666 667	⑩ 222 222 +777 778	⑪ 111 111 +888 889	⑫ 444 444 +555 556

(6) 练习三指联拨

① 666 666 +444 444	② 777 777 +333 333	③ 888 888 +222 222	④ 999 999 +111 111
⑤ 100 000 −44 444	⑥ 100 000 −33 333	⑦ 100 000 −22 222	⑧ 100 000 −11 111
⑨ 777 777 +444 444	⑩ 888 888 +333 333	⑪ 999 999 +222 222	⑫ 999 999 +444 444

二、自我练习指法操

三、自我练习快速清盘法

第三节　基本运算技巧

珠算的计算过程包括看数、记数、拨珠、移卷（盘）、运算、写数和连接等几个不可分割的环节，这几个环节都是珠算的基本功。只有掌握这些基本的运算技巧，环环紧扣、步步协调，才能做到看数准、记数快、写数准确、拨珠灵巧、反应敏捷、运算有规律。

一、看数、记数

看数、记数一般应遵循分节看数、分节记数、分节拨珠、边看边记边拨珠的原则。其基本方法是：

（1）看数时，应按分节号（或千分空）和小数点分段默读，看一小节数字，迅速反应在脑子里并记住，去拨相应的算珠。当手指接触到这一小节的最后一个数字的算珠时，马上去看下一小节的数字并记住，这样随看、随记、随打不间断地进行。开始时稍有停顿，熟练后，看数、记数和拨珠动作就会连贯起来。

（2）看数记数时，不必记个、十、百等数位名和元、角、分等金额单位；只看数字、分节置数，切忌念出声音。不要将数字看颠倒、看漏、看夹行，不要把5看成1、1看成5，9看成4、4看成9等，数字中的0较多时更要注意。

（3）随着熟练程度的提高，分节看数、记数应由一节扩大到两节，逐步增大位数，待一目一行熟练后再练习一目多行，以减少看数次数，加快计算速度。

（4）看数、记数的练习方法。

①先做一些数的小卡片，并放在一起，随机抽一张，看一眼，再将看到的数写在纸上。以10个数为一组，看完写完后记下所用的时间，并检查自己的记数是否有差错。如有错误，分析出错的原因并改正。

②以竖式加减法题为练习资料，由易而难、由准而快地进行练习。练习时，把计算题放在左前方，紧靠练习题的右边放一张白纸，右手握笔，看一眼，记下数字，随即把它默写在纸上。以10个题为一场来训练，记下每一场所用的时间，并逐行核对，以检查记数的速度和准确性。练习一段时间后，可以结合盘上置数、移卷（盘）运算和盯盘写数来进行综合练习。

③采取看快速行驶的车辆牌号，以及门牌号码、电话号码等办法来帮助练习，以养成看数、记数的好习惯。

二、点题移卷（盘）

改良后的算盘底部一般钉有橡胶垫，可以把计算资料（如通级试卷）放在算盘下面，用左手无名指、中指点着计算题的行次，边打边移动计算资料。

如果是小算盘，还可以用左手握住算盘的左端，平放在应计算的资料上，边看边打，算盘随着计算资料行次上下移动。两种方法都能使眼睛、算盘、数字三点结合好，头部稳定，视线集中，从而加快看数与拨珠的速度和准确度。

三、摸档拨珠

摸档拨珠，就是眼睛不看算盘拨动算珠。这并不是说不可以看算盘，而是指眼睛在算盘上停留的时间很短，当看到算盘上的各数后，大脑能迅速作出反应。摸档拨珠只要能摸打二三档，就可以使看数、拨珠、再看数、再拨珠连续不断地进行。

【例】 506.92＋147.68

先拨506，当手拨“6”时，眼睛马上去看“92”，并记在脑中；在“92”还没拨完时，眼睛马上去看下笔数“147”这一节，右手摸打完“92”，以此类推。

练习摸档拨珠的方法，一种是打百子。要求眼睛不看算盘从1加到100，再用5 050

从1减到100。另一种是摸档布数。即在空盘时，眼睛不看算盘，可准确无误地将数布入盘上。

四、盯盘写数

书写计算结果，要在准确、清晰的基础上求快。这就需要锻炼眼睛捕捉盘上数字的能力，一看就能记住，并做到盯盘写数。

盯盘写数是速写珠算计算结果的一项技巧。方法是：眼睛盯着算盘上的数和梁上的计位点，用眼睛的余光指示左手食指点着写答数格子的左前端，右手找到左手食指凭手感从左至右写得数，看数、写数与标分节号（千分空）、小数点一次完成。可以采取照本抄数、盯卷抄数、盯盘写数等几种方法进行练习。

五、连接

在计算中，就单题而言，加减中有行与行的连接；乘除法中每个部分积的相加相减要找起拨档的连接；传票中有页与页的连接等。就多个题而言，有上题计算到末尾的摸档拨珠、盯盘写数、移卷、清盘，接下题的连接问题，连接的快与慢、动作程序合理与否，直接影响计算速度。

连接的练习，首先是应设计合理的连接程序。如做一道加减法题，右手拨珠，左手点题移卷（盘）；右手写答数，左手清盘，找下一题的起始行。其次是多加练习。练习左、右手的分工协作，配合默契。如练习左手掌盘、移盘、清盘、手指点题、推送或翻动计算资料，同时练习右手持笔、拨珠、写数等，使各个环节紧密连接起来。

珠算运算技巧的训练，可归纳为练“三功”：一练眼，看数清；二练脑，心算精；三练指，拨珠灵。

第五章　珠算加减法

教学目标及重点、难点

通过本章的学习和训练，理解珠算加减法的基本内涵、运算原理和重要作用；熟练掌握各种珠算加减法的运算方法。

学习重点是运用算珠进行各种珠算加减法。

学习难点是珠算加减法中破五进十加和退十满五减以及一目三行加减法。

珠算加减法是珠算乘除法及其他高级运算的基础，珠算乘除法及其他高级运算都可以转化为加减的运算程序。在日常财经工作中，大量计算也都是加减运算。珠算加减法的运算水平和速度，关系到工作效率的高低。用珠算工具作加减计算，其得心应手、敏捷方便的长处，胜过其他工具。因此，学好珠算加减法极为重要，必须高度重视、熟练掌握。

第一节　珠算加减法概述

一、加减法的意义

加法是求两个数的和的运算，减法是已知两个数的和与其中一个加数求另一个加数的运算。从定义中可看出，加法、减法是互为逆运算的关系。在日常计算工作中，常常用加法来验算已经做好的减法是否正确，用减法来验算已经做好的加法是否有误。而且珠算加减法的核心是五升十进制，具有加中有减、减中有加的特点。如7+6，运算时必须在被加数7中加1减去5，在左档加1；又如13-6，必须将被减数中的十位数1减去，在个位档上加5减去1。因此，本书采用加减并进教学，以符合珠算计算规律与辩证关系。

二、加减法的运算顺序

珠算加减法运算的基本法则是：

确定个位，数位对齐，从左至右，同位加减。

具体来说：

1. 定档与置数

选定个位档，利用数值中的分节号（千分空）、小数点使之与算盘上的计位点保持一致，将被加数（或被减数）从左到右按数的位次顺序拨置在算盘上。

2. 运算

从高位到低位，按相同的数位逐位加上加数（或减去减数）。

3. 结果

经过一次或多次相加、减运算后，最后算盘上靠梁的算珠表示的数就是计算的结果。

珠算加减法的计算方法有：基本加减法（口诀加减法、无诀加减法）、简捷加减法等。

第二节　基本加减法

一、口诀加减法

口诀加减法是利用珠算加减法口诀进行加减法运算的方法。口诀是前人在对实践经验进行总结的基础上形成的拨珠顺序和方法。初学者只要按口诀的拨珠法进行运算，就能计算出得数。当熟练到见数就能形成条件反射时，就不用口诀了；否则，会影响计算速度。

（一）加减法口诀表（见表5－1）

表5－1　　加减法口诀表

类型 加数或减数	本位加和本位减				进位加和借位减			
	直接加	直接减	满五加	破五减	进十加	退十减	破五进十加	退十满五减
一	一上1	一去1	一下5去4	一上4去5	一去9进1	一退1还9		
二	二上2	二去2	二下5去3	二上3去5	二去8进1	二退1还8		
三	三上3	三去3	三下5去2	三上2去5	三去7进1	三退1还7		
四	四上4	四去4	四下5去1	四上1去5	四去6进1	四退1还6		
五	五上5	五去5			五去5进1	五退1还5		
六	六上6	六去6			六去4进1	六退1还4	六上1去5进1	六退1还5去1
七	七上7	七去7			七去3进1	七退1还3	七上2去5进1	七退1还5去2
八	八上8	八去8			八去2进1	八退1还2	八上3去5进1	八退1还5去3
九	九上9	九去9			九去1进1	九退1还1	九上4去5进1	九退1还5去4

注：①每句口诀的第一个字表示要加或要减的数，其后的字表示拨珠的动作和所拨算珠代表的数。
②口诀中的“上”是加上，即拨上珠或下珠靠梁。
③“去”是减去，即拨上珠或下珠离梁。
④“下”指拨上珠靠梁。
⑤“进”指在左一档上加。
⑥“退”指在左一档上减。
⑦“还”指在本档上加。

（二）运算方法

1. 直接加和直接减

直接加减是指在盘上本档能直接加上加数，或直接减去减数的运算。口诀类型是“几上几”和“几去几”。

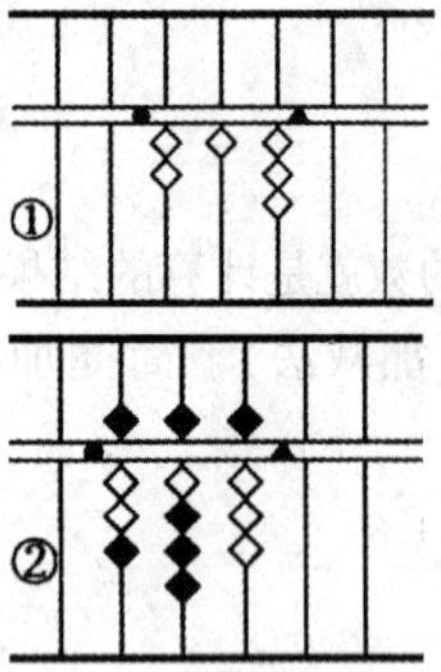

图 5－1

【例 1】　213＋685＝898

（1）定档与置数。定好个位档，见▲标记为小数点，其前一位为个位档。将被加数 213 拨在算盘上（见图 5－1①）。

（2）运算。加上加数 685。在百位档加 6（六上 6），在十位档加 8（八上 8），个位档加 5（五上 5），得和数 898（见图 5－1②）。

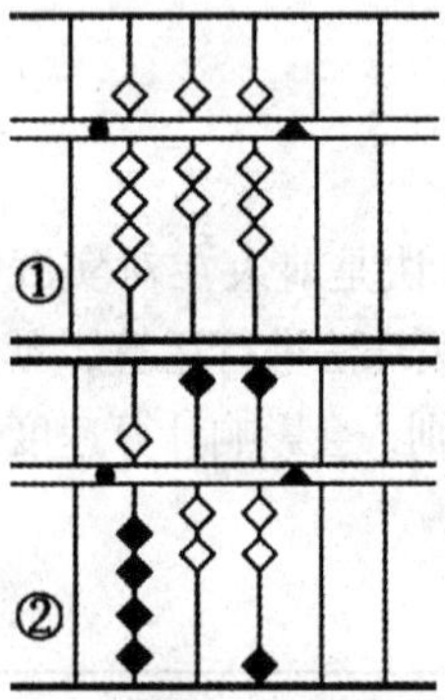

图 5－2

【例 2】　978－456＝522

（1）定档与置数。定好个位档，见▲标记为小数点，其前一位为个位档。将被减数 978 拨在算盘上（见图 5－2①）。

（2）运算。减去减数 456。在百位档减 4（四去 4），在十位档减 5（五去 5），个位档减 6（六去 6），得差数 522（见图 5－2②）。

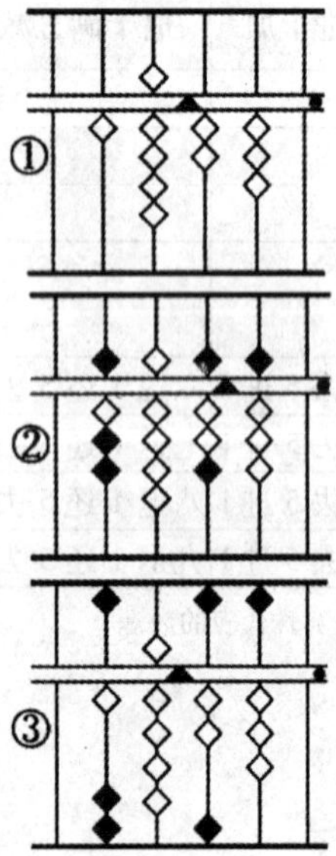

图 5－3

【例 3】　19.23＋70.65－70.65＝19.23

第一步加算部分：19.23＋70.65＝89.88

（1）定档与置数。定好个位档，见▲标记为小数点，将被加数 19.23 拨在算盘上（见图 5－3①）。

（2）运算。加上加数 70.65。在十位档加 7（七上 7），在十分位档加 6（六上 6），百分位档加 5（五上 5），得和数 89.88（见图 5－3②）。

第二步减算部分：89.88－70.65＝19.23

直接从和 89.88 中减去减数 70.65。在十位档减 7（七去 7），十分位档减 6（六去 6），百分位档减 5（五去 5），得差数 19.23（见图 5－3③）。

2. 满五加和破五减

满五加是当本档下珠不够用来直接相加，而需要用上珠相补时，就采用“几下5去几”的口诀类型。其特点是：相加的两数都小于5，其和等于或大于5，而不满10。如3+4=3+（5-1）=7，口诀是“四下5去1”。

破五减是当被减数的下珠不够减去减数，但有靠梁的上珠，这时就必须减去上珠5，多减的部分用下珠补上。口诀是“几上几去5”。如8-4=8+1-5=4，口诀是“四上1去5”。

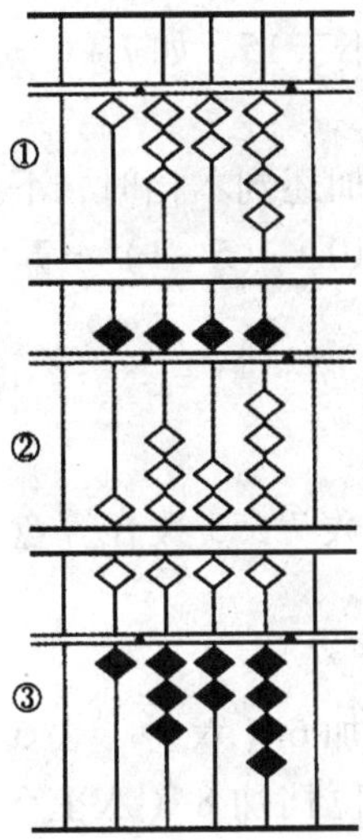

图5-4

【例4】　1 324+4 231-4 231=1 324

第一步加算部分：1 324+4 231=5 555

（1）定档与置数。定好个位档，将被加数1 324拨在算盘上（见图5-4①）。

（2）运算。加上加数4 231。在千位档加4（四下5去1），百位档加2（二下5去3），十位档加3（三下5去2），个位档加1（一下5去4）。得和数5 555（见图5-4②）。

第二步减算部分：5 555-4 231=1 324

直接从和数5 555中减去减数4 231。在千位档减4（四上1去5），百位档减2（二上3去5），十位档减3（三上2去5），个位档减1（一上4去5）。得差数1 324（见图5-4③）。

3. 进十加和退十减

进十加是当两数在本档相加，其和满10或超过10时，本档算珠不够用，就要进位。即在左档加上1，同时要在本档拨去加数对于10的补数（差）。口诀类型是“几去几进1”。如8+3=8-7+10=11，口诀是“三去7进1”。

退十减是当被减数的本档不够减去减数时，要从左一档减1当10，同时在本档加上减数对于10的补数。口诀类型是“几退1还几”。如12-3=（12-10）+7=9，口诀是“三退1还7”。

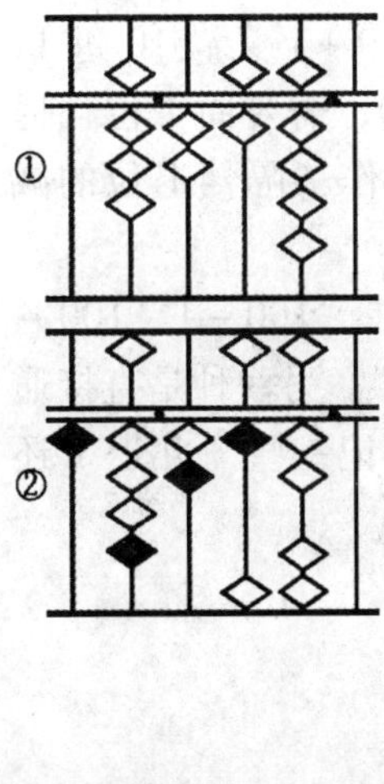

【例5】　8 269+5 943-5 943=8 269

第一步加算部分：8 269+5 943=14 212

（1）定档与置数。定好个位档，将被加数8 269拨在算盘上（见图5-5①）。

（2）运算。加上加数5 943。在千位档加5（五去5进1），百位档加9（九去1进1），十位档加4（四去6进1），个位档加3（三去7进1）。得和数14 212（见图5-5②）。

③

图 5－5

第二步减算部分：14 212 － 5 943 ＝8 269

直接从和数 14 212 中减去减数 5 943。在千位档减 5（五退 1 还 5），百位档减 9（九退 1 还 1），十位档减 4（四退 1 还 6），个位档减 3（三退 1 还 7）。得差数 8 269（见图 5－5③）。

4. 破五进十加和退十凑五减

破五进十加是当被加数是 5 或大于 5，其加数大于 5 而不足 10 的运算，就采用“几上几去 5 进 1”的口诀类型拨珠。其特点是两数之和大于 10，小于 15。如 7＋6＝7＋(1－5＋10)＝13，口诀是“六上 1 去 5 进 1”。

退十凑五减是当从前一档借 1 作为本档 10 减去减数之后的差，加还到本档时，下珠不够用，则采用“几退 1 还 5 去几”的口诀运算。如 13－6＝13－10＋（5－1）＝7，口诀是“六退 1 还 5 去 1”。

①
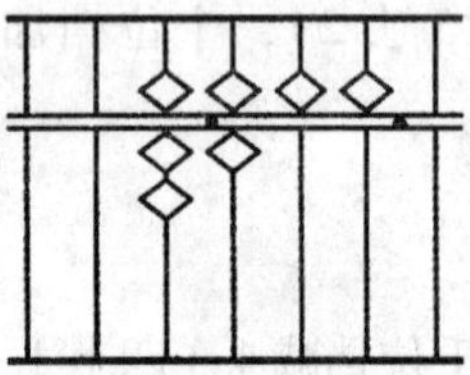

【例 6】　7 655＋6 789－6 789＝7 655

第一步加算部分：7 655＋6 789＝14 444

（1）定档与置数。定好个位档，将被加数 7 655 拨在算盘上（见图 5－6①）。

②
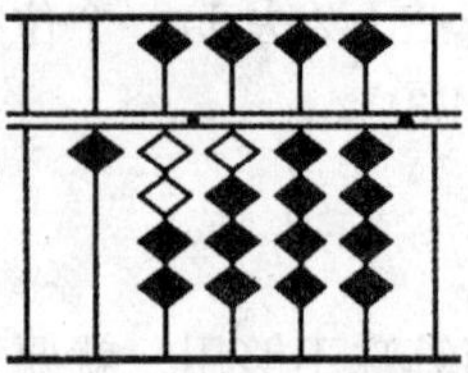

（2）运算。加上加数 6 789。在千位档加 6（六上 1 去 5 进 1），百位档加 7（七上 2 去 5 进 1），十位档加 8（八上 3 去 5 进 1），个位档加 9（九上 4 去 5 进 1）。得和数 14 444（见图 5－6②）。

③
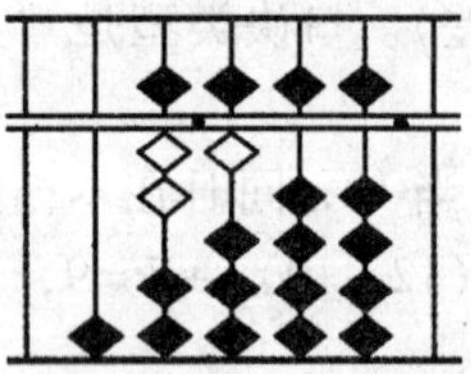

图 5－6

第二步减算部分：14 444－6 789＝7 655

直接从和数 14 444 中减去减数 6 789。在千位档减 6（六退 1 还 5 去 1），百位档减 7（七退 1 还 5 去 2），十位档减 8（八退 1 还 5 去 3），个位档减 9（九退 1 还 5 去 4）。得差数 7 655（见图 5－6③）。

在珠算加减法运算中，还会出现连续进位和隔档退位的运算。如“99＋1”运算时，个位档相加满 10 向十位档进 1，十位档 9＋1 又满 10 进 1，这种情况叫作“连续进位的加法”；“100－1”运算时，个位档为 0，需要向十位档退位运算，而十位档也是 0，此时需向百位档退位运算，这种情况叫作“隔档退位的减法”。有时还会出现隔三、四档以至更多档的情况。

隔档退位的运算方法有两种：一种是编出一套烦琐的口诀。如“100－1、100－2…100－9”，编出“一退 1 还 99”“二退 1 还 98……九退 1 还 91”。另一种是直接通过心算，然后拨珠。只要掌握了前述基本口诀和正确指法，就无须记一些“几退 1 还几”的口诀。

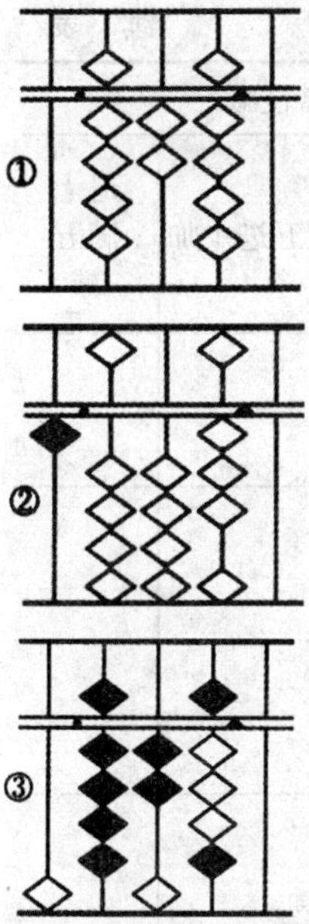

图5－7

【例7】　929＋74－74＝929

第一步加算部分：929＋74＝1 003

（1）定档与置数。定好个位档，将被加数929置在算盘上（见图5－7①）。

（2）运算。加上加数74。在十位档加7（七上7），在个位档加4（四去6进1，一去9进1，一去9进1，指法可采用“连进”法）。得和数1 003（见图5－7②）。

第二步减算部分：1 003－74＝929

直接从和数1 003中减去减数74。在十位档减7（七退1还93），在个位档减4（四退1还6）。得差数929（见图5－7③）。

二、无诀加减法

无诀加减法与口诀加减法在数学原理上是一致的。它是运用凑数和补数的原理，结合心算，不用口诀而进行拨珠运算的方法。

凑数，又叫凑五数。如果两个数的和是5，则这两个数互为凑数。互为凑数的有1和4、2和3。

补数，如果两个数的和是10、100、1 000等10的乘方数（10的整数次幂），则这两个数就互为补数。互为10的补数有1和9、2和8、3和7、4和6、5和5。10是这两个补数的齐数。

熟练掌握了凑数，就可以运用满五加和破五减；熟练掌握了补数，就能运用进十加和退十减。如果把满五加和破五减同进十加和退十减结合起来运用，就是破五进十加和退十满五减。

（一）无诀加减法表（见表5－2）

表5－2　　无诀加减法表

类型	本位加和本位减				进位加和借位减			
加数或减数	直接加	直接减	满五加	破五减	进十加	退十减	破五进十加	退十满五减
一	加看外珠，够加直加	减看内珠，够减直减	加1双下9	减1双上9	加1减9进1	减1退1加9		

续 表

<table>
<tr><td>类型</td><td colspan="4">本位加和本位减</td><td colspan="4">进位加和借位减</td></tr>
<tr><td>加数或减数</td><td>直接加</td><td>直接减</td><td>满五加</td><td>破五减</td><td>进十加</td><td>退十减</td><td>破五进十加</td><td>退十满五减</td></tr>
<tr><td>二</td><td rowspan="8">加看外珠，够加直加</td><td rowspan="8">减看内珠，够减直减</td><td>加2双下8</td><td>减2双上8</td><td>加2减8进1</td><td>减2退1加8</td><td></td><td></td></tr>
<tr><td>三</td><td>加3双下7</td><td>减3双上7</td><td>加3减7进1</td><td>减3退1加7</td><td></td><td></td></tr>
<tr><td>四</td><td>加4双下6</td><td>减4双上6</td><td>加4减6进1</td><td>减4退1加6</td><td></td><td></td></tr>
<tr><td>五</td><td></td><td></td><td>加5减5进1</td><td>减5退1加5</td><td></td><td></td></tr>
<tr><td>六</td><td></td><td></td><td>加6减4进1</td><td>减6退1加4</td><td>加6上6进1</td><td>减6退1下6</td></tr>
<tr><td>七</td><td></td><td></td><td>加7减3进1</td><td>减7退1加3</td><td>加7上7进1</td><td>减7退1下7</td></tr>
<tr><td>八</td><td></td><td></td><td>加8减2进1</td><td>减8退1加2</td><td>加8上8进1</td><td>减8退1下8</td></tr>
<tr><td>九</td><td></td><td></td><td>加9减1进1</td><td>减9退1加1</td><td>加9上9进1</td><td>减9退1下9</td></tr>
</table>

注：① 外珠，又叫框珠，指靠框（边）不表示数的算珠。但作补数运算时，它表示补数。

② 内珠，又叫梁珠，指靠梁表示数的算珠。

③ 双下、双上，指珠算加减算中涉及5的组合与分解，需要本档上下珠同时向下或向上拨动时，利用补数原理，采用加几就直接向下拨补数，减几就直接向上拨补数的方法。

（二）运算方法

1. 直接加和直接减

直接加减法，是按照运算要求在原数（被加数或被减数）上需要加上多少或者减去多少，就可以直接拨加或拨减，不涉及“五升”和“十进（退）位”。在运算时，必须数位对准，同位数相加减。运算要领是：加看外珠，够加直加；减看内珠，够减直减。

【例8】 41.82+56.17−56.17=41.82

第一步加算部分：41.82+56.17=97.99

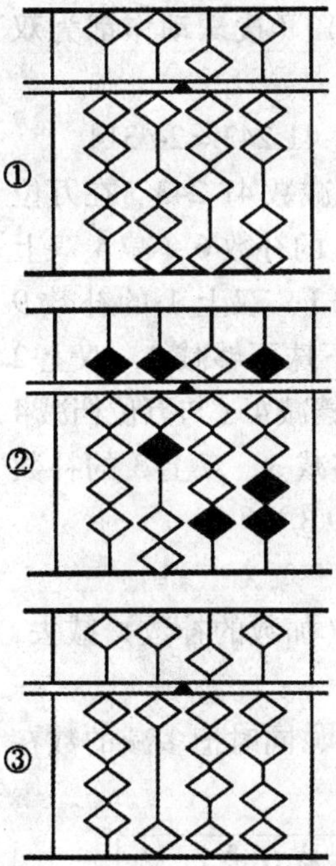

图5－8

（1）定档与置数。在靠算盘右边的某一计位点的前一档定为个位档，这一计位点为小数点，从高位到低位将被加数41.82置在算盘上（见图5－8①）。

（2）运算。按“数位对齐，从左到右，同位相加减”的原则加上加数56.17。在十位档加5，加看外珠5，够加5，直接加上“5”（拨珠动作为中指独拨）；个位档加6，加看外珠8，够加6，直接加上“6”（拨珠动作为直合）；十分位档加1，加看外珠1，够加1，直接加上“1”（拨珠动作为拇指独拨）；百分位档加7，加看外珠7，够加7，直接加上“7”（拨珠动作为直合）。得和数97.99（见图5－8②）。

第二步减算部分：97.99－56.17＝41.82

直接从和数97.99中减去减数56.17。在十位档减5，减看内珠9，够减5，直接减去5（拨珠动作为中指独拨）；个位档减6，减看内珠7，够减6，直接减去6（拨珠动作为直分）；十分位档减1，减看内珠9，够减1，直接减去1（拨珠动作为食指独拨）；百分位档减7，减看内珠9，够减7，直接减去7（拨珠动作为直分），得差数41.82（见图5－8③）。

2. 满五加和破五减

在加法运算中，如果被加数只有下珠，两数相加和大于或等于5而小于10时，这时需要运用上珠，这就是满五加法。如4＋2＝6（加5减3）。

在减法运算中，如被减数中有上珠而下珠又不够减1、2、3、4时，则需动及上珠（即破五），这叫破五减法。如6－2＝4（减5加3）。运算要领是：

满五加：下加不够，双下补数；即“加1双下9，加2双下8，加3双下7，加4双下6”。

破五减：下减不够，双上补数。即“减1双上9，减2双上8，减3双上7，减4双上6”。

【例9】　24 314＋41 243－41 243＝24 314

第一步加算部分：24 314＋41 243＝65 557

（1）定档与置数。选算盘某一计位点的前一档为个位档，该计位点为小数点。将被加数24 314置在算盘上（见图5－9①）。

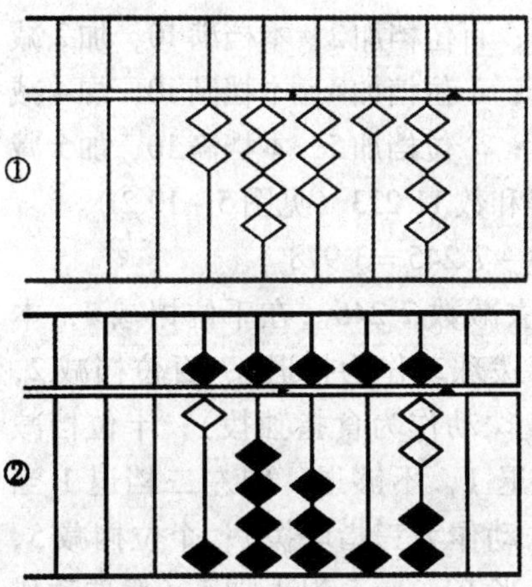

（2）运算。加上加数41 243。在万位档加4，下珠不够加4，双下4的补数6（加4双下6）；在千位档加1，下珠不够加1，双下1的补数9（加1双下9）；百位档加2，下珠不够加2，双下2的补数8（加2双下8）；十位档加4（与百位档加4相同)；个位档加 3，下珠不够加 3，双下 3 的补数 7（加 3 双下 7）（拨珠动作都为双下）。得和数 65 557（见图 5－9②）。

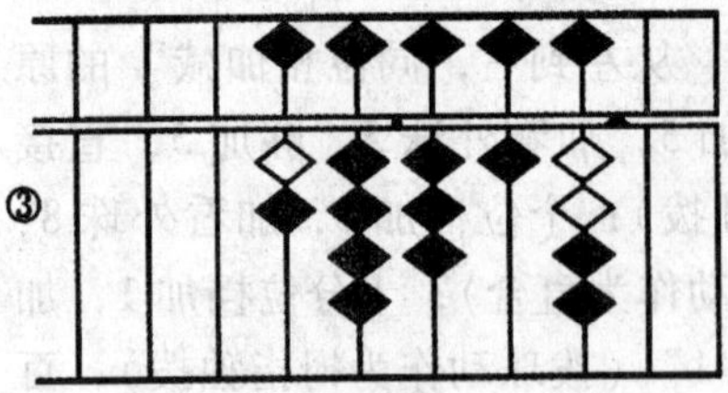

图 5－9

第二步减算部分：65 557－41 243＝24 314

直接从和数 65 557 中减去减数 41 243。在万位档减 4，下珠不够减 4，双上 4 的补数 6（减 4 双上 6）；千位档减 1，下珠不够减 1，双上 1 的补数 9（减 1 双上 9）；百位档减 2，下珠不够减 2，双上 2 的补数 8（减 2 双上 8）；十位档减 4（与万位档减 4 相同）；个位档减 3，下珠不够减 3，双上 3 的补数 7（减 3 双上 7）（拨珠动作都为双上）。得差数 24 314（见图 5－9③）。

3. 进十加和退十减

进十加是两数相加超过 9 需要进位时，先把因进位多加的数（加数的补数）减去，同时在左一档加 1（加 10）。如 9＋8＝17（减 2 加 10）。

退十减是两数相减，本档不够减，需要在左一档减 1（减 10），同时把多减的数在本档加上。如 17－8＝9（减 10 加 2）。运算要领是：

进位加：加 1 减 9 进 1，加 2 减 8 进 1，加 3 减 7 进 1，加 4 减 6 进 1，加 5 减 5 进 1，加 6 减 4 进 1，加 7 减 3 进 1，加 8 减 2 进 1，加 9 减 1 进 1。

退位减：减 1 退 1 加 9，减 2 退 1 加 8，减 3 退 1 加 7，减 4 退 1 加 6，减 5 退 1 加 5，减 6 退 1 加 4，减 7 退 1 加 3，减 8 退 1 加 2，减 9 退 1 加 1。

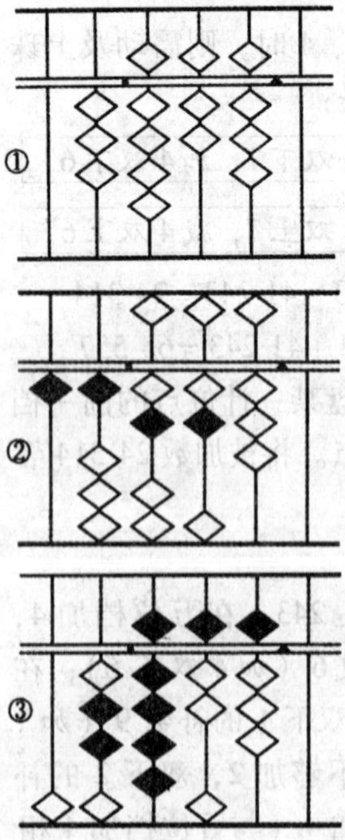

图 5－10

【例 10】 3 978＋7 245－7 245＝3 978

第一步加算部分：3 978＋7 245＝11 223

（1）定档与置数。定好个位档，将被加数 3 978 置在算盘上（见图 5－10①）。

（2）运算。加上加数 7 245。在千位档加 7，本档满 10，加 7 减 3 进 1（拨珠动作为扭进）；百位档加 2，本档满 10，加 2 减 8 进 1（拨珠动作为三指联拨）；十位档加 4，本档满 10，加 4 减 6 进 1（拨珠动作为三指联拨）；个位档加 5，本档满 10，加 5 减 5 进 1（拨珠动作为斜上）。得和数 11 223（见图 5－10②）。

第二步减算部分：11 223－7 245＝3 978

直接从和数 11 223 中减去减数 7 245。在千位档减 7，本档不够减 7，减 7 退 1 加 3（拨珠动作为扭退）；百位档减 2，减看内珠 2，够减直减 2（拨珠动作为食指独拨）；十位档减 4，本档不够减 4，向左一档退 1，不够退，向左二档退 1 当 100，加上 4 的补数 96（拨珠动作为三指联拨）；个位档减 5，本档不够减 5，向左一档退 1 当 10，减 5 退 1 加 5（拨珠动作为斜下）。得差数 3 978（见图 5－10③）。

4. 破五进十加和退十满五减

破五进十加是两数相加，本档超过9，要用进十加，还要同破五减结合起来进行运算。如6+8=14（加3减5加10）。

退十满五减是两数相减，本档不够减，要用退十减，还需要同凑五加结合起来进行运算。如14-8（减10加5减3）。运算要领是：

破五进十加：加几就双上加数进十，即“加6上6进1，加7上7进1，加8上8进1，加9上9进1”，拨珠动作是“双上，进1”。 退十满五减：减几就退十双下减数，即“减6退1下6，减7退1下7，减8退1下8，减9退1下9”，拨珠动作是“退1，双下”。

【例11】　5 555+6 789-6 789=5 555

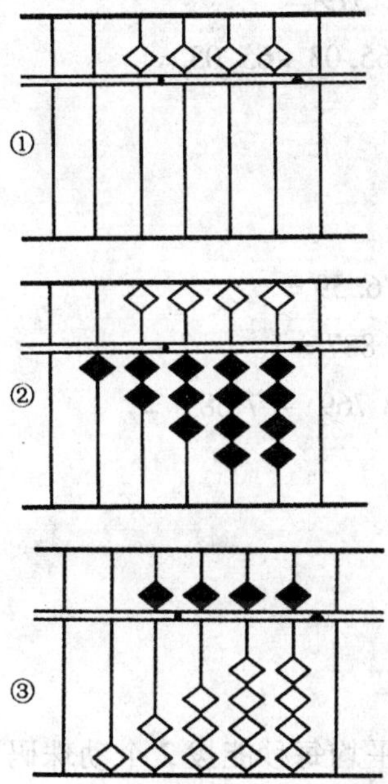

图5-11

第一步加算部分：5 555+6 789=12 344

（1）定档与置数。定好个位档，将被加数5 555置在算盘上（见图5-11①）。

（2）运算。加上加数6 789。在千位档加6，本档满10，不能直接减去6的补数4，则加6上6进1，即加1减5加10；百位档加7，本档满10，不能直接减去7的补数3，则加7上7进1，即加2减5加10；十位档加8，本档满10，不能直接减去8的补数2，则加8上8进1，即加3减5加10；个位档加9，本档满10，不能直接减去9的补数1，则加9上9进1，即加4减5加10，拨珠动作为双上，前进1或者双手联拨。得和数12 344（见图5-11②）。

第二步减算部分：12 344-6 789=5 555

直接从和数12 344中减去减数6 789。在千位档减6，本档不够减，左一档借1当10，加上6的补数4，下珠不能直接加4，则减6退1下6，即减10加5减1；在百位档减7，本档不够减，左一档借1当10，加上7的补数3，下珠不能直接加3，则减7退1下7，即减10加5减2；在十位档减8，本档不够减，左一档借1当10，加上8的补数2，下珠不能直接加2，则减8退1下8，即减10加5减3；在个位档减9，本档不够减，左一档借1当10，加上9的补数1，下珠不能直接加1，则减9退1下9，即减10加5减4；拨珠动作为退1，双下或者双手联拨。得差数5 555（见图5-11③）。

[实训与达标5-1]　加减法实训

1. 直接加和直接减

① 29.56+50.12=　　② 79.68-50.12=

③ 6 153+3 215=　　④ 9 368-3 215=

⑤ 36.47 + 62.51 − 62.51 =　　⑥ 51 882 − 1 752 + 1 752 =

⑦ 7 936 − 5 236 + 6 184 − 7 852 =

⑧ 473.68 + 521.30 − 742.96 + 45.87 − 156.35 =

2. 满五加和破五减

① 4 344 + 1 423 =　　② 5 767 − 1 423 =

③ 67.85 − 34.41 =　　④ 33.44 + 34.41 =

⑤ 2 434 + 4 134 − 4 134 =　　⑥ 8 675 − 4 231 + 4 231 =

⑦ 768.56 − 434.12 + 234.12 − 126.43 =

⑧ 12 413 + 44 342 − 44 342 + 53 143 − 21 342 =

3. 进十加和退十减

① 8 456 + 3 954 =　　② 12 410 − 3 954 =

③ 6 213 − 5 894 =　　④ 5 894 + 2 319 =

⑤ 74.95 + 89.45 − 89.45 =　　⑥ 73.02 − 65.03 + 65.03 =

⑦ 29.64 + 194.57 − 45.38 + 935.78 =

⑧ 251.34 − 23.45 + 894.53 − 345.03 + 534.72 =

4. 破五进十加和退十满五减

① 67.85 + 76.59 =　　② 144.44 − 76.59 =

③ 5 679 + 9 887 =　　④ 15 566 − 9 887 =

⑤ 2 234 − 698 + 698 =　　⑥ 5 675 + 8 769 − 7 689 =

⑦ 59 184 − 2 876 + 315 − 278 =

⑧ 300.32 − 129.87 + 987.04 − 687.95 =

⑨ 4 786 + 5 147 − 2 139 + 6 748 − 8 987 =

⑩ 631 + 9 714 − 2 857 + 518 − 6 437 =

5. 定数连加连减练习

要求：①定时不定量训练，每次以 1 分钟为单位计时，平均每秒能拨 2 个动珠码为及格；②定量不定时训练，每次以连加某数 10 次、20 次或 100 次为单位，计算需要多长时间，比较本次比前次是否有进步。

① 连加 1 与连减 1：1 + 1 + 1 + … + 1 − 1 − 1 − 1 − … − 1 = 0

② 连加 2 与连减 2：2 + 2 + 2 + … + 2 − 2 − 2 − 2 − … − 2 = 0

③ 连加 3 与连减 3：3 + 3 + 3 + … + 3 − 3 − 3 − 3 − … − 3 = 0

④ 连加 4 与连减 4：4 + 4 + 4 + … + 4 − 4 − 4 − 4 − … − 4 = 0

⑤ 连加 5 与连减 5：5 + 5 + 5 + … + 5 − 5 − 5 − 5 − … − 5 = 0

⑥ 连加 6 与连减 6：6 + 6 + 6 + … + 6 − 6 − 6 − 6 − … − 6 = 0

⑦ 连加 7 与连减 7：7 + 7 + 7 + … + 7 − 7 − 7 − 7 − … − 7 = 0

⑧ 连加 8 与连减 8：8 + 8 + 8 + … + 8 − 8 − 8 − 8 − … − 8 = 0

⑨ 连加 9 与连减 9：9 + 9 + 9 + … + 9 − 9 − 9 − 9 − … − 9 = 0

三、口诀加减法与无诀加减法的结合

珠算教学方法多种多样，一定要因材施教，切忌生搬硬套。应由教师作主导，依据学生的知识水平来组织教学内容，采取适宜的教学方法和教学程序，灵活、高效地进行珠算教学。近年来，在珠算加减法教学中，有人认为“口诀加减法”已经过时，应予以抛弃；有人认为“无诀加减法”也有局限性，应慎用。实践证明，珠算加减法的“口诀”与“无诀”是互相联系、互相补充的，完全可以结合起来教学。

1. 以“口诀加减法”为主，辅以“无诀加减法”的教学

口诀加减法有指导正确拨珠顺序之长处，但没有提供在什么条件下采用哪一种类型的口诀。如加4，有三句口诀：“四上4”“四下5去1”“四去6进1”。选择哪一句口诀有一定难度，可能会出现试口诀的情况。

【例12】　2+4=6

可能先用“四上4”去试，发现不适合时，再去用“四下5去1”试，这样势必影响计算速度。如果辅以“无诀加减法”中满五加的法则加4双下6，结果“6”很快就能算出。“无诀加减法”关于满五加的法则，是对从“一下5去4”到“四下5去1”四句口诀的高度概括。

2. 以“无诀加减法”为主，辅以“口诀加减法”的教学

无诀加减法是提供了在什么条件下采用哪一种类型的加减运算方法，但没有指明正确的拨珠顺序。

【例13】　7+7=14

用无诀加减法应采用“破五进十加”的法则，即加7上7进1，其拨珠方法则结合“七上2去5（减7的补数3，下珠不够，减5加3的凑数2）进一”的口诀来讲解，既保证了拨珠的正确性，又减少了心算负担，避免反向、迂回拨珠。并且还可以从口诀中总结出“先减补，后进一”一类拨珠规律。

【例14】　14-7=7

用无诀加减法，应采用“退十满五减”的法则，即减7退1下7，具体的拨珠动作没有讲明。结合口诀“七退1（减齐）还5去2（加七的补数3，下珠不够，加5减3的凑数2）”来讲解，就具体指明了拨珠次序。从而可总结出这类题型的拨珠规律是“先去一，后加补，下珠不够，加五减凑”。当然，如果用联拨动作来完成就更好。

[实训与达标5-2] 珠算基本加减法实训

在熟练掌握了拨珠指法和1~9九个基数的基本加减法运算的基础上，为了提高计算能力，就必须加强综合练习，达到见数即拨，形成条件反射的熟练程度。

1. “见子打子”法

见子打子法是看到盘上每一档是什么数，就照加什么数，连加几遍，得到一定的得数。

(1) 三盘成。

先在盘上拨入 123 456 789，然后见子加连加三遍，得“987 654 312”末位再加“9”，成为“987 654 321”。故又称“三遍还原”或“三回头”。

各盘得数如下：

原数：123 456 789；第一盘：246 913 578；第二盘：493 827 156；第三盘：987 654 312 +9，得 987 654 321。

达标速度标准：及格 35 ~25 秒；良好 24 ~15 秒；优秀 14 ~10 秒。

速度标准的计时办法是从空档开始算起，即在算盘上做第一个拨珠动作时，开始计时间。

(2) 减三盘成。

用 987 654 321 按档“见子减补”，即每一档上的数减去与 10 的差数三遍，最后在末位再减“9”，其得数还原为“123 456 789”。此练习可以熟练一位数的补数。

各盘得数如下：

原数：　987 654 321
　　　−123 456 789

第一盘：864 197 532
　　　−246 913 578

第二盘：617 283 954
　　　−493 827 156

第三盘：123 456 798
　　　−9

123 456 789

达标：及格 45 ~30 秒；良好 29 ~20 秒；优秀 19 ~15 秒。

(3) 节日图。

先将 32 260 738 125 拨在盘上，然后见子打子连加四遍，得数为“516 171 810 000”，即“五一”“六一”“七一”“八一”，故称“节日图”。

达标：及格 45 ~35 秒；良好 34 ~25 秒；优秀 24 ~15 秒。

2. 九盘清法

这是练习默记一笔多位数连续加减的传统练习法。

(1) 顺“九盘清”。

先将 123 456 789 拨在盘上，默记此数，再逐次在各档加上 123 456 789，连加九遍，连同原数一共加了十个 123 456 789。得数为“1 234 567 890”。

各盘得数如下：

原数：123 456 789

第一盘：246 913 578

第二盘：370 370 367

第三盘：493 827 156

第四盘：617 283 945

第五盘：740　740　734

第六盘：864　197　523

第七盘：987　654　312

第八盘：1　111　111　101

第九盘：1　234　567　890

达标：及格 60 ~ 50 秒；良好 49 ~ 35 秒；优秀 35 秒以下。

（2）减顺"九盘清"。

从 1 234 567 890 中连减"123 456 789"九遍，得数为"123 456 789"。各盘得数刚好是把顺"九盘清"的各盘得数倒过来。如第一盘的结果则为顺"九盘清"，第八盘的结果 1 111 111 101。

达标：及格 80 ~ 60 秒；良好 59 ~ 40 秒；优秀 40 秒以下。

（3）逆"九盘清"。

将 987 654 321 拨在盘上，默记此数，连加九遍，得数为"9 876 543 210"。

达标：及格 70 ~ 60 秒；良好 59 ~ 45 秒；优秀 45 秒以下。

（4）减逆"九盘清"。

从 9 876 543 210 中连减"987 654 321"九遍，得数为"987 654 321"。

达标：及格 100 ~ 80 秒；良好 79 ~ 60 秒；优秀 60 秒以下。

（5）顺逆"九盘清"。

它是把 123 456 789 + 987 654 321 连加九遍，得数为"9 999 999 990"，然后再从得数中连减九遍，正好减完。

达标：及格 150 ~ 110 秒；良好 109 ~ 80 秒；优秀 80 秒以下。

3. 加减百子法

加减百子法是最常用的珠算练习法。

（1）加百子。

从个位档开始，由 1 起顺序加 2，加 3，加 4…一直加到 100，得数 5 050。即 $1 + 2 + 3 + 4 + \cdots + 100 = 5\ 050$。

达标：及格 120 ~ 90 秒；良好 89 ~ 60 秒；优秀 59 ~ 50 秒。

（2）减百子。

用 $5\ 050 - 1 - 2 - 3 - \cdots - 100 = 0$。

达标：及格 180 ~ 150 秒；良好 149 ~ 110 秒；优秀 110 秒以下。

为了便于分段检查，其各段加和减的得数，如表 5－3 所示。

表 5－3　　加减百子分段得数

加到的数	10	20	30	40	50	60	70	80	90	100
和	55	210	465	820	1 275	1 830	2 485	3 240	4 095	5 050
减到的数	10	20	30	40	50	60	70	80	90	100
差	4 995	4 840	4 585	4 230	3 775	3 220	2 565	1 810	955	0

加减百子练习一段时间后，容易打滑子，加大难度的办法是在拨珠连加减前用任何一个数垫底，其和为“5 050 + 垫底数”；其差为“垫底数”。垫底后的速度标准同前第1、2题。

4. 听算练习法

听算又叫唱算、念算或读算。它是由一个人念，另外一个人或几个人进行计算的一种方法。此计算法既可以锻炼学生的记数能力、反应能力和判断数位的能力，又可以培养学生在参加珠算技术等级鉴定、珠算比赛等活动时有稳定的心理状态，取得好成绩。

听算的一般过程：听算前，必须定好位。听算时，要聚精会神，随听随拨珠，逐字入盘，不得遗漏。主念人口齿清晰，并报出万、千、百、十等位数，便于听者判断应从哪一档开始拨珠；切忌重复念数，影响计算速度。开始时，应选择位数少，并且位数相同的多笔加减数进行练习，然后逐渐加大位数。

【例 15】

374
658
109
293
568
721
2 723

【例 16】

82.64
53.71
-6.82
31.57
-40.93
8.46
128.63

5. 其他传统练习法

(1) 万众一心。

指将 625 连加 16 次，得出总数 10 000。加 625 四次为 2 500，八次为 5 000，十二次为 7 500。

(2) 神枪手。

先拨入 6 577，然后连加十五遍，得数 98 655。

(3) 红领巾胸前飘。

在算盘上拨入 112 211，然后连加十遍，盘上得数 1 234 321。

(4) 鲁班巧修赵州桥。

先拨入 141 093 827，然后连加七遍，盘上得数 987 656 789。

(5) 凤凰单展翅。

先在算盘上拨入 7 715 625，然后连加十六遍，得数 123 450 000。

(6) 凤凰双展翅。

先在算盘上拨入 77 158 950 625，然后连加十六遍，得数 1 234 543 210 000。

(7) 二度梅。

先在算盘上拨入 1 068 856 875，然后见子打子四遍，得数 17 101 710 000。

(8) 梅花三弄。

先在算盘上拨入 10 688 568 856 875，然后见子打子四遍，得数 171 017 101 710 000。

珠算基本加减法学起来容易，但要做到准确快速则必须坚持经常练、反复练，采用多种方式练。在做加减法时，要力求做到“五准”，即档次记准、数字看准、数位对准、指法拨准、得数写准。

6. 用珠算计算下列各题（十分钟内做对八题为普通五级水平）

①	②	③	④	⑤
4 059	984	3 405	426	9 172
218	651	687	5 092	−608
573	3 702	192	−378	435
6 508	921	7 032	953	−1 203
721	603	986	2 604	695
493	7 548	4 518	−781	−748
3 058	983	734	906	8 506
496	526	269	4 128	−724
217	4 107	105	−357	319
7 309	845	8 613	192	6 907
458	6 702	752	5 047	218
612	914	309	−836	453
2 974	185	598	583	−7 901
381	2 076	2 064	−7 012	386
605	934	731	694	514

⑥	⑦	⑧	⑨	⑩
728	4 085	391	2 463	189
3 905	379	5 802	−701	7 045
416	612	467	598	−326
547	2 745	916	3 605	723
681	906	845	−794	−4 056
9 203	831	2 307	128	819
179	9 287	219	−1 045	632
248	314	7 408	612	6 105
5 036	659	563	9 734	−978
854	346	851	862	246
603	902	428	−516	7 038
2 017	875	6 039	703	−819
764	3 061	583	−6 023	482
235	294	7 142	548	−3 196
9 018	7 156	906	917	705

第三节　简捷加减法

珠算简捷加减法是在熟练掌握基本加减法的基础上，根据计算的要求和数据的特点，结合一定程度的心算，简化运算过程的一种算法。它可以化繁为简，化难为易，减少拨珠次数，从而提高计算速度和准确率。

一、借减法

借减法是在珠算减法或多笔加减混合运算中，遇到减数大于被减数的情况时，利用虚借1的方法加大被减数后，再减去减数，求得差数。也称“倒减法”或“倒刨法”。借减法分为简单借减法（只需在前档虚借一次）和连续借减法（需要连续虚借）两种。其运算结果也有两种可能：一是正值，即能归还虚借的1；二是负值，即不能归还虚借的1。

借减法的运算方法是：遇到要加一个数，就进行加法运算；遇到要减一个数，就进行减法运算。如果不够减则采用“虚借高位，有数即还；借大还小，还清为正；无数归还，负看补数；补数看边，末位加1”的方法。说明如下：

“虚借高位”，是指被减数小于减数时，在被减数前一档虚借1（不拨珠，在脑中暗记；或者将虚借1拨成悬珠），加大被减数后再用一般减法运算。

“有数即还”，是指当还能给虚借的1时，就及时归还；再遇到不够减时，还可以再借，够还时再还。

“借大还小”，是在运算过程中，如果虚借1后，又遇到不够减时，就要再虚借1；但这次应从原虚借档次的前一档上虚借，并把上次虚借的1还清。

“还清为正”，是运算完毕，如果虚借的1已归还，算盘上的数就是运算结果，为正值。

“无数归还，负看补数”，如果盘上的数尚不够归还虚借的1时，则盘上最后记数的补数是运算结果，为负值。

“补数看边，末位加1”，是指在算盘上找补数的方法，即看档上数的外珠，末位加1，就是这个数的补数。

【例17】

	4 187
	263
	−5 984
	7 452
	−846
盘上记数（答数）	5 072

运算步骤（本例为简单借减法，采用不拨珠，暗记虚借 1 的方法解）：

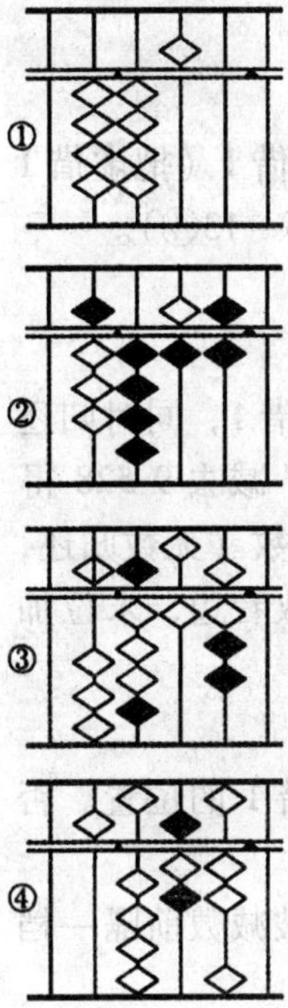

图 5-12

（1）将 4 187 加上 263，盘上记数为 4 450（见图 5-12①）。

（2）用 4 450 减去 5 984 不够减，向万位档虚借 1（虚借高位，不用拨珠），视作 14 450 减去 5 984，得 8 466（见图 5-12②）。

（3）加上 7 452 得 15 918，同时在万位档归还虚借的 1（有数即还），得 5 918（见图 5-12③）。

（4）从 5 918 中减去 846 得 5 072（还清为正，见图 5-12④）。

【例 18】

286
-745
863
-607
-9 528
盘上记数（非答数） 0 269
（答数） -9 731

运算步骤（本例为连续借减法，采用把虚借 1 拨成悬珠的方法解）：

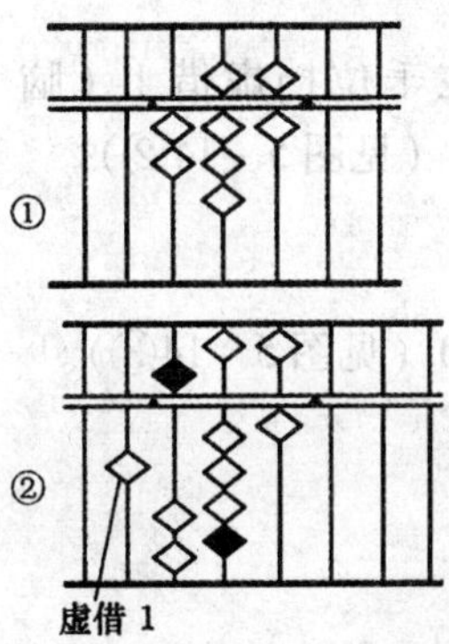

（1）将 286 按预先确定好的档次拨在算盘上（见图 5-13①）。

（2）用 286 减 745 不够减，向千位档虚借 1（把虚借 1 拨成悬珠），视作 1 286 减去 745，得 541（见图 5-13②）。

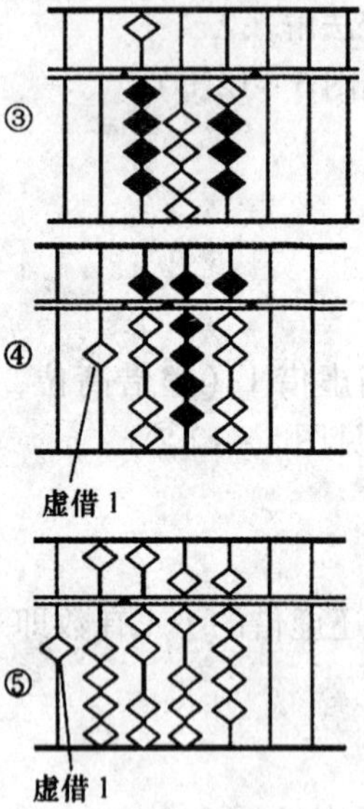

图 5 - 13

（3）用 541 加上 863 得 1 404，同时在千位档归还虚借的 1（有数即还），得 404（见图 5 - 13③）。

（4）再用 404 减去 607 不够减，向千位档虚借 1（把虚借 1 拨成悬珠），视作 1 404 减去 607，得 797（见图 5 - 13④）。

（5）用 797 减去 9 528 不够减，向万位档虚借 1，同时归还前次在千位档虚借的 1（借大还小），视作 9 797 减去 9 528 得 0 269，但这不是所求之结果。答案应是该数的补数（无数归还，负看补数），看算盘的外珠 9 730 末位加 1（补数看边，末位加 1），得 - 9 731（见图 5 - 13⑤）。

上例可见，借减法运算的关键是要记住虚借 1 的位置。否则，该题的答案很可能被误认为是 - 731 或 269。

在加减法运算中，当遇到不够减，需要虚借 1 时，还可以采取在被减数前隔一档（前二档）虚借 1 的方法，来加大被减数后，再用一般减法运算。

【例 19】

	43. 72
	- 65. 89
	- 247. 03
	56. 18
盘上记数（非答数）	786. 98
（答数）	- 213. 02

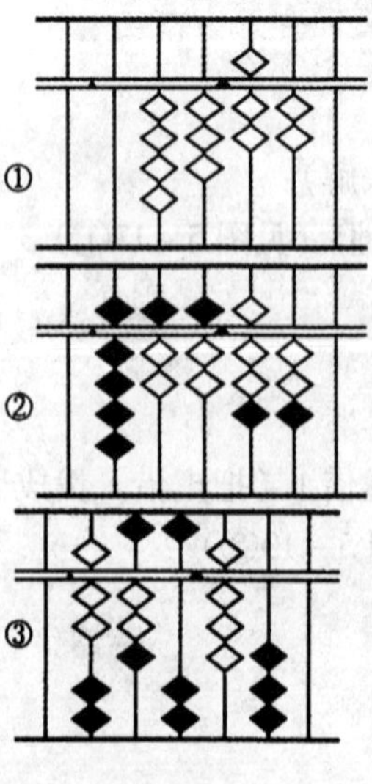

运算步骤为：（1）将 43. 72 按预先确定好的档次拨在算盘上（见图 5 - 14①）。

（2）用 43. 72 减去 65. 89 不够减，在千位档虚借 1（脑记），视作 1 043. 72 减去 65. 89，得 977. 83（见图 5 - 14②）。

（3）用 977. 83 减去 247. 03，得 730. 80（见图 5 - 14③）。

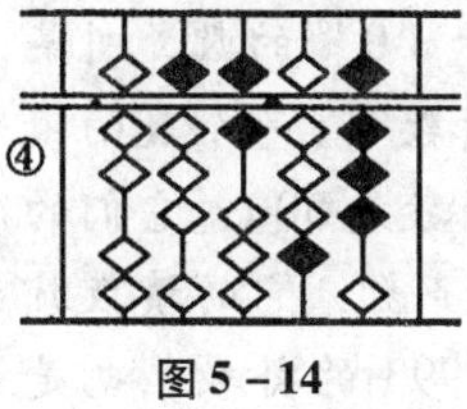

图 5－14

（4）用 730.80 加上 56.18 得 786.98。无数归还千位档虚借的 1，其结果应是该数的补数。通过看算盘的外珠 213.01 末位加 1，得 －213.02（见图 5－14④）。

二、补数加减法（凑整加减法）

当加数或减数接近整数时，即可用补数（凑整）来进行加减运算，这种方法叫补数（凑整）加减法。实质上是加整减零或减整加零的算法。

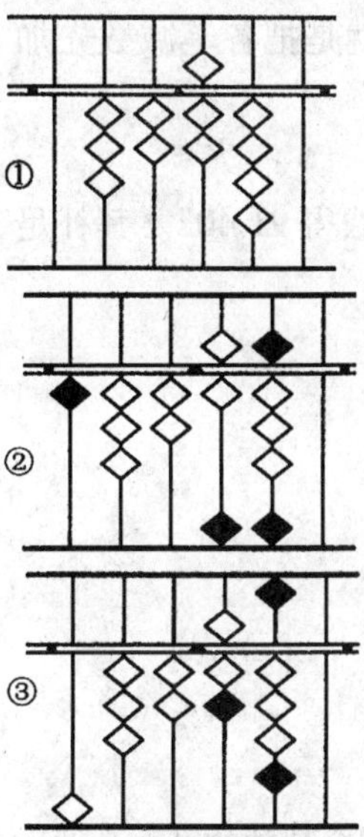

图 5－15

【例 20】　32.74＋99.94－99.94＝32.74

第一步加算部分：32.74＋99.94＝132.68

（1）定档与置数。定好个位档，将被加数 32.74 拨在算盘上（见图 5－15①）。

（2）运算。32.74＋100.00－0.06＝132.68

加数 99.94 接近 100.00（齐数），它的补数是 0.06，即在百位档加 1，在百分位档减 6，得和数 132.68（见图 5－15②）。

第二步减算部分：132.68－99.94＝132.68－100＋0.06＝32.74。

直接从和数 132.68 中减去减数 99.94 的齐数 100，加上它的补数 0.06。即在百位档减 1，在百分位档加 6，得差数 32.74（见图 5－15③）。

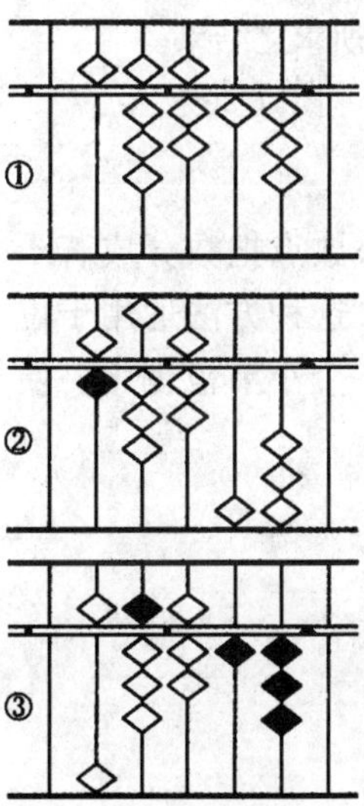

图 5－16

【例 21】　58 713＋4 987－4 987＝58 713

第一步加算部分：58 713＋4 987＝58 713＋5 000－13＝63 700

（1）定档与置数。定好个位档，将被加数 58 713 拨在算盘上（见图 5－16①）。

（2）运算。加数 4 987 接近 5 000（强数），它的填数是 13。即在千位档加 5，在十位档减 1，个位档减 3，得和数 63 700（见图 5－16②）。

第二步减算部分：63 700－4 987＝63 700－5 000＋13＝58 713。

直接从和数 63 700 中减去减数 4 987 的强数 5 000，加上它的填数 13。即在千位档减 5，在十位档加 1，个位档加 3，得差数 58 713（见图 5－16③）。

注意：(1) 强数：位数相同，比某数的首数大1，后边是若干“0”的数，叫某数的“强数”。(2) 填数：某数的强数与该数的差，叫该数的“填数”(一个数的填数也可以看成是该数尾数的补数)。如453、482、417等它们的强数是500，它们的填数分别是47、18、83等。首数字是9的数，它的强数就是它的齐数，它的填数就是它的补数。如1 000是993的齐数，也是993的强数；007是993的补数，也是993的填数。

三、以加代减法

在常规加减法计算中，加法运算比减法运算速度要快，故对一笔被减数减多笔减数的运算，可以采用补数方法结合借减法，变减为加进行运算。就是把各笔减数先加起来，再用借减法减去被减数，而求得实差。

【例22】 18 547 −1 549 −3 608 −4 792 = 8 598

先把三个减数加起来得9 949，再减被减数18 547，采用借减法得91 402。其补足数是8 598为所求两数之差。运算式如下：

$$\begin{array}{rr} & 1\,549 \\ & 3\,608 \\ & +4\,792 \\ \hline & 9\,949 \\ & -18\,547 \\ \hline & -91\,402 \\ \text{补足数} & 8\,598 \end{array}$$

【例23】 40.00 −8.16 −7.53 −6.27 −5.04 = 13.00

被减数40可以分解为4个10，来与四个减数相减，这正好是求四个减数的补数，然后将四个补数相加，就得所求之结果。即先心算8.16的补数1.84，7.53的补数2.47，6.27的补数3.73，5.04的补数4.96，再将四个补数入盘相加得和13.00，则为所求之结果。

四、分节加减法

分节加减法是指在连续多笔的加减计算过程中，按分节号和小数点把数分成若干节，每节自上而下运算，各节运算结束就得出总结果的一种方法。这种方法适用于位数较多，上下排列整齐的竖式运算。它把拨珠活动限制在算盘的一个小节范围内，便于看数、认档和拨珠。

【例24】

$$\begin{array}{r} 3\,784\,025 \\ -53\,491 \\ 6\,147\,582 \\ -806\,357 \\ 91\,743 \\ \hline 9\,163\,502 \end{array}$$

（1）定好档位，并在数前留出足够空档以备进位。

（2）运算。把第一节百万位上的3、6相加；再把第二节十万位、万位、千位的数相加减，即784－53＋147－806＋91；再把第三节百位、十位、个位的数相加减，即025－491＋582－357＋743；得出9 163 502。

做加减混合题时，一定要注意负号。而且在某一小节中有可能遇到不够减的情况，要应用借减法进行计算。如某题第一节的第一行“325”不够减第二行的“491”，盘上无数则用借减法进行计算。

五、穿梭加减法

穿梭加减法是在加减连续计算中，第一次从左到右，第二次从右到左，第三次又从左到右……直至最后一笔，来回交叉拨算的方法，也称“来回打法”。此法能减少手的移动时间，还可省去进位拨珠时间，倒拨时不用找起档，从而提高运算速度。

穿梭加减法的拨算动作，从左到右的拨算动作与一般方法相同；从右到左的拨算有特殊方法，叫后加（减）法。

【例25】

7 456	①→（表示从左打到右）
1 879	②←（表示从右打到左）
－6 478	③→
2 848	

一目一行打法顺序：

（1）按预先确定好的档位，从左到右将7 456拨在算盘上。

（2）从右到左加上9 781。即个位6加9为15，只拨9去1，进1暂保留，与十位的加数7合并为8；5加8为13，只拨8上3去5，进1暂保留与百位加数8合并为9；4加9为13，只拨9去1，进1与加数1合并2；2加7为9，得和数9 335。

（3）从左到右减去6 487，拨珠动作同一般减法一样，最后结果为2 848。

穿梭加减法是一种效果好、难度大的技法，初学者对从末位打到首位的拨珠方法不习惯，应在练好基本打法的基础上再练此法。这种算法还可以用于一目多行加减法、乘法的加积运算等。

六、一目多行加减法

一目多行加减法是一种心珠结合的简捷算法，它是多行看数、按列计算、用心算得出计算结果，一次拨珠入盘的加减法。此方法能成倍地减少拨珠次数，是提高珠算水平的好方法。这种方法的关键是心算，心算的快与准直接影响整体计算的质量和效率。

（一）心算基础训练

1. 两行数字相加心算方法

1～9两个一位数相加之和的排列不外乎以下三种情况：

（1）不满十的加：是指两数相加之和在1～9之间的，共有20组。

1	2	12	12	123	123	1234	1234
1	1	32	43	543	654	7654	8765
2	3	4	5	6	7	8	9

（2）满十的加：是指两数相加之和等于10，共5组。

12345
98765
10

（3）超过十的加：指两数相加之和在11～18之间，共有20组。

2345	3456	456	567	67	78	8	9
9876	9876	987	987	98	98	9	9
11	12	13	14	15	16	17	18

从上面所列的45组数中可找到一定的规律。

如果将1～9九个数字划分为两组：1、2、3、4叫“小数”组（不够5）；5、6、7、8、9叫“大数”组（满5以上），则规律是：

①两个“小数”相加，其和不满10；

②两个“大数”相加，其和超过10；

③“大数”和“小数”相加其和有不满10，满10和超过10三种情况。

两数相加的心算是最基本的，要熟练掌握，形成条件反射，为学习三行、五行心算打基础。

2. 三行数字相加心算方法

（1）中项法。也叫等差中项法。在三行数组中，如遇等差连续数，则采用“中项乘3”法。

【例26】　$6+5+4=5\times3=15$（公差为1）；$5+9+7=7\times3=21$（公差为2）；$9+3+6=6\times3=18$（公差为3）；$5+9+1=5\times3=15$（公差为4）。

（2）借项法。它是中项法的灵活运用。在三行数组中，如遇近似等差连续数，则采用“中项乘3，借大加差，借小减差”法。

【例27】　$5+6+8=6\times3+1=19$（借大数8加差$8-7=1$）；$3+8+6=6\times3-1=17$（借小数3减差$4-3=1$）。

（3）十数法。在三行数组中，如遇两数互补即得十位，另一数则为个位。

【例28】　$1+6+9=10+6=16$；$7+8+3=10+8=18$。

（4）凑十法。是十数法的灵活运用。在三行数组中，如遇一大数一小数，则采用“分小补大，另数加差”法。

【例29】　$8+3+6=8+\underbrace{2+1}_{3}+6=17$

分小数3补8，另数6加上3与2的差1得17。

（5）单双法。在三行数组中，如果遇到一对相同的数和一个不同的数，即一双一单，则采用“双数乘3，单增减差”之法。如8+8+9，8为双数，9为单数。

①单大双：在三行数组中，当单数大于双数时，采用“双乘3，加单差”。

【例30】　$7+7+9=7\times3+(9-7)=23$

②单小双：在三行数组中，当单数小于双数时，采用“双乘3，减单差”。

【例31】　$7+7+5=7\times3-(7-5)=19$

（6）拼双法。是单双法的灵活运用。在三行数组中，如遇近似单双法的数组，则采用“拼双乘2加零头”之法。

【例32】　$2+9+7=9\times2=18$，把2和7拼成9乘2得18；

$8+5+4=8\times2+1=17$，把5和4拼成8乘2，加零头1得17。

（7）倍数法。在三行数组中，如遇三数相同，则采用“数本身乘项数3”之法。

【例33】　$9+9+9=9\times3=27$

（8）减补法。在三行数组中，如果都是7、8、9等大数，还可把它们当10看，用30减去它们的补数和。

【例34】　$7+8+9=30-(3+2+1)=24$

上述几种心算方法，可视具体情况灵活运用。如对三数之和在10以下者，采用直观累计法；在10以上者，选用以上介绍的八种算法。在八种方法中，如条件许可应尽量首选十数法，其次是凑十法、中项法。

为了便于大家记忆、练习和掌握，现归纳出1～9三行数字的组合及规律。

（1）不满十的加：是指三数相加之和在3～9之间的，共有23组。

1	1	11	112	1112	11122	1112123
1	1	12	122	1232	12323	1232433
1	2	32	432	5433	65443	7655443
3	4	5	6	7	8	9

（2）进十的加：是指三数相加之和在10～19之间的，共有111组。

11121223	1112121233	11212123234	121212312334	121231232344
12324343	1232435434	23243543544	324354365454	435436546545
87665544	9877665554	98877666554	998877766655	998887776665
10	11	12	13	14

1231231234345	123123423445	123412343455	12342345456	1234534556
5436547654655	654765476565	765487657656	87658765766	9876587676
9998887777665	999888877766	999988887776	99998888776	9999988877
15	16	17	18	19

（3）进二十的加：是指三数相加之和在20～27之间的，共有31组。

23454566	3456567	45676	5677	678	78	8	9
98768767	9876877	98778	9878	988	98	9	9
99998887	9999887	99988	9998	998	99	9	9
20	21	22	23	24	25	26	27

以上所列的165组数，要经常练习，当熟练掌握这些固定排列的数字组合以后，还需要在排列形式上反复变换练习。并可以进行限时不限量的报数考核竞赛，即规定每分钟要报出多少个三数和。

一目多行加减法的方法较多，按看数多少不同可分为一目两行法、一目三行法、一目数行法；按心算方法不同可分为一目多行直加法、抵消法、提前进（退）位法、弃九法、基数调节法等；按拨加的方法不同可分为一目多行分节打法、穿梭打法等。究竟学习哪些方法，要看计算者的心算能力、智力和熟练程度。现介绍几种常用的方法。

（二）一目两行加减法

1. 一目两行分别进位加法

方法是从高位算起，把每两个同位数心算相加成一个数，同时将“逐位和”按照前次和的个位档是后次和的十位档，叉位拨加在对应档上，求得两行多位数之和。

凡是多行同位数心算得出的结果，都把它看成是双和。如9 + 1 = 10、2 + 3 = 05、8 + 4 = 12等，并要求手指始终停留在个位档上。

【例35】

```
   2 9 3 8. 5 1
 +8 5 4 8. 3 9
────────────────
 1 0 ……………… 从万位档起拨，手指停留在千位档上
   1 4 ……………… 从千位档起拨，手指停留在百位档上
     0 7 ……………… 从百位档起拨，手指停留在十位档上
       1 6 ……………… 从十位档起拨，手指停留在个位档上
         0 8 ……………… 从个位档起拨，手指停留在十分位档上
           1 0 ……………… 从十分位档起拨
────────────────
 1 1 4 8 6. 9 0          得数
```

2. 一目两行加减抵消法

一目两行加减抵消法是从高位起，用心算求出各列两数的代数和，同时将此和拨到盘上对应档上，如果其值为正，则加上；若值为负，则减去。可概括为“两数互相抵消后，正多加正，负多减负”。

【例36】

```
  8 5 6 9 2
 -4 3 8 6 9
────────────────
 +4 ……………… 万位档加4（8-4）
   +2 ……………… 千位档加2（5-3）
     -2 ……………… 百位档减2（6-8）
       +3 ……………… 十位档加3（9-6）
         -7 ……………… 个位档减7（2-9）
────────────────
  4 1 8 2 3          得数
```

3. 一目两行提前进位加法

方法是从高位算起，在看前位两个数字的同时，要顾视后位。如果后一位两数之和满 10，就在前位的“个位”上提前加 1；有时后一位虽不满 10，但满 9，则要顾视后二位，如果后二位满 10，就会连进，也要在前一档提前加 1。如此逐位循环，直至末位，相加之和拨入盘中对应档上。此种方法又叫先十加法或预先进位加法。可概括为：

计算本位，目测后位；后和是 9，续测后位；
后位进位，本和加 1；后位不进，本和正常。

【例 37】

```
  6 8 3 0 5 7   本  进  入
                个 + 位 = 盘
 +7 1 8 9 4 1   数  数  数
─────────────────────────────
1 ……………………………… (   1   1) 百万位档拨 1
  4 …………………………… (3 + 1 = 4) 本个 3，后和 9，后二位进位，本和加 1，十万位档拨 4
    0 ………………………… (9 + 1 = 0) 本个 9，后位进位，本和加 1，万位档为 0
      1 ……………………… (1 + 0 = 1) 本个 1，后和 9，续测后和 9，再续测不进，千位档拨 1
        9 ……………… (9 + 0 = 9) 本个 9，后和 9，续测后位不进，百位档拨 9
          9 …… (9 + 0 = 9) 本个 9，后位不进，十位档拨 9
            8… (88)        本个 8，个位档拨 8
─────────────────────────────
1 4 0 1 9 9 8               得数
```

4. 一目两行提前退位减法

一目两行提前退位减法是从高位算起，在计算本位两个数字的同时，要顾视后位，如果后位不够减，就在本位提前减 1，在计算后位时，减行取数码的补数与加行数码相加。如果后位够减，本位直接减，如此逐位循环，直至末位，相减之差拨入盘中对应档上。可概括为：

计算本位，目测后位；后位需借，本位减 1；
减数凑补，互补相加；后位不借，本位直减。

【例 38】

```
  6 3 0 2. 7 5   本  退  入
                 个 - 位 = 盘
 -3 8 2 1. 4 9   数  数  数
─────────────────────────────
  2 ……………………………… (3 - 1 = 2) 本个 3，后位不够减，本位减 1，千位档拨 2
    4 …………………………… (5 - 1 = 4) 减数 8 的补数 2 与 3 相加为 5，后位需借，百位档拨 4
```

8 ……………… （8－0＝8）减数2的补数8与0相加为8，后位够减，十位档拨8

1 ………… （1－0＝1）后位够减，本位直减1，个位档拨1

2 …… （3－1＝2）本个3，后位需借，本位减1，十分位档拨2

6 （6 6）减数9的补数1与5相加为6

---

2 4 8 1. 2 6 得数

（三）一目三行加减法

1. 一目三行分别进位加法

一目三行分别进位加法是从高位算起，每三个同位数心算相加成一个数，同时将逐位和按照前次和的个位档是后次和的十位档，叉位拨加在对应档上，求得三行多位数之和，拨加时手指始终停留在每步和的个位档上。

【例39】

```
  1 6 6 3 8 7 4
  3 7 9 8 6 2 8
 +5 7 1 6 6 9 1
----------------
0 9 ……………… 直观累计法（1＋3＋5＝9）或中项法百万位档拨9
  2 0 ……………… 单小双（7×3－1＝20）百万位档起拨20
    1 6 ……………… 十数法（9＋1＋6＝16）十万位档起拨16
      1 7 ……………… 凑十法（8＋2＋1＋6＝17）万位档起拨17
        2 0 …………… 单大双（6×3＋2＝20）千位档起拨20
          1 8 ………… 拼双法（9×2＝18）百位档起拨18
            1 3 …… 借项法（4×3＋1＝13）十位档起拨13
----------------
1 1 1 7 9 1 9 3   得数
```

2. 一目三行加减抵消法

一目三行抵消法与一目两行抵消法计算方法相同，只是数字互相抵消比两行心算难度要大。

三行混合看数心算，一般有两种方法：一种是异号两数互相抵消，再加减另一数；另一种是同号相加后与异号相减，也叫两加一冲减法。究竟是先抵后加，还是先加后抵，要根据算题本身情况，灵活运用，切忌死加死减。

【例40】

```
   2 4 8 5. 0 9
  -1 8 5 6. 7 2
   4 0 3 1. 5 6
----------------
 +5 ……………………………… 2＋4－1＝5 千位档拨5
   -4 ……………………………… 4－8＋0＝－4 百位档拨减4
```

```
6  ………………………………… 8-5+3=6 十位档拨6
  0 ……………………………… 5+1-6=0
      -2  …………………………… 0-7+5=-2 十分位档拨减2
       1 3  ………………………… 9-2+6=13 十分位档起拨13
--------------------------------------------------------------
4 6 5 9. 9 3                        得数
```

3. 一目三行提前进位加法

一目三行提前进位加法是从高位算起，在看前位三个数的同时，要顾视后位。如果后一位三数之和满10或满20，就在前位的“个位”上提前加1或2；有时后一位虽不满10，但满9或满8，则要顾视后二位；如果后二位满10或满20，就会连进，也要在前一位上预先加1或加2。如此逐位循环，直至末位，将相加之和拨入盘中对应档上。可概括为：

> 计算本位，目测后位；后和是9（或8），续测后位；
> 后位进位，本和加1（或2）；后位不进，本和正常。

【例41】

```
   7 2 3 6. 8 9    个  进  入
   5 7 4 8. 3 6    位 + 位 = 盘
  +8 6 1 9. 2 5    数  数  数
--------------------------------------------------------------
2 ………………………… (    2=2) 万位档拨2
  1 ……………………… (0+1=1) 本个0，后二位进1，本和加1，千位档拨1
    6 …………………… (5+1=6) 本个5，后和8，后二位进位2，本和加1，
                            百位档拨6
      0 ……………… (8+2=0) 本个8，后位进2，本位加2，十位档为0
        4 …………… (3+1=4) 本个3，后位进1，本位加1，个位档拨4
            5 ……… (3+2=5) 本个3，后位进2，本位加2，十分位档拨5
              0 … (0    0) 本个0，百分位档为0
--------------------------------------------------------------
2 1 6 0 4. 5 0               得数
```

4. 一目三行提前退位加减法

一目三行提前退位加减法是从高位算起，将减行首位的前位提前减1，并将减行各数转变为补数（前位、中位补9，末位补10）与加行相加计算，得出三行的和数。

【例42】

```
   7 4 6 1 5 3 8
     -3 7 0 4 5 9
         9 6 5 1 3
--------------------------------------------------------------
   6  ……………………………… 百万位7-1=6（减行前位提前减1）
   1 0 ……………………………… 十万位4+6=10
```

```
1 7 ························ 万位6+2+9=17
  1 6 ······················ 千位1+9+6=16
    1 5 ···················· 百位5+5+5=15
      0 8 ·················· 十位3+4+1=8
        1 2 ················ 个位8+1+3=12
-----------------------------------------
7 1 8 7 5 9 2                得数
```

5. 一目三行弃九加法

一目三行弃九加法是利用补数原理和提前进位方法来进行计算的。运算方法可概括为：

> 高位算起，前位进1，中位弃9，位弃10，够弃加余，欠弃减差。

下面分述如下：

（1）高位算起，前位进1，中位弃9，末位弃10，够弃加余。

计算时，从高位算起，头位或第二位，不满9时直加，满9或超过9时在前一档上先进1，再在其后一档起直至末位前的所有各档（统称中位），只要满9就弃掉不算，末位一档弃10（只有满10才能进位），弃9弃10后的余数则照加。

【例43】

```
   4 6 3 5 7 8
   2 7 8 6 5 4
 +1 5 2 4 9 8
-----------------------------------------
 8 ······························ 前位7+1=8，十万位档拨8
   9 ···························· 弃9后为9，万位档拨9
     4 ·························· 弃9后为4，千位档拨4
       6 ························ 弃9后为6，百位档拨6
       1 2 ······················ 弃9后为12，百位档起拨12
         1 0 ···················· 弃10后为10，十位档起拨10
-----------------------------------------
 8 9 4 7 3 0                     得数
```

（2）欠弃减差。

欠弃减差是指中位欠弃9，末位欠弃10，也就是三个数之和小于9或小于10（末位），则只减去不足9或不足10的差数。如果三数之和等于9或等于10（末位），则不拨珠；如果三数之和等于0，则减9或减10（末位）。

【例44】

```
   2 4 6 0 7 4
   5 8 6 2
 +4 2 7 0 9 1
```

```
6 ························ 后位不够弃9，前位直加为6，十万位档拨6
   7 ···················· 后位够弃，前位6+1=7，万位档拨7
      9 ················· 弃9后为9，千位档拨9
        -1 ·············· 弃9后少1，前位借1为8，本位减1为9，百位档拨9
         1  3 ··········· 弃9后为13，百位档起加13
              -3 ········ 末位弃10后少3，前位借1为2，本位减3为7
———————————————————————
6  7  9  0  2  7          得数
```

若多笔数相加，可按每三笔数求一和，在盘上进行弃九累加。

6. 一目三行加减混合弃九法

一目三行加减混合弃九法，是应用补数原理和弃九方法运算，采取提前加1和提前减1抵消，减行取补数和加行同位数相加弃9的方法。计算要领可概括为：

> 高位算起，两加一减，前位直加减；一加两减，前位退一。
> 减数凑补，正补相加，中位弃9，末位弃10，够弃加余，欠弃减差。

下面分述如下：

计算时，从高位算起，当两笔加数和一笔减数碰在一起，前位（首位）不管齐头与否，都直接相加减；当一笔加数和两笔减数碰在一起，首位直接相加减后还要在首位提前减1。

“减数凑补”：是指减行取各位数码的补数，中间各位取凑9的补数，末位取凑10的补数。

“正补相加”：是指减行中位凑9的补数，末位凑10的补数与加行的各个同位数（正数）相加。

“够弃加余”：是指各位正数和减行补数相加后弃9（或末位弃10）多出数，在各数位加上，如有进位则照进。

“欠弃减差”：是指各位正数和减行补数相加后不足弃9（末位不足弃10），所不足之差数由前位借1减此差数，将减后余下之数加在本位。

【例45】

```
  3  6  1  7
 -1  8  9  2
  5  4  3  6
———————————————————————
7 ················· 两加一减，前位直加减为7，千位档加7
   2 ·············· 中位减行凑9，8补1，与加行相加弃9后为2，百位档加2
     -5 ··········· 中位减行凑9，9补0，与加行相加弃9后少5，十位档减5
      1  1 ········ 末位减行凑10，2补8，与加行相加弃10后为11，十位档起加11
———————————————————————
7  1  6  1          得数
```

【例46】

```
  4  9  3  1  5
    -5  7  4  9
 -1  0  5  8  7
```

2 ………………………… 一加两减，前位直加减后退 1 为 2，万位档加 2
1 3 ………………… 中位减行凑 9，5 补 4，0 补 9，与加行相加弃 9 后为 13，万位档起加 13
0 ……………… 中位减行凑 9，7 补 2，5 补 4，与加行相加弃 9 后为 0
−2 ………… 中位减行凑 9，4 补 5，8 补 1，与加行相加弃 9 少 2，十位档减 2
−1 ……… 末位减行凑 10，9 补 1，7 补 3，与加行相加弃 10 少 1，个位档减 1

3 2 9 7 9 得数

（四）一目五行加减法

1. 一目五行弃双九加法

运算方法可概括为：

> 高位算起，前位进 2，中位弃双 9，末位弃双 10，够弃加余，欠弃减差。

【例 47】

```
 4 3 0 5 9
   6 5 2 7
 2 9 8 6 3
 1 2 0 9 6
  +5 4 8 2
```

9 ……………………………………… 直加 7，后位进 2，万位档加 9
7 ……………………………………… 中位弃双 9 为 7，千位档加 7
−1 ………………………………… 中位弃双 9 为 −1，百位档减 1
1 2 …………………………… 中位弃双 9 为 12，百位档起加 12
7 ………………………… 末位弃双 10 为 7

9 7 0 2 7 得数

2. 一目五行基数调节法

一目五行基数调节法是指在五行数码中，一般左边部分有几位数码不齐全，右边部分行行数码俱全。数码不齐的那几位，眼脑结合直看直拨，数码齐全的那几位用基数调节法进行运算。

运算原理是：假定五行的每一位都是 5，有几位五行数码俱全的，就是几个 25 的错位相加。如五位五个数码俱全的，则是：

```
      25
       25
        25
         25
          25
    ─────────
    277 775
```

七位五个数码俱全的则是 $2\underbrace{77777}_{(7-1)个}75$，那么，几位五个数码俱全的则是 $2\underbrace{77\cdots7}_{(n-1)个}5$。

运算方法可概括为：不齐直加，齐用基数，多则调加，少则调减。

【例 48】

```
          617 894.18
            2 145.69
            9 834.24
            1 071.39
      +    36 573.18
─────────────────────
基数：     27 777.75
直加：     64
            0
           −3
             +5
              −8
                −12
                  13
─────────────────────
          667 518.68
```

3. 一目五行加减抵消法

由于五行数据混合加减进位可能性较少，以采取直加直减，加减相抵的算法最为简单方便。

运算方法可概括为：加减相抵，加大拨加，减大拨减。

【例 49】

```
 9  2  3  8  1  4
   -3  5  7  4  6
 1  0  9  5  6  3
   -8  1  0  3  2
   -5  3  1  8  4
-----------------------------------------------------------
1  0 …………………………… 首位加减相抵为 10，百万位档起加 10
 -1  4 ………………………… 本位加减相抵为 -14，十万位档起减 14
        3 ……………………… 本位加减相抵为 3，千位档加 3
          5 …………………… 本位加减相抵为 5，百位档加 5
            -8 ……………… 本位加减相抵为 -8，十位档减 8
              -5 …………… 末位加减相抵为 -5，个位档减 5
-----------------------------------------------------------
 8  6  3  4  1  5              得数
```

［实训与达标 5 - 3］ 简捷加减法实训

一、用借减法计算下列各题

① 3 478 + 1 351 - 7 856 + 3 914 + 1 257 =

② 64. 17 + 20. 46 - 93. 62 - 12. 85 =

③ 740. 16 - 973. 25 + 201. 63 - 537. 82 =

④ 1 435 - 214 + 3 956 - 6 408 + 7 892 =

二、求下列各数的补数、强数和填数

① 987　② 9. 623　③ 89　④ 0. 9946

⑤ 90. 81　⑥ 0. 0091　⑦ 0. 09802　⑧ 9 700

三、用补数加减法计算下列各题

① 1 847 + 998 =　② 135. 07 - 97. 32 =

③ 45. 39 + 39. 85 =　④ 25 903 - 7 938 =

⑤ 29 325 - 9 917 + 984 - 9 876 =　⑥ 0. 9956 - 0. 098 - 0. 0099 + 9. 9632 =

⑦ 68. 79 - 9. 87 + 98. 94 - 90. 72 =　⑧ 21 483 + 4 998 - 5 489 + 6 3912 - 372 =

四、用以加代减法计算下列各题

① 500 - 326 =　② 1 000 - 897 =

③ 800 - 413 + 1 000 - 692 =　④ 17 254 - 6 152 - 7 134 =

⑤ 98. 27 - 12. 36 - 34. 08 - 29. 74 =

⑥ 60. 00 − 9. 37 − 2. 93 − 8. 05 − 7. 39 − 6. 28 − 5. 14 =

⑦ 4 000 − 873 − 6 01 − 754 − 498 =

⑧ 300. 00 − 27. 83 − 90. 45 − 85. 67 =

五、分别用分节加减法和穿梭加减法计算下列各题

①	②	③	④
675	8 026	961 873	537. 61
983	983	−569. 27	5 435. 01
7 156	401	3. 69	−124. 86
247	2 569	−84. 07	47. 53
301	715	609. 51	4 916. 18
8 529	670	3. 72	−375. 62
567	1 567	9 706. 13	27. 81
4 019	234	−39. 26	6 504. 93
184	809	45. 82	−237. 15
609	5 721	−60. 59	403. 97
2 017	938	2. 38	8 056. 19
804	604	4. 17	−18. 42
6 078	291	70. 61	73. 28
452	6 508	−3. 95	390. 14
367	743	2. 43	−16. 32

六、用一目多行加减方法计算（10 分钟内做对⑥题、⑦题、⑧题分别为普通六级、五级、四级水平）

①	②	③	④	⑤
653	20 167	672	3 954	2 048
7 849	913	3 901	273	−903
352	6 541	625	90 186	6 517
3 291	486	70 843	−547	508 974
138	9 728	216	654 391	361
5047	284	8 175	−8 027	−1 236
627 104	470 392	32 609	312	405
832	609	714	−40 965	−6 089
90 186	3 576	9 157	738	712
6 509	891	639	−6 183	80 567
703 425	42 035	805 247	406	−3 254
284	5 169	4 018	−7 580	197
5 716	704	539 172	924	735 984
641	9 327	304	948 052	−24 196
80 137	810 546	6 952	6 175	308

⑥	⑦	⑧	⑨	⑩
370 621	274	70 812	8 215	48 306
9 475	50 149	325	6 930	271
857	326	947 156	547 321	-3 127
81 425	9 517	613	-10 569	941
183	36 408	8 392	608	230 596
3 026	480 512	749	85 123	-8 675
624	743	5 407	-934	819
9 071	2 108	3 084	803	4 203
730 258	297	921	-9 714	-17 062
1 724	6 472	21 857	876	2 386
816	539	739	-5 721	809
6 097	608 193	5 406	459	-9 043
845	3 754	658	-2 035	351
43 909	805	704 963	890 712	650 947
823	4 129	8 251	6 437	-712

第四节　珠算加减的查错方法

在进行多位数加减运算时，难免出现差错。因此，必须掌握验算的方法，养成验算的习惯，以便及时发现和纠正错误。为了分析错误原因，并提高找错的效率，可以用查找错误的方法来分析判定。现将容易出错的几种情况及检查纠正的方法叙述如下。

一、漏算或重算复核法

漏算或重复计算，是在计算多项连续加减法时，看漏了某一项加数（减数）或重复计算了某一项加数（或减数），特点是差额恰恰等于题中某一项加数（减数）。方法是把第一次计算的结果与第二次复算的结果相减，将这个差数在算题中查找，如果相同，是加数说明可能漏加了，是减数说明是漏减了，在重新复核时要加以注意。

【例 50】 在加减混合运算中，第一次运算结果是 193 608，第二次是 195 376，两数相差 1 768，在加算的数字中发现正好与差数相同的数字，说明可能是第一遍漏加了 1 768。

二、数字颠倒复核法

看数时，将相邻两位数字看颠倒了，这种差错有三个特点：

(1) 差额是两位以下的有效数字（不包括 0）。

（2）差额是9的倍数，即用9除尽无余数。

（3）差额除以9后商数恰好是颠倒的相邻两位数字之差。

检查这种差错的方法，第一步是看差额，若差额是9～81以内9的倍数，一定是最末二位数颠倒了；若是90～810以内9的倍数，则一定是倒数第二位和倒数第三位的数字颠倒了，依此类推。第二步是看差额的有效数字是9的几倍。如果差数是9的一倍，表明这个颠倒数字之间差1；如果是9的二倍，表明这个颠倒数字之间差2，依此类推。

【例51】

```
       5 946
         873
       1 065
  ─────────────
    ①7 848 ┐
            ├（两次计算的结果）
    ②7 884 ┘
```

第一步，求两数之差7 884 − 7 848 = 36；

第二步，36 ÷ 9 = 4；

它的差是4，可见是最末两个数字颠倒了。查题873最末两位差是4，查出错误位数后，在答数7 848的十位档加4，个位档减4，正好是第二遍的答数，说明7 884是正确答案。

三、正负号颠倒复核法

在加减混合运算中，若把某项数字的正负号看错，如把加数看成减数，或把减数看成加数，这种差错的特点是两次计算的差额等于某项加数（或减数）的两倍，即差必能被2除尽。

【例52】

```
        37 256
        −1 478
        69 513
  ─────────────
    ①108 247 ┐
              ├（两次计算的结果）
    ②105 291 ┘
```

第一步，求两数之差108 247 − 105 291 = 2 956；

第二步，2 956 ÷ 2 = 1 478；

第三步，查出错误的具体部位，确定正确答案，从题中正好找到1 478，说明把减1 478看成了加1 478。

四、错位复核法

在加减计算中，由于看数的疏忽，可能把数字的位数或算盘的档次向前或向后窜位。这种差错的特点是：

（1）其得数的差额必能被9除尽。

（2）除以9后的商数是两位以上的多位数。

（3）除以9后的商数恰好等于原来被窜位的那项数字。

【例53】

$$
\begin{array}{r}
3\,125 \\
873 \\
496 \\
\hline
①12\,351 \\
4\,494
\end{array}
\Big\}（两次计算的结果）
$$

第一步，求两数之差12 351 - 4 494 = 7 857。

第二步，7 857 ÷ 9 = 873，差额除以9后的商数恰好等于题中的一项数字873。

第三步，判断。根据差数特点，说明错误原因是加数873错位，是向前错位还是向后错位呢？可将差额与原数进行比较，如果差额大于原数，是向前错位，则计算结果中的大数是错误的，小数是正确的（向前错位的结果是把873打成8 730，使计算结果变大，因而大数是错误的）；反之，若差额小于原数，是向后错位，则小数是错误的，大数是正确的。

五、尾差复核法

在加减运算时，发现尾数有差错，在重新检查时，可以只复核尾数。如果差数是末一位数字，就重新复核末一位，相加满10时不计，只计末一位数字；如果差错是末两位数字，就重新复核末两位，相加满100时不计。以此类推。

计算时发生了差错并不可怕，只要找到出差错的原因，并针对其原因改进计算方法，就能防止以后再出现类似的差错。

第六章　珠算乘法

教学目标及重点、难点

通过本章的学习和训练，了解乘法的定义、珠算乘法运算的特点和珠算乘法的种类，正确使用大九九口诀，熟练掌握珠算乘法的定位和运算方法。

学习重点是大九九乘法口诀，珠算乘法的定位，重点掌握固定个位档定位法，珠算乘法的方法，尤其是空盘前乘法。

学习难点是大九九乘法口诀中的36句逆九九口诀，珠算乘法运算步骤中的加积档次，以及乘数中间夹有“0”的运算。

第一节　珠算乘法概述

一、乘法的定义

乘法是求一个数的若干倍是多少的计算方法。它是由加法转化而来的，是同一个数连加几次的简便算法，基本原理是扩大倍数。其公式为：

被乘数×乘数＝积数 即 $a \times b = c$

如求6个9是多少？用加法算式 $9+9+9+9+9+9=54$，用乘法算式是 $9\times6=54$。

被连加的数称为乘数，相同加数的个数称为乘数，也可将二者统称为因数；相同数连加得的和称为积。在我国的古算书中，把珠算的被乘数称为实数，简称实；乘数称为法数，简称法。

二、珠算乘法运算的特点

（1）珠算乘法和笔算乘法一样，其运算性质有交换律（$a\times b=b\times a$），即几个因数相乘，交换它们的位置，其积不变；结合律［$(a\times b)\times c=a\times(b\times c)$］，即几个因数相乘，可以先将几个因数相乘，再与其余的因数相乘，其积不变；分配律［$(a+b)\times$

$c=a\times c+b\times c$]，即两数之和乘第三个数的结果与将各加数分别同第三个数相乘，再将乘积相加的结果相同。

（2）无论是整数还是小数，一律当作整数来运算，整数末尾有零也当作无零看待。如56、5600、5.6、0.056虽然位数不同，但都当作“56”来计算，其乘积的小数点位置，可在运算前先在算盘上定好位，也可在运算完成后再确定。

（3）每两个数码相乘得的积，简称码积。每个码积都有两位码，分别称为“十位码”（或起位码）、“个位码”；如2×6的码积是“12”，十位码是1，个位码是2；4×2的码积是“08”，十位码是0，个位码是8；一个码与多个数的积称为单元积或单积。如7×290的单元积是2 030。

三、珠算乘法的种类

珠算乘法有许多种方法，可按以下分类：

（1）按照置积位置的不同，可分为隔位乘法和不隔位乘法。所谓隔位乘法，是两因数相乘后，其积的十位档在被乘的这位实数右侧紧挨的一档拨上，待这个积全部拨上，同时将已相乘的实数拨去，如隔位破头乘法。不隔位乘法，是实数与法数首位相乘后，其积的十位档由相乘的那位实数本身改成的，如破头乘、留头乘和掉尾乘。

（2）按是否拨实数入盘，可分为置数（实盘）乘法和不置数（空盘）乘法。所谓置数（实盘）乘法，是将其实数拨在算盘上进行运算的一种方法。而不置数（空盘）乘法，则是指在运算时不拨实数在算盘上，乘法只拨加乘积。

（3）按计算顺序的不同，还可分为前乘法、后乘法和挑心乘法。所谓前乘法，是以实数首位与法数相乘开始运算的方法，如破头前乘法、减一前乘法、空盘前乘法等。后乘法是从实数末位（不为0）与法数相乘开始运算的方法，如破头乘、留头乘、掉尾乘和空盘后乘法等。挑心乘既不是前乘法，也不是后乘法。当实数是多位数，数字之间又有某种特殊关系，如64 327的3和8 436的4，如用挑心乘先乘，辅以简捷算法，必将迅速准确求出答案来。挑心乘只在实数位较多的空盘乘时才能运用，一般用得较少，但我们应知道这种算法。

珠算乘法的基本方法各具特点，每一种方法都不是十全十美的。如空盘乘的优点很多，但是在没有直观数据的情况下，就无法发挥优势，在进行连乘时，还须结合置数乘法才能完成整个运算；隔位乘法，在运算过程中，乘法实数和积数都不重叠，直观性强，不易混淆，为避免漏乘、重乘提供了条件，但算前已置的实数还得从原位上拨掉，从而比不隔位乘法多出一个加减实数算珠的动作，因而速度较空盘乘要慢一些。我们在进行珠算教学时，要注意选择“易学、速成、高效、实用”的计算方法。

四、珠算乘法大九九口诀

珠算乘法的传统算法一般用大九九口诀。它是我国劳动人民在长期计算实践中，创造总结出十以内的每两个一位数相乘的简算规律。古时的乘法口诀第一句是“九九八十一”，故叫九九歌，简称九九。九九在古代又是我国算术的代用名词。它有顺九九和逆九九之分。九九口诀表中共有81句（见表6－1），称大九九。表中对角阶梯形粗线右上角的45句为顺九九。顺九九小数在前，大数在后，也叫小九九，如“四八32”“五九45”，读起来比较顺口。我们如只掌握顺九九，在运算中势必忽而先读实数，忽而先读法数，不利于脑记法数，并自相干扰，不仅影响速度，而且容易出现差错。对角阶梯形粗线左下角的36句叫逆九九，初读起来有点拗口。如能全部掌握81句，可以统一先读法数，后读实数，易记好用，不易出现差错。它是一套完整的乘法口诀，适用于各种乘法算题，有助于提高计算速度。

表6－1　　乘法大九九口诀表

口诀＼实数 法数	一	二	三	四	五	六	七	八	九
一	一一01	一二02	一三03	一四04	一五05	一六06	一七07	一八08	一九09
二	二一02	二二04	二三06	二四08	二五10	二六12	二七14	二八16	二九18
三	三一03	三二06	三三09	三四12	三五15	三六18	三七21	三八24	三九27
四	四一04	四二08	四三12	四四16	四五20	四六24	四七28	四八32	四九36
五	五一05	五二10	五三15	五四20	五五25	五六30	五七35	五八40	五九45
六	六一06	六二12	六三18	六四24	六五30	六六36	六七42	六八48	六九54
七	七一07	七二14	七三21	七四28	七五35	七六42	七七49	七八56	七九63
八	八一08	八二16	八三24	八四32	八五40	八六48	八七56	八八64	八九72
九	九一09	九二18	九三27	九四36	九五45	九六54	九七63	九八72	九九81

注：关于法数或实数是“0”的九九乘积，可记为“00”，如“三零00”“零八00”。

【例1】　384×56，大九九口诀是五三15、五八40、五四20，六三18、六八48、六四24。始终是乘数先读，眼睛只需看被乘数。

大九九口诀每句四个字，适用于乘法中的九九加积，也适用于除法中的九九减积。在乘法中，口诀的第一个汉字代表法数，第二个汉字代表实数，两个阿拉伯数字代表应加的乘积。在除法中，口诀的第一个汉字同样代表法数，第二个汉字则代表所求之商，两个阿拉伯数字代表应在实数中减去的法与商相乘之积。为了避免在珠算乘除法中加积或减积时拨错档位，把每句口诀的积一律定为两位数，占用两档，如“五三15”“五二10”“五一05”“五零00”等，初学者要特别注意。

第二节　珠算乘法的定位方法

加减法运算，被加数或被减数的个位在哪档，和数或差数的个位也必然在那一档。

乘除法运算后，积或商的个位都不在原来实数的个位上，又因算盘的“0”是用空档表示的，在答案的尾数发生“0”与空档是没有区别的，所以必须运用积的定位方法，才能确定积的位数。

所谓定位，在珠算中，是确定计算结果的位数或在算盘上确定计算结果的首位或个位应在的档位。定位使用的方法叫“定位法”。珠算乘法的定位，是根据被乘数和乘数的位数来确定积的位数的方法。要学习积的定位，首先必须了解什么是数的位数。

一、数的位数

（一）首位数

一个数的位数是由这个数的最高位所处的位置决定的。最高位是指这个数最左边非“0”的那一位。

【例 2】 82 000 的首位数是 8；35、0.35、0.00035、350 这四个数中的 3 都是最高位数，也都是首位数。

（二）正位数、负位数和零位数

1. 正位数

凡是整数或带小数，即整数 1 或大于 1 的数，称正位数。用“+”号表示。正几位是指某数的首位数在小数点左边第几位，这几位数就叫正几位。

【例 3】 7 405　　首位数是 7，为正（+）4 位
65.00　　首位数是 6，为正（+）2 位
240 800　　首位数是 2，为正（+）6 位
1.903　　首位数是 1，为正（+）1 位。

2. 负位数

凡是纯小数，即数值小于 1、在小数点后至首位数之间有 0 的数，称负位数。用“-”号表示。小数点后和首位数之间有几个 0，就称负几位。

【例 4】 0.069　　首位数是 6，为负（-）1 位
0.006　　首位数是 6，为负（-）2 位
0.000069　　首位数是 6，为负（-）4 位。

3. 零位数

凡是纯小数，即数值小于 1、小数点后只有首位数 1～9 等有效数，称为零位数。用“0”表示。

【例 5】 0.289、0.105089 等都是零（0）位数

综合举例（见表 6-2）。

表 6-2　　综合举例

首数位数	千位	百位	十位	个位	十分位	百分位	千分位	万分位	十万分位
举例	6 540.03	540	80.006	7.50	0.1205	0.0269	0.0047	0.00039	0.00009

续 表

首数位数	千位	百位	十位	个位	十分位	百分位	千分位	万分位	十万分位
位数	+4	+3	+2	+1	0	−1	−2	−3	−4
首数	6	5	8	7	1	2	4	3	9

注：正位数在实际运用中前面的“+”号可以省略，例：9 200 可叫 +4 位，也可叫 4 位，两种说法是一致的。

二、定位方法

目前乘法的定位方法很多，这里重点介绍公式定位法、固定个位档定位法和盘上公式定位法。

（一）公式定位法

公式定位法是用公式形式来表示的定位法。不论笔算、心算、指算、图算、表算、尺算、机械算和珠算都适用；不论整数、小数，公式一致，原理相同；不论使用什么计算方法，也不论算前、算后定位，都可用。所以又叫通用定位法、统一定位法、头定位法。

【例 6】 第一组题的定位

① 36 ×8 =288　　+2 +1 = +3

② 456 ×4 =1 824　　+3 +1 = +4

③ 2. 84 ×0. 05 =0. 142　　+1 +(−1) =0

④ 0. 89 ×0. 097 =0. 08633　　0 +(−1) = −1

从第一组例题可见，当积的首数小于两因数首数时，或被乘数首数与乘数首数相乘得积是进位的，即：积的位数 = 被乘数位数 + 乘数位数。

【例 7】 第二组题的定位

① 36 ×2 =72　　+2 +1 −1 = +2

② 4. 26 ×0. 02 =0. 0852　　+1 +(−1) −1 = −1

③ 0. 114 ×0. 011 =0. 001254　　0 +(−1) −1 = −2

④ 0. 00729 ×104 =0. 75816　　−2 +3 −1 =0

从第二组例题可见，当积的首数大于或等于两因数首数时，或被乘数首数与乘数首数相乘得积是不进位的，即：积的位数 = 被乘数位数 + 乘数位数 −1。

设被乘数位数为 M，乘数位数为 N，乘积位数为 P，则积的定位公式为：

（1）当积的首数小于两因数首数时，则积的位数用公式 $P=M+N$ 计算。

（2）当积的首数大于或等于两因数首数时，则积的位数用公式 $P=M+N-1$ 计算。

【例 8】 第三组题的定位

① 28 ×0. 4 =11. 2　　+2 +0 =2

② 336 ×3 =1 008　　+3 +1 = +4

③ 380 ×0. 0027 =1. 026　　3 + (−2) = +1

第三组例题是特例。如果直接用被乘数的首数与乘数的首数相乘得积的首数是否进位来判断用哪一个公式，就有可能用错。如例8中的①$4\times2=8>2$、4，或二四08，积不进位，就会想到用$P=M+N-1$来定位，其定位结果肯定错。因为$4\times8=32$，与前面的部分积相加就进位了。所以，要等计算出积之后再判断用哪个公式。

使用公式定位时，拿“积的首数”与“两因数首数”等位相比，若“积的首数”小，用$M+N$；若“积的首数”大，就用$M+N-1$（注：“积的首数”不会在“两因数首数”之间，这是可以证明的。所以，“积的首数”只同一个“因数首数”相比即可）。如果首数相等时，则比下一位，直到比出大小，再按积小用$M+N$、积大用$M+N-1$进行计算。如果完全相等叫“齐”，则用公式$M+N-1$。

为便于记忆、快速定位，公式定位法可概括为“积的首数小，相加就知晓（$M+N$）；积首大或齐，相加再减1（$M+N-1$）”。也可概括为：

乘法定位位相加，积首大齐再减1。

【例9】 $5\times800=4\ 000$

积首4小于两因数首数5和8，利用公式$M+N=1+3=4$（位）；或者两因数首数5和8相乘得40，积进位，利用公式$M+N=1+3=4$（位）。

【例10】 $2\ 000\times0.04=80$

积首8大于两因数首数2和4，利用公式$M+N-1=4+(-1)-1=2$（位）；或者两因数首数2和4相乘得08，积不进位，利用公式$M+N-1=4+(-1)-1=2$（位）。

【例11】 $0.01\times0.01=0.0001$

积首1等于两因数首数1，利用公式$M+N-1=-1+(-1)-1=-3$（位）；或者两因数首数1和1相乘得01，积不进位，利用公式$M+N-1=-1+(-1)-1=-3$（位）。

（二）盘上公式定位法

将公式定位法原理具体运用到算盘上定位，叫盘上公式定位法，也叫首位档定位法。它是一种算后定位法，即固定被乘数从算盘左边第一档起布数，并采用不隔位乘法运算得出积，运算完后，看算盘左边第一档是否有珠。若有，即用$M+N$定位；若无，则按$M+N-1$定位。

盘上公式定位法既适合空盘前乘法，也适合破头前乘法。下面以空盘前乘法为例。

具体方法：从实、法两因数的高位乘起，逐次在算盘最左边拨积入盘，运算完后，看算盘左边第一档是否有珠。

【例12】 $61\times32=1\ 952$

按空盘前乘法运算其积的盘式（见图6-1）为：

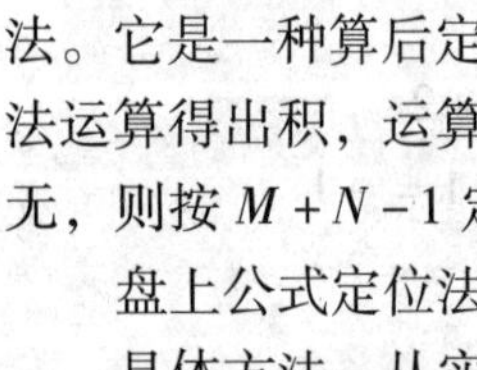

图6-1

由于左第一档上有珠，其积按公式$M+N$定位，得$2+2=4$（位），故积为1 952。

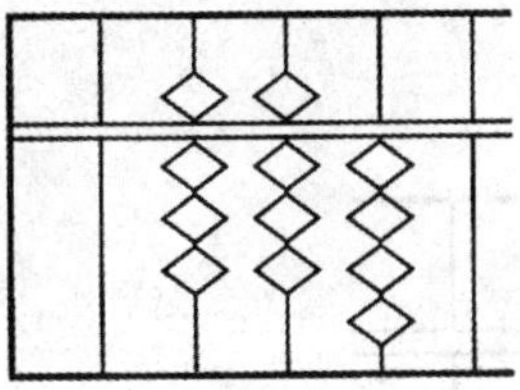

图 6－2

【例 13】　2.6×3.4＝8.84

按空盘前乘法运算其积的盘式（见图 6－2）为：

由于左第一档上无珠，其积按公式 $M+N-1$ 定位，得 1＋1－1＝1（位），故积为 8.84。

可概括为：

位数相加，前空减 1。

1. 盘上公式定位法有很多优点

（1）公式定位法要记两个公式，盘上公式定位法在“乘法定位位相加”的前提下，只记“前空减 1”，易学、好记、实用性强。

（2）公式定位法在“乘法定位位相加”的前提下，也可概括为“积首大齐再减 1”，但“积首大齐”一般很少出现。在大量按“（积首小）位数相加”进行定位中，个别出现的“积首大齐”往往视而不见，“再减 1”也就被忽视了；应用盘上公式定位法，在首档乘法出现“前空”，视觉神经引起新的兴奋，却能形象地提醒（乘法）“减 1”，从而确保定位的准确性。

（3）公式定位法的“积首大齐”需要用积首同乘算的实、法两因数之一的首位进行比较，有时还要比二位以上才能分出大小来，不如“前空”简单明了。

（4）在乘算前及其运算过程中都不要考虑定位，不论是整数、小数一律先当整数运算，然后再定位。

（5）凡最后以盘左第一位为高位首积的十位数的，如空盘前乘法、空盘后乘法、空盘挑心乘和置数后乘法都适用。

2. 应用盘上公式定位法应注意两点

（1）运算完后，乘算首积的十位数，应落在算盘左边的第一档上；否则，易引起误判。

（2）最好使用不隔位的乘法。

（三）固定个位档定位法

固定个位档定位法是一种算前盘上定位法，也叫固定点定位法。计算前，根据不同乘法的置数方法来指导置被乘数或积的首数的位置；运算结束后，算前确定的个位档即是积的个位档。

1. 具体定位方法

第 1 个方法：在算盘上选一有记位点的档位作为固定个位档，或在盘上确定一个记位点为固定小数点，固定小数点左边一档为个位档，随之确定各个档的名称，即向左分别为＋1、＋2、＋3…位档（“＋”号可省略）；向右分别为 0、－1、－2、－3…位档（见图 6－3）。

图中档位与数位一一对应，即正一位表示个位，正二位表示十位，零位表示十分位……小数点固定后，根据不同乘法和置数方法拨置被乘数或积数。运算结束后，算前确定的个位档就是积的个位档。固定个位档确定后，一般不要变动，个位档与零位档中间的记位点为积的小数点。

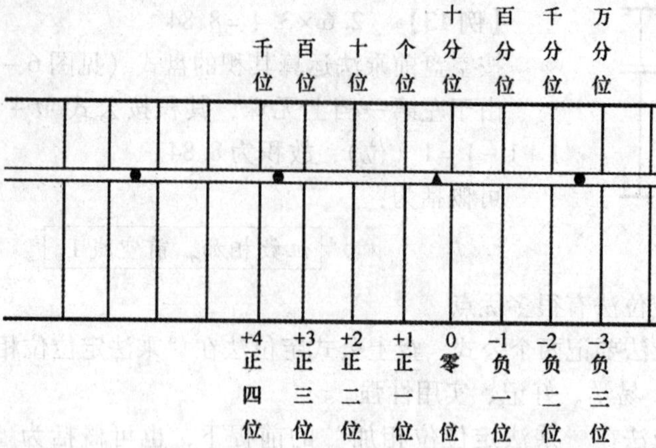

图6－3

第2个方法：设 M 表示被乘数的位数，N 表示乘数的位数，则在不隔位乘法中，如留头乘、破头乘、掉尾乘，按“$M+N$”计算所得的数位拨置被乘数的起拨档；在空盘前乘法中，按“$M+N$”算出两因数首位相乘积的十位数的拨珠档次，即两因数首位数相乘，十位积的起拨档等于“$M+N$”。进行隔位乘法运算前，即以实、法的位数相加，再加一隔位档，即“$M+N+1$”，作为实数的新位数拨入盘内，运算完后，算前定好的个位档即积的个位。

【例14】　$65\times4=260$

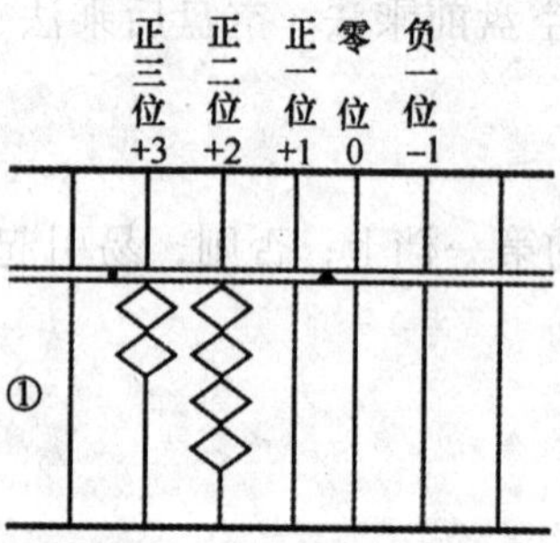

（1）空盘前乘法：

① 在算盘上确定个位档，即正一位档。

② $M+N=2+1=3$（档），即 $4\times6=24$ 的进位“2”拨在正三位档上（见图6－4①）。

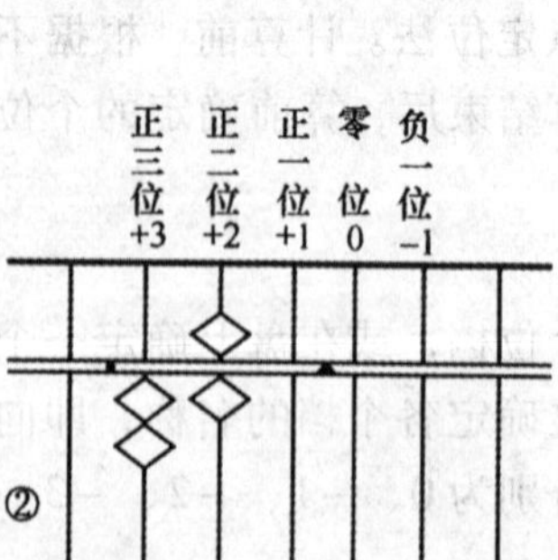

③ 终盘时，盘上先定好的个位是积的个位“0”的位置，积是260（见图6－4②）。

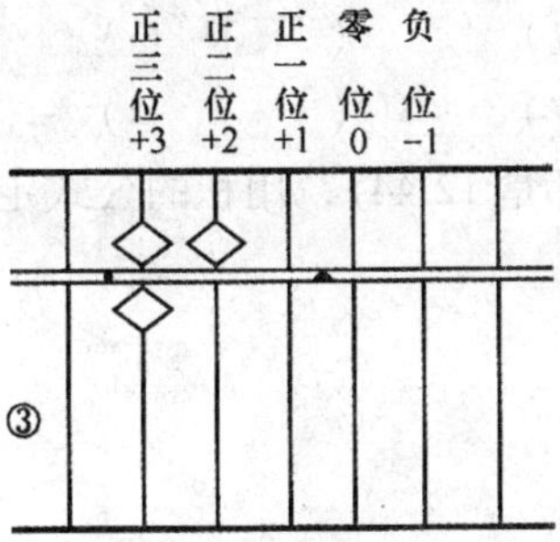

图 6-4

(2) 破头乘法:

① 在算盘上确定个位档，即正一位档。

② 将被乘数 65 按 $M+N=2+1=3$（档）入盘（见图 6-4③）。

③ 运算完毕，盘上的正一位即积的个位。

2. 固定个位档定位法有四个优点

(1) 直观性强，其乘积的小数点在算盘上有固定位置，一目了然。

(2) 由于事先定位，在运算过程中和运算结束后，不必考虑定位问题。

(3) 对保留小数有一定位数要求的算题，可减少运算中无效数字的计算。尤其在“省乘法”中可发挥特殊作用。

(4) 在不隔位乘法、连乘法和乘除混合运算时，其定位非常简单。

(提示：以后算盘档上的所有“加号”都可以省略。)

三、定位法小结

(1) 应根据需要选学定位法。学小数乘法最好用固定个位档定位法定位；整数乘法可以用固定个位档定位法或盘上公式定位法定位；公式定位法根据情况灵活运用，在验算其他定位法定位是否正确方面，更能发挥作用。

(2) 实、法、积大小的对比，不是数值之间的对比，只限首位或位数相同的首几位数字大小的对比。

(3) 积首的大小只同实、法两因数中的一个首位比，不需要比了实首又比法首。如是“实首 > 积首 > 法首”，则说明计算错了，需要重新计算。

(4) 正确认识数的位数，对小数题也按整数位数的概念来处理。一般只要求保留两位小数，还可结合省乘法和看半定舍入法计算，从而有可能节省运算步骤，速度更快。

[实训与达标 6-1] 珠算乘法定位方法实训

1. 熟练背诵大九九口诀、熟记各种定位法则

2. 指出下列各数的首数与位数

① 908 （ ， ） ② 0.82 （ ， ）

③ 2 600 （ ， ） ④ 50 080.60 （ ， ）

⑤ 0.00001 （ ， ） ⑥ 49 543 （ ， ）

⑦ 0.9823 （ ， ） ⑧ 60.3012 （ ， ）

3. 根据指定的位数确定下列各数的数值

① 7 023（正四位） （ ） ② 10 089 256（正六位） （ ）

③ 98（负二位） （ ） ④ 6 512（零位） （ ）

⑤ 7 901（负一位） （ ） ⑥ 16 039（正三位） （ ）

⑦ 1 002（负二位） （ ） ⑧ 87 856（正一位） （ ）

4. 下列各题积的数码组合值①～④都是 8 502；⑤～⑧都是 12 441，用积的公式定位法，定出它们的数值

① 109 ×0. 078 = ② 0. 0109 ×780 =

③ 10 900 ×0. 78 = ④ 0. 109 ×7. 8 =

⑤ 715 ×174 = ⑥ 7. 15 ×0. 174 =

⑦ 7 150 ×0. 0174 = ⑧ 0. 0715 ×1. 74 =

第三节 空盘前乘法

空盘前乘法是一种不置数乘法。指被乘数和乘数均不布入算盘上，所以叫“空盘”。运算时，从被乘数和乘数的首位乘起，称“前乘”。边算边把部分积累加在算盘对应的档上，最终求得乘积。空盘前乘法是目前珠算乘法运算方法中最先进的一种方法。下面我们分别介绍一位数和多位数的空盘前乘法。

一、一位数乘法

乘数是一位数的乘法，叫作一位数乘法。对于乘数为 70、800 之类的题，由于计算时只需做一次运算，我们也视为一位数乘法。

（一）盘上公式定位法下一位数乘法的运算步骤

1. 确定起拨档

从算盘左边第一档开始起拨。

2. 乘的顺序

用乘数去乘被乘数的首位，然后依次逐位乘第二位、第三位……直至全部乘完。

3. 加积方法

从算盘最左边第一档起拨乘数与被乘数首位相乘得出积的十位数，个位数加在右一档上；与被乘数第二位相乘得出积的十位数放在第一个积的个位档上，个位数加在下一档上，以后各位依次右移，形成迭位加的形式（这是口诀乘法的特点），即根据“前码积的个位码是后码积的十位码”的规律，顺序加积（见图 6－5）。

4. 定位写积

计算结束后，根据算盘左边第一档有珠用公式 $P = M + N$ 确定积的位数，无珠则按 $P = M + N - 1$ 来确定积的位数。即“位数相加，前空减 1，边看、边写答数”，并注意精确位的下一位要四舍五入。

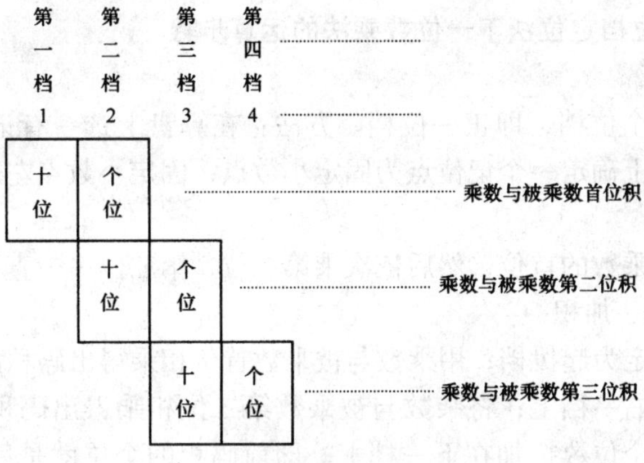

图 6－5

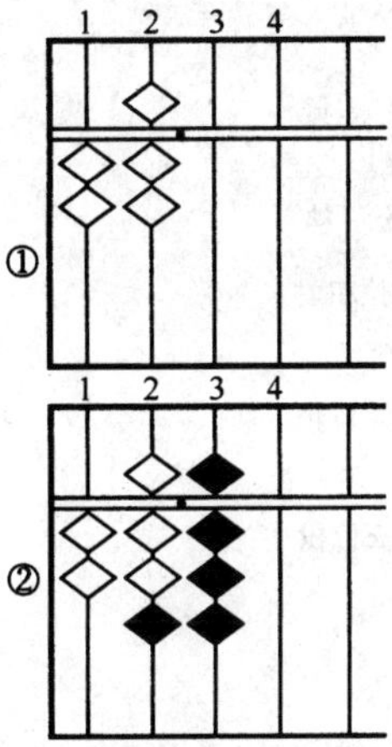

图 6－6

【例 15】　32×9＝288

（1）从算盘左边第一档上标注 1 档、2 档、3 档……用乘数 9 去乘被乘数首位，读口诀九三 27，进位“2”拨在左第 1 档上，本位“7”拨在左第 2 档上（见图 6－6①）。

（2）用乘数 9 去乘被乘数第二位，读口诀九二 18，进位“1”拨在左第 2 档上，本位“8”拨在下一档上。

（3）左第 1 档上有珠，故 $P=M+N=2+1=3$，积为 288（见图 6－6②）。

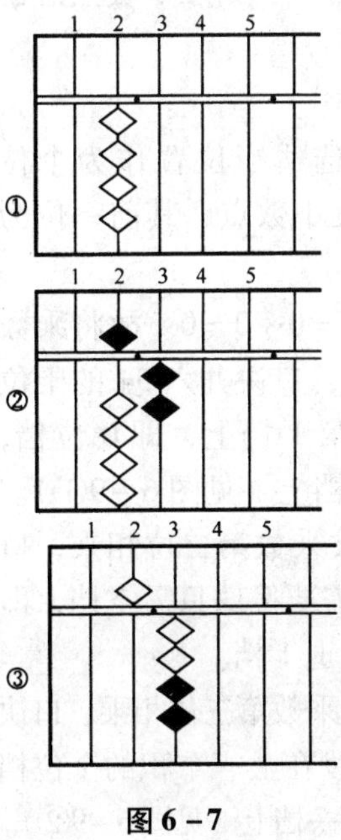

图 6－7

【例 16】　135×40＝5 400

（1）用乘数 4 去乘被乘数首位，口诀四一 04，十位“0”拨在左第 1 档上（点一下即可），个位“4”拨在左第 2 档上（见图 6－7①）。

（2）用乘数 4 去乘被乘数第二位，口诀四三 12，十位“1”拨在左第 2 档上，个位“2”拨在左第 3 档上（见图 6－7②）。

（3）用乘数 4 去乘被乘数第三位，口诀四五 20，十位“2”拨在左第 3 档上，个位“0”拨在下一档上（省略不拨，见图 6－7③）。

（4）由于左 1 档无珠，用 $P=M+N-1=3+2-1=4$ 定位，故积为 5 400。

（二）固定个位档定位法下一位数乘法的运算步骤

1. 固定个位档

在算盘上确定个位档，即正一位档。方法：在算盘上选一有记位点的档位作为固定个位档，或在盘上确定一个记位点为固定小数点，固定小数点左边一档为个位档。

2. 乘的顺序

用乘数去乘被乘数的首位，然后依次乘第二位、第三位……直至全部乘完。

3. 确定起拨档、加积

将第 $M+N$ 档定为起拨档；用乘数与被乘数首位相乘得出码积的十位数拨在 $M+N$ 档上，个位数加在右一档上；将乘数与被乘数第二位相乘得出码积的十位数拨加在前码积的个位档上，个位数拨加在下一档上。即前码积的个位就是后码积的十位，依次递位迭加，手指不离档，以免错档（见图6-8）。

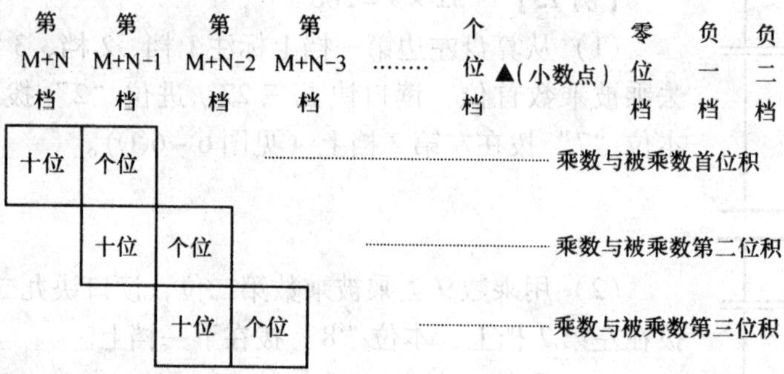

图6-8

4. 定位写积

运算完毕，盘上的+1档即是积的个位（提示：若 $M+N$ 为负数，则在小数点后面负位档上运算）。

【例17】 0.607×0.9=0.5463

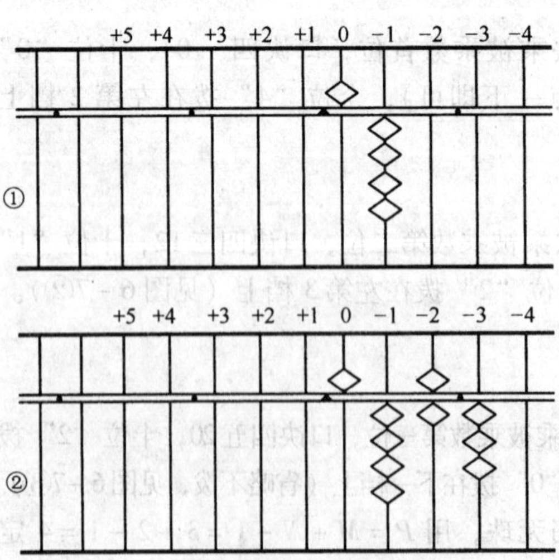

图6-9

（1）在算盘上选适当位置作为个位档，标记"▲"代表小数点，其前一位为个位档。

（2）由于 $M+N=0+0=0$。故将乘数9与被乘数首位相乘，口诀九六54的十位"5"拨在小数点后第1档上，即0位档，个位"4"拨在下一档上（见图6-9①）。

（3）乘数9与被乘数第二位相乘，口诀九零00，"0"不需要拨珠只需空档，即遇0退档，有1个0退1档。

（4）乘数9与被乘数第三位相乘，口诀九七63，十位"6"拨在上一个积的个位档上，个位"3"拨在下一档上（见图6-9②）。

（5）盘上的个位即是积的个位，盘上的小数点即是积的小数点，积为0.5463。

（提示：小数题的做法与整数题的做法一样，只是积定位的位置不同。）

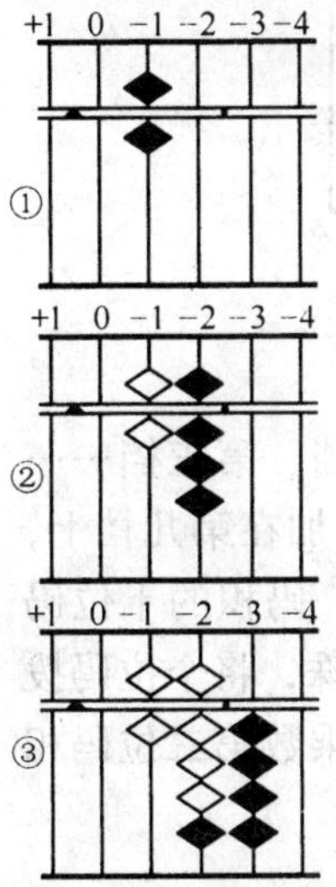

图6－10

【例18】　0.347×0.2＝0.0694

（1）在算盘上选适当位置作为个位档，用“▲”标记为小数点，其前一位为个位档。

（2）用乘数2去乘被乘数首位，口诀二三06，由于M＋N＝0＋0＝0位，故口诀中的十位“0”拨在0位档上，个位“6”拨在－1位档上（见图6－10①）。

（3）将乘数2与被乘数第二位相乘，口诀二四08，十位“0”拨在上一个积的个位档，即－1位档上，个位“8”拨在－2位档上（见图6－10②）。

（4）将乘数2与被乘数第三位相乘，口诀二七14，十位“1”拨在上一个积的个位，即－2位档上，个位“4”拨在－3位档上（见图6－10③）。

（5）盘上的小数点即积的小数点，故积为0.0694。

二、多位数乘法

多位数乘法是指乘数和被乘数都是两位或两位以上的乘法。从运算上看，它是一位数乘法积的迭加。运算中要认清档位，避免错档。为了解决这个问题，我们首先要清楚什么是单元积，然后在单元积的基础上建立起珠算乘法中乘数与其单元积的对应关系。这样，多位数乘法就变得容易了。

（一）盘上公式定位法下多位数乘法的运算步骤

1. 选择乘数

（1）选择位数少的因数作乘数。运算时，口诀少，乘的次数少，能够减少差错。

（2）选择中间有“0”的因数作乘数。运算时，“0”可以不乘，减少拨珠次数，防止串位，减少差错。

（3）选择具有相同数字的因数作乘数。运算时，只要在相应档次上拨加相同数的乘积，可以减少拨珠次数。

（4）选择有“1”的因数作乘数。因为1乘以任何数都会得到原数，拨加一次被乘数即可。

2. 确定起拨档

选择算盘左边的第一档为起拨档，其优点是便于观察算后定位“前空减1”。

3. 乘的顺序

从乘数的首位开始，逐位去乘被乘数的首位、第二位、第三位……直至末位；然后用乘数的第二位去乘被乘数的首位、第二位、第三位……直至全部乘完；再用乘数的第三位去乘被乘数的首位、第二位、第三位……直至末位。以此类推，乘完为止（见图6－11）。

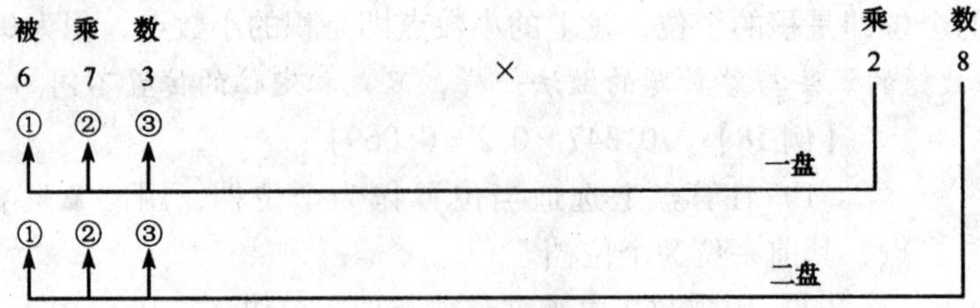

图 6－11

4. 加积方法

将起拨档（算盘左第一档）定为加积的第一档，其右依次为第二档、第三档……拨法见一位数乘法。第几位乘数与被乘数首码相乘所得十位码积，就拨加在第几档上，所得个位码积拨加在下一档上。即第一位乘数码与被乘数首码相乘时，码积的十位码就拨入起拨档，个位码拨在下一档（如码积的十位码是0，则空出不拨珠，将个位码拨在起拨档的下一档上），按照被乘数的位数依次右退一位错位相加。与乘数第二位码相乘时，码积的十位码从起拨档的下一档（第二档）拨入，以此类推。

其运算法则是：

默记法码，口念实数，手拨码积。

“默记法码”即从乘数中取一数码（相乘的这一位），默记脑中；“口念实数”即默念出实数全部数码，念一码数与脑中默记的法码乘出码积，乘得的乘积不必念出，只用手拨入盘即可，即是“手拨码积”；至于码积定档次，只在法码与实数的最高位相乘时定一次，以后随口念，手指自然右移，前码积的个位，就是后码积的十位。

5. 定位写积

算完后，根据算盘左第一档有珠用公式 $P = M + N$ 确定积的位数，无珠则按 $P = M + N - 1$ 来确定积的位数。即“位数相加，前空减1，眼盯算盘，边看、边写答数”，并注意精确位的下一位要四舍五入。

【例 19】 172 × 36 = 6 192

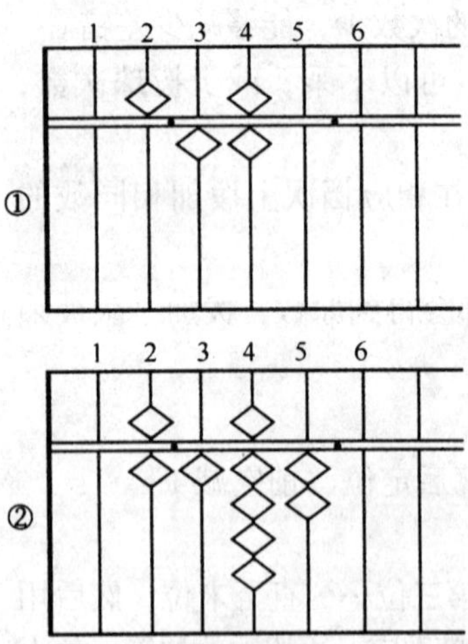

图 6－12

(1) 选择乘数。选择位数少的因数 36 作乘数。

(2) 确定起拨档。选择算盘左边的第一档为起拨档。

(3) 乘的顺序。用法首“3”去乘被乘数 172，依次 3×1、3×7、3×2；用法二位“6”去乘被乘数 172，依次 6×1、6×7、6×2。

(4) 加积方法。①3×172 从算盘左边第一档起拨，三一 03、三七 21、三二 06，迭位加积（见图 6－12①）；②6×172 从算盘左边第二档起拨，六一 06、六七 42、六二 12，迭位加积（见图 6－12②）。

(5) 定位写积。计算结束后，根据算盘左第一档无珠，按 $P = M + N - 1 = 3 + 2 - 1 = 4$ 来确定积的位数是正四位数，写积 6 192。

【例20】　$502\times498=249\ 996$

（1）选择乘数。选择中间有“0”的因数502作乘数。运算时，“0”可以不乘，只需乘2次，减少拨珠次数，防止串位，减少差错。

（2）确定起拨档。选择算盘左边的第一档为起拨档。

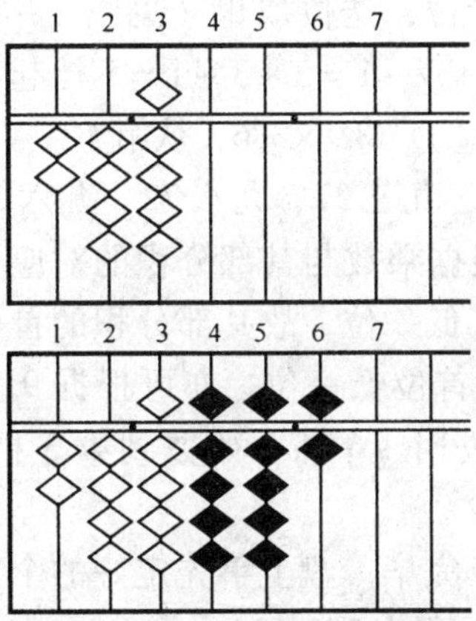

图6－13

（3）乘的顺序。用法首“5”去乘被乘数498，依次5×4、5×9、5×8；用法三位“2”去乘被乘数498，依次2×4、2×9、2×8。

（4）加积方法。①$5\times498$从算盘左边第一档起拨，五四20、五九45、五八40，迭位加积（见图6－13①）；②$2\times498$，因2是乘数第三位，应从算盘左边第三档起拨，二四08（注意：十位积0虽不必拨珠，但一定要占第三档，即空出，在第四档上加8）、二九18、二八16，迭位加积（见图6－13②）。

（5）定位写积。算完后，根据算盘左第一档有珠，按$P=M+N=3+3=6$来确定积的位数是正六位数，写积249 996。

（二）固定个位档定位法下多位数乘法的运算步骤

1. 选择乘数

方法同“（一）盘上公式定位法下多位数乘法的运算步骤”中的第1点。

2. 固定个位档

在算盘上确定个位档，即正一位档（用“+1”表示，向左依次为+2、+3、+4、+5、+6……向右依次为0、－1、－2、－3……见图6－13）。

3. 乘的顺序

方法同“（一）盘上公式定位法下多位数乘法的运算步骤”中的第3点。

4. 确定起拨档、加积

将第$M+N$档定为起拨档。用法首去乘被乘数的首位，依次第二位、第三位……直到全部乘完，从第$M+N$档起拨加，积的拨法见一位数乘法。用法二位去乘被乘数的首位，依次第二位、第三位……直到全部乘完，从第$M+N-1$档起拨加；用法三位去乘被乘数的首位，依次第二位、第三位……直到全部乘完，从第$M+N-2$档开始拨加。以此类推，直到法数全部乘完。亦可以根据乘数是第几位，就从起拨档起第几档开始拨加的方法。

5. 定位写积

运算完毕，盘上定好的小数点即答案的小数点，盘上的个位即答案的个位。

【例21】　$386\times779=300\ 694$

（1）选择乘数。选择具有相同数字的因数779作乘数。运算时，只要在相应档次上拨加相同数的乘积，就可以减少拨珠次数。

（2）固定个位档。在算盘上确定个位档即+1位档，标记“▲”为小数点。

（3）乘的顺序。用法首“7”去乘被乘数386，依次7×3、7×8、7×6；用法二位

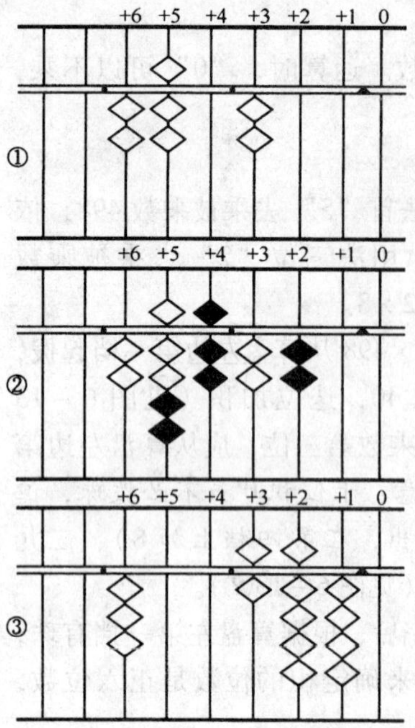

图 6－14

“7”去乘被乘数 386，依次 7×3、7×8、7×6；用法三位“9”去乘被乘数 386，依次 9×3、9×8、9×6。

（4）确定起拨档、加积。①7×386，从第 $M+N=3+3=6$ 档起拨加，七三 21、七八 56、七六 42，按前码积的个位是后码积的十位，迭位加积（见图 6－14①）。②7×386，从第 $M+N-1=3+3-1=5$ 档起直接拨加 2702（见图 6－14②）。③9×386，从第 $M+N-2=3+3-2=4$ 档起拨加，九三 27、九八 72、九六 54（见图 6－14③）。亦可根据乘数与其部分积的对应关系来拨珠，“9”比“7”低一位，故其部分积的首位比“7”与 326 部分积的首位低一位。亦可根据 9 是乘数的第 3 位，就从起拨档 +6 档开始数到第 3 档，即在 +4 档上拨加。

（5）定位写积。运算完毕，盘上事先定好的个位（+1 位档）即积的个位，积为 300 694。

【例 22】 0.1008×0.403＝0.04（保留两位小数，以后四舍五入）

（1）选择乘数。当两因数中间都夹有 0 时，选择有 1 的、0 多的因数 0.1008 作乘数。运算时，1 乘以任何数都得任何数，只需将被乘数直接拨入盘中。

（2）固定个位档。在算盘上确定个位档即 +1 位档，标记“▲”为小数点。

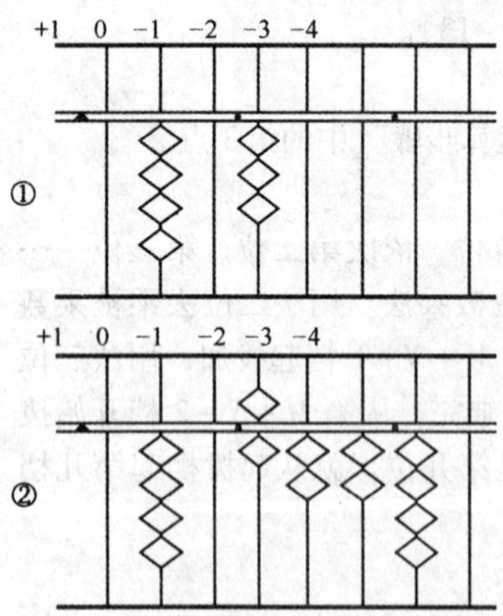

图 6－15

（3）乘的顺序。用法首“1”去乘被乘数 0.403，依次 1×4、1×0、1×3；用法二位、法三位“0”去乘被乘数 403，为 0，跳过不用乘；用法四位“8”去乘被乘数 403，依次 8×4、8×0、8×3。

（4）确定起拨档、加积。①1×403，从第 $M+N=0+0=0$ 档起直接拨加 0403（见图 6－15①）；②8×403，从第 $M+N-3=0+0-3=-3$ 档起拨加，八四 32、八零 00、八三 24，按前码积的个位是后码积的十位，迭位加积（见图 6－15②）。

（5）定位写积。运算完毕，盘上事先定好的个位（+1 位档）即积的个位，积为 0.0406224，保留两位小数 04，第三位是 0，四以下舍掉，积为 0.04。

三、空盘前乘法小结

（1）因被乘数、乘数均不拨入盘中，故减少了拨珠布数的时间。

（2）若遇多笔乘法积累加时，可以边乘边加在算盘上（滚乘），在实际工作中很有用。

（3）由于不布被乘数、乘数，故而随时可做变式乘法，例如，397×486，可将397变为$40\bar{3}$乘，提高了运算速度。

（4）空盘前乘法充分发挥了珠算的优点，即由高位到低位运算，顺档而下。

（5）空盘前乘法是一个很好的运算方法，优点是容易学、计算速度快。缺点是容易错位。因此，要求初学者严格按大九九口诀运算，且要注意以下几点：

①“0”要占档。

指当乘积不满10时，如2×4=08，前面的“0”要看成是一个0位数，即双积，这样就与法数对档统一起来了。

②法数对档。

a. 用盘上公式定位法。法数（乘数）是脑中所记的数；对档就是把法数的各个位数上的数字在算盘上左起第一档开始一一对号。如法数3 407，算盘左起第一档是3，第二档是4，第三档是0，第四档是7。法数对档后，相应档就是该法数与首位实数相乘所得部分积的十位档（不满十位的，0要占档）。这样对档后，法数起乘实数首位的十位档就确定了，可避免起档的麻烦。

b. 用固定个位档定位法。对档就是把法数的各个位数上的数字与算盘上起拨档起各档一一对号。如法数是3 407，起拨档便是3，右次档是4，右三档是0，右四档是7。法数对档后，相应档就是该法数与实数首位相乘所得部分积的十位档（不满十位的，0要占档）。这样对档以后，法数起乘实数首位的十位档就确定了。

③指不离档。

因为乘积是部分积的错位相加，按大型积来说，手指点着的个位就是下一个大型积的十位，满十的加在本档，不满十的退到下档。这个下档是下一个大型积的十位，手指不离档，一档一档往下移，可减少错位。

④遇零退档，连续有几个零退几档。

指实数中间夹零，部分积为零型积，口诀为“×零00”，第一个0在手指点着的位上，后一个0在下一档上，实际上是遇零退一档，如果实数的下一位又是零，再退一档，如2 006×8，八二16，在起拨档和下一档拨加16后，从拨加6的这一档算起，退两档，在第四档上拨加八六48，实数中间连续有两个零，就退两档。

[实训与达标6-2] 空盘前乘法实训

1. 实训方法

第一步：熟记大九九口诀，避免运算中变换因数位置，便于默记乘数。

第二步：掌握好乘法法则，默念被乘数，脑记一位乘数是关键，在上一题打完清盘的一瞬间，眼看下一题被乘数，反复念几遍就要记住。与被乘数某位数相乘，必须凭印象心记，这样有利于提高运算速度，如5 307×218时，应默念5 307，脑记乘数2，二五10、二三06、二零00、二七14，随口诀递加拨入算盘。

第三步：通过第二步练习，可摆脱念九九口诀的练习，凭条件反射得出对应积数。如1 736×8，默记被乘数1 736，心记乘数8，不通过伴念口诀，立即得积08、56、24、

48，随手迅速拨珠入算盘。运算后，用盘上公式定位法或固定个位档定位法定位。边看、边写、边打分节号（千分空）、小数点。做到盯盘写数，又准又快。

2. 用空盘前乘法计算下列各题（用盘上公式定位法或固定个位档定位法定位）

① 67 ×3 =	② 0. 78 ×7 =
③ 298 ×20 =	④ 0. 158 ×9 =
⑤ 40. 67 ×8 =	⑥ 0. 7085 ×6 =
⑦ 82. 01 ×0. 7 =	⑧ 9. 32 ×0. 05 =
⑨ 2 458 ×40 =	⑩ 0. 03294 ×700 =

3. 用空盘前乘法计算下列各题（用固定个位档定位法或盘上公式定位法定位；保留两位小数，以后四舍五入）

① 519 ×67 =	② 62 ×846 =
③ 97 ×5. 913 =	④ 305 ×16 =
⑤ 89 ×304 =	⑥ 583 ×73 =
⑦ 30. 9 ×0. 42 =	⑧ 87. 23 ×405 =
⑨ 7 029 ×306 =	⑩ 5 203 ×9. 021 =

4. 趣味练习题（乘完后观察盘面形状）

① 万众一心：781 250 ×128 =100 000 000。

② 金香炉：555 555 ×957 =531 666 135。

③ 空香炉：555 ×957 =531 135。

④ 凤凰展翅：493 817 284 ×25 =12 345 432 100。

⑤ 一条龙：先在算盘上拨 123 456 789 作被乘数，然后分别用 18、27、36、45、54、63、72、81 去乘，乘积依次是 2 222 222 202；3 333 333 303；4 444 444 404……9 999 999 909。

⑥ 对称式：下列各题的积都是 639 936。

53 328 ×12 =	17 776 ×36 =
3 636 ×176 =	3 168 ×202 =
616 ×396 =	1 818 ×352 =
808 ×792 =	1 212 ×528 =

5. 找档训练

对被乘数或乘数中间夹有“0”和“1”的算题要反复练习，因为这类算题在运算操作的过程中往往容易搞错档次，造成计算错误。用空盘前乘法反复计算下列各题，注意操作时做到“指不离档”（提示：平时要多设计这类算题进行训练，练就找档准确、操作自如的本领）。

① 1. 07 ×56 =	② 19 ×80. 7 =
③ 0. 802 ×0. 603 =	④ 2 400 ×1. 382 =
⑤ 1 750 ×209 =	⑥ 1. 008 ×0. 76 =
⑦ 0. 1089 ×21. 08 =	⑧ 501 ×0. 8002 =
⑨ 813 ×10 709 =	⑩ 701. 04 ×2 008 =

6. 速度训练

在找档训练有了一定基础后，就进行速度训练。操作时要做到看数、默念口诀、拨珠、写答数等整个操作过程动作连贯、配合默契，减少中间停顿时间。用空盘前乘法计算下列各题（要求：积数保留两位小数，以后四舍五入；时间：5 分钟）。

序 号	算 题	答 数	序 号	算 题	答 数
一	3 068 × 152		六	1 007 × 64	
二	1. 08 × 0. 7651		七	8 300 × 1 790	
三	780 × 3 541		八	8. 03 × 18	
四	3. 41 × 0. 345		九	341 × 409	
五	716 × 304		十	1 067 × 1. 74	

第四节 置数乘法

置数乘法是指将因数布在算盘上进行运算的乘法。置数乘法有破头乘、隔位头乘、留头乘、掉尾乘、扒皮乘等，以下介绍前四种。

一、破头乘法

破头乘法是一种置数的不隔位后乘法。按照乘数的读数顺序，由高位到低位，依次和被乘数的低位到高位逐位相乘，因为乘数首位码与被乘数某位码相乘时，一开始就将被乘数的本位改拨为乘积的十位码而被破掉，所以叫破头乘法。

其定位方法可用公式定位、盘上公式定位或固定个位档定位。下面以固定个位档定位法来说明破头乘的运算步骤。

（一）固定个位档定位法下一位数破头乘法的运算步骤

1. 固定个位档

在算盘上选好个位档，以标记“▲”为小数点。

2. 确定起拨档、置数

按 $P = M + N$ 计算被乘数的起拨档，将乘数放在算盘的最左边档上，或默记。

3. 乘的顺序

用被乘数末位起逐位与乘数相乘（运用大九九口诀），从右至左依次乘乘数各位。

4. 加积档次

将被乘数本档改成积的十位码，在它的下一档拨上码积的个位码。若码积的十位码为“0”，就将被乘数去掉，在下一档上拨上码积的个位码。将码积边乘边加，所有被乘数都乘过后，靠梁数为乘积。

5. 定位写积

计算结束后，如果用固定个位档定位法，照盘上所示数抄写答数，盘上原定的个位档就是积的个位档，并注意精确位的下一位四舍五入。如果用盘上公式定位法，起

拨档有数用公式 $P=M+N$ 确定积的位数，起拨档无数用公式 $P=M+N-1$ 确定积的位数；即“位数相加，前空减 1，边看、边写答数”。

【例 23】　30.81 × 6 = 184.86

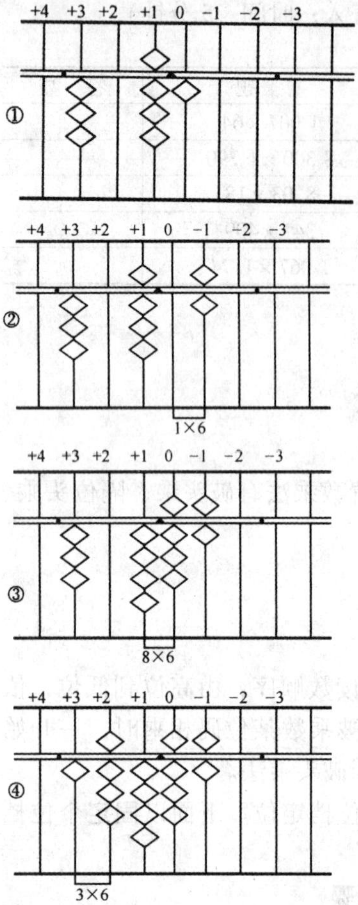

图 6－16

（1）固定个位档。在算盘上选好个位档，以标记“▲”为小数点。

（2）确定起拨档、置数。计算起拨档的位数，按 $P=M+N=2+1=3$，将被乘数 3 081 从 +3 档起拨入盘中（见图 6－16①）。

（3）乘的顺序、加积档次。从被乘数末位起乘，用 1×6＝06，在被乘数“1”的位置起改成码积 0，－1 档加个位码积 6（见图 6－16②）；用 8×6＝48，将 +1 档“8”改成码积 4，0 档加个位码积 8（见图 6－16③）；用 3×6＝18，将 +3 档“3”改成码积 1，+2 档加个位码积 8（见图 6－16④）。

（4）定位写积。终盘为 184.86，事先定好的个位为积的个位，积为 184.86。

（二）固定个位档定位法下多位数破头乘法的运算步骤

1. 固定个位档

在算盘上选好个位档，以标记“▲”为小数点。

2. 确定起拨档、置数

按 $P=M+N$ 计算被乘数的起拨档，将乘数放在算盘的最左边档上，或默记。

3. 乘的顺序

从被乘数的末位至首位，逐位分别与乘数的首位、第二位……末位相乘，直到被乘数的首位遍乘乘数各位为止（运用大九九口诀）。

4. 加积档次

将正在乘的被乘数所在之档定为加积的第一档，其右依次为第二档、第三档、第四档……第几位乘数与该位被乘数相乘时，乘积十位数就拨在第几档上，积的个位拨在下一档上。即第一位乘数与该位被乘数相乘时，乘积十位数就将该位被乘数改拨为积的十位数，个位拨在下一档（如积的十位是0，便将被乘数拨去，个位拨在下一档），与乘数第二位相乘时，乘积十位数加在第二档上……只要确定了第一乘加积的位置后，便按照上一乘加积的个位档就是下一乘加积的十位档，指不离档，依次迭加，直至乘数遍乘该位被乘数。乘数中间夹几个零，手指就从上一乘加积的个位档向右挪几档，该档就是下一乘加积的十位档。

5. 定位写积

计算结束后，如果用固定个位档定位法，照盘上所示数抄写答数，盘上原定的个位档就是积的个位档，并注意精确位的下一位四舍五入。如果用盘上公式定位法（公式定位法），起拨档有数用公式 $P=M+N$ 确定积的位数，起拨档无数用公式 $P=M+N-1$ 确定积的位数，即“位数相加，前空减1，边看、边写答数”。

【例24】 1.28×0.0395=0.0506（保留四位小数，以下四舍五入）

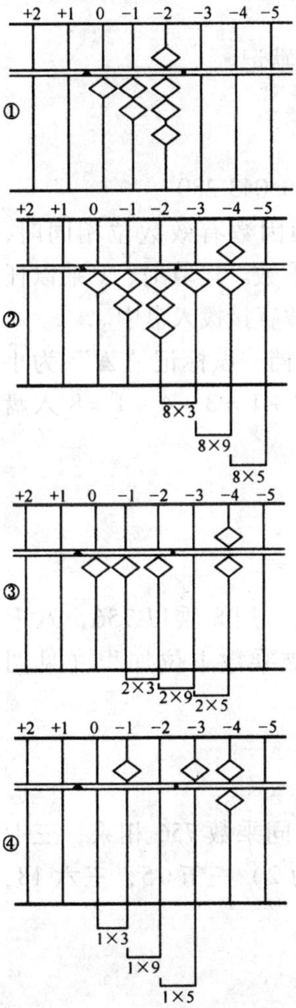

图6-17

(1) 在算盘上选好个位档，以标记“▲”为小数点。将被乘数128按 $P=M+N=1+(-1)=0$ 入盘（见图6-17①）。

(2) 从被乘数末位8乘以395，八三24，将8改为2，下档加4，八九72，八五40，按前码积的个位是后码积的十位，迭位加积（见图6-17②）。

(3) 用被乘数次位数2同乘数395相乘。二三06，将“2”改为0，下档加6，二九18，二五10，按前码积的个位是后码积的十位，迭位加积（见图6-17③）。

(4) 用被乘数首位1同乘数395相乘，一三03，将“1”改为0，下档加3，一九09，一五05，迭位加积（见图6-17④）。

(5) 终盘为0.05056。事先定好的个位为积的个位，保留四位小数，第五位是6，应四舍五入，积为0.0506。

值得注意的是，由于乘法口诀是乘数在前，被乘数在后，使得破头乘必须做到口念乘数，脑记被乘数，手打积数。这样当乘数位数较多时，初学者往往记不住，运算起来不方便。我们认为，由于破头乘一类的后乘法都是以一位被乘数去乘多位乘数，所以在读口诀时先读被乘数也未尝不可，同时也解决了忘记原被乘数字的麻烦。如

【例 24】，在末位被乘数与乘数相乘时，即可读八三 24、八九 72、八五 40，总是 8 在前面，不需专门记忆，眼睛可看着乘数。这比念 395，默记 8，心里想三八 24、九八 72、五八 40 要方便得多。因此，我们在讲其他几种后乘法时，都将采取此种口诀读法。

二、隔位头乘法

隔位头乘法是指从被乘数的末位至首位，逐位分别与乘数的首位、第二位、第三位……直至末位相乘。每当被乘数字与乘数首位相乘时，从该被乘数的下位开始加积，乘完整个乘数后，去掉该被乘数字或改成乘积的十位数。

其定位方法可用公式定位法、盘上公式定位法或固定个位档定位法。这里以固定个位档定位法来说明其运算步骤：

1. 在算盘上选好个位档，以标记“▲”为小数点。
2. 将被乘数按 $P = M + N + 1$ 入盘，乘数放在最左边档上或默记。
3. 从被乘数末位起逐一乘以乘数，在被乘数下位开始加积。
4. 事先定好的个位即积的个位。

【例 25】　756 × 1 380 = 1 043 280

（1）选择被乘数。当两因数有效数位相同时，选择有 1 的因数 1 380 作被乘数。运算时，1 乘以任何数都得任何数，只需将乘数直接拨入盘中。

（2）在算盘上选好个位档，以标记“▲”为小数点。将被乘数按 $P = M + N + 1 = 3 + 4 + 1 = 8$ 入盘（见图 6－18①）。

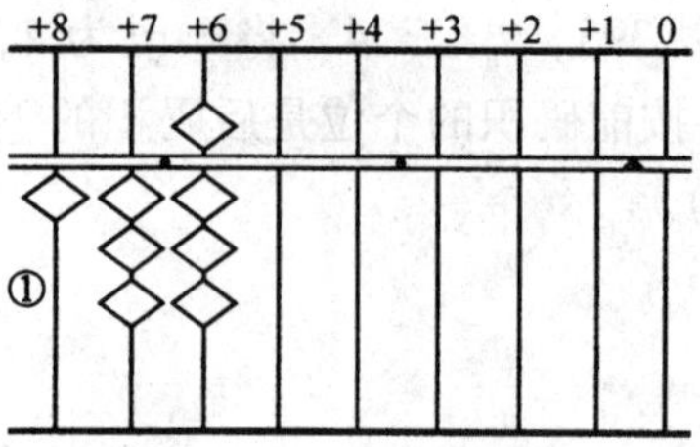

（3）从被乘数末位起乘，用 8 乘以 756，八七 56、八五 40、八六 48，在被乘数下位加积（见图 6－18②）。

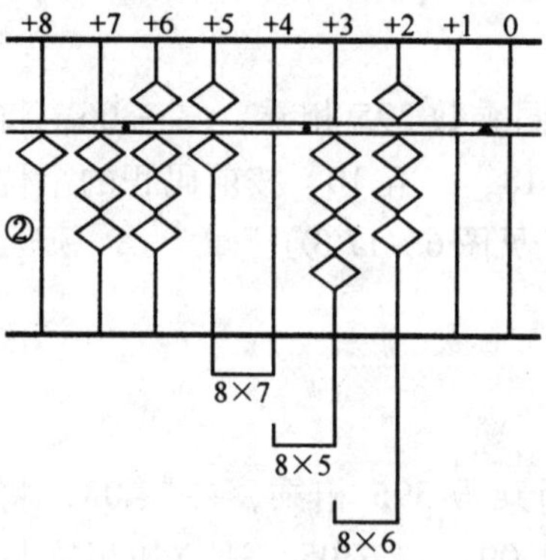

（4）用被乘数十位数 3 同乘数 756 相乘，三七 21，（将被乘数末位 8 改为 2）三五 15，三六 18，（见图 6－18③）。

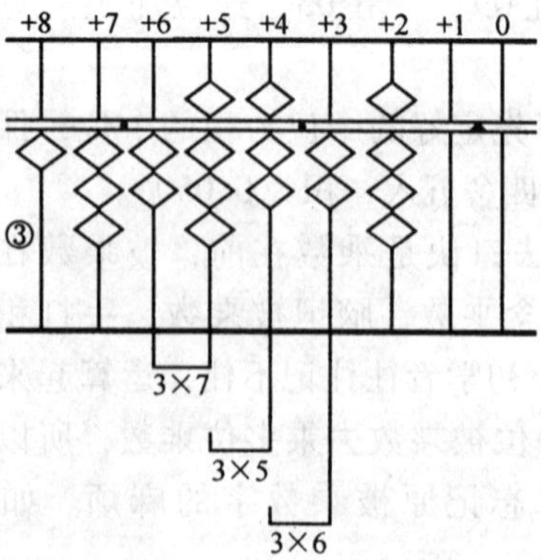

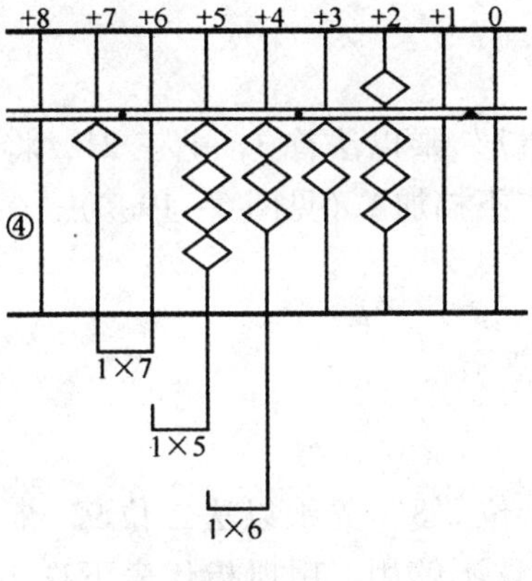

图 6－18

（5）用被乘数首位 1 同乘数 756 相乘，一七 07，（将被乘数十位 3 改为 0），一五 05，一六 06，乘完后将被乘数首位 1 去掉（见图 6－18④）。

（6）写积。事先定好的个位为积的个位。积为 1 043 280。

三、留头乘法

留头乘法是指被乘数从末位至首位，分别先与乘数的第二位、第三位……至末位相乘，迭位加积，最后再与乘数的首位数字相乘，在被乘数位置逐一改变算珠得出乘积的一种方法。

固定个位档定位法下的运算步骤是：

1. 在算盘上选好个位档，以标记“▲”为小数点。

2. 将被乘数按 $P = M + N$ 入盘，乘数放在最左边档上或默记。

3. 从被乘数末位起逐一先与乘数的首二位、首三位……至末位相乘，迭位加积，最后与乘数的首位数字相乘，在被乘数位置逐一改变算珠得出乘积。

4. 事先定好的个位即积的个位。

【例 26】　587 × 396 = 232 452

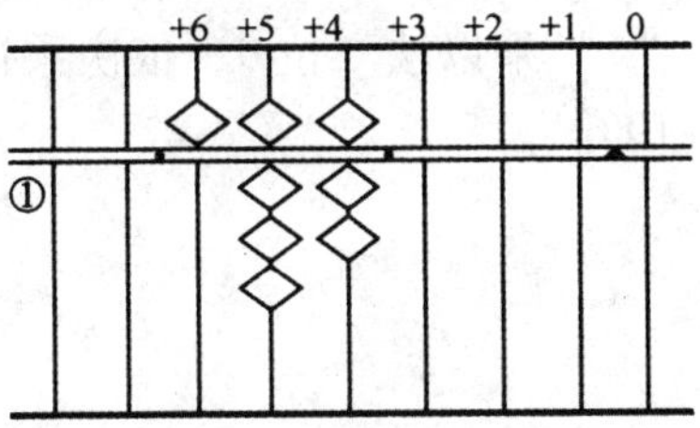

（1）在算盘上选好个位档，以标记“▲”为小数点。将被乘数 587 按 $P = M + N = 3 + 3 = 6$ 入盘（见图 6－19①）。

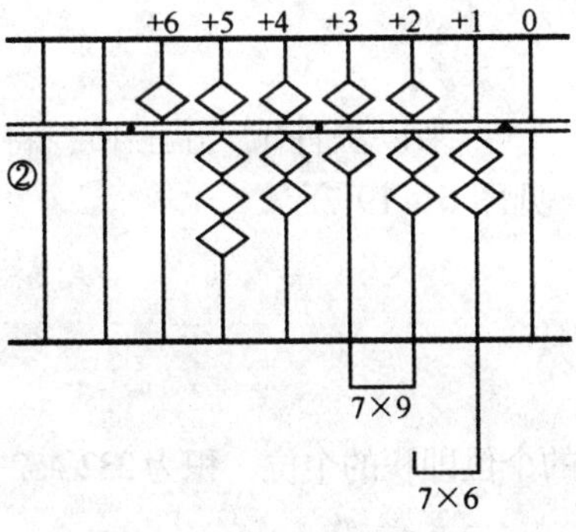

（2）将被乘数末位“7”先乘以法二位 9，依次乘以法三位 6，迭位加积（见图 6－19②）。

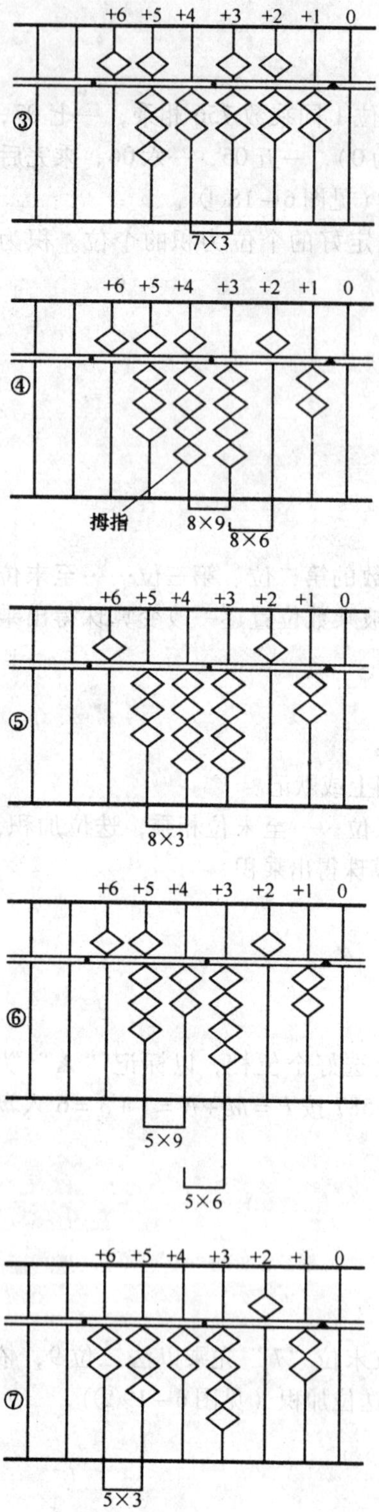

图 6－19

（3）将被乘数“7”乘以法首 3，七三 21，将被乘数“7”改为 2，下档加 1（见图 6－19③）。

（4）将被乘数十位“8”先乘以法二位 9，依次乘以法三位 6，算珠不够用，用拇指代表下珠 1（见图 6－19④）。

（5）将被乘数“8”乘以法首 3，八三 24，将 8 改为 2，下档加 4，四去 6 进 1，此时拇指松开（见图 6－19⑤）。

（6）将被乘数“5”乘以法二位 9，依次乘以法三位 6（见图 6－19⑥）。

（7）将被乘数“5”乘以法首 3，五三 15，将 5 改为 1，下档加 5（见图 6－19⑦）。

（8）盘上定好的个位即积的个位，积为 232 452。

四、掉尾乘法

掉尾乘法是指从被乘数的末位至首位，分别与乘数的末位至首位相乘，迭位加积，逐一在被乘数位置改变算珠得出积数。

固定个位档定位法下的运算步骤是：

1. 在算盘上选好个位档，以标记“▲”为小数点。

2. 将被乘数按 $P=M+N$ 入盘，乘数放在最左边档上，也可默记。

3. 从被乘数末位至首位，分别与乘数的末位至首位相乘，迭位加积，逐一在被乘数位置改变算珠得出积数。

4. 事先定好的个位即积的个位。

【例 27】　385 ×0.276 =106.26（精确到 0.01）

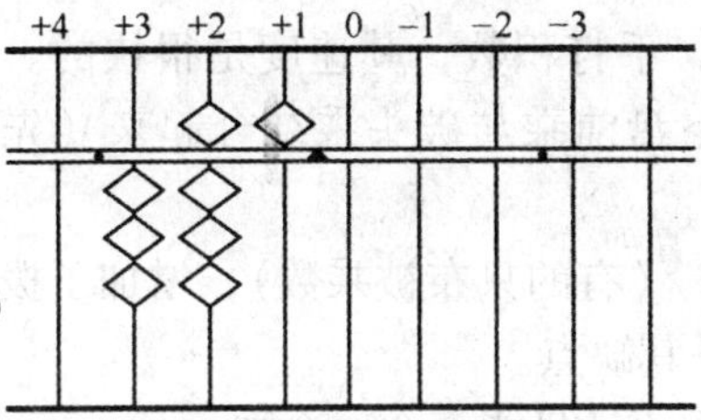

①

（1）在算盘上选好个位档，标记“▲”为小数点，将被乘数 385 按 $P=M+N=3+0=3$ 入盘（见图 6－20①）。

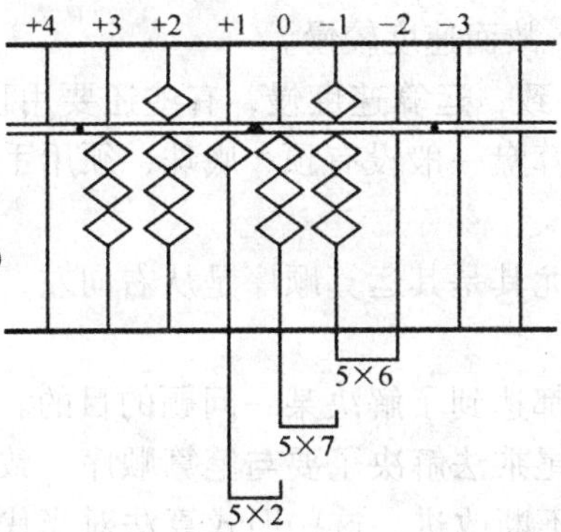

②

（2）将被乘数末位依次与乘数末位至首位相乘，五六 30，五七 35，五二 10，被乘数末位 5 改为 1（见图 6－20②）。

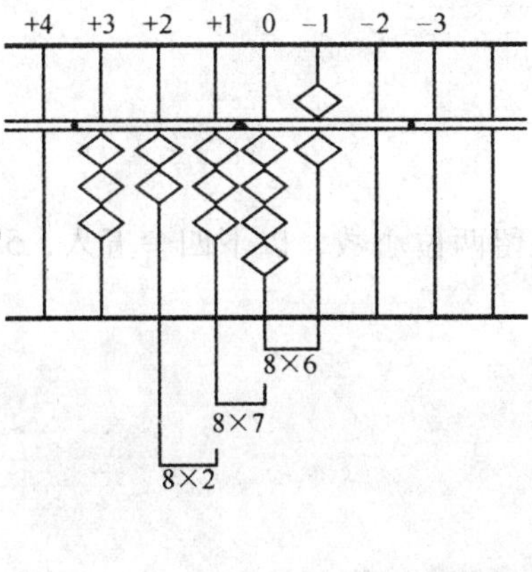

③

（3）将被乘数十位依次与乘数末位至首位相乘，八六 48，八七 56，八二 16，被乘数十位 8 改为 1（见图 6－20③）。

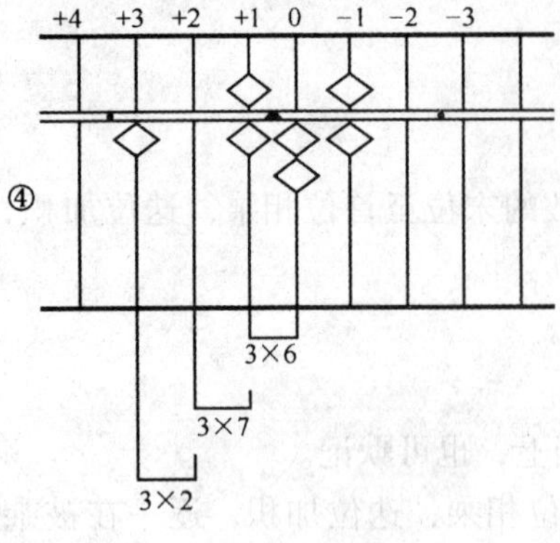

图 6 – 20

（4）将被乘数首位依次与乘数末位至首位相乘，三六 18，三七 21，三二 06，被乘数首位 4 改为 0（见图 6 – 20④）。

（5）事先定好的个位即积的个位，积为 106.26。也有很多人在进行掉尾乘法时采取算后定位。通常做法是：乘数有几个数码，就在右边空出几档来，再布被乘数；从右一档起开始运算，运算完毕，按笔算方法定位。

五、置数乘法小结

（1）破头乘如果能熟用大九九，达到眼看实数，手打积数，其速度是很快的。特别是在实际工作中，有时会遇到连乘的情况，若将空盘前乘与破头乘结合起来（先空盘，后破头），就会起到珠联璧合的效果。

（2）由于置数乘法都要将乘数、被乘数布于盘上（有的只布被乘数），增加了拨珠次数。特别是两因数较大时，盘面有时不够用，这是其缺点。

（3）由于要布被乘数、乘数，故而不能做变式乘法，只能一个一个乘。

（4）隔位头乘法多了一步去掉被乘数字的环节，故而速度较慢。

（5）留头乘的运算顺序与乘法的读数顺序不一致，运算速度慢，有些还要用顶、底珠；有时不够用，还要用顶珠当十，加之现在的算盘一般没有顶、底珠，须用手指替代，或用大脑记住，分散了注意力，不便捷。

（6）掉尾乘法隔位多，运算时不容易盯准位，尤其是其运算顺序是从右向左，右手是跳跃式前进，不是顺档而下，极不方便。

各种算法都有其产生的特定历史环境，在当时都达到了解决某一问题的目的。如留头乘、隔位头乘解决了被乘数被破掉的问题，掉尾乘法解决了要与笔算顺序一致的问题，但随着算理、算法的发展，解决问题的方法不断改进，这些旧式算法对当代学生来说，建议不采用。

[实训与达标 6 – 3] 置数乘法实训

1. 用破头乘法或隔位头乘法计算下列各题（保留两位小数，以下四舍五入，5 分钟内完成）

① 6 032 ×2 =　　② 925 ×700 =

③ 41. 27 ×0. 05 =　　④ 17. 05 ×80 =

⑤ 19 ×302 =　　⑥ 183 ×430 =

⑦ 70. 9 ×0. 412 =　　⑧ 800. 2 ×4. 05 =

⑨ 80. 29 ×306 =　　⑩ 1 203 ×0. 021 =

2. 用留头乘法或掉尾乘法计算下列各题（保留四位小数，以下四舍五入，5 分钟内完成）

① 34 032 ×3 =　　② 6. 92 ×40 =

③ 4 000 ×0. 058 =　　④ 700 ×80. 463 =

⑤ 5. 019 ×302 =　　⑥ 183 ×430 =

⑦ 370. 9 ×0. 41 =　　⑧ 590. 7 ×4. 08 =

⑨ 480. 29 ×3. 76 =　　⑩ 1 203 ×2. 9 =

第五节　珠算简捷乘法

珠算简捷乘法是适合一些特殊题型的算法，它有一定的局限性，视不同的算题选用不同的算法。下面介绍常用的连乘法、滚乘法、省乘法、跟踪乘法等简捷乘法。

一、连乘法

连乘法是指两个以上因数连续相乘求出积数的方法。它的运算性质和顺序同基本乘法一样。运算时，先将第一、第二两因数相乘，求出它们的积；然后再乘第三个因数、第四个因数……直至求出整个算式的积。在实际工作中，计算银行存贷款利息、体积以及财务会计上常用的“连环替代法”等都是多个因数连续相乘。

（一）盘上公式定位法下连乘法的运算步骤

（1）确定起拨档。从算盘左一档起乘。

（2）用空盘前乘法运算前两因数相乘的积。

（3）以前面所得的积作被乘数，用破头乘法乘加其余因数的积。

（4）定位写积。运算完毕，看积数首位左边空了几档，空几档就将各因数位数相加后减几位，即为积的位数；不空档就直接将各因数位数相加，即为积的位数。

【例 28】　12 ×24 ×36 ×15 = 155 520

①
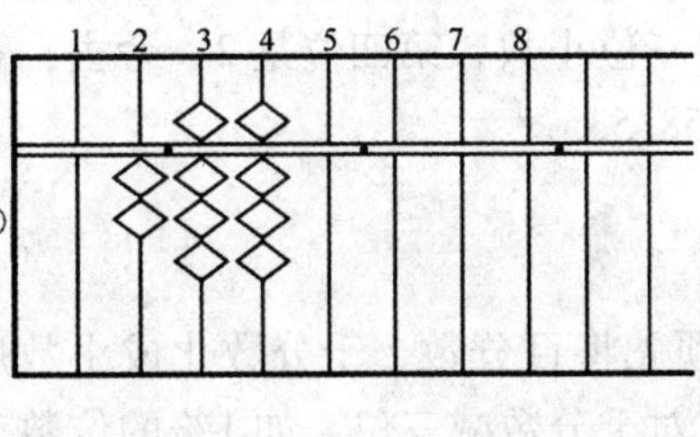

①从算盘左一档起乘，12 ×24 用空盘前乘法计算，盘上显示 0288（见图 6 –21①）。

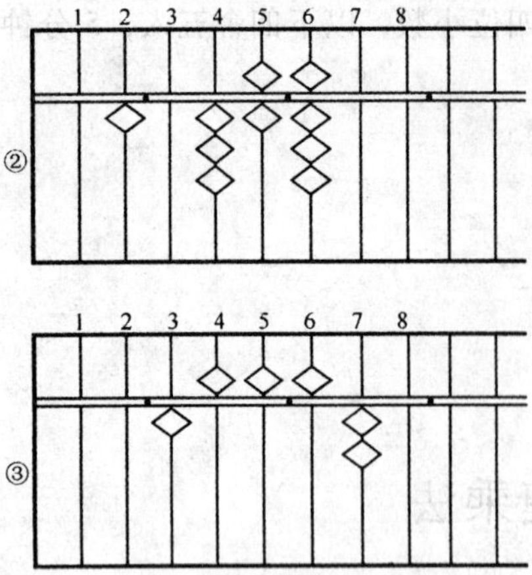

图6-21

②用破头乘法计算 0 288 ×36，盘上显示 010368（见图6-21②）。

③用破头乘法计算 010368 ×15，盘上显示 0015552（见图6-21③）。

④定位。积首前空二档，用公式 $P=M+N+X+Y-2$，$P=2+2+2+2-2=6$，故积为 155 520。

［提示：$P=M+N+X+Y-2$ 的原因。第一步左一档无珠 $M+N-1$（第一步积数位数）；第二步左二档有珠 $M+N-1+X$（第二步积数位数）；第三步左二档无珠 $M+N-1+X+Y-1=M+N+X+Y-2$（积的位数）。］

（二）固定个位档定位法下连乘法的运算步骤

（1）固定个位档。在算盘上选好个位档，标记“▲”为小数点。

（2）确定起拨档。先用空盘前乘法，从各因数位数相加之和档起拨。

（3）用破头乘法计算其余因数。

（4）定位写积。事先定好的个位即积的个位。

【例29】 218.6 ×3.47 ×0.209 =158.535（精确到0.001）

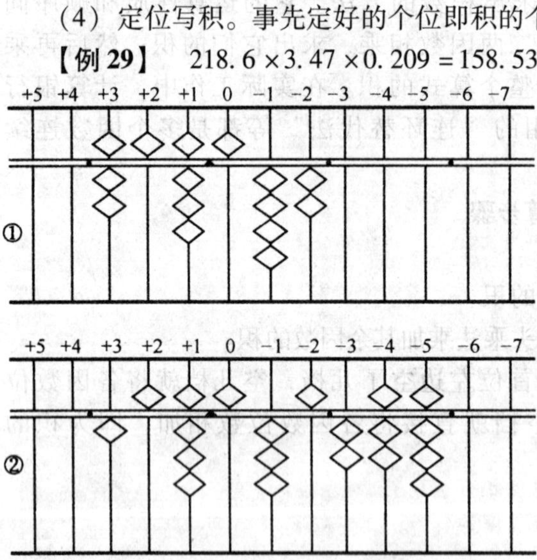

图6-22

①在算盘上选好个位档，标记“▲”为小数点。

②先用空盘前乘法计算 2186 ×347，从第 $P=M+N+X=3+1+0=4$ 档起拨，盘上显示 0758542（见图6-22①）。

③用破头乘计算 758 542 ×209，盘上显示 158535278（见图6-22②）。

④事先定好的个位即积的个位，保留三位小数，第四位是2，舍去，积为 158.535。

（三）关于连乘法应用的几点说明

（1）多因数中，可任选两因数先进行计算。

（2）在实际工作中遇到百分数、千分数时，必须先将百分数、千分数化成小数后才能计算。或者在计算位数时直接对百分数减二位，对千分数减三位，如1%的位数为1-2，11.8‰的位数为2-3。

（3）若计算时需保留中间结果，则按一般方法分步作为两因数相乘来计算。

二、滚乘法

滚乘法是指在连乘带加的运算中，将几笔乘积直接累加成总计的方法。在财经工作中，对发票、领料单、账册和报表中的几笔乘积求总额时，用滚乘法计算，不必置数，不需清盘，无须写出每笔数的金额，省时省事。滚乘法必须采用固定个位档定位法。

固定个位档定位法的运算步骤是：

（1）固定个位档。在算盘上选好个位档，标记“▲”为小数点。

（2）用空盘前乘法计算。

（3）确定起拨档。每一笔乘积都按被乘数和乘数的位数相加，所得的和作为这一笔乘积的起拨档。

（4）加积档次。从起拨档开始，每一笔以下各乘的加积方法按空盘前乘法的盘式进行。特别要注意当积的十位数为“0”时，也要占一档。

（5）每一笔积加完后不清盘，在此基础上加第二笔、第三笔……直至将各笔数乘加完毕。

（6）定位写积。事先定好的个位即积的个位，盘上的数即为所求之总计。

【例30】　$29\times0.58+17\times3.54+60\times0.046=79.76$

①在算盘上选好个位档，标记“▲”为小数点。

②先用空盘前乘法计算 29×0.58，从第 $P=M+N=2+0=2$ 档起档，盘上显示 1 682（见图 6－23①）。

③再用空盘前乘法计算 17×3.54，从第 $P=M+N=2+1=3$ 档起拨，在原盘上累加，盘上显示 77（见图 6－23②）。

④继续用空盘前乘法计算 60×0.046，从第 $P=M+N=2+(-1)=1$ 档起拨，在原盘上累加，盘上显示 7 976（见图 6－23③）。

⑤事先定好的个位即积的个位，积为 79.76。

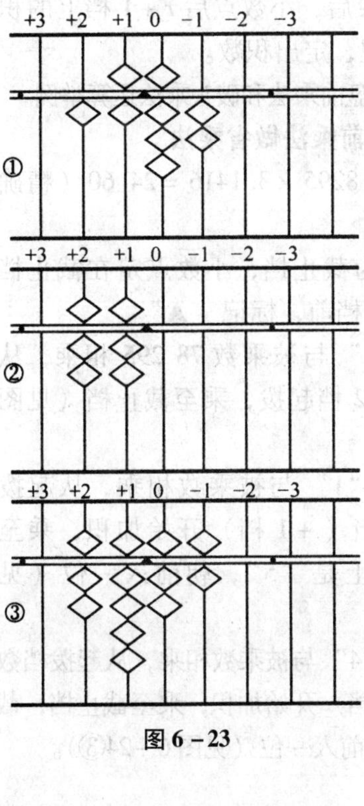

图 6－23

三、省乘法

在日常工作中，经常会遇到多位小数的乘法，而通常对所求的积有一个精确度的要求，有的甚至只要求整数。如果各位小数都计算出来，得出结果后不要的小数位还要删去，这样就做了很多不必要的运算，浪费了精力和时间。省乘法就是针对这种情况而设计的。所谓省乘法，就是根据近似计算的原理，做小数乘法时，省略多余的步骤，既提高计算效率，又不影响精确度。

省乘法是把计算截止在不影响精确度的档次，所以一定要采用固定个位档定位法，否则就不知计算到哪里结束。其方法和步骤是：

(1) 选右框作为截止档，如要求积精确到小数 r 位，为了提高精确度，一般就把小数点定在截止档左 $r+2$ 位档前，标记“▲”。如要求保留两位小数时，个位档定在算盘右框起第五档上；当要求保留四位小数时，个位档定在算盘右框起第七档上。

(2) 按空盘前乘法进行运算（其他方法亦可），各位相乘的部分积，一律加到截止档为止，以下各档省去不做。由于截止档是右框，故截止档上的数四舍五入。

(3) 运算结束后，小数点后 $r+1$ 档上的积数按四舍五入处理，定出积数。

①
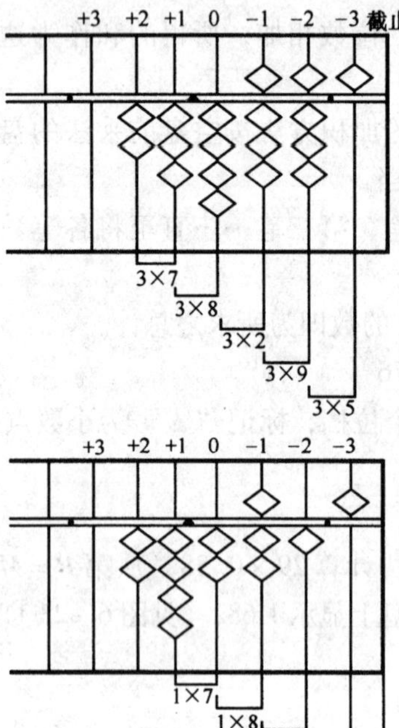

②
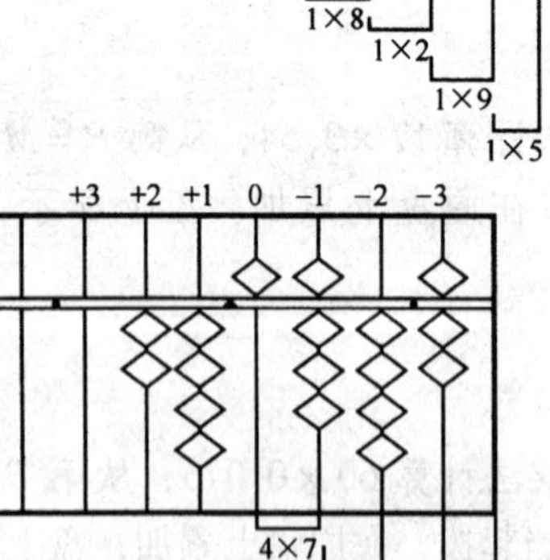

③
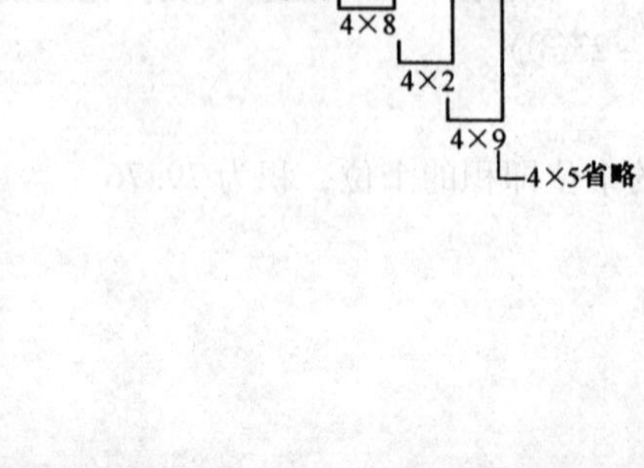

下面分别按空盘前乘法和破头乘法运算举例。

（一）用空盘前乘法做省乘法

【例 31】　7.8295 × 3.1416 = 24.60（精确到 0.01，r 为 2）

(1) 选右框为截止档，小数点定在截止档左 $r+2=2+2=4$ 档前，标记“▲”。

(2) 法首“3”与被乘数 78 295 相乘，从第 $M+N=1+1=2$ 档起拨，乘至截止档（见图 6－24①）。

(3) 法二位“1”与被乘数相乘，从起拨档数起向右第二档（+1 档）开始加积，乘至截止档，截止档上是“5”，朝前入一位（见图 6－24②）。

(4) 法三位“4”与被乘数相乘，从起拨档数起向右第三档（0 档）开始加积，乘至截止档，截止档上是“6”，朝前入一位（见图 6－24③）。

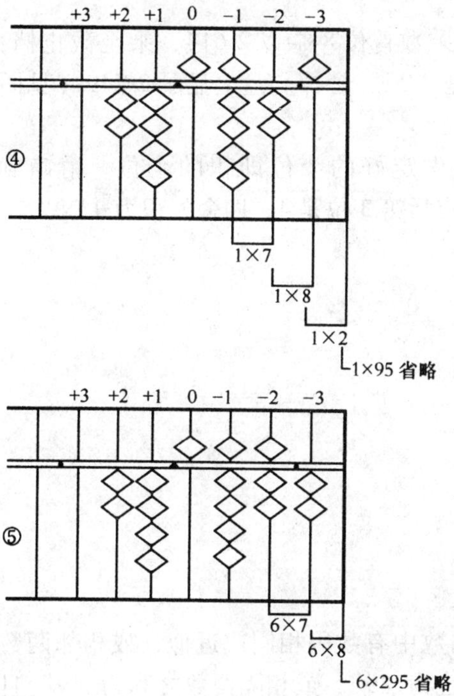

图 6－24

（5）法四位“1”与被乘数相乘，从起拨档数起向右第四档（－1 档）开始加积，乘至截止档，截止档是“2”，舍掉（见图 6－24④）。

（6）法五位“6”与被乘数相乘，从起拨档数起向右第五档（－2 档）开始加积，乘至截止档，截止档上是“8”，向前入一位，盘上显示 245972（见图 6－24⑤）。

（7）小数点后第 3 位是“7”，四舍五入。积为 24.60。

（二）用破头乘法做省乘法

【例 32】　0.8605×0.2614＝0.22（精确到 0.01，r 为 2）

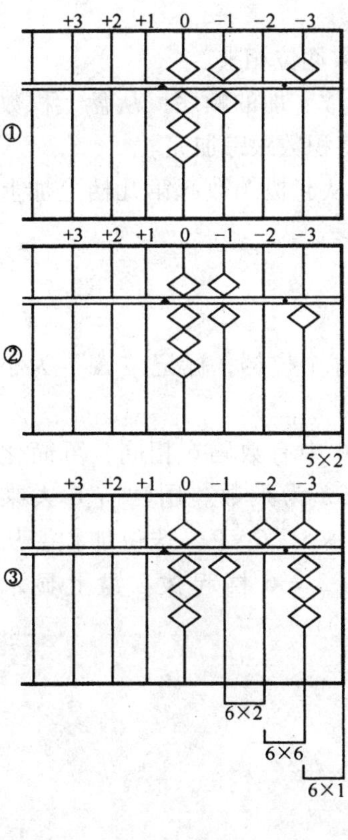

（1）选右框为截止档，小数点定在截止档左 $r+2=2+2=4$ 档前，标记“▲”。并将被乘数 8 605 按 $P=M+N=0+0=0$ 入盘（见图 6－25①）。

（2）被乘数末位 5 乘以 2 614 乘至截止档，截止档上是“0”，舍掉。被乘数末二位 0 乘以 2 614，为“0”，不用拨珠（见图 6－25②）。

（3）被乘数末三位 6 乘以 2 614，乘至截止档，截止档上是“6”，入一位（见图 6－25③）。

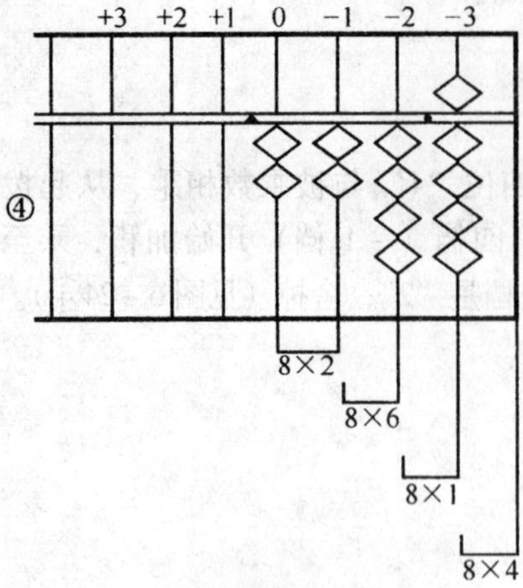

图 6 – 25

（4）被乘数首位 8 乘以 2 614，乘至截止档，截止档上是“2”，舍掉。盘上显示 2 249（见图 6 – 25④）。

（5）事先定好的个位即积的个位。精确到 0.01，小数点后第 3 位是 4，四舍，积为 0.22。

四、跟踪乘法

跟踪乘法是指在进行乘法运算时，遇到两因数中有数码相同或近似，或相邻两数之和为“9”，或相隔两数之和为“9”且中间数也为“9”，或相隔两数之和为“9”且中间数与后面一个数为顺序数，利用先乘之积迭位相加或相减进行运算的方法，也叫同数乘或移积乘或随乘法。

下面以固定个位档定位法下空盘前乘法做跟踪乘法举例。

（一）当乘数中有数码相同时，采用跟踪加积的方法

（1）选择乘数相同数码中数位最高的那位数先与被乘数逐位相乘。

（2）跟踪加积相同数码的其余各位被乘数与乘数的积数。加的顺序：从盘上积数的末位到首位，按照被乘数中相同的数位关系，逐位依次将积数跟踪加完。

（3）加积或减积的档次。也可以按相同数是几位，就从起拨档数起第几档上加上或减去乘积的十位数，个位数在右边的一档上加或减。

【例 33】　636 × 152 = 96 672

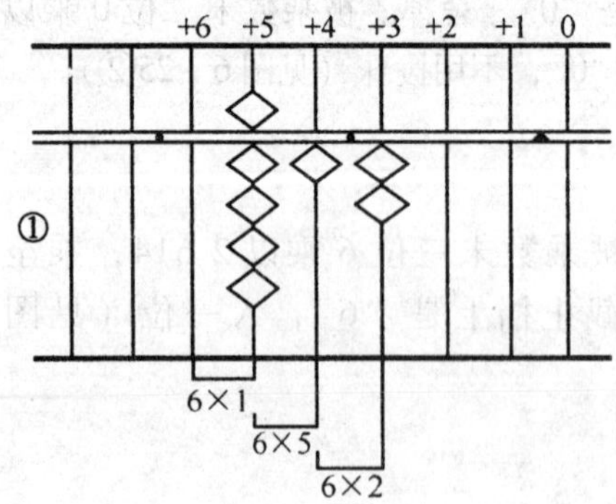

①在算盘上选好个位档，标记“▲”为小数点。

②由于因数 636 中有数码 6 相同，可简化运算过程，故选 636 为乘数。用法首 6 去乘 152，依次 6 × 1、6 × 5、6 × 2，迭位加积，从第 $P = M + N = 3 + 3 = 6$ 档起拨。盘上显示 0912（见图 6 – 26①）。

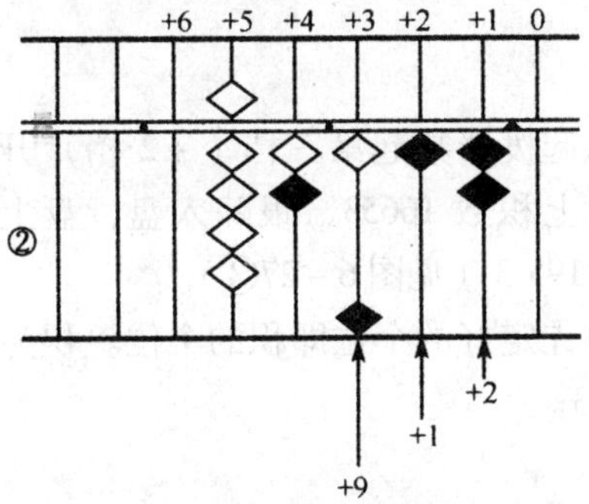

③由于法三位“6”与法首位6相同，且隔档，所以应隔档移0912，从后面依次隔着2加2，隔着1加1，隔着9加9，盘上显示092112（见图6－26②）。

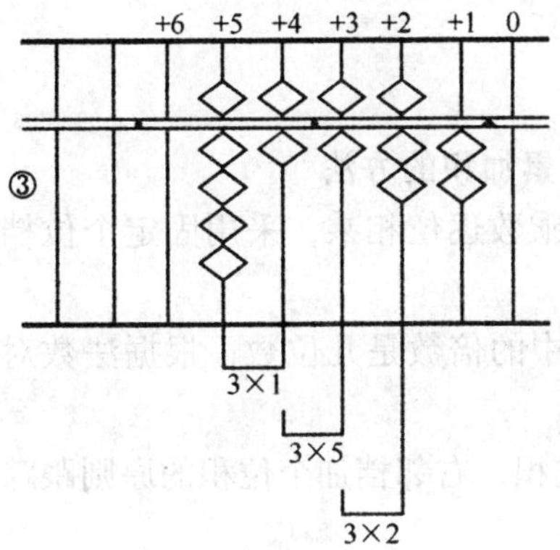

④用法二位3去乘152，依次3×1、3×5、3×2，迭位加积。根据法数对档的原则，“3”是法二位，就从起拨档数起第二档（+5档）开始加积（三一03，0要占档），也可按 $P=M+N=3+2=5$（法二位3自身是正2位数）确定起拨档。盘上显示096672（见图6－26③）。

⑤事先定好的个位即积的个位，积为96 672。

图6－26

【例34】　3 939×0.427＝1 681.953

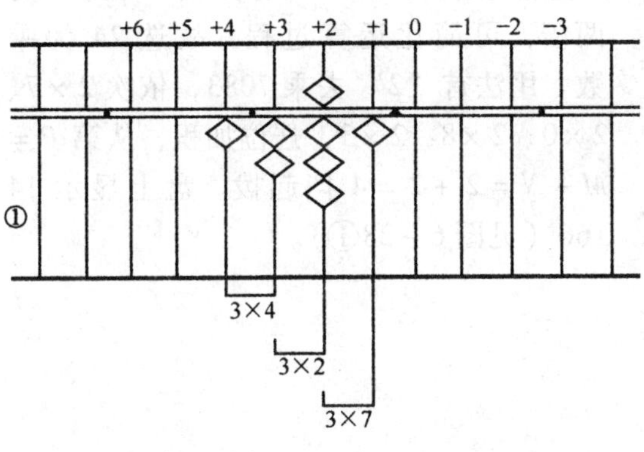

①在算盘上选好个位档，标记“▲”为小数点。

②由于因数3 939中有数码39相同，可简化运算过程，故选3 939为乘数。用法首“3”去乘427，依次3×4、3×2、3×7，迭位加积，从第 $P=M+N=4+0=4$ 档起拨。盘上显示1 281（见图6－27①）。

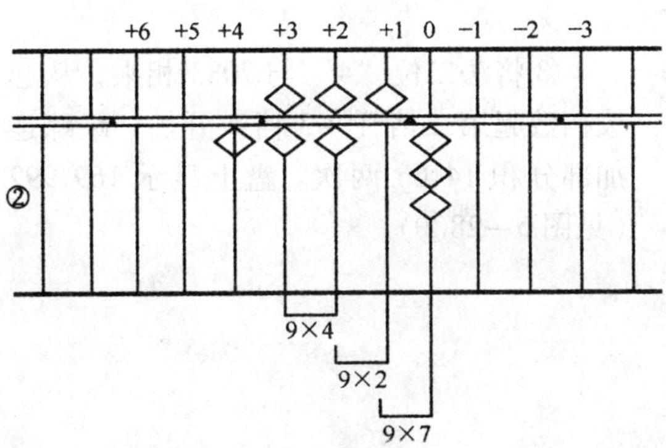

③将法二位“9”与427相乘，依次9×4、9×2、9×7，迭位加积，从起拨档数起第二档（+3档）开始加积。盘上显示16 653（见图6－27②）。

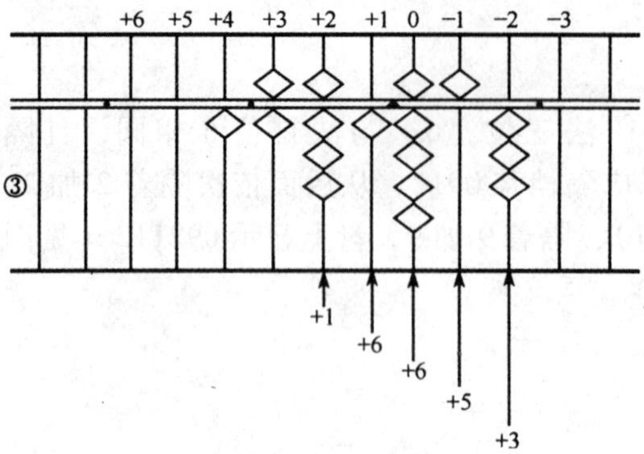

图 6－27

④从起拨档数起第三档（+2 档）开始，将盘上积数 16653，跟踪入盘，盘上显示 168 195 3（见图 6－27③）。

⑤事先定好的个位即积的个位。积为 1 681.953。

（二）当乘数中数码之间成倍数关系时，采用跟踪累加积的方法

（1）选择乘数中数码之间成倍数关系的约数与被乘数逐位相乘，采用固定个位档定位法下空盘前乘法求出积数。

（2）将乘数中的约数与被乘数的部分积，按乘数中的倍数是几位数，根据法数对档的原则，就在起拨档数起第几档上连加 2 次。

（3）或者再将盘中各档积数乘以 2，按本档加十位积、右邻档加个位积的原则跟踪累加。

【例 35】　70.83 × 24 = 1 699.92

①在算盘上选好个位档，标记“▲”为小数点。

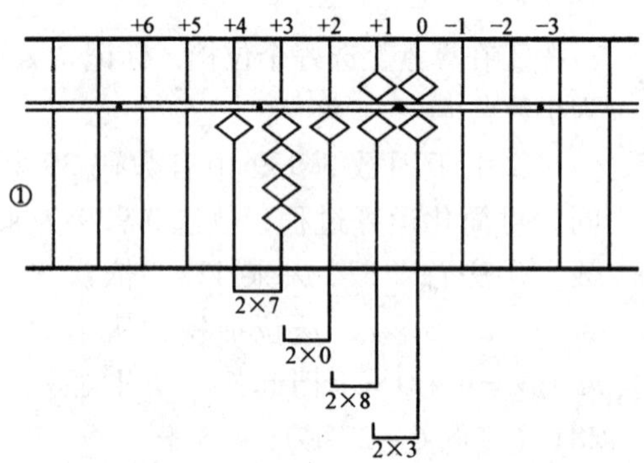

②由于因数 24 中有数码 4，为 2 的两倍，可简化运算过程，故选 24 为乘数。用法首“2”去乘 7083，依次 2×7、2×0、2×8，2×3，迭位加积，从第 $P = M + N = 2 + 2 = 4$ 档起拨。盘上显示 14 166（见图 6－28①）。

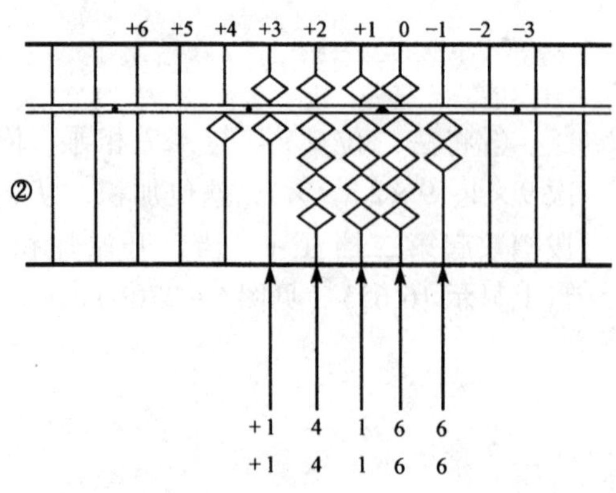

③将法二位“4”与 7083 相乘，从起拨档数起第二档（+3 档）开始，跟踪连加部分积 14166 两次。盘上显示 169 992（见图 6－28②）。

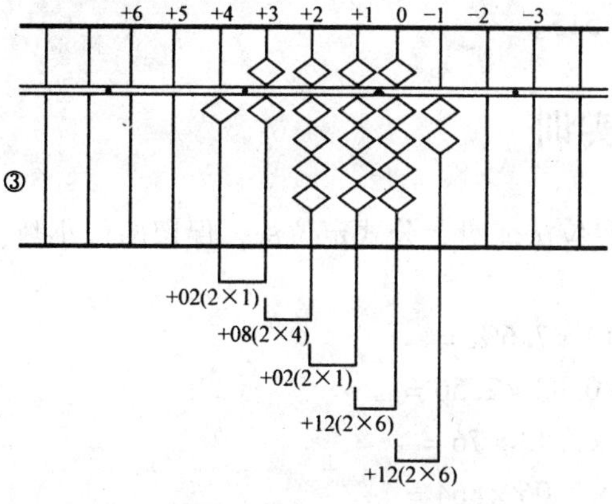

图 6－28

④事先定好的个位即积的个位。积为 1 699. 92。

或者将 14 166 ×2，从起拨档起，按本档加十位积，右邻档加个位积的原则跟踪累加（见图 6－28③）。

（三）当乘数中有相邻数近似、相邻数之和为 9 时，则采用变式跟踪减积的方法

【例 36】　879 ×285 =250 515（相邻数近似）

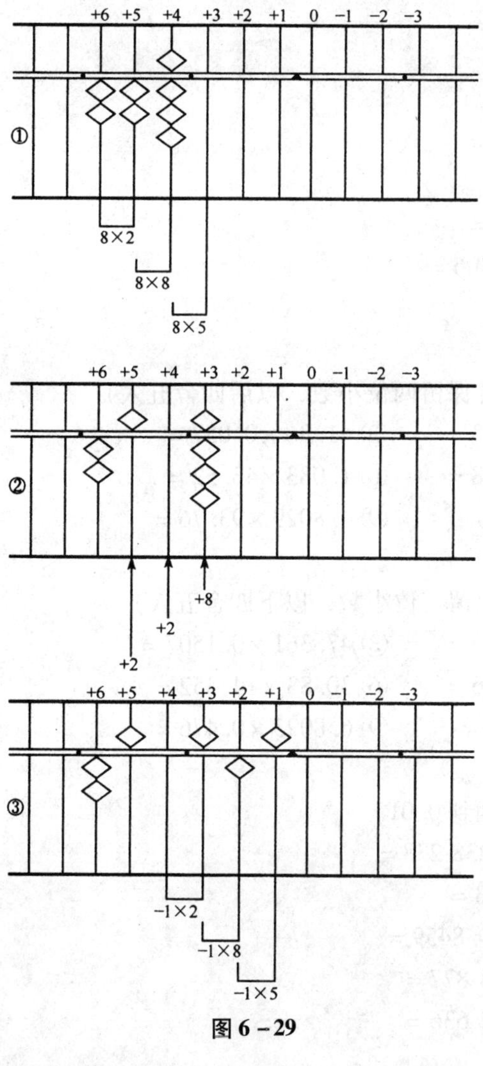

图 6－29

①在算盘上选好个位档，标记“▲”为小数点。

②由于 879 可变为 88$\bar{1}$，即（880－1），能简化运算过程，故选择 879 作为乘数。用法首“8”去乘被乘数 285，依次 8 ×2、8 ×8、8 ×5，迭位加积，从第 $P = M + N = 3 + 3 = 6$ 档起拨，盘上显示 228（见图 6－29①）。

③由于变式后，法二位“8”与法首 8 同，故其与被乘数的部分积是相同的，只需依次照加。为了不破坏原盘上需利用的数，从后面加起比较好，此时要利用前面讲过的乘数及其部分积的对应关系原理。因法二位与法首紧挨着，所以其部分积的每个数码也对应紧挨着，从后面依次挨着 8 加 8，挨着 2 加 2，挨着 2 加 2。盘上显示 2 508（见图 6－29②）。

④乘减法三位 1 与 285 的积，依次减 1 ×2、1 ×8、1 ×5，迭位减积，按法数对档原理，可知从起拨档数起第三档（+4 档）开始从原盘上“6”所在的档起拨，也可按 $P = M + N = 3 + 1 = 4$（法三位自身是正 1 位数），确定起拨的档是小数点前第四档。盘上显示 250 515（见图 6－29③）。

⑤事先定好的个位即积的个位。积为 250 515。

[实训与达标 6－4] 简捷乘法实训

1. 用连乘法计算下列各题（固定个位档定位法或盘上公式定位法，保留两位小数，以后四舍五入）

① 260 × 5 × 9.8% =　　② 375 × 14 × 7.6‰ =
③ 374 × 108 × 269 =　　④ 5.41 × 0.82 × 2.56 =
⑤ 86 × 0.24 × 0.09 =　　⑥ 91.48 × 2.13 × 76 =
⑦ 90.28 × 4.93 × 197 =　　⑧ 692.5 × 7.06 × 864 =
⑨ 703 × 14.8 × 597 =　　⑩ 718 × 6.52 × 276 =

2. 用滚乘法计算下列各题

① 56.19 × 58 + 31.65 × 106 + 40.92 × 754 =
② 2.47 × 183 + 70.35 × 41 + 9.47 × 369 =
③ 70.92 × 12 + 29.01 × 64 + 45.06 × 263 =
④ 30.82 × 743 + 28.07 × 61 + 93.46 × 81 =
⑤ 0.89 × 75.48 + 5.87 × 975 + 50.73 × 19 =
⑥ 4.81 × 185 + 2.09 × 356 + 173.09 × 5 =
⑦ 0.54 × 5.783 + 25.19 × 61 + 8.09 × 427 =
⑧ 9.01 × 10.729 + 7.65 × 83 + 0.51 × 34.806 =
⑨ 15.84 × 916 + 0.72 × 536 + 967 × 103 =
⑩ 80.73 × 94 + 87.13 × 29 + 56.82 × 82 =

3. 用空盘前乘法做省乘法计算下列各题（保留两位小数，以后四舍五入）

① 3.2765 × 43.28 =　　② 56.921 × 0.743 =　　③ 41.36 × 0.057 =
④ 700.1 × 8.463 =　　⑤ 1.0195 × 0.308 =　　⑥ 1.083 × 43.52 =
⑦ 0.379 × 0.401 =　　⑧ 2.907 × 4.08 =　　⑨ 4.8029 × 93.76 =
⑩1.703 × 2.9 =

4. 用破头乘法做省乘法计算下列各题（保留三位小数，以下四舍五入）

① 264.06 × 3.28 =　　② 0.921 × 0.7003 =　　③ 47.361 × 0.1507 =
④ 8.7021 × 86.63 =　　⑤ 278.51 × 1.006 =　　⑥ 30.83 × 14.352 =
⑦ 0.479 × 0.3405 =　　⑧ 7.127 × 64.08 =　　⑨ 6.8023 × 0.476 =
⑩1.703 × 2.89 =

5. 用跟踪乘法计算下列各题（小数题精确到 0.01）

① 3 508 × 606 =　　② 6 745 × 238 238 =
③ 5 565 × 784 =　　④ 484 × 693 =
⑤ 0.483 × 69.69 =　　⑥ 4 747 × 0.8459 =
⑦ 5 386 × 2 922 =　　⑧ 7 465 × 8 877 =
⑨ 4 254 × 2 469 =　　⑩ 5 148 × 2 636 =

6. 用变式后的跟踪乘法计算下列各题（小数题精确到 0.01）

① 7 693 × 4 287 =	② 7 287 × 6.345 =
③ 297 × 3 164 =	④ 178 × 4.028 =
⑤ 1 287 × 5 436 =	⑥ 4 356 × 1 728 =
⑦ 3 956 × 26 913 =	⑧ 0.4652 × 74.0683 =
⑨ 876 × 4 474 =	⑩ 198 × 3 972 =

第六节　珠算乘法小结

通过本章学习，我们可以了解乘法的基本原理和算法程序。理解珠算乘法是以加法为基础而形成的一种算法，如果将算盘比作“硬件”，则乘法大九九口诀表就是珠算乘法的“软件”。明确学好珠算乘法能提高眼、脑、手三者之间相互协调的能力，做到“心灵手巧”。掌握乘积的定位法、空盘前乘法以及乘法的查错法等。

一、乘法的检误

造成珠算乘法差错的原因主要有四种情况：一是看数、置数和写数错误；二是乘加错档；三是因数自乘相加；四是定位错误。

（一）看数、置数和写数错误及防止办法

在进行乘法运算中发生看数、置数和写数错误是很常见的，如将 2 看成 3、3 看成 8、1 看成 5、5 看成 1 等。看错了数，则会出现置数、写数等的错误。如将 376 看成 876，则在置数时也置入了 876。发生写数错误的原因，由于乘法的运算，积数的位数一般都是一个多位数，在看盘写数时，将左右相邻的数字看颠倒，造成写数错误，如将 3 627 481 错看成 3 672 481，则写成了 3 672 481；有时在看盘写数时，则是将某档的算珠看错，造成错误，如将 725 错看成 721，则误写成 721。

防止这种差错的方法：平时要加强看数、置数、盯盘写数的训练，在运算时可将计算资料同算盘的距离尽量缩短，使视线能同时兼顾算题与算盘两方面，而且注意力要集中。

（二）乘加错档及防止办法

在乘法计算的错误中，乘加错档是最易出现的，特别是当数字中有“0”时，两数相乘得“几 0”时，更易发生差错。防止的办法：运用大九九口诀时手指不离档——当两因数相乘之积拨入算盘后，手指要放在积的个位档上。对以下几种情况要特别注意：

（1）两因数相乘不进位的，手指要放在个位档。如 273 × 257，被乘数拨入算盘，末位 3 与乘数的首位 2 相乘，“三二 06”不进位，手指放在 6 这一档。

（2）两因数相乘刚好满 10，手指要放在个位的 0 档。如 478 × 542，被乘数拨入算盘末位 8 与乘数首位 5 相乘，“八五 40”，手指放在“0”这一档。

（3）乘数中间有 0，手指要相应地移几个档次。移几档是有规律的，乘数中间一个 0 就往后移一档，乘数中间连续三个 0 就往后移三档，其余类推。如果移几档不能正确地做出判断，则可以将被乘数分别乘以 0，默念“几 000”，手指相应往后移几档。如 463 ×7 008，被乘数拨入算盘，末位 3 与乘数首位相乘，“三七 21”，将 21 拨入算盘。乘数中间有两个 0，手指相应往后移两档，再乘以乘数的末位 8。

（三）因数自乘相加及防止办法

在两因数的各位相乘时，误将一个因数中相邻的两位相乘。如 82 ×6，第一次相乘的是六八 48，接下来应是六二 12，但容易顺口溜出二八 16，误为一个因数自乘。防止办法是：要使用大九九，每次相乘时，切记要固定将一个因数念在前，另一个因数念在后。如 86 ×74，当 8 ×74 时，要念成“八七”“八四”；当 6 ×74 时，要念成“六七”“六四”。在运算中要做到左手指在被乘数的下方，每盘相乘，眼看一下被乘数，然后边乘边将积逐位拨入算盘。

（四）定位错误及防止办法

定位错误主要是定位方法掌握不够熟练所致。例如：305 ×28 =85 400，正确答案应为 8 540，末尾多了一个“0”。

对于这类差错的防止办法是：要熟练运用乘法的定位方法，定位快而准并防止定位错误，关键是将被乘数拨在固定的位置上；采用空盘前乘法则是将积的首位拨在固定的位置，不要任意变动。对于乘数是负位数的，在进行定位时就看成是减几位。如果是负 1 位，就减 1 位；如果是负 2 位，就减 2 位，以此类推。

二、乘法的练习方法

通过本章的学习，我们学会了空盘前乘和破头乘两种基本乘法的运算方法，接着就应思考如何提高乘法的运算速度与准确率。只会珠算的理论和方法，而不勤于练习，是不行的。就像只看游泳书而不下水，是永远学不会游泳的，关键还在于勤学苦练，因此，要想提高珠算乘法的运算速度和准确度，需要从以下几方面努力。

（一）熟背大九九口诀

进行乘法运算，如果只熟背小九九是不行的。因为在运算中，有时乘数放在前，有时被乘数放在前，容易发生颠倒和自身乘自身的错误。如 3 847 ×9，不会 9 ×7 的口诀，就要倒念“七九 63”；不会 9 乘 4 的口诀，就要倒念“四九 36”。这样一倒一顺，不仅影响速度，也很容易发生差错。

（二）摆脱大九九口诀的束缚

上面要求熟背大九九，现在又要摆脱大九九，但这并不矛盾。大九九必须在熟背、熟练了以后才能摆脱。摆脱了大九九口诀才能做到见数不假思索即拨珠，从而提高运算速度。要摆脱大九九，可按下列步骤反复练习：

（1）首先在算盘上练习顺数和逆数一位乘，要求做到心中默念大九九，随手拨入积数。如 123 456 789 ×9，先将被乘数拨入算盘，然后逐位相乘，心中默念“九九 81”“九八 72”……并随手将积拨在算盘上。

（2）在上述练习熟练后，就在算盘上随便拨入一个数，按上述方法练习。

（3）练习只念被乘数和乘数，不念积数就将积数拨在算盘上。

（4）练习口念乘数、眼看被乘数、手指自然拨积数入盘。

（5）最后练习眼看被乘数和乘数就能随手拨积数入盘。

（三）运算方法的选择

乘法的基本运算方法比较多，目前普遍应用的是空盘前乘法和破头乘法。这两种方法各有优缺点，比较之下空盘前乘法更好，主要在于不必将被乘数拨入算盘，节省了时间，还可以运用一些简捷算法。

采用空盘前乘法进行运算，就要迅速将被乘数首位与乘数首位相乘之积拨在算盘上。如采用盘上公式定位法，一般要求从算盘左边第一档开始拨入积数。这有两个优点：一是便于定位。运算结束后只要看算盘左边特定档有无积数，就可定位；二是能提高运算速度。因为一般都是将计算资料放在桌子左下方，算盘放在右上方，积数从算盘左边拨起，运算时能使计算资料同算盘的距离接近，看数和看算盘不需左顾右盼。如果首位相乘不进位，首档要留出。如 432×218，被乘数首位 4 乘以乘数首位 2 是不进位数，首位档就应留出，如果用置数乘法进行运算，第一步是将被乘数拨入算盘，因此，置数要迅速。

大幅度提高乘法的运算速度，仅仅掌握基本算法是不够的。必须掌握简捷乘法以及将心算与珠算结合起来进行运算，学会一位乘多位的乘法一口清和一些简捷算法。这些方法将在脑算法中详细介绍。

（四）默记乘数

默记了乘数，就能一次将乘数乘以被乘数各位的积拨入算盘，减少看一个数乘一次的麻烦。初学者觉得默记乘数很难，其实只要经过刻苦训练是完全能做到的。一般要求乘数凡是在 5 位以下的都要默记。默记数字，必须见数后就能记住。一般要求手指在拨置被乘数入盘时，就眼看乘数默记，当被乘数拨入后，乘数也就记住。如果是用空盘前乘法运算，则在看被乘数后迅速默记乘数。

（五）乘数的选择

选好乘数能提高计算效率，其方法见 P176“1. 选择乘数”。

[实训与达标 6－5] 珠算乘法综合实训

1. 请检查下列各题计算结果是否正确？如果是错误的，请说出差错的原因，并进行更正（保留两位小数，以下四舍五入）

①73×8 349=609 472　　②42×6 408=269 316

③57×1 062=90 534　　④93×4 152=368 136

⑤192×9 103=1 747 776　　⑥0.3087×6.59=2.54

⑦0.3086×7.54=2.34　　⑧195×9 102=157 989

2. 计算下列各题并根据乘法的检误方法进行验算，检查你的计算结果是否正确（保留两位小数，以下四舍五入）

①233×906=　　②2 518×95=

③269×2.54=　　④5.062×7.38=

⑤ 64 ×6 218 = ⑥ 46 ×6 054 =

⑦ 9. 043 ×45 = ⑧ 83 ×2 658 =

3. 达标训练（单元检测）

1 ~10 题为普通六级题型，11 ~20 题为普通五级题型，21 ~30 题为普通四级题型（限时 15 分钟，积数保留两位小数，以下四舍五入，要求准确率达 80% 以上）。

① 307 ×98 = ② 53 ×47 =

③ 82 ×38 = ④ 95 ×76 =

⑤ 147 ×72 = ⑥ 71 ×801 =

⑦ 29 ×193 = ⑧ 608 ×59 =

⑨ 48 ×64 = ⑩ 36 ×25 =

⑪ 927 ×56 = ⑫ 61 ×807 =

⑬ 0. 802 ×6. 43 = ⑭ 24 ×4 382 =

⑮ 175 ×29 = ⑯ 3. 598 ×0. 76 =

⑰ 76 ×801 = ⑱ 43 ×325 =

⑲ 506 ×97 = ⑳ 893 ×109 =

㉑ 71 ×358 = ㉒ 83 ×2 416 =

㉓ 359 ×807 = ㉔ 406 ×975 =

㉕ 93. 27 ×0. 48 = ㉖ 1 438 ×59 =

㉗ 648 ×2 079 = ㉘ 7. 65 ×3 608 =

㉙ 67 ×5 209 = ㉚ 39 ×6 401 =

第七章　珠算除法

教学目标及重点、难点

通过本章的学习和训练，了解除法的定义、珠算除法运算的特点和珠算除法的种类，熟练掌握珠算除法的定位和珠算除法的方法。

学习重点是珠算除法的定位，熟练掌握固定个位档定位法、珠算除法的方法，尤其是商除法和改商除法。

学习难点是改商除法以及珠算除法运算步骤中的估商技巧与减积档次的运算。

第一节　珠算除法概述

一、除法的定义

除法是把一个数分成若干等份，求一份是多少的方法。除法也是求一个数是另一个数的多少倍的方法。其公式为：

$$被除数 \div 除数 = 商 \cdots\cdots 余数$$
$$即\ a \div b = c \cdots d$$

古代称被除数为实数，称除数为法数。除法是乘法的逆运算，即 $a \div b = c$，$c \times b = a$；也是同数连减的简便算法。

例如：求 48 是 8 的多少倍，其中 48 是被除数，8 是除数，结果 6 是商数。即 48 是 8 的 6 倍。算式：$48 \div 8 = 6$，$6 \times 8 = 48$，$48 - 8 - 8 - 8 - 8 - 8 - 8 = 0$。

二、珠算除法的种类

(1) 按照立商的位置不同，分为不隔位除法（改商除法）和隔位除法（商除法）。

（2）按估商口诀的不同，分为归除法和商除法。归除法用九归口诀估商，商除法用乘法九九口诀估商。

第二节　除法的定位方法

珠算除法定位是以除数和被除数的位数为依据进行的。除法定位方法很多，现主要介绍公式定位法、盘上公式定位法和固定个位档定位法三种。

一、公式定位法

公式定位法即算后定位法。它是设被除数的位数为M，除数的位数为N，商的位数为P，用被除数首位数与除数首位数比较大小，用一定公式来确定商的位数的方法。这种定位方法有两个公式：

（1）当被除数首位数小于除数的首位数（首位相同看二位，用被除数与除数相同位数比较）时，则商的位数$P=M-N$。

（2）当被除数首位数大于或等于除数的首位数（首位相同看二位，用被除数与除数相同位数比较）时，则商的位数$P=M-N+1$。

以上两公式可概括为：

实法齐位比，实小法大位相减（$M-N$），实大法小减后再加1（$M-N+1$）。

【例1】　$18\div6=3$

$\because 1<6$

$\therefore$ 商的位数 $P=M-N=2-1=1$

【例2】　$96\div24=4$

$\because 9>2$

$\therefore$ 商的位数 $P=M-N+1=2-2+1=1$

【例3】　$1000\div10=100$

$\because 1=1，0=0$

$\therefore$ 商的位数 $P=M-N+1=4-2+1=3$

二、盘上公式定位法

将公式定位法原理具体运用到算盘上的定位，叫盘上公式定位法，也叫首位档定位法。属于算后定位。即运算过程中先不考虑商的定位，运算完后根据算盘左边第一档有无数字来决定商的位数的一种定位方法。具体做法是：

（1）如果算盘首档无数，商的位数$P=M-N$。

（2）如果算盘首档有数，商的位数$P=M-N+1$。

三、固定个位档定位法

（1）在算盘上选好定位档，标上定位标记，小数点为“▲”。

（2）改商除法的起拨档用公式 $P=M-N$ 上盘，即起拨档（P）的位数等于被除数位数（M）减去除数位数（N），求出 P 是几，就从几位档起拨被除数［是正几位，则在小数点前几（P）位布数。是负几位，则在小数点后几（P）+1 位布数。是零位，则紧挨着小数点后一位布数］。运算完毕，盘上的小数点即商的小数点，商数及数位已定好。

（3）商除法的起拨档用公式 $P=M-N-1$ 上盘。

【例 4】 72 ÷ 8 = 9（不隔位除法，如改商除法）

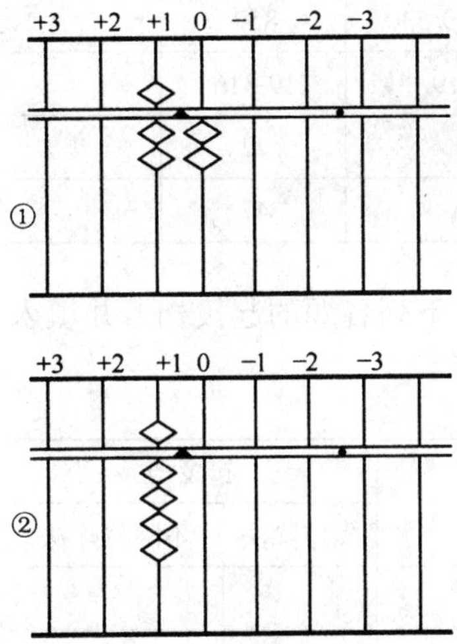

（1）$P=M-N=2-1=1$，从 +1 位档起拨入被除数 72（见图 7－1①）。

（2）运算后得商数 9，正好落在算盘 +1 位档上（见图 7－1②）。

图 7－1

【例 5】 861 ÷ 7 = 123（隔位除法，如商除法）

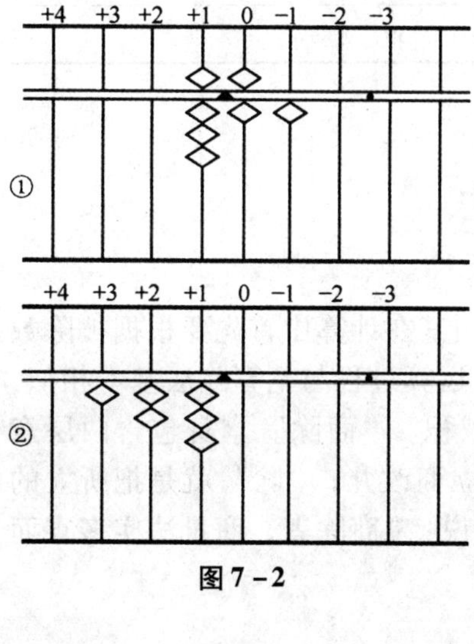

（1）起拨档 $P=M-N-1=3-1-1=1$，从 +1 位档起拨入被除数 861（见图 7－2①）。

（2）运算后得商数 123，个位 3 正好落在算盘 +1 位档上（见图 7－2②）。

图 7－2

除法运算由于商的位置由立商原则来确定，已把公式定位法的两个公式融合在计算过程中，故除法运算选用算前固定个位档定位法最好，免得计算之中比实、法大小，计算之后又比实、法大小或看有无珠。

[实训与达标7－1] 珠算除法定位方法实训

1. 请用公式定位法或盘上公式定位法将下列各题的盘显商数定位后，填入“商数”栏

算式	盘显商数	商数	算式	盘显商数	商数
① 221.4 ÷ 0.27	82		⑥ 273 360 ÷ 4.08	67	
② 1 527.5 ÷ 235	65		⑦ 818 627 000 ÷ 9 530	859	
③ 166.44 ÷ 0.076	219		⑧ 0.1582 ÷ 0.0819	19 316	
④178.776 ÷ 0.382	468		⑨ 41 760 ÷ 5 800	72	
⑤ 0.004697 ÷ 0.0439	107		⑩ 331 350 ÷ 70.5	47	

2. 运用固定个位档定位法，按除算方法不同分别计算下列各题的起拨档，并填入表中

算式	起拨档		算式	起拨档	
	商除法	改商除法		隔位除法	不除位除法
① 17.83 ÷ 3.7			⑥221.4 ÷ 0.27		
② 18 700 ÷ 27.5			⑦ 1 527.5 ÷ 235		
③ 9 321.68 ÷ 42.76			⑧ 166.44 ÷ 0.076		
④ 7.51502 ÷ 0.782			⑨ 178.776 ÷ 0.382		
⑤ 0.0050 ÷ 0.243			⑩ 0.004697 ÷ 0.0439		

第三节　商除法

商除法是古老的求商法，最初应用于“筹算”，因其在计算中首先要根据被除数和除数来进行估商，俗称商除法，又称隔位商除法。运算过程与笔算除法基本相似，先用大九九口诀心算估商，然后用乘法大九九口诀减积。“商除”本身包含两层意思：“商”（商量）就是比较法、实多少，估计应该立商改几；“除”就是把所立的商数与法数相乘从被除数中减去。明代数学家程大位说：“商除者，商量法实多寡而除之也。”

一、一位数商除法（固定个位档定位法）

除数只有一个非0数字的除法，称一位数除法。它是学好多位数除法的基础，其运算步骤如下。

1. 置被除数，默记除数

用固定个位档定位法定位时，按公式 $P=M-N-1$ 计算得出的档位起拨，置被除数；用公式定位法或盘上公式定位法定位时，从算盘左边第三档起拨置被除数，默记除数。

2. 除的顺序

从被除数首位数开始，由高到低依次逐位相除；除不尽的，除到所要求的精确度为止。剩下的余数等于或大于除数的一半，商的末位加1；余数小于除数的一半，舍去不要。

3. 估商

估计被除数含除数几倍的过程叫估商，又称"试商"。所估之商也叫初商。同笔算除法估商一样，采用心算估商，根据不同情况用大九九口诀试商。

（1）用乘法大九九口诀估商。

方法：除首试商法。抓住除数首数与被除数的一位或两位进行比较，反用九九口诀，看两头、想中间数，来取得商数。如 $73\div9$，试商口诀是"八九72"，"八"就是商数。

（2）被大（头大）看一位，被小（头小）看两位。

被除数首位数字大于或等于除数时，估商看被除数左起一位；被除数首位数字小于除数时，估商看被除数左起两位。

4. 置商

置商又称"立商"。商除法的立商原则是："够除（被大或头大），隔档立商；不够除（被小或头小），挨档立商。"当被除数与除数进行齐位比*，其数字值如果等于或大于除数的数字值（叫够除），商数拨在除数首位数左边第二档上，即"被大（头大或够除）隔位商"。当被除数与除数进行齐位比，其数字值如果小于除数的数字值（叫不够除），商数拨在被除数首位数左边第一档上，即"被小（头小或不够除）挨位商"。

如 $6\div2=3$，6比2大，够除，3立在实首的前隔档；$16\div8=2$，1比8小，不够除，2就立在实首的前挨档。在大九九口诀的前提条件下，实际上不管够除不够除，商总立在减积口诀的前挨档上。如 $6\div2=3$，减积口诀三二06，3就立在06的前挨档上；$16\div8=2$，减积口诀二八16，2就立在16的前挨档上。之所以叫隔位商除法，是因为

* 齐位比：从高位取两个数位相同的数进行比较，不考虑两数的位置值，只考虑数字值叫"齐位比"。齐位比时，一般先各取一位，若一位相同时，则各取两位、三位……以至比出大小。例如，685和6849进行齐位比，结果为684小，从位置值看6849是六千八百四十九，685是六百八十五，理应6849大，而齐位比是不考虑位置值的，所以说684小。

在做除法时，总是在被除的数大于除数时才能相除。如 6 ÷ 2 = 3，3 跟 6 就隔档。当被除的数同位比除数小时，就要多用被除数的一位与除数比较（添位）。如 16 ÷ 8 = 2，1 比 8 小，不够除，要用 16 来运算，此时 6 就跟 2 隔档。也就是说，商除法的特点是：商立在哪里，就从其下档开始减积；或从哪里开始减积，商就立在其积的前挨档上。

5. 减积

求出试商后，要从被除数中减去商与除数的乘积。减积的档次：以商的位置为标准，从商的右一档减去商和除数乘积的十位码；从商的右二档减去商和除数乘积的个位码。

6. 定位写商

一般选择固定个位档定位法定位。

（1）用固定个位档定位时，照抄盘上显示的商及算前固定的商的小数点即可。

（2）用公式定位法定位时，通过判断头大、头小来选择公式定商。

（3）如果有精确度要求，则除到所要求的精确度为止。

【例 6】 1 134 ÷ 3 = 378

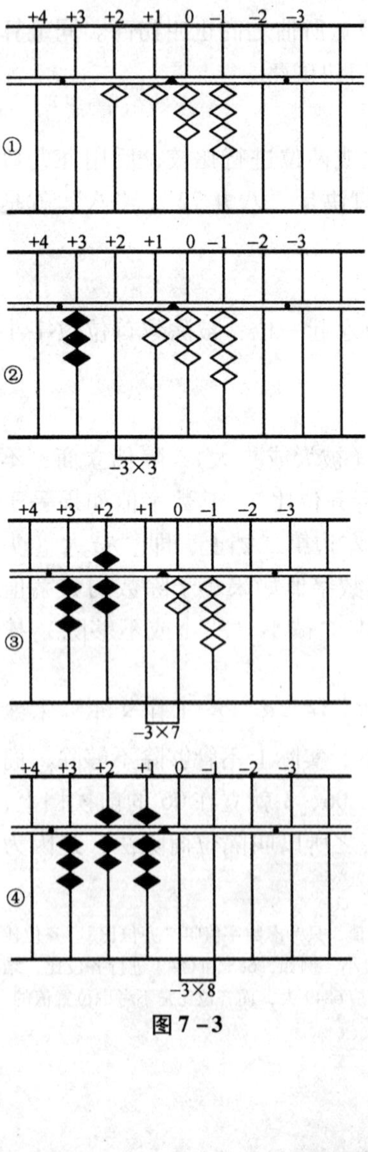

图 7－3

（1）在算盘上选好个位档，标记“▲”为小数点，按 $P = M - N - 1 = 4 - 1 - 1 = 2$，从 +2 档起将被除数 1 134 拨入盘中（见图 7－3①）。

（2）估商 3，实首 1 比法首 3 小，不够除，前挨档立商，从商的下档开始减积，三三减 09（见图 7－3②）。

（3）估商 7，因余首 2 比法首 3 小，前挨档立商，从商的下档开始减积，七三减 21（见图 7－3③）。

（4）估商 8，因余首 2 比法首 3 小，前挨档立商，从商的下档开始减积，八三减 24，除尽。事先定好的个位即商的个位，商为 378（见图 7－3④）。

【例 7】　651 ÷ 200 = 3.26（保留两位小数，以后四舍五入）

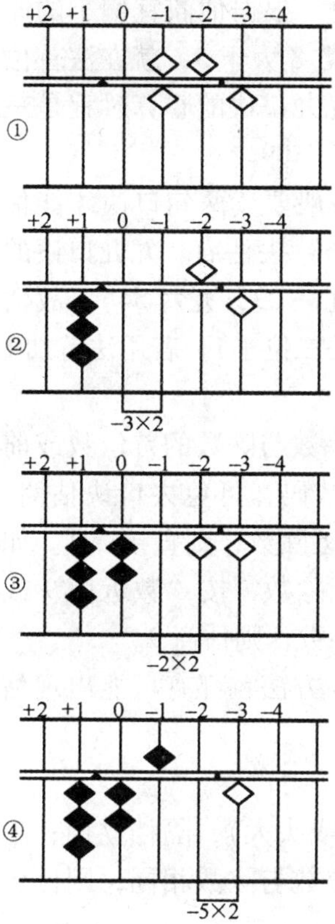

图 7－4

（1）在算盘上选好个位档，标记“▲”为小数点，按 $P = M - N - 1 = 3 - 3 - 1 = -1$，从 −1 档起将被除数 651 拨入盘中（见图 7－4①）。

（2）估商 3，因实首 6 比法首 2 大，够除，隔档立商，从商的下档开始减积，三二减 06（见图 7－4②）。

（3）估商 2，因余首 5 比法首 2 大，故隔档立商，从商的下档开始减积，二二减 04（见图 7－4③）。

（4）估商 5，因余首 1 比法首 2 小，故挨档立商，从商的下档开始减积，五二减 10，商已求出小数点后两位，还余 1，余数正好是除数的一半，估商 5，应四舍五入。事先定好的个位即商的个位，商为 3.26（见图 7－4④）。

二、多位数商除法

除数是两位或两位以上的除法叫多位数除法。多位数商除法除“估商”与“减积”两个步骤比一位数除法复杂外，其运算步骤基本相同。其运算步骤是：

1. 置被除数，默记除数

2. 除的顺序

（以上两步与一位数商除法相同）

3. 估商

在多位数除法运算中，若估商准确就能减少补商、退商或不用补商、退商，这是提高运算速度的关键。在商除法的计算过程中，补商较退商容易，所以估商“宁小勿大”。

商除法一般采用以下四种估商法：

（1）法首估商法：商除法一般不用整个除数去与被除数比较估商，而是用除数的首位数去与被除数的一位或两位比较估商，叫法首估商法。一般适用于法二位较小的情形。当除数的第二位数小于 5 时，用除数的首位数估商；被大看一位，被小看二位。当除数的第二位数大于或等于 5 时，考虑除数次位减积需要，可采用“看两头数、反用九九口诀、想中间数、适当偏小法取得商数”。如 1 726 ÷ 317，用法首 3 估商。九九口诀的心算过程是五三15，六三18，故估商5。

（2）法首加1估商法：当除数的第二位数大于或等于5时，根据估商宜偏小的原则，用除数的首位数加1估商。如10 220÷28，除数的第二位数8大于5，就在法首位2上加1，把“28”看作一位数“3”与被除数“10”估商。九九口诀的心算过程是三三09，故估商3。不过减积时应读三二06，三八24，不能读三三09。

（3）法二位估商法：当不能用法首或法首加1估商时，一般要读两句口诀才能估一个商，称为法二位估商法。如1 325÷16，这时用法二位“16”去估商。九九口诀的心算过程是8×16=128（八一08，八六48），9×16=144（九一09，九六54），故估商8。若用法首估商法，就会估商9（实法首位同，实二位比法二位小）。若用法首加1估商法，就会估商6。

（4）首同比尾法，大商“1”，小商“9或8”。即如果被除数与除数的首位数或前几位数相同，而下一位被除数的数码大于（或等于）除数的数码，可免去口诀估商，直接商“1”。如528.73÷527，算式中被除数528>527，又接近除数，则直接商1。如果被除数的尾数小于除数的尾数，即被除数小于除数而又接近除数，按“数近商9或8”估商。如521.73÷527，算式中被除数521<527，又接近除数，则估商9。

这四种估商方法是就一般情形而言的。实际上不管用哪种方法，都有可能出现估商不准的情形，那么就要补商和退商。

4. 置商

置商又称“立商”。商除法的立商原则是：“够除（被大或头大），隔档立商；不够除（被小或头小），挨档立商”。当被除数的首位数或前几位数与除数相同，则比较后面的数字来选择是隔位商，还是挨位商。

5. 减积

乘减时前一位积的个位是后一位积的十位，迭位进行，所以乘减也叫迭位减。乘减商与法首之积时，十位在商的下一档。减积时极易错档，应特别小心，为了准确而又迅速地进行减积，可以使用按指记档法。即立商后，将左手指按住商，减积就从商的下一档开始。

6. 定位写商

与一位数商除法相同。

下面按固定个位档定位法举例说明其运算方法。

【例8】 31 755÷87=365

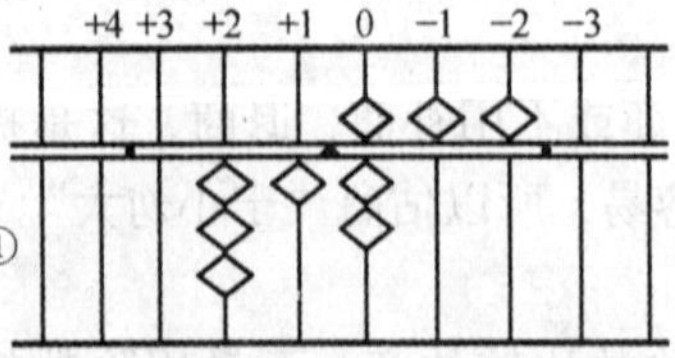

①

（1）在算盘上选好个位档，标记“▲”为小数点，按 $P=M-N-1=5-2-1=2$，从+2档起将被除数31 755拨入盘中（见图7-5①）。

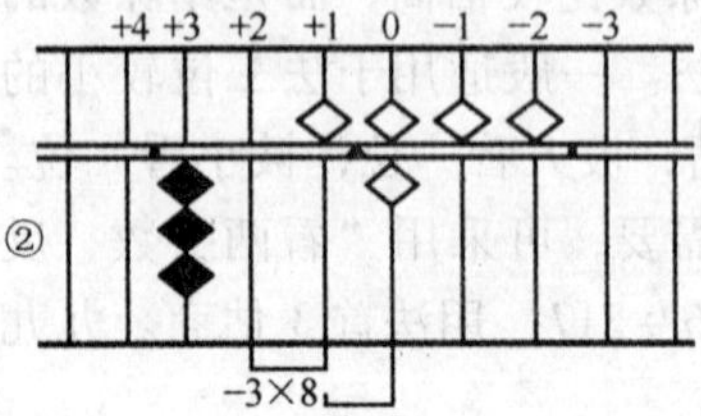

②

（2）估商3，因实首3比法首8小，不够除，故挨档立商。减积从商的下档开始，三八减24，三七减21，余5 655（见图7-5②）。

③ 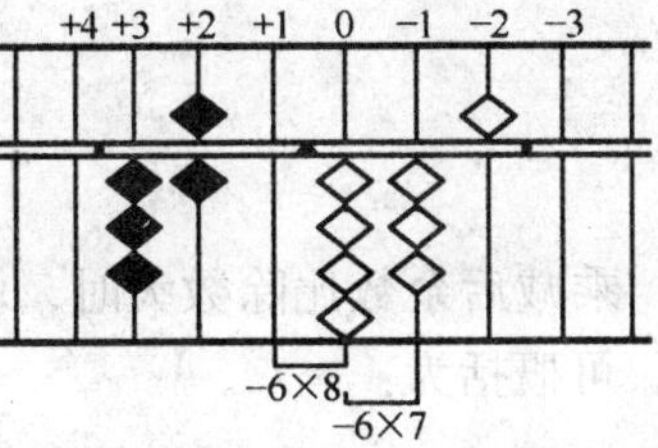

（3）估商 6，因余首 5 比法首 8 小，故挨档立商，减积从商的下档开始，六八减 48，六七减 42，余 435（见图 7－5③）。

④ 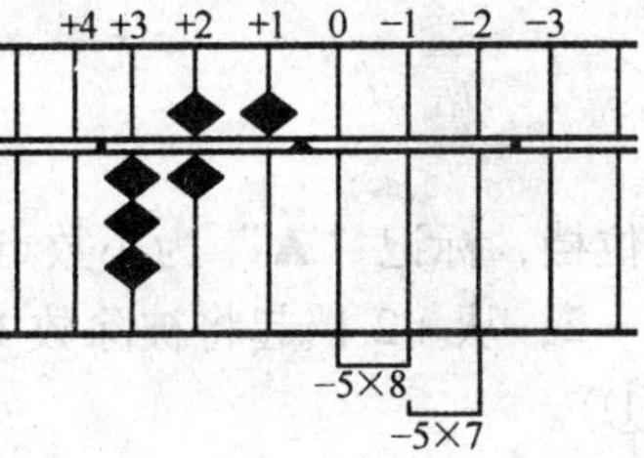

（4）估商 5，因余首 4 比法首 8 小，故挨档立商，减积从商的下档开始，五八减 40，五七减 35，除尽。事先定好的个位即商的个位，商为 365（见图 7－5④）。

图 7－5

【例 9】 8 820 ÷ 36 = 245

① 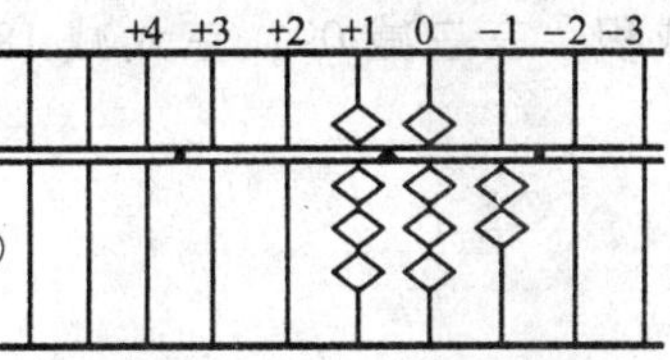

（1）在算盘上选好个位档，标记“▲”为小数点，按 $P = M - N - 1 = 4 - 2 - 1 = 1$，从 +1 档起将被除数 8 820 拨入盘中（见图 7－6①）。

② 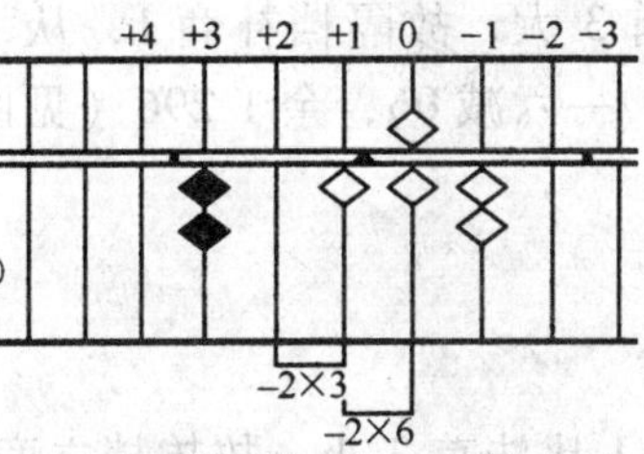

（2）估商 2，因实首 8 比法首 3 大，够除，隔档立商，从商的下档开始减积，二三减 06，二六减 12，余 162（见图 7－6②）。

③ 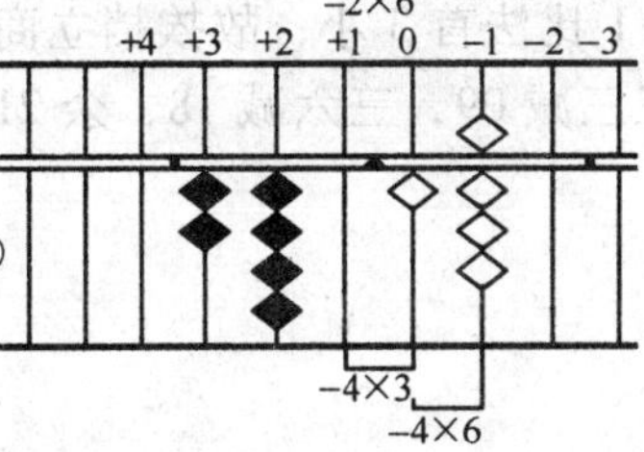

（3）估商 4，因余首 1 比法首 3 小，故挨档立商，从商的下档开始减积，四三减 12，四六减 24，余 18（见图 7－6③）。

④ 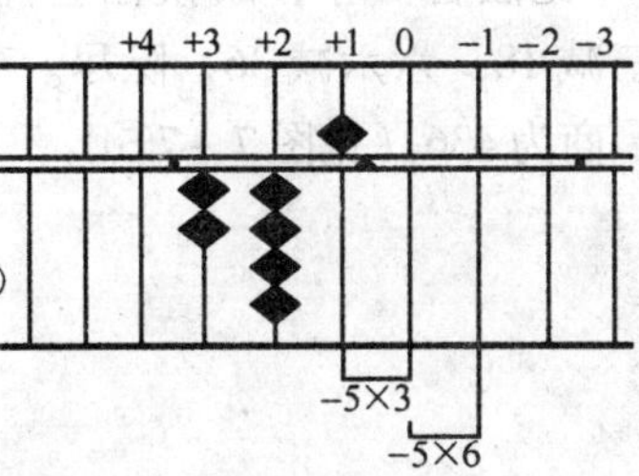

（4）估商 5，因余首 1 比法首 3 小，故挨档立商，从商的下档开始减积，五三减 15，五六减 30，除尽。事先定好的个位即商的个位，商为 245（见图 7－6④）。

图 7－6

三、补商

估商过小，把商改大叫“补商”。其方法是试商过小，乘减后余数比除数大时，就需在原立商处再补加商1，并隔档从余数中减去一个除数，可概括为：

余大商补1，隔档减除数。*

【例10】 15 696 ÷36 =436

①
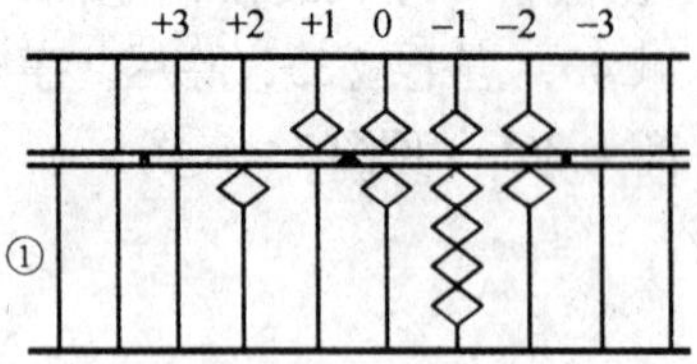

（1）在算盘上选好个位档，标记“▲”为小数点，按 $P=M-N-1=5-2-1=2$，从 +2 档起将被除数 15 696 拨入盘中（见图 7－7①）。

②
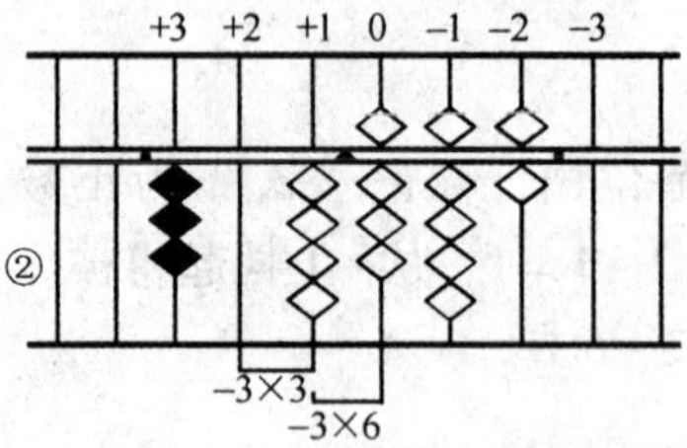

（2）估商3，因实首1比法首3小，不够除，挨档立商，从商的下档开始减积，三三减 09，三六减 18，余 4 896（见图 7－7②）。

③
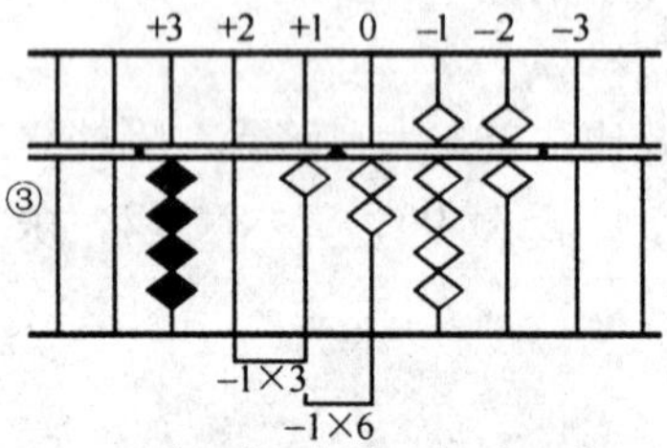

（3）因余数首比法首3大，故隔档补商1，从下档开始减积，一三减 03，一六减 06，余 1 296（见图 7－7③）。

④
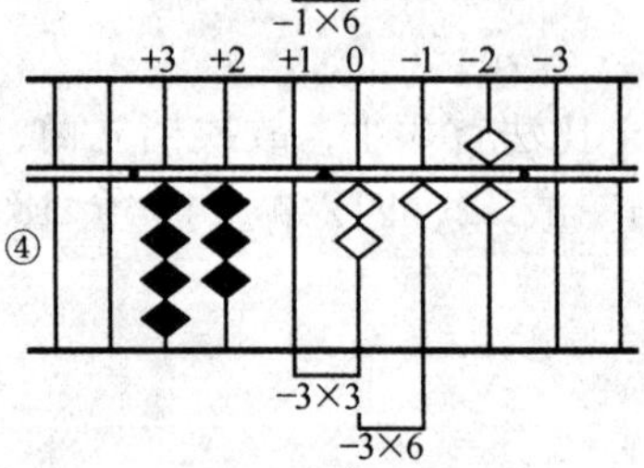

（4）估商3，因余首1比法首3小，故挨档立商，从商的下档开始减积，三三减 09，三六减 18，余 216（见图 7－7④）。

⑤
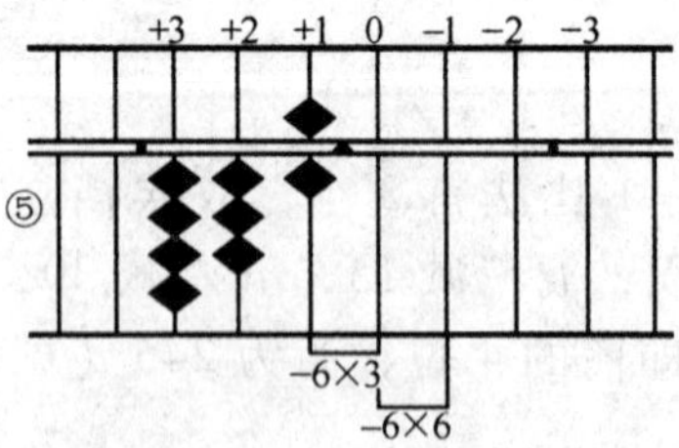

（5）估商6，因余首2比法首3小，故挨档立商，从商的下档开始减积，六三减 18，六六减 36，除尽。事先定好的个位为商的个位，商为 436（见图 7－7⑤）。

图 7－7

* 若是以减积的形式，则应为下档减1与除数的积，读大九九口诀。

四、退商

退商，估商过大，把商改小叫“退商”。其方法是初商过大，不够乘减时，就需退商 1，并在隔位余数中加上已经乘减过的除数，然后用新的商继续乘减，可概括为：

无减商退 1，隔档加前除。*

【例 11】 343 621 ÷ 493 = 697

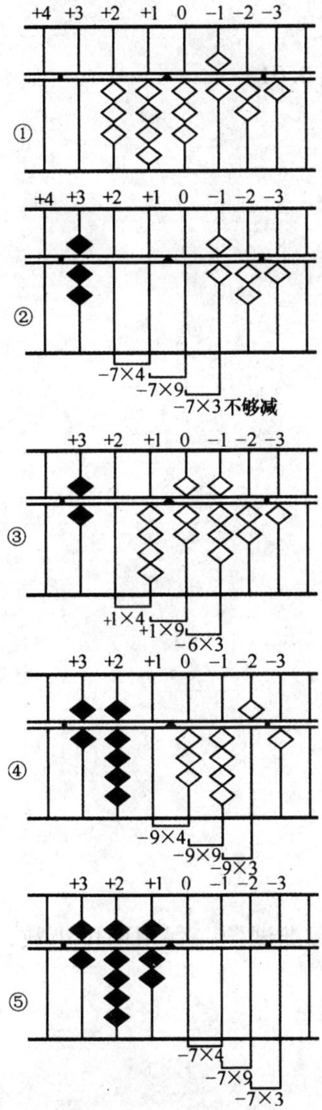

图 7－8

（1）在算盘上选好个位档，标记“▲”为小数点，按 $P = M - N - 1 = 6 - 3 - 1 = 2$，从 +2 档起将被除数 343 621拨入盘中（见图 7－8①）。

（2）估商 7，因实首 3 比法首 4 小，故挨档立商，从商的下档开始减积，七四减 28，七九减 63，七三 21，不够减（见图 7－8②）。

（3）此时应在商 7 上退商 1 变为 6，并从下档开始乘加 1×49，一四 04，一九 09，再乘减六三 18，余 47821（见图 7－8③）。

（4）估商 9，因余首 4 与法首同，第二位 7 比法三位 9 小，故挨档立商，并从商的下档开始减积，九四减 36，九九减 81，九三减 27，余 3 451（见图 7－8④）。

（5）估商 7，因余首 3 比法首 4 小，故挨档立商，并从商的下档开始减积，七四减 28，七九减 63，七三减 21 除尽。事先定好的个位即商的个位，商为 697（见图 7－8⑤）。

* 若是以加积的形式，则应为下档加 1 与前除的积，读大九九口诀。

[实训与达标7-2] 商除法实训

1. 用商除法计算下列各题的商（整除题练习）

① 201 ÷ 3 = ② 5 960 ÷ 20 =

③ 9 940 ÷ 4 = ④ 5.46 ÷ 7 =

⑤ 325.36 ÷ 8 = ⑥ 1 422 ÷ 9 =

⑦ 57 407 ÷ 0.7 = ⑧ 4 660 ÷ 0.05 =

⑨ 4 251 ÷ 3 = ⑩ 5 600 ÷ 8 =

2. 用商除法计算下列各题的商（有余数题练习，精确到0.01）

① 123 ÷ 3 = ② 406 ÷ 0.5 =

③ 0.573 ÷ 0.04 = ④ 859 120 ÷ 7 =

⑤ 5 509 ÷ 80 = ⑥ 45.69 ÷ 0.6 =

⑦ 0.067 ÷ 0.09 = ⑧ 587 ÷ 2 =

⑨ 632 ÷ 0.008 = ⑩ 254.33 ÷ 7 =

3. 用商除法计算下列各题的商

① 1 152 ÷ 18 = ② 26 532 ÷ 268 =

③ 1 197 ÷ 19 = ④ 20 979 ÷ 259 =

⑤ 11 344 ÷ 16 = ⑥ 25 767 ÷ 409 =

⑦ 17 112 ÷ 184 = ⑧ 1 702 ÷ 37 =

⑨ 174.269 ÷ 38 = ⑩ 209.87 ÷ 58.2 =

4. 根据括号内所给试商，练习补商和退商

① 44 520 ÷ 84 = （42）

② 3.726 ÷ 0.069 = （6）

③ 28 670 ÷ 305 = （8）

④ 14 206.584 ÷ 2.463 = （4 或 56）

⑤ 3 287 315 ÷ 685 = （48 或 5）

5. 用商除法计算下列全国珠算技术等级鉴定普通五级标准试题（保留两位小数，以后四舍五入；限时5分钟，做对8题为合格）

① 13 384 ÷ 14 = ② 1 311 ÷ 23 =

③ 49 167 ÷ 607 = ④ 28 000 ÷ 875 =

⑤ 12 978 ÷ 309 = ⑥ 71.49 ÷ 98 =

⑦ 11.27 ÷ 58 = ⑧ 42 884 ÷ 71 =

⑨ 4 452 ÷ 42 = ⑩ 1 792 ÷ 64 =

第四节　改商除法

改商除法是一种不隔位商除法，又称挨位商除法、商归结合法、新商除法。当被除数或余数小于除数时，就把被除数或余数的首位改成商数，所以叫改商除法。它是用商除法的大九九口诀心算估商，按归除法的置商档位置商和减积。它综合了商除法和归除法的优点，是目前既准确又快速的一种基本除法。

一、一位数除法（固定个位档定位法）

1. 置被除数，默记除数

用固定个位档定位法定位时，按公式 $P = M - N$ 计算得出的档位起拨，置被除数，默记除数。

2. 除的顺序

从被除数首位数开始，由高到低依次逐位相除；除不尽的，除到所要求的精确度为止。剩下的余数等于或大于除数的一半，商的末位加1；余数小于除数的一半，舍去不要。

3. 估商

与商除法相同。

（1）用乘法大九九口诀估商。

（2）被大（头大）看一位，被小（头小）看二位。

4. 置商

改商除法的立商原则是："够除（被大或头大），挨档立商；不够除（被小或头小），本档改商。"当被除数的首位数大于除数的首位数时（叫够除），商数拨在除数首位数左边第一档上，即"被大（头大或够除）挨位商"；被除数首位数小于除数首位数时（叫不够除），就把被除数首位档改成商数，即"被小（头小或不够除）改商"。如9÷3=3，9比3大，够除，"3"就立在实首前紧挨的档上；54÷6=9，5比6小不够除，"9"就在实首上改。实际上不管够除不够除，商总立在减积口诀的十位所在的档上。如6÷2=3，减积口诀三二06，"3"立在口诀中的"0"那一档上，即挨档；16÷8=2，减积口诀二八16，"2"立在口诀中的"1"那一档上，即本档改。改商除法的特点是：商立在哪里，减积就从哪里开始，商就立在其积的十位所在的档上，即在十位所在的档上改。当被除数的首位或前几位数与除数相同，则比较后面的数字来选择是挨位商还是改商。

5. 减积

减积的档次以商的位置为标准，从商的本档减去商和除数乘积的十位数，从商的右一档减去商和除数乘积的个位数。乘减时前一位积的个位是后一位积的十位，乘减是迭位进行的。可以使用按指记档法，即立商后，将左手指按住商，减积就从商的这一档开始减。

6. 取商

比计算要求的位数多取一位后四舍五入。一般小数点后第 $r+1$ 位商采取观察法，并不求出实际商，若余数肯定够估 5，则四舍五入；若余数肯定不够估 5，则四舍。够不够估 5 主要是把余数与除数的二分之一进行比较，大则够，小则不够。或直接估商 5，读口诀，余数明显够减，则四舍五入；明显不够减则四舍。特殊情况下需计算。

7. 定位写商

用固定个位档定位法定位时，照抄盘上显示的商及算前固定的商的小数点即可。

【例 12】 96 ÷ 8 = 12

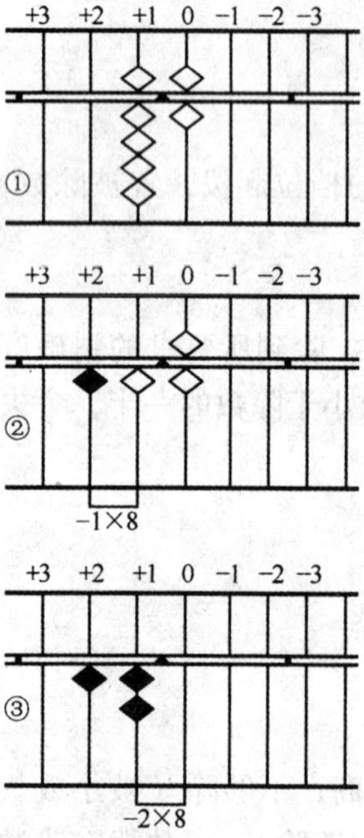

图 7 – 9

（1）在算盘上选好个位档，标记“▲”为小数点，按 $P=M-N=2-1=1$，从 +1 档起将被除数 96 拨入盘中（见图 7 – 9①）。

（2）估商 1，因实首比法首大，所以前挨档商，同时减积一八 08，0 被暗减（见图 7 – 9②）。

（3）估商 2，因余数首位比法首小，所以本档改商，即将 1 改为 2 同时减积二八 16，1 在改为 2 的同时被暗减了（见图 7 – 9③）。

（4）事先定好的个位即商的个位，商为 12。

【例 13】 18.54 ÷ 0.003 = 6 180

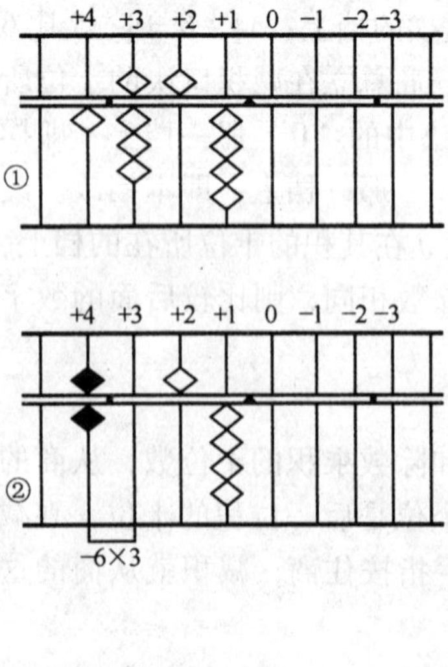

（1）在算盘上选好个位档，标记“▲”为小数点，按 $P=M-N=2-(-2)=4$，从 +4 档起将被除数 1 854 拨入盘中（见图 7 – 10①）。

（2）估商 6，因实首比法首小，所以本档改商，同时减积六三 18，1 被暗减（见图 7 – 10②）。

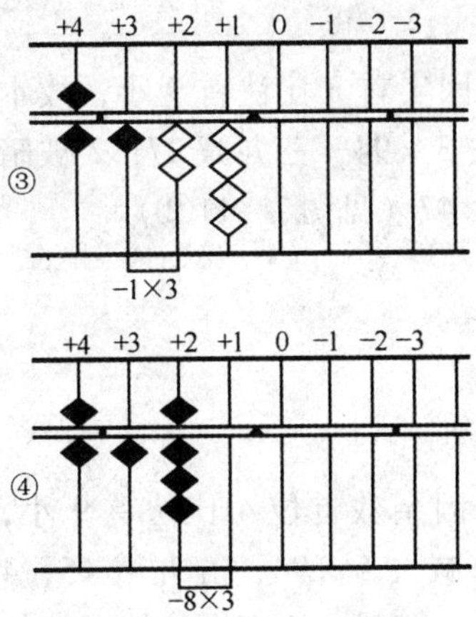

图 7－10

（3）估商 1，因余数首位 5 比法首大，所以挨档立商，同时减积一三 03，0 被暗减（见图 7－10③）。

（4）估商 8，因余数首位 2 比法首小，所以本档改商，同时减积八三 24，2 被暗减（见图 7－10④）。

（5）盘上的小数点即商的小数点，商为 6 180。

二、多位数除法

除“估商”与“减积”两个步骤比一位数除法复杂一点外，多位数改商除法与一位数除法其余运算步骤基本相同。其运算步骤是：

1. 置被除数，默记除数

2. 除的顺序

（以上两步与一位数改商除法相同）

3. 估商

（与多位数商除法的估商方法相同）

4. 置商

改商除法的立商原则是：“够除（被大或头大）挨档立商；不够除（被小或头小）本档改商”。当被除数的首位数或前几位数与除数相同，则比较后面的数来选择是挨位商，还是改商。

5. 减积

减积的档次以商的位置为标准，从商的本档减去商和除数乘积的十位数，从商的右一档减去商和除数乘积的个位数。乘减时前一位积的个位是后一位积的十位，迭位减积。

6. 取商

（与一位数除法相同）

7. 定位写商

（与一位数改商除法相同）

下面按固定个位档定位法来举例说明其运算方法。

【例 14】　3 290 ÷ 94 = 35

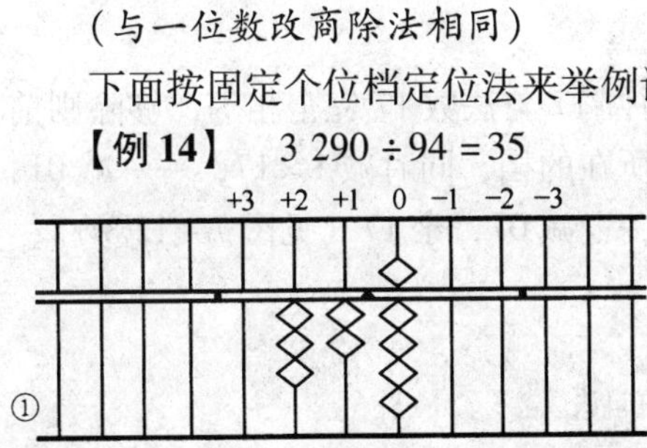

（1）在算盘上选好个位档，标记“▲”为小数点，按 $P = M - N = 4 - 2 = 2$，从 +2 档起将被除数 3 290 拨入盘中（见图 7－11①）。

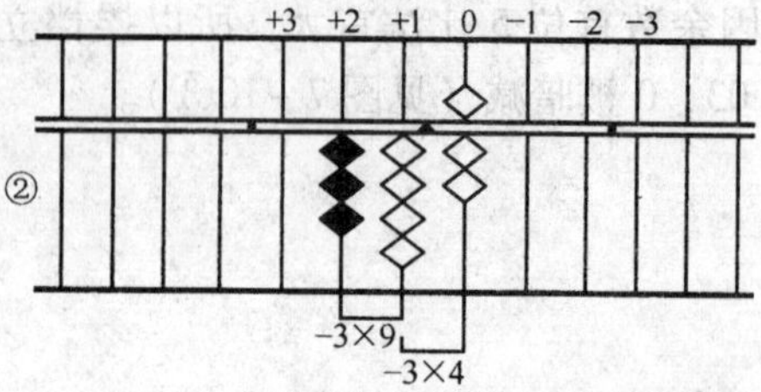

（2）估商3，因实首3比法首9小，故本档改商，同时减去3×94，三九减27，2被暗减，三四减12，余47（见图7－11②）。

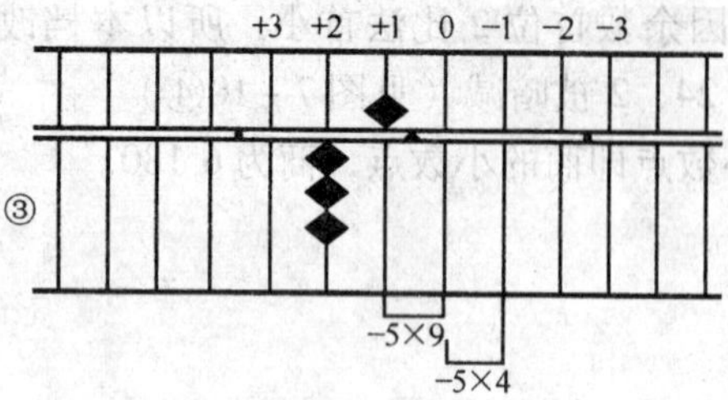

（3）估商5，因余数首位4比法首9小，故本档改商，同时减去5×94，五九减45，4被暗减，五四减20，除尽。原定个位档即商的个位，商为35（见图7－11③）。

图7－11

三、补商

其方法是试商过小，乘减后余数比除数大时，就需要在原立商处再补加商1，并从余数中减去一个除数，可概括为：

前挨档商1，减一倍除数。*

【例15】 136.17÷0.17＝801

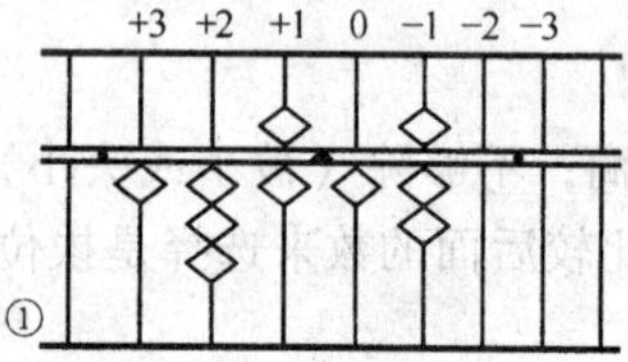

（1）在算盘上选好个位档，标记“▲”为小数点，按$P=M-N=3-0=3$，从＋3档起将被除数136.17拨入盘中（见图7－12①）。

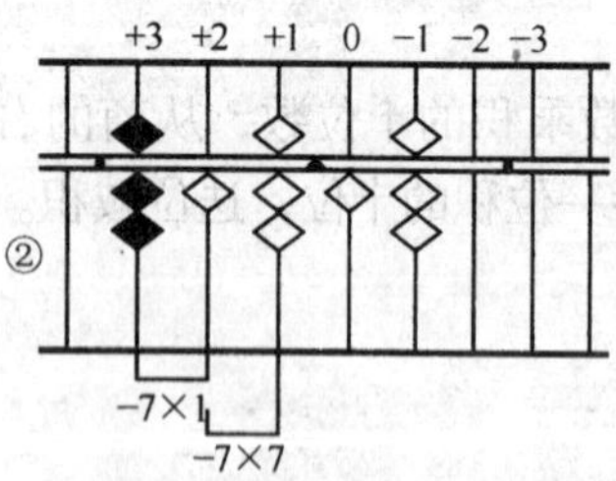

（2）实首1与法首1相同，再看第二位，3比7小，故本档改商，估商7，同时减去7×17，七一减07，0在商所在的档上，七七减49，余1 717（见图7－12②）。

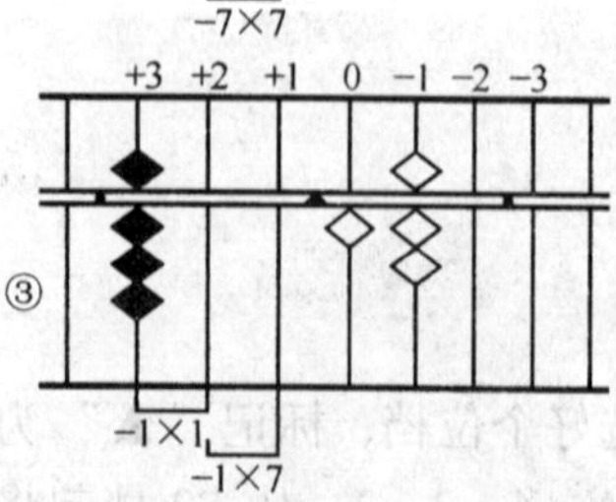

（3）因余数前两位17与法数17完全相等，够除则前挨档补商1，在原商所在的档，同时减1×17，一一减01，0在商所在的档上，一七减07，余17（见图7－12③）。

* 若是以减积的形式，则应为本档减1与除数的积，读大九九口诀。

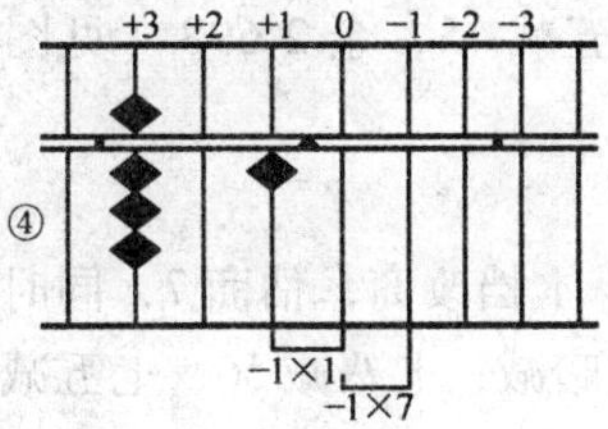

图 7－12

（4）估商 1，因余数 17 与法首 17 完全相等，故前挨档商，同时减去 1×17。减法同（3），除尽，原定的个位档即商的个位档，商数为 801（见图 7－12④）。

四、退商

其方法是初商过大，不够乘减时，就需退商 1，并乘加已经乘减过的除数，然后用新的商继续乘减，可概括为：

无减商退 1，挨档加前除。*

【例 16】　11.4348 ÷ 0.0385 = 297.01（精确到 0.01）

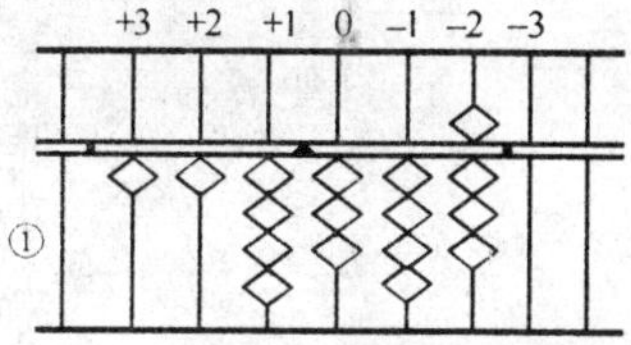

（1）在算盘上选好个位档，标记“▲”为小数点，按 $P=M-N=2-(-1)=3$，从 +3 档起将被除数 11.4348 拨入盘中（见图 7－13①）。

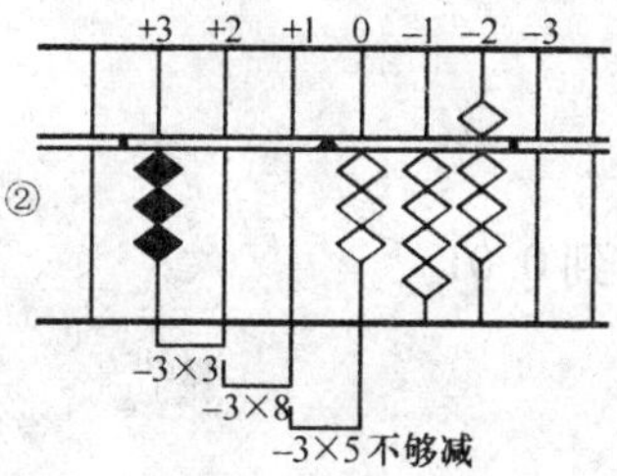

（2）估商 3，因实首 1 比法首 3 小，故本档改商，同时减去 3×385，三三减 09，0 在商所在的档位上，三八减 24，三五 15 不够减（见图 7－13②）。

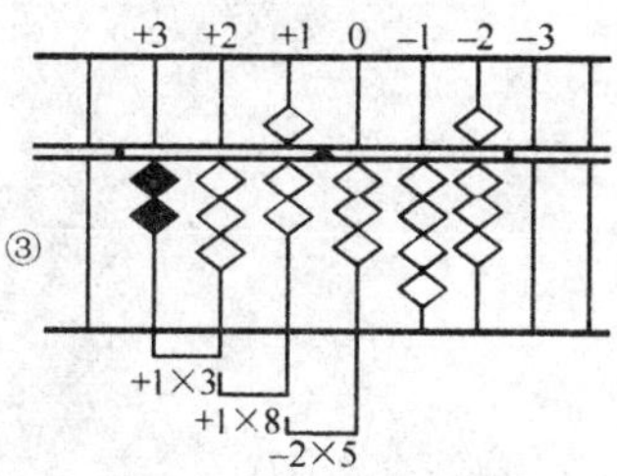

（3）此时应在商 3 上退 1 变为 2，同时乘加 1×38，一三加 03，0 在商所在的档上，一八加 08，再乘减二五 10，余 37 348（见图 7－13③）。

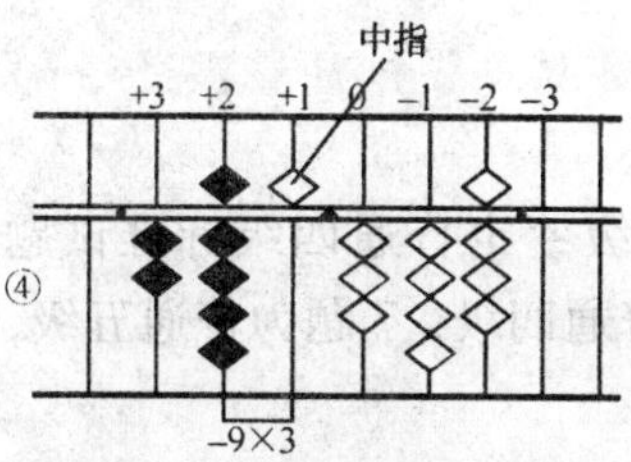

（4）余首 3 与法首 3 同，比第二位；7 比 8 小，故本档改商，估商 9。同时乘减 9×385，九三减 27，2 被暗减。注意此时减 27 后余数 3 在下档无法表示，可用中指代替 5，并读三下 5 去 2（见图 7－13④）。

* 若是以加积的形式，则应为本档加 1 与前除的积，读大九九口诀。

⑤
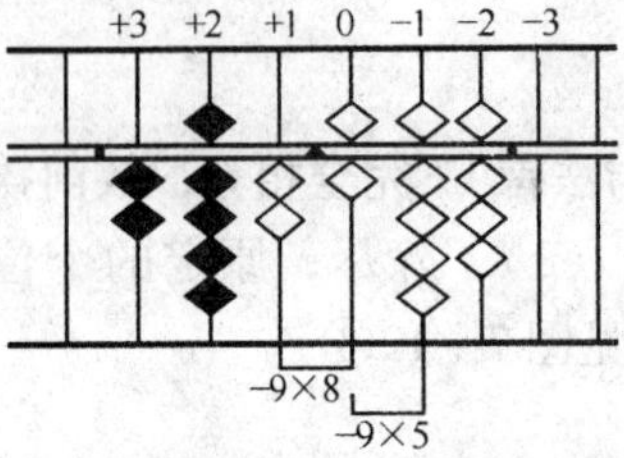

⑥
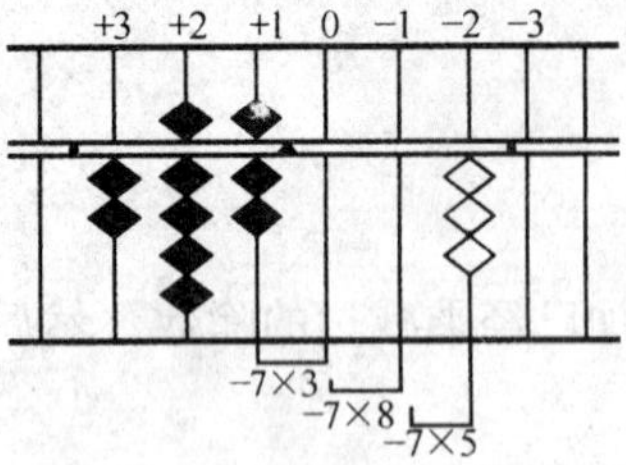

图 7 – 13

再九八减 72，中指松开，九五减 45，余 2 698（见图 7 – 13⑤）。

（5）余首 2 比法首 3 小，本档改商，估商 7，同时乘减 7×385，七三减 21，2 被暗减；七八减 56，七五减 35，余 003；余首 3 与法首 3 相等，余首次位 0 小于法首次位 8，不够除，本档改商。因保留两位小数，300 超过了除数 385 的一半，够估 5，应四舍五入，则盘上的个位即商的个位，商数为 297.01（见图 7 – 13⑥）。

［实训与达标 7 – 3］ 改商除法实训

1. 用改商除法计算下列各题的商（整除题练习）

① 288 ÷ 8 =　　② 8 520 ÷ 0. 2 =
③ 1 008 ÷ 3 =　　④ 11. 2 ÷ 0. 4 =
⑤ 18. 24 ÷ 4 =　　⑥ 1 422 ÷ 9 =
⑦ 75 924 ÷ 0. 9 =　　⑧ 4 860 ÷ 0. 05 =
⑨ 122 400 ÷ 300 =　　⑩ 72 900 ÷ 60 =

2. 用改商除法计算下列各题的商（有余数题练习，精确到 0. 01）

① 0. 935 ÷ 0. 05 =　　② 0. 408 ÷ 0. 3 =
③ 0. 673 ÷ 0. 04 =　　④ 59 120 ÷ 7 =
⑤ 6 509 ÷ 80 =　　⑥ 745. 69 ÷ 0. 6 =
⑦ 0. 087 ÷ 0. 09 =　　⑧ 5. 0674 ÷ 2 =
⑨ 532 ÷ 0. 008 =　　⑩ 1 254. 39 ÷ 7 =

3. 用改商除法计算下列各题的商

① 10 764 ÷ 207 =　　② 18 426 ÷ 498 =
③ 532 ÷ 28 =　　④ 2 436 ÷ 87 =
⑤ 4 704 ÷ 96 =　　⑥ 2 177. 1 ÷ 349 =
⑦ 28 737 ÷ 279 =　　⑧ 20 502 ÷ 306 =
⑨ 2. 1515 ÷ 0. 87 =　　⑩ 200 724 ÷ 516 =

4. 用商除法和改商除法分别计算下列全国珠算技术等级鉴定普通四级标准试题（保留两位小数，以下四舍五入；限时 5 分钟，做对 8 题为普通四级，7 题为普通五级，6 题为普通六级）

① 29 484 ÷ 39 =　　② 10 212 ÷ 138 =
③ 493 5. 37 ÷ 842 =　　④ 233 013 ÷ 307 =

⑤ 63 717 ÷951 =　　　　⑥ 20 898 ÷43 =

⑦ 3.8896 ÷2.89 =　　　　⑧ 29 328 ÷52 =

⑨ 587 576 ÷607 =　　　　⑩ 646 850 ÷761 =

第五节　珠算简捷除法

一、省除法

在日常工作中，经常会遇到多位数除法，而商数只要求近似值，且有时商数要求的位数比除数还要少。如某公司×月营业额为6 354 732.71元，利润额为387 638.69元，求利润率，要求精确到0.01%。遇到类似情况，被除数和除数的末几位数参加运算与否，对所要求的商数精确度并没有什么影响。因此，可以在计算前，截去除数和被除数的部分尾数，使位数减少；在计算过程中，除数还要逐次截位，使运算简捷，这种除法叫省除法。由于除数一般不上盘，所以在运算前除数不截去尾数。

由于省除法计算前和计算过程中要进行截位，所以一定要采用固定个位档定位法。其方法和步骤是：

1. 定位

选右框为截止档，如商要求精确到小数 r 位，改商除法一般就把小数点定在截止档左 $r+2$ 位档前，商除法一般就把小数点定在截止档左 $r+3$ 位档前。

改商除法的截位公式：$Q=M-N+$ 精确度 r（2）＋保险系数 $2=M-N+4$

商除法的截位公式：$Q=M-N-1+$ 精确度 r（2）＋保险系数 $3=M-N-1+5$

截取尾数可按四舍五入法取舍。

2. 置被除数，默记除数

改商除法按 $P=M-N$，商除法按 $P=M-N-1$。布数至截止档，布不下的四舍五入。

3. 估商

4. 置商

5. 减积

6. 取商

7. 定位写商

（3~7步与前面介绍的多位数商除法相同）

下面分别按改商除法和商除法运算举例。

（一）改商除法举例

【例17】　2146.1587 ÷28.3 =75.84（精确到0.01）

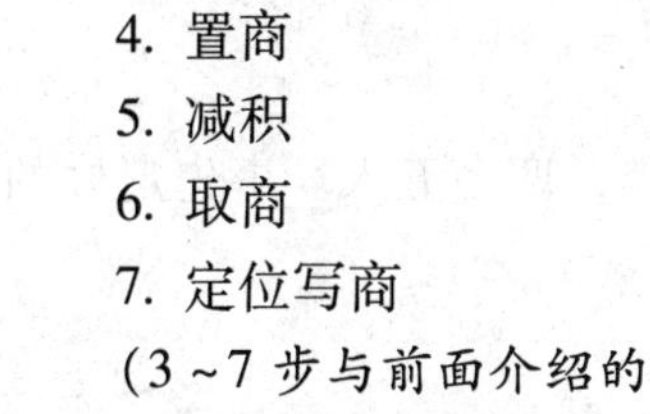

（1）选右框为截止档，小数点定在截止档左 $r+2=2+2=4$ 档前，标记“▲”，按 $P=M-N=4-2=2$，从+2档起将被除数2146.1587拨入盘中，布数至截止档。截止档上是9，朝前入1，为214 616（见图7-14①）。

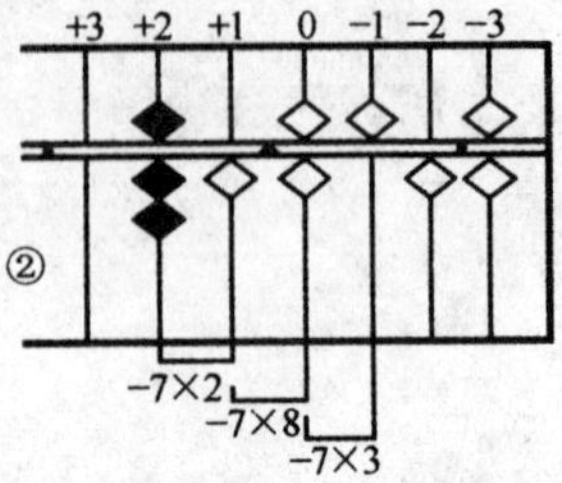

（2）估商7，本档改商，从本档开始减积，乘至截止档，七二减14，1被暗减，七八减56，七三减21，余16516（见图7－14②）。

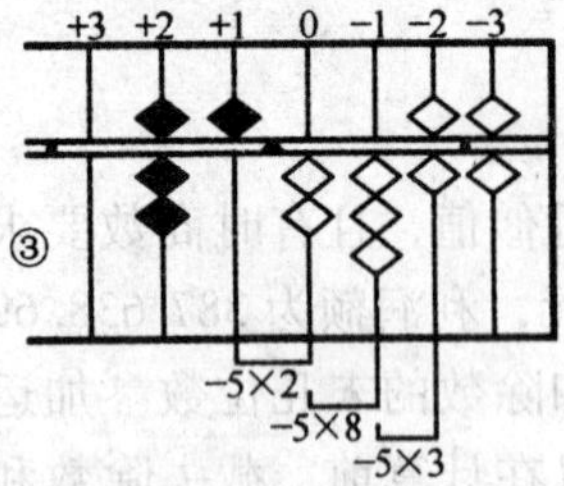

（3）估商5，本档改商，从本档开始减积，乘至截止档，五二减10，1被暗减，五八减40，五三减15，余2366（见图7－14③）。

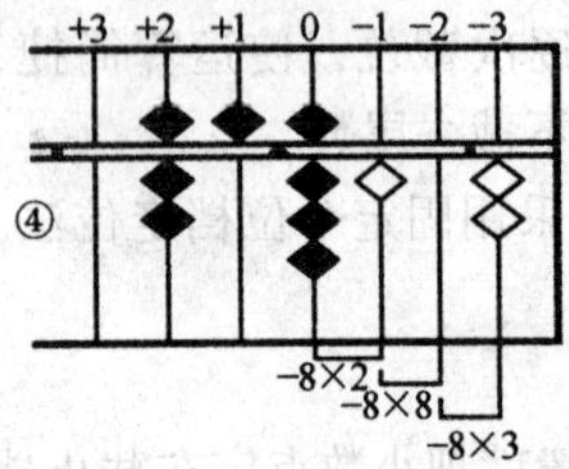

（4）估商8，本档改商，从本档开始减积，乘至截止档，八二减16，1被暗减，八八减64，八三减24，余102（见图7－14④）。

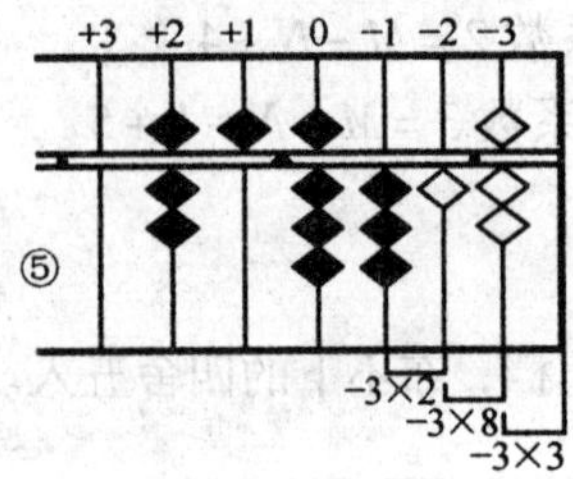

（5）估商3，本档改商，并开始减积，乘至截止档，三二减06，0被暗减，三八减24，三三减09，截止档上是1，四舍，余17（见图7－14⑤）。

图7－14

（6）观察余数17，肯定够估5，因28.3的一半是14.15，四舍五入。事先定好的个位即商的个位，商为75.84。

（二）商除法举例

【例18】　5.23639÷0.6108＝8.57（精确到0.01）

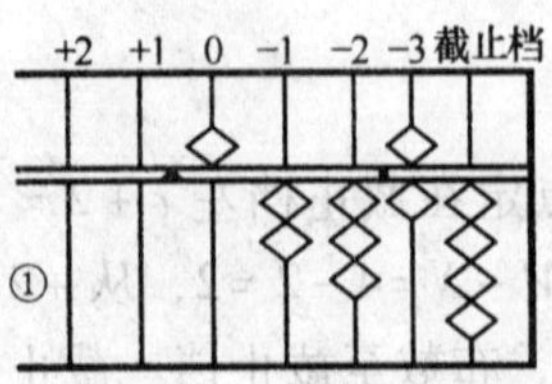

（1）选右框为截止档，小数点定在截止档左 $r+3=2+3=5$ 档前，标记"▲"，按 $P=M-N-1=1-0-1=0$，从0档起将被除数5.23639拨入盘中。布数至截止档，截止档上的数四舍五入。或者用商除法的截位公式：$Q=M-N-1+$ 精确度 r（2）＋保险系数 $3=M-N+4=1-0+4=5$，求出被除数截位后为52 364，从0档起拨入盘中（见图7－15①）。

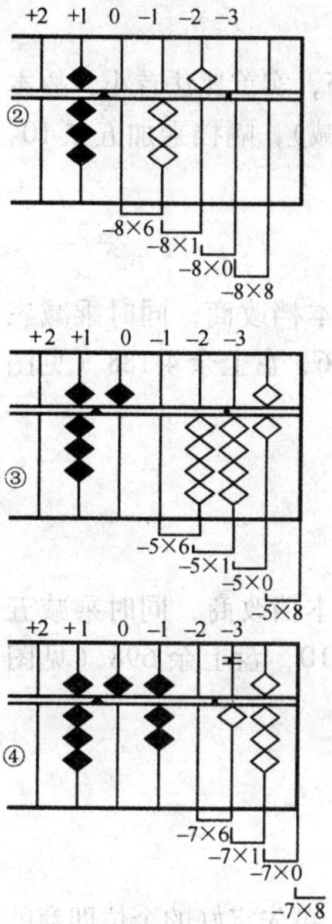

图 7－15

（2）估商8，前挨档立商。从商的下档开始减积，乘减至截止档，八六减48，八一减08，八零减00（或手指挪一档就行），八八减64，余3 500（见图7－15②）。

（3）估商5，前挨档上商，从商的下档开始减积，乘减至截止档，五六减30，五一减05，遇零手指挪一档，五八减40，余446（见图7－15③）。

（4）估商7，前挨档上商，从商的下档开始减积，乘减至截止档，七六减42，七一减07，遇零手指挪一档，至截止档，七八减56，截止档上是5；前档再多减一个，余18（见图7－15④）。

（5）观察余数18，肯定不能商5，因五六30，18不够减，四舍。事先定好的个位即商的个位，商为8.57。

注意：事实上，省除法的准确率并不是100%。为了提高精确度，一般在使用改商除法进行省略运算时，把小数点定在截止档左 $r+3$ 档前；使用商除法时，把小数点定在截止档左 $r+4$ 档前。例 $1\ 845.5607 \div 243 = 7.59$（精确到0.01），若将小数点定在截止档左 $r+2$ 档前（改商除法）或定在截止档左 $r+3$ 档前（商除法），结果都会误为7.60。

二、凑整除法

凑整除法是指将除数变成一个整数减一个差数。求商减积时，先减去商数倍的整数，再加上商数倍的差数，从而使运算简捷的方法。

下面以改商除法举例。

【例19】　$374\ 128 \div 698 = 536$

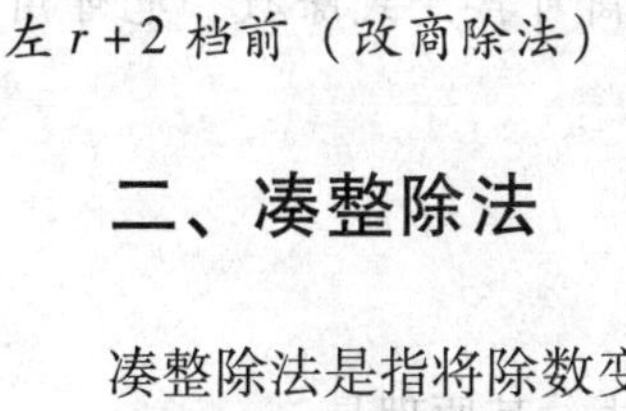

（1）在算盘上选好个位档，标记“▲”，按 $P=M-N=6-3=3$，从+3档起将被除数374 128拨入盘中（见图7－16①）。

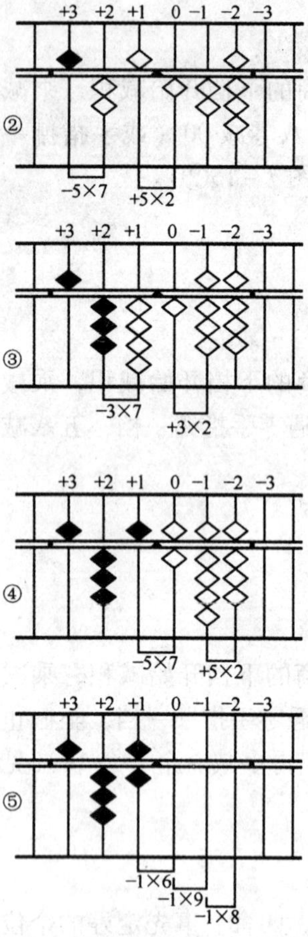

图 7－16

（2）将 698 变式为 70$\bar{2}$，估商 5，实首比法首小，故本档改商，同时乘减五七 35（3 被暗减），隔档乘加五二 10，盘上余 25 128（见图 7－16②）。

（3）估商 3，余首比法首小，本档改商，同时乘减三七 21（2 被暗减），隔档乘加三二 06，盘上余 4 188（见图 7－16③）。

（4）估商 5，余首比法首小，本档改商，同时乘减五七 35（3 被暗减），隔档乘加五二 10，盘上余 698（见图 7－16④）。

（5）补商 1，乘减 698，除尽。事先定好的个位即商的个位，商为 536（见图 7－16⑤）。

注意：求最后一位商时，也可先把 70$\bar{2}$ 还原为 698，直接估 6；或不还原直接估 6（因 41 离六七 42 只差 1，后面还有一个乘加部分），乘减六七 42，差 1，用悬珠表示，隔位乘加六二 12，正好消除悬珠。由此也可看出，求商可按变式除数，也可用原除数。

三、补数除法

补数除法是指在被除数上加、减除数的补数来求商的方法。其原理是：

被除数－商×除数＝0

被除数－商×（齐数－补数）＝0

被除数－商×齐数＋商×补数＝0

被除数＋商×补数＝商×齐数

由此可见，如果一个数是除数的几倍（指被除数），在其上加几个补数就必得几个齐数。若再缩小齐数倍，就可得到商数。

因为齐数总是比除数多一位，并为 10 的乘方数（10、100、1000…），且零的个数与除数位数相同，所以缩小齐数倍，可以事先用定位完成。由此我们规定：

（1）补数除法的定位。可按算前固定个位档定位法，先确定个位档，再按 $P=M-N$ 改变实数落盘位置。事先定好的个位即商的个位。也可按公式定位法定位。

（2）补数除法的求商法则。被除数含几倍除数，就在其上加几倍补数，够除，前挨档开始加积；不够除，本档开始加积。当始加档出现的数字与加补数的倍数一致时，该数字就是商数字。

（3）如果估商不准，若始加档出现的数字与加补数的倍数不一致时，就要调商。若始加档出现的数字大于加补数的倍数，说明加补数不足，要调加补数使其一致；当始加档出现的数字小于加补数的倍数时，说明加补数过多，应调减使其一致。

【例20】　$423\,384 \div \dfrac{472}{(528)} = 897$

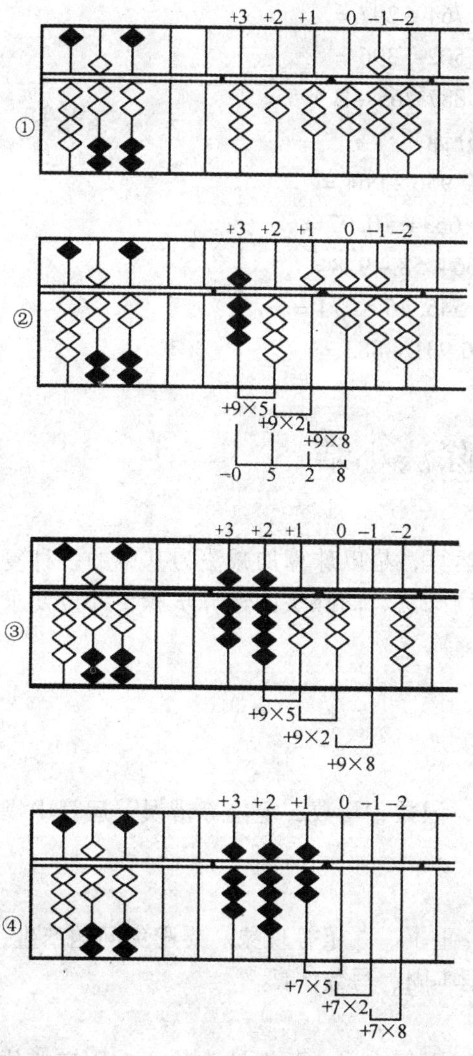

图7－17

（1）在算盘上选好个位档，标记“▲”为小数点，按 $P=M-N=6-3=3$ 改变实数的落盘位置，同时将除数布在算盘的左端，便于看补数加积（内珠是除数，外珠末位加1是除数的补数）（见图7－17①）。

（2）看除数，估商9，实首4与法首4相同，实二位比法二位小，本档加积，看除数外珠，依次九五45，九二18，九八72，始加档出现8，比加积倍数小，说明加补数过多，本档调减一倍补数，出商与加、减补数倍数一致，为商。盘上余45784（见图7－17②）。

（3）看除数，估商9，余首与法首同，余二位比法二位小，本档开始加积，看除数外珠，依次九五45，九二18，九八72，始加档出现9，为商，盘上余3304（见图7－17③）。

（4）看除数，估商7，余首比法首小，本档开始加积，看除数外珠，依次七五35，七二14，七八56，始加档出现7，为商，除尽。事先定好的个位即商的个位，商为897（见图7－17④）。

[实训与达标7－4] 珠算简捷除法实训

1. 用省除法计算下列各题的商（精确到0.01，限时5分钟）

① 4.92024 ÷ 5.7 =	② 553.83462 ÷ 617.83145 =
③ 180.0975 ÷ 88.5 =	④ 3 524 745 ÷ 746 315 =
⑤ 4 704.6247 ÷ 96.16 =	⑥ 10 764.4578 ÷ 207.4589 =
⑦ 35.7335 ÷ 2.78 =	⑧ 0.05026124 ÷ 0.0782 =
⑨ 60.9735 ÷ 870.56 =	⑩ 0.2468544 ÷ 9.89 =

2. 用凑整除法计算下列各题的商（精确到0.01，限时5分钟）

① 182 040 ÷ 296 =	② 5.35582 ÷ 0.592 =
③ 1 864 ÷ 94 =	④ 2 436 ÷ 79 =
⑤ 4 704 ÷ 96 =	⑥ 10 764 ÷ 297 =
⑦ 7 335 ÷ 498 =	⑧ 20 502 ÷ 396 =
⑨ 6 003 ÷ 89 =	⑩ 31 887 765 ÷ 2 995 =

3. 用补数除法计算下列各题的商（限时5分钟）

① 110 192 ÷ 776 =	② 509 956 ÷ 964 =
③ 256 828 ÷ 898 =	④ 47.6634 ÷ 0.97 =
⑤ 369 900 ÷ 675 =	⑥ 7 664.58 ÷ 9.8 =
⑦ 246 861 ÷ 669 =	⑧ 64 545.46 ÷ 974 =
⑨ 667 169 ÷ 941 =	⑩ 226 931 ÷ 883 =

第六节 珠算除法小结

通过本章学习，理解珠算除法是乘法的逆运算，是以珠算加减法为基础的一种复合算法。只要掌握商的固定个位档定位法和改商除法、商除法的运算步骤，并按要求练习，就能在实际工作中运用自如。

一、除法的检误

除算中常见的差错有算前算后看数、置数、记数、写数、定位等错误，运算中操作错误等。

1. 看数、置数、记数、写数错误

由于数字多，可能会出现数字多了、少了、重了、漏了等现象。要避免问题产生，就要认真细心，做到数字看清、置数准确、默记牢固、写数认真。

2. 定位错误

一般发生在负位数和带小数点及定位方法应用等错误。要把被除数置在固定的位置上，依据不同的除法用适合的定位方法。

3. 置商、试商错误

置商一般易发生在商除法运算时，隔位、挨位容易搞错，必须记住置商规则。试商一般易发生口诀错误，因此要熟练大九九口诀。

4. 减积档次错误

尤其除数位数较多，或中间带“0”时，更容易发生错误。避免此类错误的办法是熟记减积档次规则、做到手指不离档，手随口诀动，递位相减。

5. 带珠错误

由指法或粗心而引起。一定要苦练基本功，做到指法规范、注意力集中。

6. 满十错误

满十错误一般发生在改商除法的运算中。由于试商后余数满十或超十在算盘上加不下而忘记所引起的错误。避免此类错误的办法是在计算过程中专心致志、记数准确。

出现错误后应及时分析原因，查找错误所在，并及时纠正。

二、除法的练习方法

除法运算是四则运算中较难的一项。提高除法运算速度和准确率，防止发生差错，必须加强以下几个方面的练习：

1. 迅速置数

无论采用哪种方法进行除法运算，都首先要将被除数拨入算盘。而置被除数的速度快慢，对除法运算速度有着重要的影响。因此，必须加强练习，在置被除数入盘时尽量缩短盘与算题之间距离，使看数、拨珠连在一起，对加快布数速度和防止布数差错有一定的帮助。

2. 快速试商

多位数除法试商快慢，是能否提高除法运算速度的关键。如果用改商除或商除法运算，最好能一次求得确商，减少补商和退商。关键在于加强两位数除以一位数的心算训练，试商时“看头位顾后位”，这样就能较快地求出确商。

3. 默记除数

要加快除法的运算速度，绝不能忽视默记除数这一环。因为求出商数后，将商数乘以除数减积，而这个数已经脑记，不需要看一个数乘减一次，能够加快运算速度。

4. 坚持使用大九九口诀

在除法运算中使用大九九口诀，可以防止减积差错的发生。商数求出后，固定把商数念在前与除数进行乘减，便于记住除数。如果已经摆脱了大九九口诀束缚，就可以见数拨珠，操作自如。

5. 迅速定位与写数

一般采用固定个位档定位法。即把被除数拨在固定的档位上，运算完毕迅速抄商。

学习除法运算时，要特别注意以下三点：

（1）“0”要占档。指在乘减时，当乘积不满十，如 2×3=06，前面的“0”要看成一个 0 位数，即双积，与实数对档统一起来。

（2）指不离档。除法是部分积的错位相减，按大型积来说，手指点着的个位就是下一个大型积的十位，满十的在本档减，不满十的退到下档减。这个下档是下一个大型积的十位，手指不离档，一档一档往右移，可减少错位。

（3）遇零退档，连续有几个零退几档。

[实训与达标 7-5] 珠算除法综合实训

1. 检查下列各题计算结果是否正确？如不正确请更正，并指出错误原因（精确到 0.01）

① 83 210 ÷ 106 = 735　② 208.52 ÷ 0.26 = 820
③ 59.48 ÷ 5.47 = 10.8　④ 42 273 ÷ 495 = 845
⑤ 0.159 ÷ 0.075 = 21.2　⑥ 8 051 ÷ 83 = 0.81
⑦ 42 273 ÷ 495 = 99.81　⑧ 6 864 ÷ 780 = 7.52
⑨ 6 518.82 ÷ 654.5 = 9.41　⑩ 57.1506 ÷ 2.08 = 27.47

2. 计算下列各题，并用不同的检误方法检查（保留两位小数，以后四舍五入）

① 252.33 ÷ 6.08 =　② 71.492 ÷ 19.8 =
③ 460 348 ÷ 574 =　④ 35 920 ÷ 27 =
⑤ 15 542 ÷ 409 =　⑥ 58 944 ÷ 92 =
⑦ 23.6583 ÷ 7.3 =　⑧ 150 173 ÷ 34.06 =
⑨ 630.7614 ÷ 87.95 =　⑩ 5 901 942 ÷ 38 602 =

3. 用改商除法或商除法计算下列全国珠算技术等级鉴定普通五级标准试题（保留两位小数，以后四舍五入；限时 5 分钟，做对 8 题为普通五级合格）

① 7 112 ÷ 508 =　② 6 643 ÷ 73 =
③ 7 982 ÷ 26 =　④ 0.54096 ÷ 0.19 =
⑤ 3 526 ÷ 82 =　⑥ 12 627 ÷ 61 =
⑦ 3 792 ÷ 48 =　⑧ 3.0896 ÷ 3.56 =
⑨ 48 212 ÷ 709 =　⑩ 5 452 ÷ 94 =

4. 用改商除法或商除法计算下列全国珠算技术等级鉴定普通四级标准试题（保留两位小数，以后四舍五入；限时 5 分钟，做对 8 题为普通四级，做对 7 题为普通五级，做对 6 题为普通六级）

① 13 908 ÷ 183 =　② 6 512 ÷ 407 =
③ 27 468 ÷ 84 =　④ 0.1198 ÷ 0.507 =
⑤ 45 630 ÷ 702 =　⑥ 7 790 ÷ 38 =
⑦ 657 384 ÷ 903 =　⑧ 23.0858 ÷ 2.73 =
⑨ 14 136 ÷ 152 =　⑩ 325 149 ÷ 649 =

第八章　珠算式心算

教学目标及重点、难点

通过本章学习和训练，了解珠算式心算的基本算法，为今后适应学习和相关工作需要打下良好的基础。

学习重点是珠算式心算加减法，单积一口清。

学习难点是乘数是 7、8 的心算单积一口清。

第一节　珠算式心算概述

一、心算的概念及种类

所谓“心算”，是指不借助算盘或任何计算工具而直接用大脑来计算的方法，古代称为“心算”。相对于珠算、笔算、尺算、电子计算器算而言，它是一种无须借用计算工具的计算方法，是利用大脑进行思维活动的一种形式。心算是人们在日常生活和工作中随时要用的技能，也是人们必备的基本智能。心算方法很多，通常分为四大类。

1. 笔算式心算法

笔算式心算法同笔算基本一致，是利用大脑形象再现笔算演算过程而求得运算结果的一种心算方法。现行小学数学教学中采用的基本上属于这种心算。

笔算式心算要求熟记 162 个加减法算式和乘法九九口诀。小学阶段要求会 20 以内的加减法和乘法表内的乘除法。对于多位数的运算，需要用笔记录中间运算过程，因此笔算实际上是心算加笔录的手操算。这种心算法死记运算结果，不仅难学，而且计算的位数不能太多，效率不高。其算法模型与计算机运算模型不同，不具备通用性。

2. 概念式心算法

概念式心算法是一种较特殊的计算方法。它利用数与数之间的特殊关系，根据各种运算定律、性质、法则进行简便心算。

这种心算必须死记各种各样的规律，难学、难用，适用范围较小，不适合普及推广，其运算模型也不具备通用性。

3. 指算式心算法

指算式心算法是按照指算的法则和模式进行的心算。我国古代称为“一掌金”“手算”。此心算法运算前以左手五指作为五位，每指分为左、中、右三行，分别在指节上暗记数码1、2、3、4、5、6、7、8、9（见图8-1）。运算时用右手指掐在相对应的左手指记数部位。由于古人衣袖较长，两手都可在袖中掐指默算，故称“袖里吞金”。

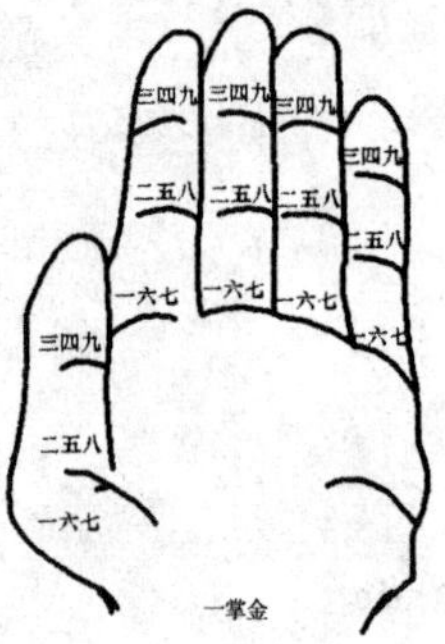

图8-1

显然，指算示数最多是五位，以手指替代数字辅助心算不能从根本上实现心算普及的目标。

4. 珠算式心算法

珠算式心算法是在中华民族优秀传统文化遗产——珠算的基础上发展起来的一门开发人类智能的新兴科学，研发于20世纪60年代，推广于90年代，普及于今天。

珠算式心算法，就是珠脑速算，简称“珠心算”。它是以脑算盘图为工具，以数学理论为依据，用脑思维拨珠进行数值计算的一门计算技术。基本原理是把26个动珠码内化在脑中，通过大脑拼排动珠码求得结果。

珠算式心算按照珠算的模型，计算时从高位起算，数字输入与运算一致，数字拼排自如，珠停数出，运算过程最短，具有一体性。这种心算模型通用于手操算、计算机运算、脑算等，学习上形象、直观、易学，是目前世界上最好的心算方法之一。

二、珠算式心算的作用

珠算式心算从算法上看简便易学，计算速度快，效率高。这是珠算式心算从众多心算方法中脱颖而出的直接原因。

珠算式心算还具有全方位进行素质教育的特殊作用。通过珠心算教育，培养人的创新能力和实践能力。以珠心算在幼儿和小学阶段教育为例。

第一，珠心算教育能够培养人的学习兴趣。有学者认为，儿童在3~6岁，只要学习他感兴趣的东西，无须付出大的努力，就会有较大的收获。算盘既是少儿学习珠心算的教具和学具，也是玩具。用算盘作教具，用游戏方式教学，不仅使他们在不知不觉中获得了知识，而且会因经常受到取得成绩的鼓舞，能使他们从小就增强学习的信心，激发学习的内在动力，培养起学习兴趣。有的教师在教学中让幼儿尽情地玩算盘，激起他们对算盘的兴趣，教师则有意介绍有关知识，使幼儿轻松地熟悉、认识和掌握珠心算的规律和方法；有的教师把珠心算与音乐、舞蹈等结合起来，编排儿歌游戏，让幼儿运用所学技能和方法开展竞赛。这些具体生动的教学形式，都会产生很明显的效果。

第二，珠心算教育能够启迪人的智力。人的大脑具有巨大的储存量，人的智力远没有得到有效开发。右脑是形象思维的中心，发达的右脑是创造性活动的基础。学习珠心算，通过双手拨珠活化了左手、开发了右脑。在学习珠心算过程中，运用双手拨珠的科学方法，大大地加快了拨珠频率，脑、手、眼、耳、口等器官密切配合，形成一个整体系统。左右两个半脑的形象思维和抽象思维频繁交替运用，促进大脑左右半球的均衡运动和发展，从而提高和发展了人的注意力、记忆力和想象力。在进行珠心算时，人们对数字和结果要记得快、记得准，经过长期训练，日积月累，养成了集中精力的习惯，也增强了记忆力。如进行三位十笔、四位二十笔加减算在脑中拨珠计算，数字大、笔数多、数目变化无穷，算珠在脑中拨动形成各种数目表象，这样就丰富了人的想象力，提高了思维的敏捷性，变得“心灵手巧”“眼疾手快”“耳聪目明”。一些幼儿园和小学按照“教者有心，学者无意”的要求，通过充分发挥珠心算的教学功能来开发儿童智力的实验表明，珠心算的特殊教育功能，特别适合于少儿教育，可以有效地帮助少儿学生全面开发智力因素（包括注意力、感知力、记忆力、思维力、想象力等）。有资料介绍，经过珠心算训练的儿童在上小学时，可缩减普通小学（六年制）数学教材一至四册70%的学习内容，直接学习乘除法和解答较难的应用题。通过珠心算教学，学生智力得到开发和增长，综合学习能力也得到了较大的提高。跟踪调查还表明，许多实验班的学生升入中学以后，做数学题时很少打草稿；对于记英语单词、汉语成语以及历史地理的人名、地名、历史年代等都胜人一筹；电脑打字也比常人快、出错率低。

第三，珠心算教育能够发展人的非智力因素。心理学认为，人的智慧的心理因素可分为两个系统，一个是上述的智力因素组成的系统；另一个则是非认识性心理机能系统，又称非智力因素。非智力因素包括动机、兴趣、信心、毅力、意志、情感、性格等，它们对智力具有推动和调节机能。培养非智力因素，是素质教育的内在要求。由于珠心算的学习采用了严格而科学的方法，必须经过系统而刻苦的训练才能有所收获，这就对培养人的思想品德、性格、信心、毅力、意志、吃苦耐劳等非智力因素方面提出了新的要求。在教师的辅导下，学生只有严格按照有关规则训练，克服各种错误动作和思维方法，形成良好的学习和生活习惯；只有具备不怕困难、战胜困难的决心与勇气，具备脚踏实地、坚韧不拔、不断进取的精神，通过孜孜不倦、持之以恒的训练，才能取得珠心算学习的成功。因此，珠心算在培养人的非智力因素方面具有重要作用，特别是对于学生将来走上社会、立足社会、贡献社会，具有不可估量的价值。

第二节　珠算式心算加减法

珠算式心算加减法是全部珠算式心算的基础。学好珠算式心算加减法，就为学好全部心算打下了良好的基础。

一、加减听心算

听心算（念算）是通过听觉器官将数码译成珠形在脑中用思维拨珠进行运算。

听心算的方法是先让学生想算盘，然后由教师念题，学生听到后在脑中像打算盘一样模拟拨珠，进行加减珠心算。

【例1】 3+6-8=1

第一步，用模拟算盘计算法计算，在脑算盘图上定出个位档。

第二步，教师：报“3”，学生：模拟拨“3”，同时脑中出现盘式图（见图8-2）。

教师：报“+6”，学生：模拟拨“+6”，在脑中盘式图上模拟拨加6，出现新盘式图（见图8-3）。

教师：报“-8”。

学生：模拟拨“-8”，在脑中盘式图上模拟减去8，出现新盘式图（见图8-4）。

教师：等于多少？

学生：等于1。

图8-2

图8-3

图8-4

【例2】 26+47-38=35

第一步，用模拟算盘计算法计算，在脑算盘图上定出个位档。

第二步，教师：报“26”。

学生：模拟拨“26”，同时脑中出现盘式图（见图8-5）。

教师：报“+47”。

学生：模拟拨“+47”，在脑中盘式图上模拟拨加47，出现新盘式图（见图8-6）。

教师：报“-38”。

学生：模拟拨“-38”，在脑中盘式图上模拟减去38，出现新盘式图（见图8-7）。

教师：等于多少？

学生：等于35。

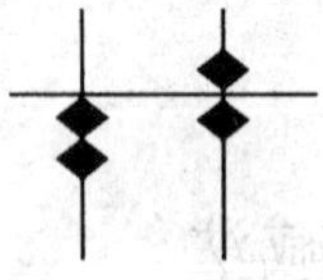
图8-5

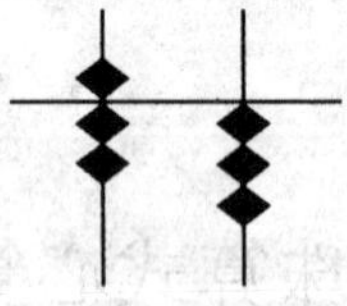
图8-6

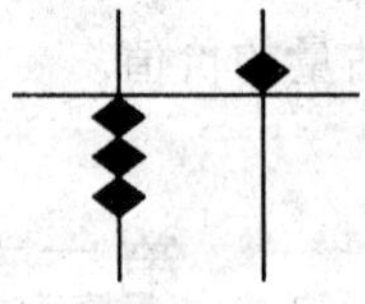
图8-7

听心算的练习方法。在进行日常基本功训练、听珠算和看珠算训练的同时，可同步进行听题心算的训练，简称“听心算”。珠算训练是熟悉动珠码的过程，这是形成珠像的基础。而听心算是利用声觉后像的训练手段促使珠像的形成（我们把声音对听觉器官的刺激留下的映像叫声觉后像）。

通常情况下，听觉接收、反应的频率超过视觉。这是因为人听题时容易全神贯聚、注意力集中。听题想动珠码，可使心算者直接输入算珠符号，变珠即可，而不需要将数码先译成珠码再进行心算，因此比看心算容易。

初学者可以先练闭目听心算，再练睁眼听心算，同时允许有模拟拨珠动作。听心算在训练内容上应遵循先易后难、先慢后快的原则；要始终贯穿珠算引路的训练思路，以珠算去纠正心算的错误；要将集体训练与个人训练相结合，集中训练与自由训练相结合。

二、加减看心算

由教师出题，学生看到题后进行加减珠心算。

【例3】　4+8-6=6

第一步，用模拟算盘计算法计算，在脑算盘图上定出个位档。

第二步，学生：看题“4”，模拟拨“4”，同时脑中出现盘式图（见图8-8）。

学生：看题“+8”，在脑中盘式图上模拟拨加8，出现新盘式图（见图8-9）。

学生：看题“-6”，在脑中盘式图上模拟减去6，出现新盘式图（见图8-10）。心算结果为6。

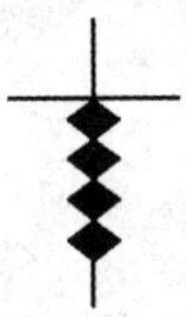

图8-8

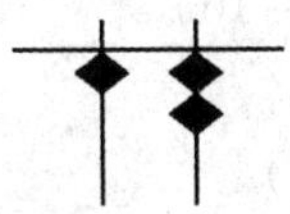

图8-9

图8-10

【例4】　76-48+36=64

第一步，用模拟算盘计算法计算，在脑算盘图上定出个位档。

第二步，学生：看题“76”，模拟拨“76”，同时脑中出现盘式图（见图8-11）。

学生：看题“-48”，在脑中盘式图上模拟减去48，出现新盘式图（见图8-12）。

学生：看题“+36”，在脑中盘式图上模拟加上36，出现新盘式图（见图8-13）。心算结果为64。

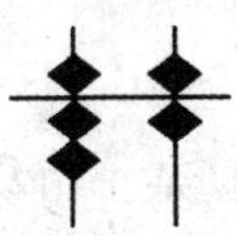

图8-11

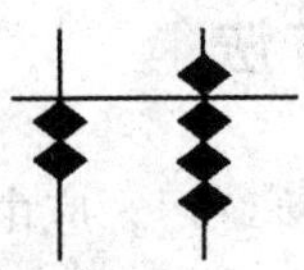

图8-12

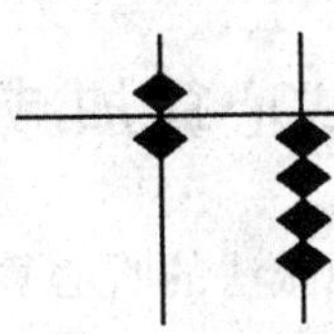

图8-13

看心算的练习方法。我们将数码符号（或实物）对视觉器官刺激留下的映像叫视觉后像。视觉对于刺激物虽然还没有看完，但闭上眼睛，脑中还能继续观察到尚未看完的图像，这种功能称为“遗觉后像”。将视觉后像和遗觉后像联合起来进行的认读训练，叫闪电认读。一般来说，4～8岁是人训练此功能的最佳年龄，此时经过专业训练后，可保存此功能到老，形成较强的心算能力。

看心算首先需要将看到的数码符号转换成珠码符号（也有的称为“数译珠”），然后再用动珠码进行拼排。

数译珠训练可按以下步骤进行：

1. 闭目静坐默想珠像

【例5】 默想珠像37（见图8－14）

2. 看盘模拟拨珠，脑中对应想珠像

【例6】 默想珠像72 （见图8－15）

图8－14

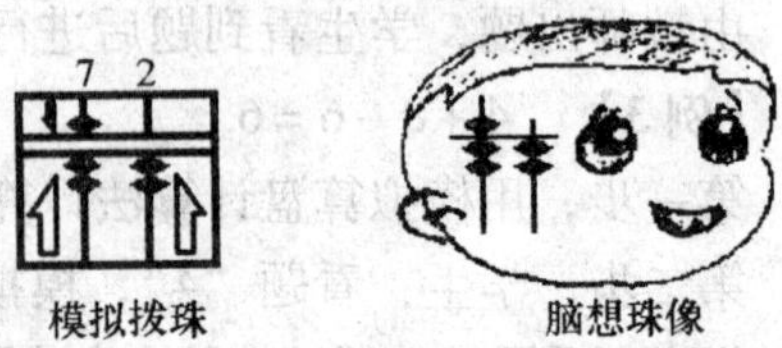

图8－15

3. 空想珠像

这时不允许手指有模拟拨珠动作，脑中直接想象珠像。

【例7】 默想珠像84（见图8－16）

图8－16

【例8】 16－8＋3＝11

看心算过程脑像图（见图8－17）。

图8－17

看心算训练时也应该贯彻“珠算引路、先慢后快、多种形式、逐步提高”的原则。

三、珠算式心算加减练习方法

珠算式心算加减法的听心算和看心算练习，应由简单到复杂，由易到难，由一位数到多位数。熟练之后，便能进行珠算式加减心算，达到听或看加减算题，就能立即写出答数。下面介绍练习的几个要领。

1. 在算盘上手拨算珠，熟练掌握珠算加减法

根据珠算加减法运算特点，将加减法各总结为四种类型26个基本拨珠动作（简称动珠码），必须在算盘上进行练习，也可通过制作动珠码卡片、电脑软件等辅助手段加深理解。开始训练时，要经常“说珠”“画珠”“想珠”，以便在大脑中记住26个动珠码形象。

在算盘上手拨26个动珠码，是认识、掌握、内化动珠码的中心环节。平时训练要贯穿算盘导入的思想，即心算的形成必须以熟练地手拨26个动珠码为基础，且珠算的难度和要求高于心算。珠算与心算训练要交替、同步进行，良性互动，以逐步脱离算盘。

2. 在实盘或无珠算盘上模拟拨珠

就是眼看有珠算盘，手指模拟拨珠动作进行计算。有的算盘在反面加装一块无珠算盘底板；有的画一张“无珠算盘”图（见图8－18），在图上进行模拟拨珠训练，引导学生积极想珠算，通过反复训练，有效内化动珠码。

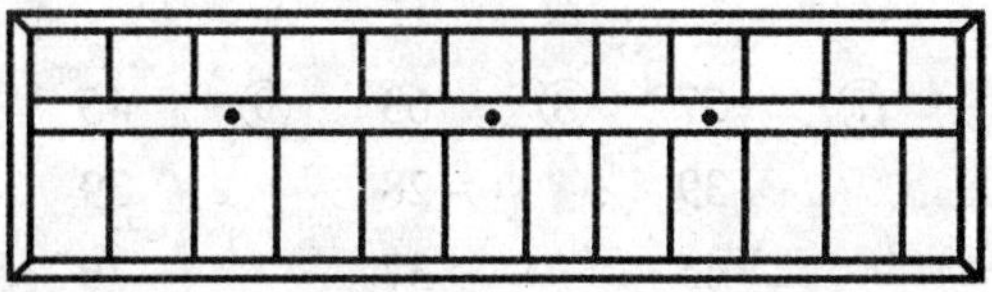

图8－18

3. 空中拨珠

是指在桌面或空中模拟拨珠，特别是珠算的26个动珠码，在脑中再现算盘变珠的图像。空拨算盘已经部分实现了动珠码内化，经过反复训练自然就能进入第四个步骤——大脑变珠。

4. 大脑变珠

是指去掉手指模拟拨珠的动作，直接在大脑中根据运算法则变算珠。这是珠算式心算学习的最终目标。

上述四个练习要领，第1个步骤是基础，第2个步骤、第3个步骤是过渡环节，第4个步骤是最终目标。有的人一开始就摆脱手指模拟动作，从第1个步骤直接过渡到第4个步骤，这当然是最佳途径。

[实训与达标8－1]

1. 在图8－18上完成同数连加连减题，熟练之后再进行连加连减心算（由老师念题，同学听算；中间可随时停止念数回答得数），以下题连加连减10遍熟练之后，还可以进行同数连加连减各20遍、50遍、80遍和100遍等的练习

① $1+1+1+1+1+1+1+1+1+1=10$，$10-1-1-1-1-1-1-1-1-1-1=0$

② $2+2+2+2+2+2+2+2+2+2=20$，$20-2-2-2-2-2-2-2-2-2-2=0$

③ $3+3+3+3+3+3+3+3+3+3=30$，$30-3-3-3-3-3-3-3-3-3-3=0$

④ $4+4+4+4+4+4+4+4+4+4=40$，$40-4-4-4-4-4-4-4-4-4-4=0$

⑤ $5+5+5+5+5+5+5+5+5+5=50$，$50-5-5-5-5-5-5-5-5-5-5=0$

⑥ $6+6+6+6+6+6+6+6+6+6=60$，$60-6-6-6-6-6-6-6-6-6-6=0$

⑦ $7+7+7+7+7+7+7+7+7+7=70$，$70-7-7-7-7-7-7-7-7-7-7=0$

⑧ $8+8+8+8+8+8+8+8+8+8=80$，$80-8-8-8-8-8-8-8-8-8-8=0$

⑨ $9+9+9+9+9+9+9+9+9+9=90$，$90-9-9-9-9-9-9-9-9-9-9=0$

2. 在图8－18上完成666加减练习

① $1+2+3+\cdots+36=666$

② 666 - 1 - 2 - … - 36 = 0

3. 在图 8 - 18 上完成下列算题

①	②	③	④	⑤	⑥
8	6	23	85	47	84
4	-2	64	-62	39	-37
-3	7	-79	47	-28	26

⑦	⑧	⑨	⑩	⑪	⑫
57	63	45	95	63	76
39	-28	39	-51	-47	28
-45	37	-76	46	24	-57

4. 将上述题目用大脑变珠像完成

5. 用大脑变珠像完成下面的算题

①	②	③	④	⑤	⑥
9	7	32	96	65	84
6	-3	84	-63	27	-49
-3	6	-53	48	-27	21

⑦	⑧	⑨	⑩	⑪	⑫
17	56	25	67	98	48
69	-14	43	-24	-76	29
-45	73	-37	15	24	-36

6. 听心算（由老师念题，学生听算，要求脑中有珠像）

①	②	③	④	⑤	⑥	⑦
3	8	1	7	22	88	55
4	4	4	-3	66	-44	11
-6	3	-2	1	-33	22	-33
5	2	3	-5	11	33	22
-1	-7	-5	4	-44	-55	-44

⑧	⑨	⑩	⑪	⑫
29	36	71	84	72
-17	48	-16	-27	49
68	-29	35	18	-63

7. 看心算（珠码符号与数码符号混合题，见图 8 - 19）

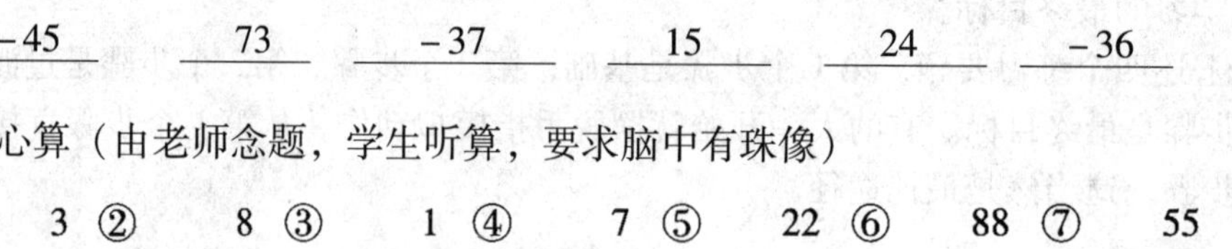

①	②	③	④	⑤
7	-5	-4	9	-8
-3	9	6	-7	9

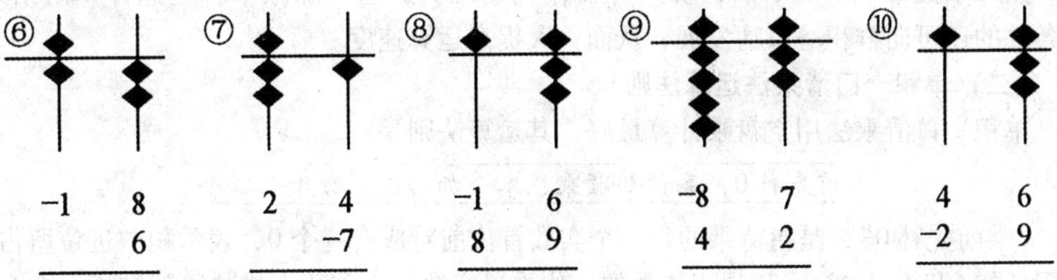

图 8－19

8. 听心算、看心算（全国珠心算技术等级鉴定普通十级模拟试题，限时5分钟，做对8题为合格）

① 6 +42 +7 +53 +9 +4 =　　② 90 +4 +7 +62 +6 +5 =

③ 61 +42 +7 +5 +3 +7 =　　④ 6 －3 +54 +82 －7 +9 =

⑤ 6 －4 +38 +2 －8 +19 =　　⑥ 6 +42 +7 +53 +9 +4 =

⑦ 8 +35 +6 +50 +9 +3 =　　⑧ 46 +4 +7 +80 +1 +8 =

⑨ 86 －2 +53 +4 －8 +6 =　　⑩ 27 －3 +16 +8 －3 +1 =

9. 看心算（全国珠心算技术等级鉴定普通九级模拟试题，限时5分钟，做对8题为合格）

① 34 +7 +42 +70 +53 +9 +4 +1 =　　② 60 +2 +56 +81 +92 +7 +4 +6 =

③ 4 +70 +15 +9 +34 +8 +6 +21 =　　④ 62 －3 +78 +8 －70 +2 －4 +91 =

⑤ 29 －4 +18 +6 －50 +2 －4 +83 =　　⑥ 30 +7 +48 +8 +53 +9 +43 +1 =

⑦ 5 +37 +42 +7 +53 +29 +4 +1 =　　⑧ 18 +7 +42 +6 +36 +9 +4 +83 =

⑨ 49 －8 +16 +2 －30 +4 －8 +37 =　　⑩ 86 －30 +7 +84 －7 +8 －9 +35 =

第三节　珠算式心算乘法

珠算式心算乘法，就是用珠算式心算来进行乘法运算。关键是掌握多位数乘以一位数的心算方法，并运用到乘法运算当中去，将每次被乘数与乘数心算的乘积，进行递位迭加，迅速计算出得数。

一、单积一口清乘法

（一）单积一口清乘法意义

是指任何多位被乘数（实数）乘以1～9任何一位乘数（法数），不需通过九九口诀就能直接心算出乘积，用笔写能“一笔明”，用嘴说能“一口清”，用眼看能“一眼知”，最后达到用算盘拨能“一盘成”。

熟练掌握单积一口清后，要用算盘作辅助工具，通过加减乘积迅速计算出结果；有条件的还可向群积一口清发展，从而大大提高运算速度。

（二）单积一口清乘法运算法则

单积一口清乘法用空盘乘计算最好。其运算法则是：

乘前先补0，高位起顺乘，本个加后进，舍十只取个。

“乘前先补0”，是指待乘的每一个实数首位前看成有一个0，表示积数进位所占的位置。如638应看成0 638，当法数的一位乘以实数时，首积有进位数就被指引在0位（在算盘上是左第一档）起拨十位数；如无进位数，此处就空着。

“高位起顺乘”，当一位数乘以多位数的各位时，要先从实数的高位起乘，然后顺次乘实数的第二位、第三位……连续乘完。可以眼看着这一位数，脑记整个多位数，逐位将积迭位加上，千万不要搞错了档次。

“本个加后进”，“本个”是本位乘积的个位，“后进”是后一位向前位进过来的十位数。“本个加后进”就是本位的个位加后一位进过来的十位数，因为这两个数是同一位数，所以要加在一起。在算每一个本位时，还要目测后位是否进位、进几。“本个加后进”是一口清方法的核心，也是其最大优点，可大大减少拨珠次数，提高计算速度。

“舍十只取个”，本档前档已加了后进，如本档个位加上后进出现十进位就应舍掉，一律只取“本个加后进”的新的个位数。

一位乘多位数要一眼知、一口清，就必须掌握一位乘多位的个位规律和进位规律。

（三）个位律和后进律

“本个”也叫“个位律”，其乘积的个位数均是用乘法大九九口诀相乘的个位数，这便是乘积的个位数的规律性；“后进”也叫“后进律”，其乘积的十位数均是用乘法大九九口诀相乘的十位数，这便是乘积的十位数的规律性。有专家总结出一套运算法则，编成口诀，我们应牢记之（见表8－1和表8－2）。

表8－1　多位数乘（2～9）乘积的个位律及口诀

被乘数 乘数	1	2	3	4	5	6	7	8	9	口　诀
2	02	04	06	08	00	02	04	06	08	自倍取个
3	03	06	09	02	05	08	01	04	07	偶补倍 奇补倍加5 或九九口诀
4	04	08	02	06	00	04	08	02	06	偶补 奇凑

续　表

乘数 \ 被乘数	1	2	3	4	5	6	7	8	9	口　诀
5	05	00	05	00	05	00	05	00	05	偶0 奇5
6	06	02	08	04	00	06	02	08	04	偶自身 奇加5
7	07	04	01	08	05	02	09	06	03	偶自倍 奇自倍加5 或九九口诀
8	08	06	04	02	00	08	06	04	02	倍补
9	09	08	07	06	05	04	03	02	01	自补

表8－2　　多位数乘（2～9）乘积的后进律及口诀

乘数 \ 被乘数	1	2	3	4	5	6	7	8	9	口　诀
2	00	00	00	00	10	10	10	10	10	满5进1
3	00	00	00	10	10	10	20	20	20	超$\dot{3}$进1， 超$\dot{6}$进2
4	00	00	10	10	20	20	20	30	30	满25进1，满5进2，满75进3
5	00	10	10	20	20	30	30	40	40	满2进1，满4进2，满6进3，满8进4
6	00	10	10	20	30	30	40	40	50	超$1\dot{6}$进1，超$\dot{3}$进2，满5进3，超$\dot{6}$进4，超$8\dot{3}$进5
7	00	10	20	20	30	40	40	50	60	超$\dot{1}4285\dot{7}$进1，超$\dot{2}8571\dot{4}$进2，超$\dot{4}2857\dot{1}$进3，超$\dot{5}7142\dot{8}$进4，超$\dot{7}1428\dot{5}$进5，超$\dot{8}5714\dot{2}$进6

续 表

被乘数 乘数	1	2	3	4	5	6	7	8	9	口 诀
8	00	10	20	30	40	40	50	60	70	满125进1，满25进2，满375进3，满5进4，满625进5，满75进6，满875进7
9	00	10	20	30	40	50	60	70	80	超几进几（超循环几进几）

注：0乘以任何数均为0，1乘以任何数均为任何数，因此上表未列，根据表列进位规律，我们看到每个实数最大的进位数比实数值少一，其拥有的进位规律个数也相应少一，如乘数8最大的进位数是7，只有7句进位规律。又如乘数9最大的进位数是8，应有8句进位规律，概括为"超几进几"1句。表中"超"表示大于，"满"表示大于或等于。

（四）单积一口清乘法的计算方法

1. 乘数是1

其积不变，积首添0。这是因为乘数1与被乘数相乘时，乘积不变，但要在积首添0，以避免错档。

【例9】 $1\times685=0\ 685$

1与任何数相乘得任何数，但要在积首添0。

2. 乘数是2

个位律：自倍取个。

后进律：满5进1。

2乘1~9各数，出现由小到大的两组2、4、6、8，前组分别为1、2、3、4乘数的个位积，后组分别为6、7、8、9乘数的个位积；两组乘数各等距为5。经2乘过的数，都是原数的倍数。其本个律可简记为"自倍"。这是因为乘数2与被乘数相乘时，乘积的个位数恰好是被乘数加倍取个。如$4\times2=8$，4加倍是8，又如$7\times2=14$，7加倍是14，个位是4，乘积的十位数满5进1。

【例10】 $748\times2=1\ 496$

第一步，从高位算起，乘前先补"0"，将748×2变成0748×2。

第二步，心算过程如下。

```
    0  7  4  8×2
 ──────────────
    0  4  8  6  ——→ 个位律
 +  1  0  1  0  ——→ 后进律
 ──────────────
    1 ………………… 本个0，后7满5进1，0+1=1
       4 ……………… 7自倍取本个4，后4无进位，4+0=4
          9 …………… 4自倍取本个8，后8满5进1，8+1=9
             6 ……… 8自倍取本个6，后无进位，6+0=6
 ──────────────
    1  4  9  6  ——→ 乘积
```

第三步，用公式定位法定位。因为积数首位数 1 小于两因数首数 7 和 2，所以积的位数按 $P=M+N=3+1=4$ 定位，得数 1 496。

3. 乘数是 3

个位律：偶补倍，奇补倍加 5，或九九口诀。

后进律：超 $\dot{3}$ 进 1，超 $\dot{6}$ 进 2。

3 乘 1 ~ 9 各数，按 1 ~ 9 顺序分别出现个位积 3、6、9、2、5、8、1、4、7，可把它们分成三组，如 369、258、147，每组内从小到大每数等差递增 3。3 与 2、4、6、8 偶数相乘，其积的个位分别为 6、2、8、4，即偶数乘积的个位数恰好是被乘数补数的 2 倍取个；如 $6\times3=18$，6 的补数是 4，4 的 2 倍是 8，8 和 8 相同。又如 $2\times3=6$，2 的补数是 8，8 的 2 倍是 16，6 和 6 相同。3 与 1、3、5、7、9 奇数相乘，其积的个位分别为 3、9、5、1、7，即奇数乘积的个位数恰好是被乘数补数的 2 倍加 5。如 $5\times3=15$，5 的补数是 5，5 的 2 倍加 5 是 15，5 和 5 相同。又如 $9\times3=27$，9 的补数是 1，1 的 2 倍加 5 是 7，7 和 7 相同。这种方法不利于记忆，初级阶段应以九九口诀的个位代记，高级阶段要分三组死记。乘积的十位数是超 $\dot{3}$ 进 1，超 $\dot{6}$ 进 2。

【例 11】　$6\ 349\times3=19\ 047$

第一步，从高位算起，乘前先补“0”，将 $6\ 349\times3$ 变成 $06\ 349\times3$。

第二步，心算过程如下。

```
  0 6 3 4 9×3
  ─────────────
  0 8 9 2 7  ——→个位律
+ 1 1 1 2 0  ——→后进律
  ─────────────
  1 ······················ 本个0，后6超3̇进1，0+1=1
    9 ···················· 6（偶补倍），本个8，后34超3̇进1，8+1=9
      0 ·················· 3（奇补倍加5），本个9，后4超3̇进1，
                           9+1=10，舍十只取个0
        4 ················ 4（偶补倍），本个2，后9超6̇进2，2+2=4
          7 ·············· 9（奇补倍加5），本个7，后无进位，7+0=7
  ─────────────
  1 9 0 4 7  ——→乘积
```

第三步，用公式定位法定位，因为积数首位数 1 小于两因数首位数 6 和 3，积的位数按 $P=M+N=4+1=5$ 定位，得数 19 047。

4. 乘数是 4

个位律：偶补，奇凑。

后进律：满 25 进 1，满 5 进 2，满 75 进 3。

乘数 4 与被乘数相乘时，出现 4、8、2、6 两组数，分别反映 1、2、3、4 和 6、7、8、9 的个位积。当 4 与偶数 2、4、6、8 相乘后，其个位积分别为 8、6、4、2，正好是被乘数的补数，如 $8\times4=32$，8 的补数是 2，2 和 2 相同；4 与奇数 1、3、5、7、9 相乘后，其个位积分别为 4、2、0、8、6，与被乘数形成凑五关系。如 $7\times4=28$，7 的凑数是 8，8 和 8 相同。为便于记忆，可简记为“偶补，奇凑”。乘积的十位数是满 25 进

1，满 5 进 2，满 75 进 3。

下面以盘上公式定位法在算盘上的应用举例说明。

【例 12】 4 000 × 761. 52 = 3 046 080（保留两位小数，以后四舍五入）

计算说明如下：

档次	一	二	三	四	五	六
被乘数	0	7	6	1	5	2
本个	0	8	4	4	0	8
后进 +	3	2	0	2	0	
乘积	3	0	4	6	0	8

一档 0 的本个为 0，后档 76 满 75 进 3，一档拨加后进 3；

二档 7（奇凑）的本个为 8，后档 6 满 5 进 2，本个加后进，舍十只取个，二档为 0 免拨珠；

三档 6（偶补）的本个为 4，后档 15 不进位，三档只拨加本个 4；

四档 1（奇凑）的本个为 4，后档满 5 进 2，本个加后进，四档只拨加 6；

五档 5（奇凑）的本个为 0，后档 2 不进位，五档为 0 免拨珠；

六档 2（偶补）的本个为 8，后档无数，六档只拨加本个 8。

按盘上公式定位法"位数相加"，$P = M + N = 4 + 3 = 7$ 定位，积为 3 046 080。

5. 乘数是 5

个位律：偶 0，奇 5。

后进律：满 2 进 1，满 4 进 2，满 6 进 3，满 8 进 4。

乘数 5 与被乘数相乘时，与偶数乘后，个位积都为 0，如 8 × 5 = 40 和 4 × 5 = 20，两题个位数均为"0"；与奇数乘后，个位积都为 5，如 3 × 5 = 15 和 7 × 5 = 35，两题个位数均为 5。其本个律可简记为"偶 0，奇 5"。乘积的十位数是满 2 进 1，满 4 进 2，满 6 进 3，满 8 进 4。

【例 13】 500 × 38 107. 96542 = 19 053 982. 71（保留两位小数，以后四舍五入）

计算说明如下：

档次	一	二	三	四	五	六	七	八	九	十	十一
被乘数	0	3	8	1	0	7	9	6	5	4	2
本个	0	5	0	5	0	5	5	0	5	0	0
后进 +	1	4	0	0	3	4	3	2	2	1	
乘积	1	9	0	5	3	9	8	2	7	1	0

一档 0 的本个为 0，后档 3 满 2 进 1，一档拨加 1；

二档 3（奇 5）的本个为 5，后档满 8 进 4，本个加后进，二档拨加 9；

三档 8（偶 0）的本个为 0，后档 1 不进位，三档为 0 免拨珠；

四档1（奇5）的本个为5，后档为0不进位，四档只拨加本个5；

五档0的本个为0，后档7满6进3，五档拨加后进3；

六档7（奇5）的本个为5，后档9满8进4，本个加后进，六档拨加9；

七档9（奇5）的本个为5，后档满6进3，本个加后进，七档拨加8；

八档6（偶0）的本个为0，后档5满4进2，八档拨加后进2；

九档5（奇5）的本个为5，后档满4进2，本个加后进，九档拨加7；

十档4（偶0）的本个为0，后档满2进1，十档拨加后进1；

十一档2（偶0）的本个为0，后档无数，十一档为0免拨珠。

按盘上公式定位法“位数相加”，$P=M+N=3+5=8$ 定位，积为19 053 982.71。

6. 乘数是6

个位律：偶自身，奇加5。

后进律：超$\dot{1}6$进1，超$\dot{3}$进2，满5进3，超$\dot{6}$进4，超$8\dot{3}$进5。

乘数6与被乘数相乘时，偶数乘积的个位数恰好是被乘数。如$4\times6=24$，4和4相同。又如$2\times6=12$，2和2相同。奇数乘积的个位数恰好是被乘数加5。如$3\times6=18$，3加5是8，8和8相同。又如$7\times6=42$。7加5是12，2和2相同。乘积的十位数是超$\dot{1}6$进1，超$\dot{3}$进2，满5进3，超$\dot{6}$进4，超$8\dot{3}$进5。

【例14】　730.64×0.06=43.84（保留两位小数，以后四舍五入）

计算说明如下：

档次	一	二	三	四	五	六
被乘数	0	7	3	0	6	4
本个	0	2	8	0	6	4
后进　+	4	1	0	3	2	
乘积	4	3	8	3	8	4

一档0的本个为0，后档7超$\dot{6}$进4，一档拨加后进4；

二档7（奇加5）的本个为2，后档3超$\dot{1}6$进1，本个加后进，二档拨加3；

三档3（奇加5）的本个为8，后档0不进位，三档只拨加本个8；

四档0的本个为0，后档6满5进3，四档拨加后进3；

五档6（偶自身）的本个为6，后档4超$\dot{3}$进2，本个加后进，五档拨加8；

六档4（偶自身）的本个为4，后档无数，六档只拨加本个4。

按盘上公式定位法“位数相加”，$P=M+N=3-1=2$ 定位，五入，积为43.84。

7. 乘数是7

个位律：偶自倍，奇自倍加5，或九九口诀。

后进律：超$\dot{1}4285\dot{7}$进1，超$\dot{2}8571\dot{4}$进2，超$\dot{4}2857\dot{1}$进3，超$\dot{5}7142\dot{8}$进4，超$\dot{7}1428\dot{5}$进5，超$\dot{8}5714\dot{2}$进6。

乘数7与多位被乘数相乘时，7乘1~9各数，其个位积分别为7、4、1、8、5、2、

9、6、3，把它们分成三组，如741、852、963，每组内由大到小每个数等差递减3。7与2、4、6、8偶数相乘，其积的个位分别为4、8、2、6，较被乘数增加一倍，如6×7＝42，6加倍是12，2和2相同。又如4×7＝28，4加倍是8，8和8相同。7与1、3、5、7、9奇数相乘，其个位积分别为7、1、5、9、3，是被乘数自倍后再加5取个，如3×7＝21，3加倍是6再加5是11，1和1相同。又如9×7＝63，9加倍是18再加5是23，3和3相同。为便于记忆，本个律可简记为“偶自倍，奇自倍加5”，或“偶自倍，奇九九”。乘积的十位数是超$\dot{1}4285\dot{7}$进1，超$\dot{2}8571\dot{4}$进2，超$\dot{4}2857\dot{1}$进3，超$\dot{5}7142\dot{8}$进4，超$\dot{7}1428\dot{5}$进5，超$\dot{8}5714\dot{2}$进6。

【例15】　12.659×7＝88.61（保留两位小数，以后四舍五入）

计算说明如下：

档次	一	二	三	四	五	六
被乘数	0	1	2	6	5	9
本个	0	7	4	2	5	3
后进　+	0	1	4	4	6	
乘积	0	8	8	6	1	3

一档0的本个为0，后档12不进位，一档为0免拨珠；

二档1（奇自倍加5）的本个为7，后档2超$\dot{1}$进1，本个加后进，二档拨加8；

三档2（偶自倍）的本个为4，后档6超$\dot{5}$进4，本个加后进，三档拨加8；

四档6（偶自倍）的本个为2，后档59超$\dot{5}\dot{7}$进4，本个加后进，四档拨加6；

五档5（奇自倍加5）的本个为5，后档9超$\dot{8}$进6，本个加后进，舍十只取个，五档拨加1；

六档9（奇自倍加5）的本个为3，后档无数，六档只拨加本个3。

按盘上公式定位法“位数相加、前空减1”，$P=M+N-1=2+1-1=2$定位，四舍，积为88.61。

8．乘数是8

个位律：倍补或补倍。

后进律：满125进1，满25进2，满375进3，满5进4，满625进5，满75进6，满875进7。

乘数8与多位被乘数相乘时，偶数和奇数乘积的个位数恰好是被乘数加倍后的补数。可简记为“倍补”。如4×8＝32，4加倍是8，8的补数是2，2和2相同。又如7×8＝56，7加倍是14，14的补数是86，6和6相同。其本个律也可简记为“补倍”。如3×8＝24，3的补数是7，7加倍后是14，4和4相同。乘积的十位数是满125进1，满25进2，满375进3，满5进4，满625进5，满75进6，满875进7。

【例16】　0.8×1 062.7＝850.16（保留两位小数，以后四舍五入）

计算说明如下：

档次	一	二	三	四	五	六
被乘数	0	1	0	6	2	7
本个	0	8	0	8	6	6
后进 +	0	0	5	2	5	
乘积	0	8	5	0	1	6

一档0的本个为0，后档10不进位，一档空缺不拨珠；

二档1（倍补）的本个为8，后档0不进位，二档只拨加本个8；

三档0的本个为0，后档627满625进5，三档拨加后进的5；

四档6（倍补）的本个为8，后档27满25进2，本个加后进，舍十只取个，四档为0免拨珠；

五档2（倍补）的本个为6，后档7满625进5，本个加后进，舍十只取个，五档拨加1；

六档7（倍补）的本个为6，后档无数，六档只拨加本个6。

按盘上公式定位法“位数相加，前空减一”，$P=M+N-1=0+4-1=3$ 定位，积为850.16。

9. 乘数是9

个位律：自补。

后进律：超几进几（超循环几进几）。

乘数9与多位被乘数相乘时，9乘1～9各数，出现由大到小的9、8、7、6、5、4、3、2、1的个位积，它们分别是被乘数的补数，其本个律可简记为“自补”。如 $4\times9=36$，4的补数是6，6和6相同。又如 $7\times9=63$，7的补数是3，3和3相同。乘积十位数是超 $\dot{1}$ 进1，超 $\dot{2}$ 进2，超 $\dot{3}$ 进3，超 $\dot{4}$ 进4，超 $\dot{5}$ 进5，超 $\dot{6}$ 进6，超 $\dot{7}$ 进7，超 $\dot{8}$ 进8。

【例17】 123 459 876 × 90 = 11 111 388 840

计算说明如下：

档次	一	二	三	四	五	六	七	八	九	十
被乘数	0	1	2	3	4	5	9	8	7	6
本个	0	9	8	7	6	5	1	2	3	4
后进 +	1	2	3	4	5	8	7	6	5	
乘积	1	1	1	1	1	3	8	8	8	4

一档0的本个为0，后档12超 $\dot{1}$ 进1，一档拨加后进1；

二档1的本个为9，后档23超 $\dot{2}$ 进2，本个加后进，舍十只取个，二档拨加1；

三档2的本个为8，后档34超 $\dot{3}$ 进3，本个加后进，舍十只取个，三档拨加1；

四档3的本个为7，后档45超$\dot{4}$进4，本个加后进，舍十只取个，四档拨加1；

五档4的本个为6，后档59超$\dot{5}$进5，本个加后进，舍十只取个，五档拨加1；

六档5的本个为5，后档9超$\dot{8}$进8，本个加后进，舍十只取个，六档拨加3；

七档9的本个为1，后档8超$\dot{7}$进7，本个加后进，七档拨加8；

八档8的本个为2，后档7超6进6，本个加后进，八档拨加8；

九档7的本个为3，后档6超$\dot{5}$进5，本个加后进，九档拨加8；

十档6的本个为4，后档无数，十档只拨加本个4。

按盘上公式定位法“位数相加”，$P=M+N=2+9=11$ 定位，积为11 111 388 840。

为了便于初学者了解“本个”加“后进”的具体计算，上述例题都分别予以显示。我们应逐步摆脱分开显示办法，直接读出“本个加后进”后的整个乘积，真正做到单积一口清。

（五）“本个”加“后进”规律小结

（1）乘数2与乘数8、乘数4与乘数6，分别同2～9相乘后的本个数具有对应关系、互为补数关系。如乘数2分别相乘的1和6、2和7、3和8、4和9两数相差为5的本个数是对应关系。其中，4和9的本个都是8，而乘数8分别相乘的4和9的本个都是2；1和6的本个都是8，2和7的本个都是6，3和8的本个都是4。再如乘数8同2～9相乘后的本个数，与乘数2乘2～9后的本个数，正好互为补数。我们应利用这种对应关系、互为补数的关系，掌握一个乘数的本个律，又能兼会另一个乘数的本个律，并予以牢记。

（2）乘数1与乘数9、乘数3与乘数7，分别同2～9相乘后的本个数互为补数，具有对应关系。如乘数3同1和6、2和7、3和8、4和9相乘后，后者较前者的本个同样具有对应关系，不是多一个5，就是少一个5。其中，4的本个为2，9的本个则是7，1、2、3的本个分别为3、6、9，与之对应的6、7、8的本个则分别为8、1、4。学习使用时要利用这种互为补数、互有对应关系的特点。如我们学会了乘数1、2、3、4的本个律后，根据互为补数、互有对应关系的特点，学习乘数为6、7、8、9的本个律肯定会有所帮助。

（3）第一档都无个位，最末一档则无进位数。当第一档无进位数时，则用空档表示，最末一档如个位数是0，是否在答案上写出，则根据定位法则来决定。

（4）乘数2～9，每个的进位数都以第一句为基础，其余都在第一句的基础上累加。第一句都进1，累加一次就多进1。如乘数6有8$\dot{3}$的进位规律，在第一句1$\dot{6}$的基础上累加，当包含五个1$\dot{6}$时，就进5。当乘数是偶数时，还有一种对称性，只要规律首数小于5，通过加5后，即可推知其他规律。如乘数8的进位规律，首数小于5的有125进1、25进2、375进3，即可推知还有625、75、875，按满5进4规律分别增4，同时也知道它们将分别进5、进6和进7。

（5）乘数7的进位规律有六句，每句六个字，为循环节。六个字又以前一句的前两字14为基础，加一倍为28，组成第三、四字，再加一倍多1为57，组成第五、六字。要熟记第一句规律，熟到点任何字为首字，就能立刻读出后五字来。六句规律顺序每二句分为一组，共三组。第一组是 $\dot{1}4285\dot{7}$ 和 $\dot{2}8571\dot{4}$，按各自的首位数进位；第二组是 $\dot{4}2857\dot{1}$ 和 $\dot{5}7142\dot{8}$，按首位数减一进位，它们分别是第三、四句，正好按三和四进位；第三组是 $\dot{7}1428\dot{5}$ 和 $\dot{8}5714\dot{2}$，按首位数减二进位，它们分别是第五、六句，也正好按五和六进位。在实际应用中，每句规律有前二字就基本够用，后面几字使用得不多。

（6）在“本个加后进”中“算本位，测后位”，准确测出后进数。“测后位”不是只测一位，要根据各自的进位规律来决定测多少位，如实数 2、4、5，目测后面的一位或二位就可准确决定后进的数。乘数为 3、6、7、8、9 的，有时只用测一位。如乘数 3 的后位为 4、乘数 6、7、8、9 的后位为 2，都已证明分别超 $\dot{3}$、超 $1\dot{6}$、超 $\dot{1}4285\dot{7}$、超 125、超 $\dot{1}$，具备了进 1 的条件，就不必再看后二位了。一般情况下，测后二位就可测准待后进的数。如乘数 3 的后位为 34，乘数 6 的后位为 17，乘数 7 的后位为 15，乘数 8 的后位为 13，乘数 9 的后位为 12 时，都可决定各自的后进为 1。个别情况下，测一至二位无法确定是否进位，或后进多少，就要测三位、四位，甚至七位。如乘数 7 已知后位有 428571，但还不知道是否超 428571，就要看第七位。如第七位比 4 大，就后进 3；如第七位比 4 略小，后进数就要少 1，只进 2；如第七位正好是 4，那就要看后面数的大小，才能确定是进 3，或是进 2。不过，测 3 位以上的情况很少出现。

现举例说明上述规律在算盘上的综合应用。

【例 18】　$0.003\times29\,683=89.05$（保留两位小数，以后四舍五入）

计算说明如下：

档次	一	二	三	四	五	六
被乘数	0	2	9	6	8	3
本个	0	6	7	8	4	9
后进　+	0	2	2	2	0	
乘积	0	8	9	0	4	9

一档 0 的本个为 0，后档 29 不进位，一档为 0 免拨珠；

二档 2 的本个为 6，后档 9 超 $\dot{6}$ 进 2，本个加后进，二档拨加 8；

三档 9 的本个为 7，后档 68 超 $\dot{6}$ 进 2，本个加后进，三档拨加 9；

四档 6 的本个为 8，后档 8 超 $\dot{6}$ 进 2，本个加后进，舍十只取个，四档为 0 免拨珠；

五档 8 的本个为 4，后档 3 不进位，五档只拨加本个 4；

六档 3 的本个为 9，后档无数，六档只拨加本个 9。

按盘上公式定位法“位数相加、前空减 1”，$P=M+N-1=-2+5-1=2$ 定位，五入，积为 89.05。

【例 19】 0.07 ×465 907.1832 = 32 613.5028（保留四位小数，以后四舍五入）

计算说明如下：

档次	一	二	三	四	五	六	七	八	九	十	十一
被乘数	0	4	6	5	9	0	7	1	8	3	2
本个	0	8	2	5	3	0	9	7	6	1	4
后进 +	3	4	4	6	0	5	1	5	2	1	
乘积	3	2	6	1	3	5	0	2	8	2	4

一档 0 的本个为 0，后档 46 超 $\dot{4}\dot{2}$ 进 3，一档拨加后进 3；

二档 4 的本个为 8，后档 6 超 $\dot{5}\dot{7}$ 进 4，本个加后进，舍十只取个，二档拨加 2；

三档 6 的本个为 2，后档 59 超 $\dot{5}\dot{7}$ 进 4，本个加后进，三档拨加 6；

四档 5 的本个是 5，后档 9 超 $\dot{8}$ 进 6，本个加后进，舍十只取个，四档拨加 1；

五档 9 的本个为 3，后档 0 不进位，五档只拨加本个 3；

六档 0 的本个为 0，后档 718 超 $\dot{7}1428\dot{5}$ 进 5，六档拨加后进 5；

七档 7 的本个为 9，后档 18 超 $\dot{1}\dot{4}$ 进 1，本个加后进，舍十只取个，七档为 0 免拨珠；

八档 1 的本个为 7，后档 8 超 $\dot{7}$ 进 5，本个加后进，舍十只取个，八档拨加 2；

九档 8 的本个为 6，后档 3 超 $\dot{2}$ 进 2，本个加后进，九档拨加 8；

十档 3 的本个为 1，后档 2 超 $\dot{1}$ 进 1，本个加后进，十档拨加 2；

十一档 2 的本个为 4，后档无数，十一档只拨加本个 4。

按盘上公式定位法“位数相加”，$P = M + N = -1 + 6 = 5$ 定位，保留四位小数，四舍，积为 32 613.5028。

二、群积一口清乘法

熟练掌握单积一口清乘法后，把在不同数位的乘数单积递位迭加，就成为乘数是多位数的乘法。如能从算盘上的迭位相加，变成在大脑中迭位相加，就可发展到群积一口清的高级阶段。

（一）用算盘递位迭加来说明群积一口清乘法的计算方法

群积一口清在算盘上运算的要领是：

> 首进前档拨，无进二档加，本个加后进，递位迭加积。

下面用算盘递位迭加举例说明群积一口清乘法的计算方法，为过渡到群积一口清打下基础。

【例 20】 78 ×23 = 1 794

第一步，用空盘前乘和盘上公式定位法计算，选择 23 作乘数，确定乘的顺序，首先用 78 ×2，再用 78 ×3。

第二步，单积一口清心算出 78 ×2 的部分积为 156，首位进位，从算盘左第一档拨入。

第三步，单积一口清心算出 78 ×3 的部分积为 234，从算盘左第二档起递位迭加，盘上显示 1794。

档次		一	二	三	四	五
第一积		1	5	6		
第二积	+		2	3	4	
乘积		1	7	9	4	

第四步，用盘上公式定位法定位“位数相加”，$P=M+N=2+2=4$ 定位，积为 1 794。

【例 21】　1.78 ×5.64 =10.04（保留两位小数，以后四舍五入）

第一步，用空盘前乘和盘上公式定位法计算，选择 178 作乘数，确定乘的顺序，先用 1 ×564，再用 7 ×564，最后用 8 ×564。

第二步，单积一口清心算出 1 ×564 的部分积为 0 564，从算盘左第一档拨入。

第三步，单积一口清心算出 7 ×564 的部分积为 3 948，从算盘左第二档起递位迭加，盘上显示 09588。

第四步，单积一口清心算出 8 ×564 的部分积为 4 512，从算盘左第三档起递位迭加，盘上显示 100392。

档次		一	二	三	四	五	六
第一积		0	5	6	4		
第二积			3	9	4	8	
第三积	+			4	5	1	2
乘积		1	0	0	3	9	2

第五步，用盘上公式定位法定位“位数相加”，$P=M+N=1+1=2$ 定位，五入，积为 10.04。

由上述例题可见，用算盘进行多个单积迭位相加，前提是熟练掌握单积一口清。而学好单积一口清，就要迅速认清并最少记牢五位数的被乘数。在多位乘数的单积迭位相加中，必然频繁面对不同的“本个加后进”。为提高运算速度，我们应巧妙地结合已学的倍数乘、变式乘、移积乘和换位乘等简捷算法。如乘数 2 用自倍法，乘数 5 用折半法，而 2 和 4、4 和 8、3 和 6、7 和 35、9 和 63 在一个乘数中分别同时出现时，又可以使用倍数法，比毫无关系的不同单积计算显然要简便、快速。通过变式，可以把高位数（如 6、7、8、9）变成低位数（如 4、3、2、1），有的还可变成 0（如 997 变成 $100\bar{3}$），或将互无关系的数变成倍数（如 2579 变为 $262\bar{1}$）、相同数（如 436 变成

4$\overline{4}$4）、近似数（如 785 变成 12$\overline{2}$5），尽量发挥倍数乘、移积乘的作用。当 9 的单积还不够熟练时，还可以用 10 - 1 代替其求单积。当条件允许时，应将有利于快速、准确运算的数转换成乘数。

（二）听（念）群积一口清乘法的计算方法

由教师念题，学生听到后进行乘法心算。

【例 22】　67 × 36 = 2 412

第一步，学生听到教师念 67 × 36，用脑默记，并确定乘的顺序，首先用 67 × 3，再用 67 × 6（见图 8 - 20）。

第二步，在脑算盘图上心算 67 × 3，得部分积 201，从脑算盘图左第 1 档起加（见图 8 - 21）。

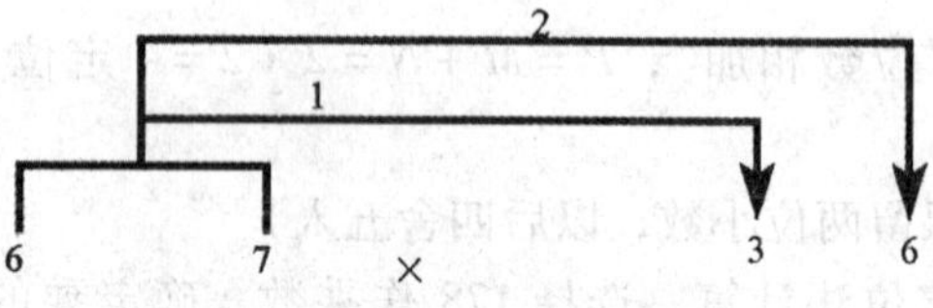

图 8 - 20

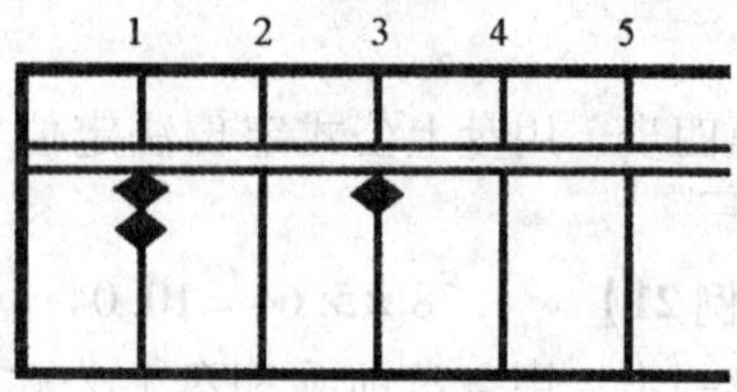

图 8 - 21

第三步，在脑算盘图上心算 67 × 6 的乘积是 402，并与 201 进行递位迭加，即从脑算图左第 2 档起加得 2 412（见图 8 - 22）。

第四步，用盘上公式定位法定位“位数相加”，$P = M + N = 2 + 2 = 4$ 定位，积为 2 412。

（三）看算群积一口清乘法的计算方法

由教师出题，学生看到题后进行乘法计算。

【例 23】　24 × 67 = 1 608

第一步，学生看到教师出的题 24 × 67，在脑算盘图上心算 24 × 6 的乘积，得 144，从脑算盘图左第 1 档起加（见图 8 - 23）。

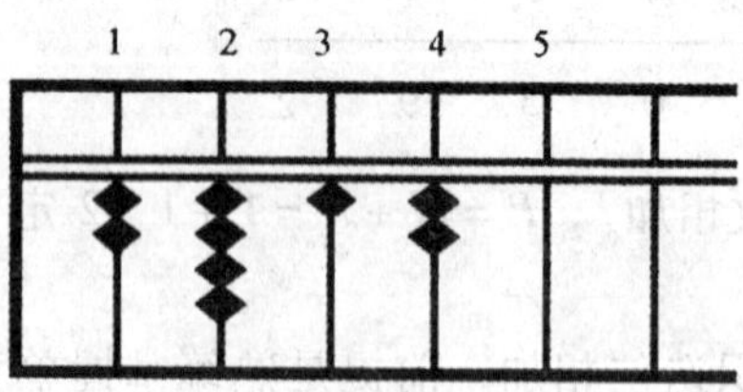

图 8 - 22

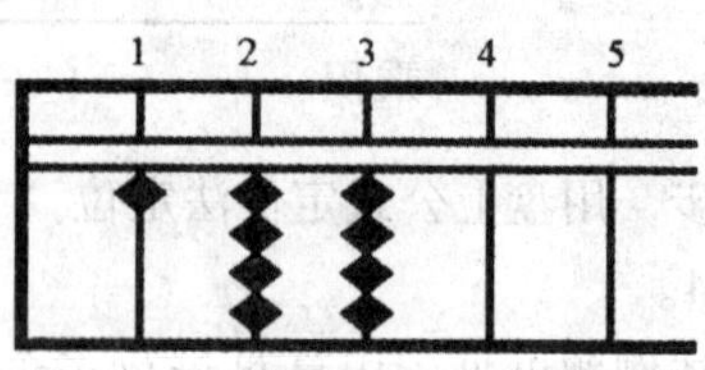

图 8 - 23

第二步，在脑算盘图上心算 24 × 7 的部分积是 168，并与 144 进行递位迭加，从脑算盘图左第 2 档起加得 1 608（见图 8 - 24）。

第三步，用盘上公式定位法定位“位数相加”，$P = M + N = 2 + 2 = 4$ 定位，积为 1 608。

【例 24】　1. 64 × 35. 2 = 57. 73（保留两位小数，以后四舍五入）

第一步，学生看到教师出的题 1. 64 × 35. 2，在脑算盘图上心算 164 × 3 的乘积，从脑算盘图左第 1 档起加，0 要占档，得 0492（见图 8 - 25）。

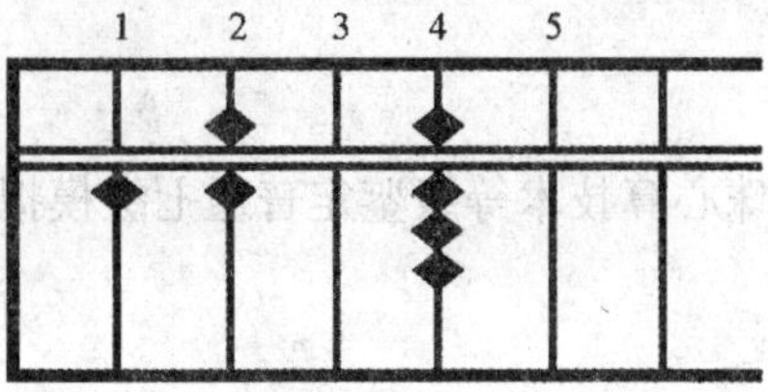

图 8－24

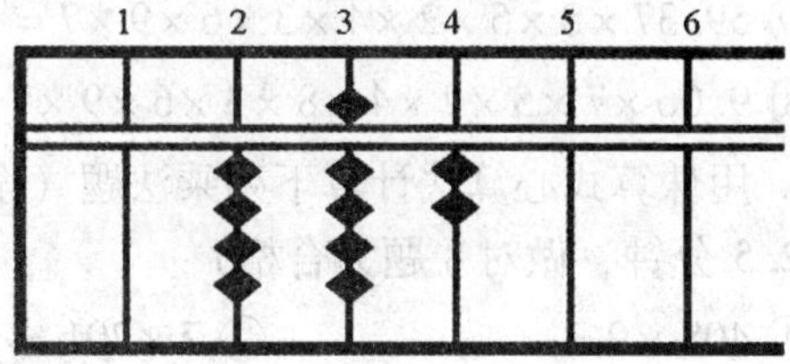

图 8－25

第二步，在脑算盘图上心算 164×5 的乘积是 0820，并与 0492 进行递位迭加，从脑算盘图左第 2 档起加，0 要占档，得 05740（见图 8－26）。

第三步，在脑算盘图上心算 164×2 的乘积是 0328，并与 05740 进行递位迭加，从脑算盘图左第 3 档起加，0 要占档，得 057728（见图 8－27）。

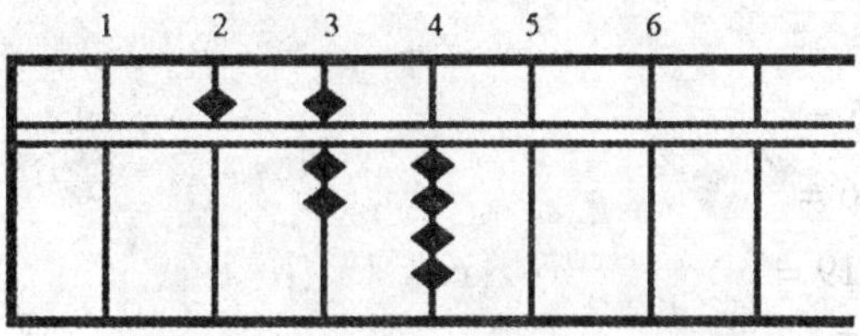

图 8－26

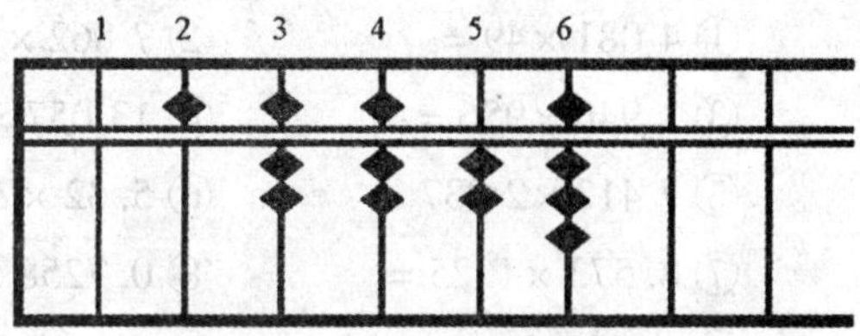

图 8－27

第四步，用盘上公式定位法定位“位数相加，前空减 1”，$P=M+N-1=1+2-1=2$ 定位，得 57.728，四舍五入后积为 57.73。

［实训与达标 8－2］

1. 什么是珠算式心算乘法？
2. 什么是本个加后进？
3. 什么是个位律？什么是后进律？
4. 多位数乘（2～9）乘积后进律的口诀是什么？
5. 用珠算式心算法计算下列一位数乘法题（保留两位小数，以后四舍五入）

①2 083×4＝　　②3 865×2＝

③1 640×9＝　　④43 019×7＝

⑤5 012×8＝　　⑥7 326×6＝

⑦8.503×5＝　　⑧0.7208×3＝

⑨69.47×8＝　　⑩92.06×7＝

6. 用珠算式心算法计算下列一位数连乘题（保留两位小数，以后四舍五入）

①108×2×5×4×8×3×6＝　　②4 165×2×4×4×6×7×8＝

③2 670×9×4×7＝　　④4 069×7×5×2×4×8×3×6×9＝

⑤5 104×8×4×5×2×3×6×9×7＝　　⑥726×5×2×4×8×3×6×9×7＝

⑦8.03×5×4×6×7×3×8×2＝　　⑧0.7208×3×5×2×4×8×6×9×7＝

⑨ 59. 37 ×8 ×5 ×2 ×4 ×3 ×6 ×9 ×7 =

⑩ 9. 06 ×7 ×5 ×2 ×4 ×8 ×3 ×6 ×9 ×7 =

7. 用珠算式心算法计算下列乘法题（全国珠心算技术等级鉴定普通七级模拟试题，限时 2. 5 分钟，做对 8 题为合格）

① 408 ×9 =　　② 7 ×201 =

③ 4 ×56 =　　④ 137 ×8 =

⑤ 712 ×2 =　　⑥ 5 ×246 =

⑦ 73 ×3 =　　⑧ 308 ×6 =

⑨ 6 ×83 =　　⑩ 46 ×8 =

8. 用珠算式心算法计算下列多位数乘法题（保留两位小数，以后四舍五入）

① 4 081 ×49 =　　② 7 862 ×21 =

③ 1 940 ×956 =　　④ 13 057 ×785 =

⑤ 7 412 ×2 837 =　　⑥ 5. 32 ×24. 16 =

⑦ 8. 573 ×1. 25 =　　⑧ 0. 7258 ×6. 19 =

⑨ 9. 46 ×8. 13 =　　⑩ 42. 16 ×83. 7 =

第四节　珠算式心算除法

珠算式心算除法，就是用珠算式心算来进行除法计算。其运算的关键是把多位数乘以一位数的心算方法，即一口清心算乘法运用到除法运算中，将每次试商与除数心算的乘积，从被除数中进行递位迭减。

一、珠算式心算除法的基本程序

（1）定位，确定商的位数。

（2）脑记被除数部分。

（3）利用心算单积法估商并写下商数。

（4）心算估商与除数的单积。

（5）按珠算模型减积，并记下余数部分。以后重复第三步至第五步直到除尽或得到精确度所要求的商数为止。

二、用算盘递位迭减来说明珠算式心算除法的计算方法

【例 25】　36. 6075 ÷7. 04 =5. 20（用固定个位档定位法定位，商除法运算）

计算说明如下：

档次	+1	0	-1	-2	-3	-4	-5
被除数		3	6	6	0	7	5
试商（+）	五						
5×704一口清（-）		3	5	2	0		
盘上显示	五		1	4	0	7	5
试商（+）		二					
2×704一口清（-）			1	4	0	0	
盘上显示	五	二					$\bar{5}$

第一步，定位、置数。按 $P=M-N-1=2-1-1=0$ 定位，从0位档起置被除数，脑记除数704。

第二步，试商。被除数相当除数的半数，还略大，在被除数首数前挨位商五，在商右挨位减五的一口清商积；根据余数很接近除数的二倍，在余数首位前挨位商二，在商后挨位减二的一口清商积，在第-5档上出现"-5"（可用悬珠表示），此时虽然只出现一位小数，由于"-5"相隔四档，已不影响近似值，商为5.20。积累一定经验后，也可不置商数二和拨减二的商积，直接写出5.20的商数。

【例26】　8 117÷1 025=7.92（用固定个位档定位法定位，商除法运算）

计算说明如下：

档次	+1	0	-1	-2	-3	-4	-5
被除数		0	8	1	1	7	
试商（+）	七						
7×1 025一口清（-）		0	7	1	7	5	
盘上显示	七		0	9	4	2	
试商（+）		九					
9×1 025一口清（-）			0	9	2	2	5
盘上显示	七	九		0	1	9	5
试商（+）			二				
2×1 025一口清（-）				0	2	0	5
盘上显示	七	九	二				

第一步，定位、置数。按 $P=M-N-1=4-4-1=-1$ 定位，从-1位档起置被除数，脑记除数1 025。

第二步，试商。被除数接近除数的八倍，在被除数首数前隔位商七。在商后隔位减七的一口清商积；余数相当除数的九倍，还略大，在被除数首数前隔位商九，在商后隔位减九的一口清商积；盘上已出现一位小数，余数很接近除数的二倍数，不够部分四舍五入，可直接写出商7.92，不必再进行商二的运算。

如果本题被除数是8 119至8 122之类的数，商二后也只略多一点，属四舍，也不必进行商二和拨减其商积，即可在盘上有商7.9的基础上，直接写出7.92的商数。

三、念（听）珠算式心算除法的计算方法

由教师念题，学生听到后进行除算计算。

【例27】 3 886 ÷ 58 = 67

第一步，学生听到教师念3 886 ÷ 58后，用固定个位档定位法，按$P = M - N - 1 = 4 - 2 - 1 = 1$定位，立刻在脑算盘图上从1位档拨入被除数3886，脑记除数58（见图8－28）。

第二步，被除数388中有6个58，商6。心算商数6与除数58的乘积是348，从被除数中进行递位迭减，余数406（见图8－29）。

第三步，余数406中有7个58，商7。心算商数7与除数58的乘积是406，从被除数中进行递位迭减，得出67（见图8－30）。

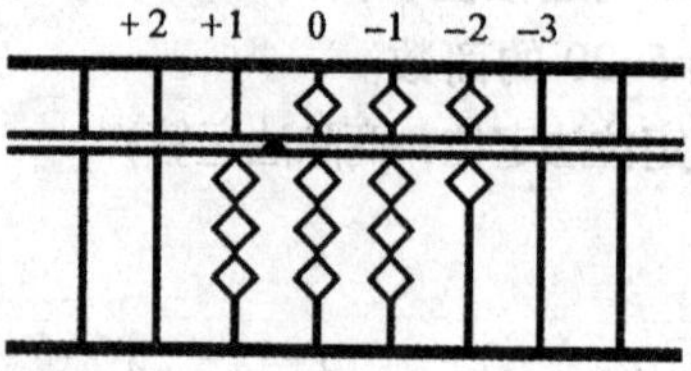

图8－28

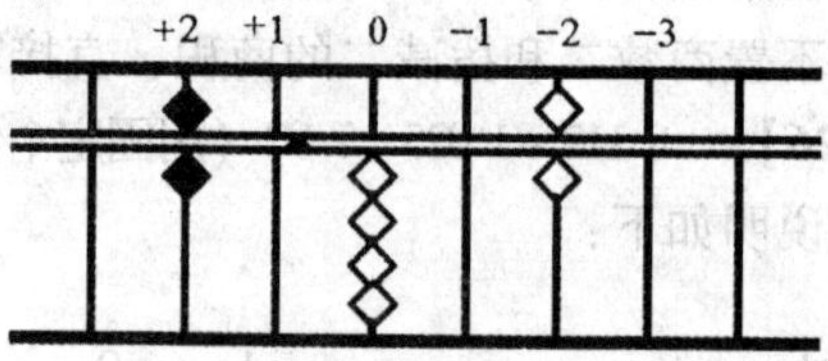

图8－29

第四步，事先定好的个位即商的个位，商为67。

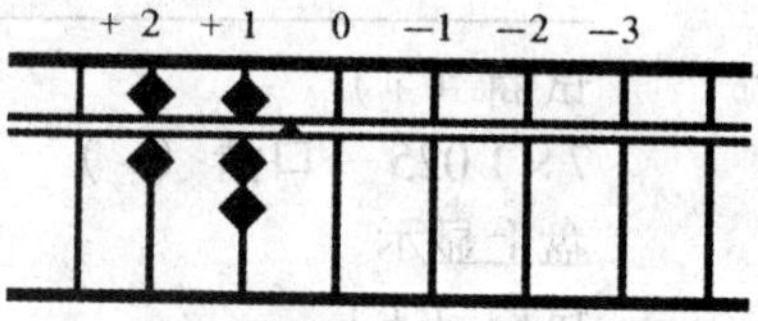

图8－30

四、看珠算式心算除法的计算方法

由教师出题，学生看到后进行除算心算。

【例28】 867 ÷ 51 = 17

第一步，学生看到教师出的题867 ÷ 51，用固定个位档定位法，按$P = M - N - 1 = 3 - 2 - 1 = 0$定位，立刻在脑算盘图上从0位档拨入被除数867，脑记除数51（见图8－31）。

第二步，被除数86中有1个51，商1。心算商数1与除数51的乘积是51，从被除数中进行递位迭减，余数357（见图8－32）。

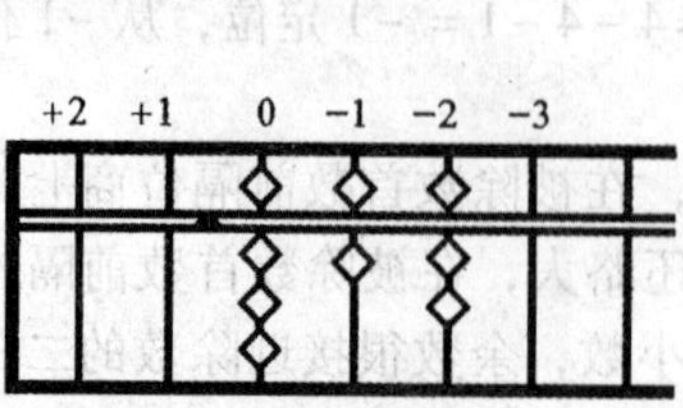

图8－31

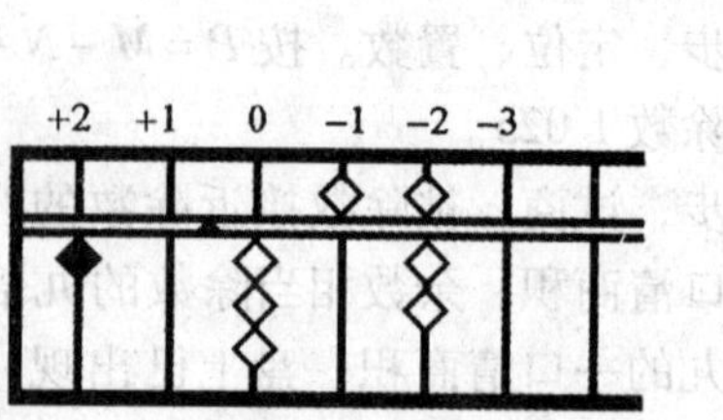

图8－32

第三步，余数357中有7个51，商7。心算商数7与除数51的乘积是357，从被除数中进行递位迭减，得出17（见图8－33）。

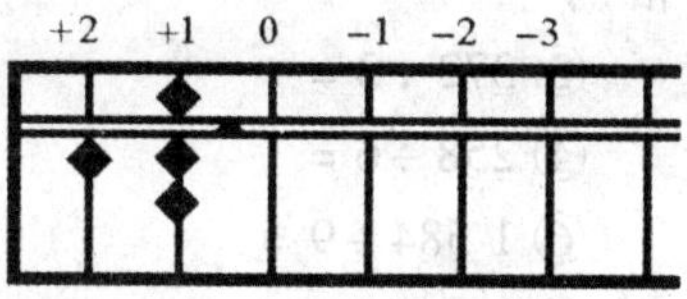

图8－33

第四步，事先定好的个位即商的个位，商为17。

五、怎样练成“一口清”

从大的方面看，必须要有毅力，有肯吃苦的精神。同时，掌握科学的练习方法也是成功的保证。

（1）从易到难，分类练习，先分后合。

①练习顺序：乘数2、5、4、8、9、3、6、7。

②先练本个，再练后进，最后练本个加后进。

③被乘数的选择应先易后难，循序渐进，即先练三位数的单积，再练三至六位数的单积。

（2）先练一笔清，后练一口清，最后练心算一次清。

（3）乘数2～9的单积学一个、练一个、用一个，并将单一练与混合练相结合。

（4）采用多种练习手段，有效地将自我练习与群体对抗练习相结合。例如“堆宝塔”练习法，先确定一个起始数，然后反复滚乘某倍单积。此法既可个人练，更适合集体对抗式训练。再如，利用珠算等级鉴定加减算试题训练单积一口清，也是一种方便实用的练习方式。

（5）正确处理准与快的矛盾，做到“先准后快、准中求快、快中见准”。对于差错率较高的部分要分析原因，用珠算复核，心算反复训练，以达到较高的准确率。

［实训与达标8－3］

1. 什么是珠算式除法心算？

2. 除法心算的关键是什么？

3. 用珠算式心算法计算下列各题的商（保留两位小数，限时2.5分钟）。

① 2 030 ÷ 70 =　　② 3 900 ÷ 60 =

③ 1 500 ÷ 60 =　　④ 1 440 ÷ 40 =

⑤ 4 094 ÷ 89 =　　⑥ 2 784 ÷ 32 =

⑦ 2 856 ÷ 56 =　　⑧ 1 110 ÷ 15 =

⑨ 2 001 ÷ 23 =　　　　⑩ 5 246 ÷ 86 =

4. 用珠算式心算法计算下列乘法题（全国珠心算技术等级鉴定普通七级模拟试题，限时 2.5 分钟，做对 8 题为合格）。

① 266 ÷ 7 =　　　　② 372 ÷ 3 =

③ 2 457 ÷ 273 =　　　　④ 258 ÷ 6 =

⑤ 1 640 ÷ 8 =　　　　⑥ 1 584 ÷ 9 =

⑦ 448 ÷ 56 =　　　　⑧ 2 835 ÷ 405 =

⑨ 420 ÷ 84 =　　　　⑩ 1 152 ÷ 192 =

第九章　计算器和计算机小键盘的使用

教学目标及重点、难点

通过本章的学习，了解计算器的概念，一般型计算器和函数型计算器的外部结构、各键的名称、功能及其使用与维护；掌握一般型台式计算器的基本操作方法，熟悉统计键的使用；熟练掌握使用计算器进行一般运算、函数运算和统计运算的方法；熟练掌握计算机数字小键盘的操作方法。通过训练，大大提高计算速度，做到准确、快速地进行基本数学计算及辅助会计核算。

教学重点是使用计算器进行一般运算、函数运算、统计运算以及计算机小键盘的操作方法。

教学难点是台式计算器和计算机小键盘的指法运用及操作技巧。

第一节　计算器的使用

一、计算器概述

自从1957年卡西欧公司推出世界上第一台商用计算器以来，计算器的发展突飞猛进。计算器作为一种先进的、专业的计算工具，以其携带方便、计算迅速准确、功能强大等优点得到广泛运用，满足了人们在日常生活中对数据计算的基本需求。

在计算机迅速发展的今天，简单的计算器似乎是一种“夕阳产品”，但我们可以肯定地说，各等级的计算器有各自的运用层面和适用范围。举一个简单的例子，大家对财务软件应该不陌生，国家有关部门有明确要求，实现财务电算化是一个趋势，而且大部分单位都用上了财务软件。应该说，在财务管理方面，计算机化、自动化程度已经相当高了，可财务人员是不是不用计算器了？事实正相反，每一个财务人员的手边都备着计算器！为什么？因为财务软件解决的是每个月的财务报表、财务分析这些数据量并且需要规律化的财务数据处理工作，而计算器是日常的、基本的数据计算工具。应该没有一个财务人员会用计算机来做每天的核算工作，而每个行业都有数据处理需求，也有数据计算需求。因此，计算器这样一个解决数据计算基本需求的设备是不会被淘汰的。目前，计算机、计算器与珠算等计算工具，功能各有所长，适用范围和场合也各有不同，我们不能简单地说某一种计算工具好或不好。科学的态度是扬长避短，使各种计算工具的长处都能得到恰到好处地运用。

从外形分，计算器有台式、便携式和超小型等；从用途分，计算器有一般型、函数型、程序型、钟表型和专用型等；从数字显示的方式分，计算器有荧光显示和液晶显示等。

适合财务人员使用的台式计算器一般为简单计算器。常用的简单计算器主要分为两种类型，即一般型计算器和函数型计算器。一般型计算器可用来进行加、减、乘、除、幂、开平方运算及累计等。函数型计算器的功能较强，它不仅能进行四则运算、存储操作指数、对数、三角函数及反三角函数等运算，而且有统计学指标的专用键，可作为求样本标准差、均方差、平均数、平方各数据项数、求和以及求正态分布函数等运算。在日常财务工作中，财务人员使用一般型计算器即可；而在月末进行财务分析和统计时，财务人员就用得上函数型计算器。

二、一般型计算器的外部结构及按键功能

一般型计算器的外观如图9-1和图9-2所示。

图9-1 台式计算器

图9-2 插交流电的电子计算器

计算器靠手指击键输入各种信息，利用按键来进行各种操作。尽管不同的计算器按键的个数及排列的位置有所不同，但一般型计算器的外部结构都包括了电源开关键、输入键、运算键、累计显示键、清除键。

1. 电源开关键

（1）“ON”：电源开关，开启键。其功能是接通电源。按下此键后，显示屏显示出“0”。

（2）“OFF”：关闭电源，关闭键。其功能是切断电源。按下此键后，关闭电源，显示屏关闭。有的计算器是太阳能的，当计算器停止使用8分钟后，就自动关闭电源，

因此没有此键。

2. 输入键

用于输入各种数字符号，它是计算器上主要的键。

(1)“0”“1”“2”……“8”“9”：数字键用来输入计算时需要的数字。输入顺序是从高位到低位依次输入，每按一键，输入一位。

(2)“00”“000”：快速增“0”键。按一下，同时出现2个或3个“0”。

(3)“.”：小数点键。用来输入小数点。

(4)“+/-”：正负数转换键。用来输入数字的符号，使输入的数字改变正负。输入负数时，先输入数字的绝对值，再按符号键即可。

3. 运算功能键

运算功能键是进行加、减、乘、除算术四则运算的按键。

(1)“+”：加法键。进行基本加法和连加的运算。

(2)“-”：减法键。进行基本减法和连减的运算。

(3)“×”：乘法键。进行基本乘法和连乘的运算。

(4)“÷”：除法键。进行基本除法和连除的运算。

注意：加、减、乘、除键在计算时都可以代替等号键。

(5)“$\sqrt{\ }$”：开平方键。用来进行开平方运算。先输入数字，再按下此键，不必按等号键即可得出结果。

4. 等号键

“=”：等号键。在两项数字进行相加、相减、相乘、相除或其他运算后按此键，可得出计算结果。

5. 清除键

(1)“C”：清除键。如果是太阳能计算器，在计算器关闭状态下，按此键则开启电源，显示屏显示出“0”。

(2)“AC”：全部清除键，也叫总清除键。作用是将显示屏所显示的数字全部清除。

(3)“→”：右移键。其功能是荧幕值向右位移，删除最右边尾数。

(4)“CE”：部分清除键，也叫更正键。其功能是清除当前输入的数字，而不清除以前输入的数。如刚输入的数字有误，立即按此键可清除，待输入正确的数字后，原运算继续进行。值得注意的是，在输入数字之后，按“+”“-”“×”“÷(/)”键的，再按“CE”键时，数字不能清除。

(5)“MC”：累计清除键，也叫记忆式清除键。其功能是清除累计数时，只清除存储器中的数字，而不清除显示器上的数字。

6. 累计显示键

(1)“M+”：记忆加法键，也叫累加键。其功能是将输入的数或中间计算结果进行累加，可加上屏幕上数值并独立记忆之。

(2)“M-”：记忆减法键，也叫累减键。其功能是将输入的数或中间计算结果进行累减，可减去屏幕上数值并独立记忆之。

7．存储读出键

（1）“MR”：存储读出键。按下此键后，可使存储在“M +”或“M –”中的数字显示出来，或同时参加运算，数字仍保存在存储器中，在未按“MC”键以前有效。

（2）“MRC”：存储读出和清除键。按一次显示存储数，按第 2 次清除存储数。

（3）“GT”：总和计算。按下“=”或“%”键，结果会累计在总和中，按一次可显示总和，如果连续按 2 次，可清除总和。

8．损益运算键

“MU”：损益运算键。

9．显示屏（器）

显示屏在计算器的上方，一般为液晶显示，用于显示输入的数据、计算公式、标点符号和运算结果。它说明计算器当前的工作状态和性质。由于各种功能融为一体，在显示屏上除了显示各种数据和运算结果外，还显示有关符号所表示的状态记号。

（1）“,”：分节号，表示 3 位数分离符，只对整数部分有效。

（2）“GT”：总和记忆指示符。

（3）“M”：独立记忆指示符（表示计算器内储存了一些数字）。

（4）“E”：错误指示符。

（5）“–”：负值指示符。

（6）ERROR 记号：当答案容量超过荧幕位数时，荧幕会出现 ERROR 记号。按“AC”键时，可清除所有数值；按“C”键时，清除“ERROR”记号，但荧幕上的数值仍可继续使用，且“MR”和“GT”值仍存在。

10．开关说明

（1）“↑”：无条件进位键。

（2）“5/4”：四舍五入键。

（3）“↓”：无条件舍去键。

（4）小数位数选择：单组开关除置于“F”位置外均设定为 2 位小数。

“F”：代表浮动小数。

“4、3、2、0”：代表小数点以后取 4 位数、3 位数、2 位数、0 位数。

“A（ADD2）”：当开关设定于“A”时，表示小数已自动设定为 2 位数。如输入“9”显示结果为“0.09”，可作加、减法之连算，但对乘、除法无效。若输入小数点“.”键，则以该小数点指示位置为准。

（5）“GT.”：总和记忆开关。将总和记忆开关设定在“GT”位置上，即可开启总和记忆。将其移至“.”的位置上，即可关闭总和记忆。

11．电源自动关闭

太阳能计算器约 8 分钟内不再使用时，电源将自动关闭。

三、一般型台式计算器的基本操作方法

1. 操作前的准备工作

在使用计算器前，首先要知道计算器的类型。对于不熟悉的计算器，要仔细阅读说明书，掌握其功能、符号及操作方法。某些计算器按照法则运算，即可以自己按照数的运算规则进行运算；而另外一些则是按照顺序运算，即按照输入数据和符号的顺序进行运算，其运算结果与按照法则运算完全不同。因此，用户可以通过一个简单的试验，如输入算式“2 +4 ×3 =”进行计算，就可判断手持的计算器的运算规律。目前市场上流行的计算器多数是按照顺序运算的。

2. 计算器的操作方法

开机后，根据需要将计算器调到所需状态。一般型顺序计算器遵循的按键顺序是：括号内→乘除→加减。复杂的算式，计算前要进行分析，按照算术运算法则，应考虑将先要得出结果的部分输入，得出结果后再参加下一部分运算；有时也可以依据代数原理去括号后再按键；也可以分段运算。在运算中，要充分利用计算器的存储功能进行操作。

3. 台式计算器的指法操作

具体在计算器上指法的分工如下。

右手的食指，在键盘分区中主要负责“7”“4”“1”“0”键或“GT”“→”“CE”“ON/C”键，有时也可负责“M +”键的击键工作，一般是将食指放于“4”基本键上。

右手的中指，在键盘分区中主要负责“8”“5”“2”“00”键，有时也可负责“M –”键的击键工作，一般是将中指放于“5”基本键上。

右手的无名指，键盘分区中主要负责“9”“6”“3”“.”键的击键工作，一般是将无名指放于“6”基本键上。

右手的小指或无名指，在键盘分区中主要负责“×”“+”“÷”“–”“=”或“MC”“MR”“M –”“M +”键的击键工作，如表 9 – 1 所示。

表 9 – 1　各手指在计算器上的指法分工

拇指或食指	食指	中指	无名指	无名指或小指
GT	7	8	9	×　÷　MC
→	4	5	6	–　MR
CE	1	2	3	+　=　M –
ON/C	0	00	.	M +

右手的大拇指负责握笔，如图 9 – 3 所示。

4. 台式计算器的操作技巧

(1) 计算器的放置。使用计算器时，放置要平稳，以免按键时晃动和滑动。计算资料要紧挨计算器，便于计算。

(2) 操作人员的姿势。坐姿要自然、舒适，眼睛俯视单据上的数据等。按下数字

键后，应看显示器上的显示是否正确；按运算键时，要看显示器上的数字是否闪动，如无闪动说明键未按到底，需要重新按键，如图 9 – 3 所示。

图 9 – 3 操作人员的姿势

（3）按键的技巧。按键时用力要轻重适度，动作幅度不宜太大，手指尽量贴在键面上；也不要久按一个键不放，不能用手指或钢笔敲击键盘，以防止计算器按键的损坏和数据的丢失。当基本指法练熟后，逐步从左看数据、右看键盘（即“左顾右看”）变为尽量只看数据，少看或不看键盘，实现“盲打”。

（4）灵活使用清除键。它在修改时起很大作用，避免重新输入，从而节省时间。每次运算前，要清除计算器里的数据，按一下清除键“ON/C”。有的计算器把这个键记作“AC”或“C”。在计算过程中，如发现刚输入的一个数字有误，可按右移键“→”清除；如发现刚输入的数据有误，在没有按运算符以前，可按局部清除键“CE”（英文 Clear Entry 开头字母，表示清除刚输入的数据），这时显示屏上的显示为“0”，而先前输入的数据和运算仍保持有效，然后再输入正确数据。

四、一般型台式计算器的计算过程举例

1. 常数运算

【例 1】 加法运算 23 + 8

操作顺序：[C] 23 [+] 8 [=]

显示结果为 31。

【例 2】 减法运算 92 – 13

操作顺序：[C] 92 [–] 13 [=]

显示结果为 79。

【例3】　乘法运算 38×9

操作顺序：C 38 × 9 =

显示结果为342。

【例4】　除法运算 $872 \div 8$

操作顺序：C 872 ÷ 8 =

显示结果为109。

2. 四则运算类

【例5】　加减法运算 $29 + 14 - 18$

操作顺序：C 29 + 14 − 18 =

显示结果为25。

【例6】　乘除运算 $28 \times 2 \div 4$

操作顺序：C 28 × 2 ÷ 4 =

显示结果为14。

【例7】　加减乘除运算 $24 + 16 \times 5$

操作顺序：C 16 × 5 + 24 =

显示结果为104。

【例8】　加减乘除运算 $15 \times (14 - 4)$

操作顺序：C 14 − 4 × 15 =

显示结果为150。

3. 改错类

【例9】　将算式 $125 + 35$ 改为 $125 + 28$

操作顺序：C 125 + 35 CE 28 =

显示结果为153。

4. 方根运算类

【例10】　方根运算 $\sqrt{81}$

操作顺序：C 81 √ =

显示结果为9。

5. 幂的运算类

【例11】　幂的运算 9^2

操作顺序：C 9 × =

显示结果为81。

【例12】　幂的运算 4^7

操作顺序：C 4 × = = = = = =

显示结果为16 384。

6. 百分比运算

【例 13】　百分比运算 80×40%

操作顺序：C 80 × 40 %

显示结果为 32。

【例 14】　百分比运算 360÷16%

操作顺序：C 360 ÷ 16 %

显示结果为 2 250。

7. 加成运算

【例 15】　加成运算 328+328×21%

操作顺序：C 328 + 21 %

显示结果为 396.88。

8. 折扣运算

【例 16】　折扣运算 234－234×18%

操作顺序：C 234 － 18 %

显示结果为 191.88。

9. 累计与存储类

【例 17】　累计与存储运算。利用存储功能将三个算式 37+42=79、52×8=416、(－65)÷13=－5 的计算结果累加起来。

操作顺序：MC 37 + 42 M+

显示结果为 M79；

52 × 8 M+

显示结果为 M416；

65 +/－ ÷ 13 M+

显示结果为 M－5；

MR =

显示结果为 490。

【例 18】　累计与存储运算（42+8）×（66+34）

操作顺序：C 42 + 8 M+

显示结果为 M50；

66 + 34 ×

显示结果为 M100；

MR =

显示结果为 M5 000。

【例 19】　超出显示位数的近似运算 723 034 865 906 +302 479 580 691 =

1 025 514 446 597

操作顺序：C 723 034 865 906 + 302 479 580 691 +

显示结果为 1.02551444659E（E = 10^{13}）（假设该计算器的有效位数是 12 位）。

五、函数型计算器的外形结构及各键功能

1. 函数型计算器的外部结构（见图 9－4）

函数型计算器的外部结构包括电源开关键、输入键、运算键、累计显示键、清除键。

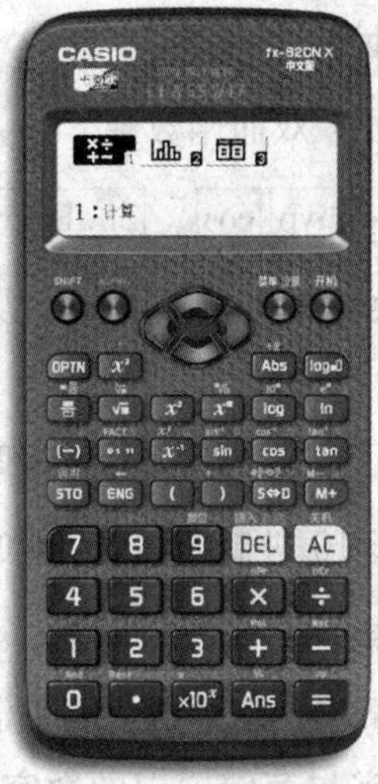

图 9－4　函数型计算器的外部结构

2. 函数型计算器的功能键

EXP：指数键。

F← →D：浮动小数点计数形式与科学计数形式之间的变换键。当数值以浮动小数点形式显示时，按下此键可将数值以科学形式显示。再按一次，数值还原以浮动小数点形式显示。

2ndF、F、INV：第二功能启动键。

sin、cos、tan：正弦、余弦、正切键。用于计算三角函数。

sin 2ndF、cos 2ndF、tan 2ndF：反正弦键、反余弦键、反正切键。用于计算反三角函数。

log、In：常用对数函数键、自然对数键。用于计算常用对数和自然对数函数。

2ndF e^x、2ndF 10^x：以 e 为底和以 10 为底的指数键。用来计算指数函数。

Int：取整函数键。用于计算数字的整数部分。

1/x：倒数键。用于计算屏幕上数字的倒数。

X^y、X^3、X^2：幂函数键。用于计算幂函数。

$\sqrt[x]{y}$ 2ndF：幂指数函数键。用于计算 y 的 x 次方根。

$\sqrt{\ }$、$\sqrt[3]{\ }$：平方根键、立方根键。用于计算数字的平方根和立方根。

n!：阶乘键。用于计算n的阶乘，n! =1 × 2 × 3 ×…×n。

hyp：双曲线函数计算启动键。

2ndF arc hyp：反双曲函数计算启动键。

hyp sin、hyp cos、hyp tan：双曲函数键。

2ndF arc hyp sin、2ndF arc hyp cos、2ndF arc hyp tan：反双曲函数键。

MODE DRC：角度单位变换键。每按一次键，从角度变换到弧度；再按一次键，又从弧度变换到角度。

→DEG：进制转换键。用于60 进制向10 进制变换。

→DMS：进制转换键。用于10 进制向60 进制变换。

Min X→M：存储键。在存储一个新数的同时，清除了以前已经存入存储器中的数。一般作为第一个数据存入时使用，这样就可省去清除存储器的步骤。

X← →M X/M：显示的数字与存储器中的数字互换键。按下此键可将当前显示的数字存入，然后将原存储器中的数字显示出来。

六、函数型计算器的基本操作方法

下面以常见的函数型计算器为例，说明函数型计算器的使用和操作。在使用中要特别注意函数型计算器是以数学法则进行运算的，这与一般简单计算器顺序运算不同。以下运算举例皆在“DEG（度）”状态下进行。

1. 四则运算类

【例 20】　加减乘除运算 45 +32 ×5

操作顺序：C 45 + 32 × 5 =

显示结果 205。

【例 21】　加减乘除运算 11 ×（34 −9）

操作顺序：C 11 × (34 − 9) =

显示结果 275。

2. 方根运算类

【例 22】　方根 $\sqrt{5}+\sqrt{13}\times 17$

操作顺序：C 13 × 17 = √‾‾ + 5 √‾‾

显示结果 17. 10213。

3. 幂的运算类

【例 23】　幂的运算 5^2+4^3

操作顺序：C 5 X^2 +4 X^3 =

显示结果 89。

【例 24】　幂的运算 $6^7+3.4^{2.5}$

操作顺序：C 6 X^y 7 + 3. 4 X^y 2. 5 =

显示结果 279 957. 315 587。

4. 倒数运算类

【例 25】　$\dfrac{1}{(6+4)\times 2}$

操作顺序：C (6 + 4) × 2 = 1/X

显示结果 0. 05。

5. 百分比运算类

【例 26】　百分比运算 765 ×40%

操作顺序：C 765 × 40 2ndF Δ%

显示结果 306。

说明：Δ% 为第二功能键，按此键前应先按 2ndF 进行转换。

C X→M 为存储器、显示屏清零。

6. 指数运算类

【例 27】　指数运算 $5\times 10^3+2\,500\times 10^{-2}$

操作顺序：5 EXP 3 + 2 500 EXP 2 +/- =

显示结果 5 025。

7. 三角函数和反三角函数运算类

【例 28】　三角函数运算 $4\times\sin 30°+2\times\cos 60°$

操作顺序：C 4 × 30 sin + 2 × 60 cos =

显示结果 3。

【例 29】　三角函数运算 tan（π/4）

操作顺序：C π ÷ 4 = tan

显示结果 1。

【例 30】　反三角函数运算 $\sin^{-1}$（1/2）=30

操作顺序：C 1 ÷ 2 = 2ndF sin

显示结果为30。

8. 对数运算类

【例31】 对数运算 log2.56

操作顺序：C 2.56 log

显示结果0.4082399。

七、使用计算器的注意事项

1. 计算器的日常维护

在使用计算器之前应仔细阅读说明书，了解计算器使用环境和条件，如温度、湿度等具体要求，正确的维护可以延长计算器的使用寿命。计算器一般要求防摔、防压、防震、防潮、防尘、防高温、防金属粉末的侵入，以免发生电路短路。

2. 计算器的能源维护

使用时要了解计算器电池的规格及性能，检查电池的电量。如果显示屏显示的数字明显暗淡，则电量不足，会造成计算错误。停止使用时，注意及时按关闭键，节省用电。如果长期不使用，应取出电池，否则电池腐蚀，会造成计算器的损坏。

[实训与达标9-1] 用计算器计算加减乘除题

使用计算器练习击键的速度，进行以下训练，分别锻炼食指、中指、无名指及小指的运动范围。

1. 计算下列加减题

（1）4.56+1.23+7.89−3.58−6.54−1.53=

（2）17.02+7.20+407.65+16.52+32.58+98.76−563.21=

（3）987.64−60.41−2.09−3.69−182.54−38.90−617.32−14.60−5.87=

（4）3.06+614.28+109.70+85.91+1.79+53.18+47.26+9.03+87.19+396.82=

（5）4 156+1 023+7 529−3 158+6 954+1 453=

（6）98 264−6 241+21 509+3 569−182 254+38 990+617 032+14 360+5 687=

2. 计算下列乘除题（除不尽的保留两位小数）

（1）9.04×5=　　（2）12.45×620=

（3）1 040×0.0036=　　（4）0.7681×308=

（5）307×982=　　（6）201÷3=

（7）0.573÷0.04=　　（8）4 660÷0.054=

（9）57 407÷0.78=　　（10）5 690÷87=

第二节 计算机小键盘的使用

计算机小键盘是向计算机输入数字的重要输入设备。小键盘区也称为辅助键盘区，位于键盘的最右侧，主要用于大量数字的输入。该区的大部分按键具有双重功能，一是代表数字和小数点，二是代表某种编辑功能。利用该区左角的 Num Lock 数字锁定键，可在两种功能之间进行转换。

一、计算机小键盘键的分布及功能

纵向键从左至右的顺序和手指分工，如图 9－5 所示。

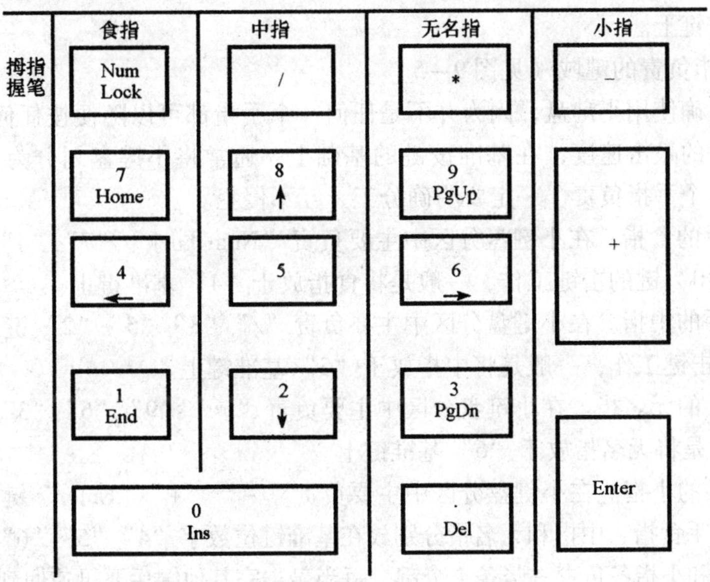

图 9－5　计算机小键盘键的分布和手指分工

Num Lock：数字锁定键。具有开关作用，只对小键盘区的按键有效。按一下该键，上方的指示灯亮，此时按某个按键输入的是数字；再按一下该键，相应的指示灯熄灭，此时按某个按键执行的是相应的编辑功能。小键盘区处于编辑功能状态时，与编辑区的对应键功能相同。

【例 32】　当指示灯亮时，按 7 Home 键输入的是数字 7；当指示灯熄灭时，按该键执行的是相应的编辑功能，即将光标移至行首。

| ↑
– |：指示灯亮与熄该键都显示减号。

| ↑
+ |：指示灯亮与熄该键都显示加号。

二、计算机小键盘的指法

计算机小键盘是向计算机下达输入数字命令的重要设备，是银行、财会部门工作人员必不可少的操作工具，所以掌握小键盘的使用方法非常必要。

1. 指法

手指在键盘上的位置非常重要。为了便于有效地使用键盘，通常规定右手的食指、中指、无名指和小指依次放在第3排的“4”“5”“6”“Enter”基准键上。当准备操作小键盘时，手指应轻轻放在相应的基准按键上。敲击完其他按键后，也应立即回到原指定的基准按键上。

2. 各手指负责的键域（见图9－5）

要学会正确使用小键盘，因为并不是任何一个手指都可以随便按任何一个按键的。为了提高键盘的敲击速度，在基准按键的基础上，通常将小键盘划分为几个区域，每个区域都由一个手指负责，一定要明确分工、互不侵犯。

（1）右手的食指。在小键盘分区中主要负责“Num Lock”“7”“4”“1”键，有时也可负责“0”键的击键工作，一般是将食指放于“4”基准键上。

（2）右手的中指。在小键盘分区中主要负责“/”“8”“5”“2”键，有时也可负责“0”键的击键工作，一般是将中指放于“5”基准键上。

（3）右手的无名指。在小键盘分区中主要负责“＊”“9”“6”“3”“.”键的击键工作，经常是将无名指放于“6”基准键上。

（4）右手的小指。在小键盘分区中主要负责“－”“＋”“Enter”键的击键工作。

总之，右手食指、中指和无名指分别放在基准键位数字“4”“5”“6”键上，食指、中指、无名指和小指各负责一竖条4个键，每当敲击完其他键后要迅速回到基准键位上。

3. 右手的握笔

握笔的习惯对于提高击键速度非常关键，直接影响到运算的进程。方法是把笔横压在右手拇指与手掌之间，使笔与手掌平行，笔杆上端伸出虎口并将1/3笔尖露在外侧。这样执笔对于击键特别有利，而且便于书写计算结果，减少了取、放笔的次数，避免了时间的浪费。

［实训与达标9－2］计算器和计算机小键盘基本指法实训

一、实训指导

在熟练掌握计算器按键指法和1～9共9个基数的基本加减法运算的基础上，为了提高计算能力，就必须加强综合练习，达到不假思索、见数即按，形成“盲打”的熟练程度。计时测试是从在计算器上按第1个数开始。

二、指法分工及加减法练习

1. 定数连加练习

要求：① 定时不定量训练，每次以1分钟为单位计时，平均每秒能按两个数字键为及格；② 定量不定时训练，每次以连加某数10遍、20遍或100遍为单位，计算需要多长时间，比较本次比前次是否有进步。

（1）连加1：1 +1 +1 + … +1 =100

（2）连加2：2 +2 +2 + … +2 =200

（3）连加3：3 +3 +3 + … +3 =300

（4）连加4：4 +4 +4 + … +4 =400

（5）连加5：5 +5 +5 + … +5 =500

（6）连加6：6 +6 +6 + … +6 =600

（7）连加7：7 +7 +7 + … +7 =700

（8）连加8：8 +8 +8 + … +8 =800

（9）连加9：9 +9 +9 + … +9 =900

2. 定量不定时练习，加减百子练习

将下列各题计时练习一遍。要求先准后快、快中见准、准中求快，逐步进行“盲打”。每做完一题后学生举手，教师报时并记录完成时间。

1 +2 +3 +… +100 =5 050　　　　5 050 -1 -2 -3 -… -100 =0

3. 将下列各定数连加5分钟，要求逐步进行“盲打”

（1）147 258 369

（2）258 369 147

（3）369 147 258

（4）417 528 639

［实训与达标9 -3］加 算 实 训

一、实训指导

采用“一目一行看数键入法”，左手食指指着每一行数，眼睛迅速看完，大脑同步记住该数，并指挥右手快速键入该数。

二、加算练习

1. 将下列大九九乘法口诀表中各竖行、横行分别汇总，再将其合计数加总写在右下角交叉处，两个答案应当完全一样；如果不同，请找出原因（先练看打，最后做到全部盲打）。

表 9－2　　大九九乘法口决

组号	1	2	3	4	5	6	7	8	9	合计
1	11. 01	21. 02	31. 03	41. 04	51. 05	61. 06	71. 07	81. 08	91. 09	
2	12. 02	22. 04	32. 06	42. 08	52. 10	62. 12	72. 14	82. 16	92. 18	
3	13. 03	23. 06	33. 09	43. 12	53. 15	63. 18	73. 21	83. 24	93. 27	
4	14. 04	24. 08	34. 12	44. 16	54. 20	64. 24	74. 28	84. 32	94. 36	
5	15. 05	25. 10	35. 15	45. 20	55. 25	65. 30	75. 35	85. 40	95. 45	
6	16. 06	26. 12	36. 18	46. 24	56. 30	66. 36	76. 42	86. 48	96. 54	
7	17. 07	27. 14	37. 21	47. 28	57. 35	67. 42	77. 49	87. 56	97. 63	
8	18. 08	28. 16	38. 24	48. 32	58. 40	68. 48	78. 56	88. 64	98. 72	
9	19. 09	29. 18	39. 27	49. 36	59. 45	69. 54	79. 63	89. 72	99. 81	
合计										

2. 从上表 11. 01 + 12. 02 + 13. 03 + … + 98. 72 + 99. 81 = ________，计时测试，求出总合计（达标速度标准：140 ~ 160 秒为及格；120 ~ 139 秒为良好；120 秒以下为优秀）。

3. 计算下列利润表。

表 9－3　　利润表

项　　目	2003 年	2004 年	2005 年
一、主营业务收入	1 543 917 184	1 283 529 344	1 018 547 712
减：主营业务成本	1 065 728 704	794 984 896	724 092 992
减：主营业务税金及附加	39 538 360	36 841 932	24 487 560
二、主营业务利润			
加：其他业务利润	18 488 700	21 827 928	16 937 528
减：营业费用	157 161 888	127 554 672	108 176 016
减：管理费用	130 600 416	221 150 480	87 803 576
减：财务费用	96 448 880	78 758 656	84 108 712
三、营业利润			
加：投资收益	41 589 288	26 136 288	43 508 548
加：补贴收入	540 000	2 820 000	2 405 000
加：营业外收入	1 649 994	2 682 834	11 237 118
减：营业外支出	59 836 780	55 508 404	36 555 068
四、利润总额			
减：所得税	22 958 632	20 411 424	15 733 678
五、净利润			

第十章　传票算、账表算与票币计算

教学目标及重点、难点

通过本章的学习和训练，了解传票算和账表算的种类，全国计算器、计算机小键盘或珠算比赛用传票算和账表算题型以及竞赛标准；熟练掌握用计算器、计算机小键盘或珠算计算传票算、账表算和票币计算的基本方法，熟练运用传票算和账表算进行会计报表的核算。

教学重点是用计算器、计算机小键盘或珠算计算传票算、账表算和票币计算。

教学难点是传票算的一次翻两页、一次翻三页的打法和账表算的快速计算方法。

第一节　传票算

传票是指记有文字和数字的单据、凭证，如发票、支票、收据、记账传票等，因在有关人员之间传递周转，故称为传票。在银行，它是业务活动相关传递过程的重要记账凭证。

传票运算简称为传票算，是用计算器、计算机、算盘对各种单据、发票和记账凭证上的数字金额进行加减运算的一种方法，也称为凭证汇总算。根据传票形式和内容的不同，其计算方法也有所不同。在银行柜员的工作中，对凭证的计算处理是第一道“工序”，“传票算”也因此得名。银行柜员每天必须翻打很多凭证，银行业也经常以此作为招聘员工的考试内容，考核工作人员的业务素质，甚至作为银行业务技术比赛的项目之一。目前，由于计算器、计算机和珠算在财经业务中相当普及，用计算器、计算机小键盘和珠算进行传票算也成为银行业务技术比赛中的主要项目。因此，对于企业和金融行业的财务工作者而言，熟练掌握传票算的知识和技巧，不仅重要，而且必要。

一、传票的种类

传票的种类多种多样。根据传票装订与否，分为装订本和活页本两种。装订本如发票存根、收据存根和各种装订成册的单据等。活页本如会计的记账凭证、银行支票、工资卡片等。按照计算内容的不同，分为单式传票（单项目传票）和复式传票（多项目传票）两种。单式传票如银行支票、领料单等。复式传票如记账凭证、生产记录表等。传票的种类如图 10－1 所示。计算器、计算机和珠算比赛所使用的传票就是模拟实际工作中的传票设计的。下面分别介绍用计算器、计算机小键盘和算盘计算单式传票和复式传票的方法。

图 10－1 传票的种类

二、翻打百张单式传票

1. 百张单式传票规格及传票算题型

（1）规格。单式传票一般是活页本，长 19cm，宽 9cm，用 4 号宋体铅字，两行数字颠倒印制成甲、乙两种版，可供两次计算。每页上印的阿拉伯数字编号：1，2…表示传票的页数，每本 100 页，如图 10－2 所示。

（2）百张单式传票算题型。每版每页 1 行数，每百页中最高 9 位数，最低 4 位数，全为金额单位。其中，4 位数 16 页，5～8 位数各 17 页，9 位数 16 页，共 650 个数码，拟题时要求 0～9 共 10 个数码均衡出现。命题时，以求某版连续 100 页的该行合计数为一题；一般在命题考试时，抽出某1页或某2页来计算其他99页或98页的合计数为一题。

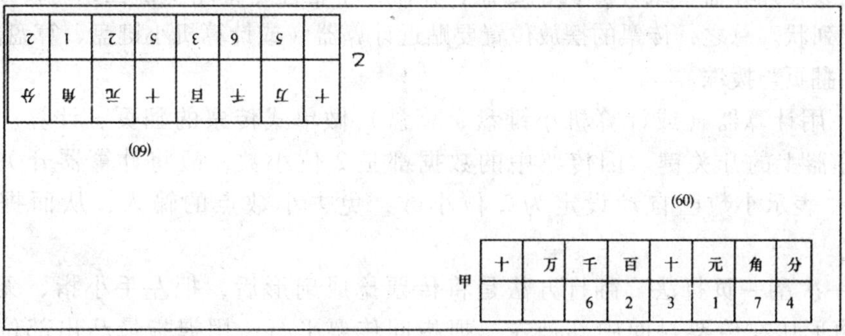

图10－2　单式传票

目前，百张单式传票算主要有两种考核方式。一是银行系统业务竞赛常用的比赛形式，采取“限量不限时”的方式，百页数字一次计算，在答数正确的基础上，以速度决定名次。二是采用“限量限时”的方式，每题要求3～5分钟完成，答数正确，在5分钟以内做对为合格，4分钟以内做对为良好，3分钟以内做对为优秀。

2．百张单式传票算的运算步骤和方法

（1）整理传票。在进行传票运算前，先对传票进行检查，主要是看有无少页、重页、破页和数字印刷不清等错误。

为了便于正确翻页，加快翻页的速度，在运算前需要将传票整理成扇面形状。

整理扇面的方法：将左手拇指放在传票封面左上角，其余四指放在传票封底左上角；右手拇指放在传票封面右下角，其余四指放在传票封底右下角；然后用右手捏住传票，并将传票右上角以右手大拇指为轴向怀内翻卷，翻卷后左手随即捏紧，使传票各页均匀散开，一般右手向内翻动2次就可以打成扇形。扇形要求如下：传票封面向里凸出，封底向外凸出，扇形面不宜过大，最后用夹子将传票的左上角夹住，使扇形固定，防止错乱，便于翻页。由于传票最后几页紧挨桌面，较难翻起，还可以用一个小夹子在传票的右下角将第100页与封底夹在一起，使之与桌面有一定间隙，便于翻动，如图10－3所示。

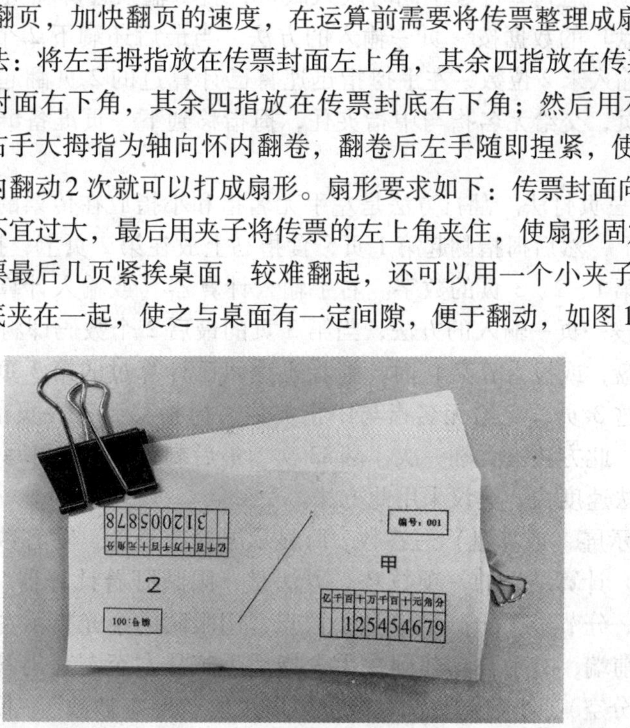

图10－3　整理传票样式

（2）传票的放置位置。传票放置的位置有以下几种：一是放在计算器（或计算机小键盘、算盘）左边；二是放在计算器（或计算机小键盘、算盘）上框左半部略高部位；三是放在计算器（或计算机小键盘、算盘）下框左半部略低部位，与传票算题答案纸呈并列状。总之，传票的摆放位置要贴近计算器（或计算机小键盘、算盘），有利于看数、翻页与拨珠。

（3）用计算器（或计算机小键盘、算盘）做单式传票的翻页、计算。按要求调好计算器上的开关键。因传票中的数据都是2位小数，故将计算器开关设定于“A”处，表示小数已自动设定为2位小数，免去小数点的输入，从而提高计算速度。

① 一次翻一页打法。翻打方法是将传票捻成扇形后，把左手小指、无名指呈自然弯曲形压在传票封面中部稍左，拇指同传票平行，用拇指最凸出部位轻轻把要翻之页的边缘掀起，当右手将此页有关数字从左到右（从高位到低位）依次输入计算器（或输入计算机小键盘，或拨入算盘）还剩下2个数码时，默记末2位数，右手边输入末2位数，左手拇指马上翻起此页，食指立即弯缩跨过此页，放到中指和食指之间夹住，拇指继续翻起下页传票。这样，左手拇指将传票一页一页地翻，同时右手将每页传票的有关数字从左到右输入计算器（或输入计算机小键盘，或拨入算盘），直至终页。

② 一次翻两页打法。翻打方法是左手无名指和小指放在传票封面的中部偏左，用拇指翻起起始页，使起始页与第2页之间留有一定距离，让视线与上、下2张传票翻开的角度相适应，达到2行数字同时映入眼帘，右手输入计算器（或输入计算机小键盘，或拨入算盘）的数据按一页一输入的方法。当最后还剩下2个数码时，默记末2位数，右手边输入末2位数，左手拇指迅速将已计算过的2页翻起，中指、食指同时弯缩跨过这2页，交给无名指与中指夹住，拇指移到下一页准备继续翻页计算，直至最后一页。

③ 一次翻三页打法。翻打方法是左手无名指和小指放在传票的封面中部偏左，中指放在起始页上，然后拇指翻起第1页，食指马上放在第2页上，拇指再翻起第2页，使眼睛能看清第1、2、3页的数字。右手输入计算器（或输入计算机小键盘，或拨入算盘）的数据按一页一输入的方法，当第3页的最后2个数码即将输入计算器（或输入计算机小键盘，或拨入算盘）时，拇指迅速将已计算过的第3页翻起，中指、食指同时弯缩跨过这3页，交给无名指与中指夹住，拇指移到下一页准备继续翻页计算，直至最后一页。此方法三页翻一次，翻33次，最后剩1页，就可写出答数。实践证明，一次翻三页打法速度快，建议采用此方法。

（4）盯显示屏（或算盘）写答数。盯显示屏（或算盘）写答数是速写计算器（或计算机、算盘）计算结果的一项技巧。方法是：眼睛盯着计算器（或计算机、算盘）显示屏上的数、分节号（千分空）和小数点，用眼睛的余光指示左手食指，点着写答数的格子的左前端，右手自动找到左手食指凭手感从左至右写出答数，看数、写数与标分节号（千分空）、小数点一次完成。可以采取“照本抄数”“盯卷抄数”“盯屏写数”等几种方式进行练习。

【例1】　将某单式传票中的第26页抽出，用计算器（或计算机、算盘）求甲版第1～100页的合计数。甲版各页数如下。

第1页：	896.15
第2页：	4 700.39
第3页：	98 776.24
第4页：	172.64
第5页：	39 135.76
第6页：	10 294.87

……

一次翻一页打法的解题步骤为：将第1页中的896.15从左到右依次输入计算器（或输入计算机，或拨入算盘）中，在快输入（拨入）“15”时，拇指翻起第1页，食指和中指迅速夹住第1页；将第2页中的4 700.39从左到右依次输入计算器（或输入计算机小键盘，或拨入算盘）中；在快输入（拨入）“39”时，拇指翻起第2页，食指和中指迅速夹住第2页……直至第100页，盯屏（或盯盘）写出答数。

一次翻两页打法的解题步骤为：左手无名指和小指放在传票封面的中部偏左，用拇指翻起第1页，使第1页与第2页之间留有一定距离，让视线与上、下2张传票翻开的角度相适应，达到2行数字同时映入眼帘，右手将896.15输入计算器（或输入计算机小键盘，或拨入算盘），再将4 700.39输入，当输入到“39”时，默记39，右手边输入39，左手拇指迅速将已计算过的2页翻起，中指、食指同时弯缩跨过这2页，交给无名指与中指夹住，拇指移到第3页准备继续翻页计算，直至最后一页。

一次翻三页打法的解题步骤为：左手无名指和小指放在传票的封面中部偏左，中指放在起始页上，然后拇指翻起第1页，食指马上放在第2页上，拇指再翻起第2页，使眼睛能看清第1、2、3页的数字。右手将896.15输入计算器（或输入计算机小键盘，或拨入算盘）中，再将4 700.39输入计算器（或输入计算机小键盘，或拨入算盘）中，当输入第3页的98 776.24最后2个数码“24”时，默记24，拇指迅速翻起第3页，中指、食指同时弯缩跨过这3页，交给无名指与中指夹住，拇指移到第4页准备继续翻页计算，直至最后一页。此方法三页翻一次，翻33次，加上最后一页的数字，就可写出答数。

三、翻打百张复式传票

1．复式传票规格及传票算题型

（1）规格。全国珠算比赛用传票在左上角装订成册，一般长19cm、宽9cm，用4号手写体铅字印制。每本100页，每页上印有5行。每行由上到下依次标有（一）、（二）、（三）、（四）、（五），分别表示第1行数、第2行数……其中第2行和第4行为粗线，其他行为细线。每页右上角印有阿拉伯数字，表示传票的页数，如图10－4所示。

图中“（一）946. 87”表示为第1行数，“（二）29. 74”表示为第2行数，依此类推。传票右上角的“18”表示第18页。

18

（一）946.87
（二）29.74
（三）5 180.46
（四）78 609.15
（五）490 281.53

图 10-4　复式传票

（2）传票算题型。每页5行，各行数字从1页到100页均为550个字；每笔最高为7或9位数，最低为4位数，全为金额单位。命题时可任意选定起止页数，以求每连续20页的某个同一行合计数为一题，即每页只计算一行数字，把这20页的同一行数字连加起来，就得出这道题的结果；0～9数码均衡出现；珠算比赛用传票每题的数字构成：7位数5个，6位数5个，5位数5个，4位数5个，共20笔数，110个字码。计算器和计算机小键盘用传票每题20笔数的数字构成：由4～9位数组成，其中4、9位数各占10%，5、6、7、8位数各占20%，题型如表10-1所示。

表 10-1　　传票算题型

题序	起止页数	行数	答数	题序	起止页数	行数	答数
一	1～20	（五）		六	26～45	（二）	
二	21～40	（三）		七	37～56	（五）	
三	41～60	（四）		八	71～90	（一）	
四	61～80	（二）		九	75～94	（三）	
五	81～100	（一）		十	68～87	（四）	

表10-1中的“一”表示第1题，“1～20（五）”表示从第1页的第5行数开始，直到第20页的第5行数为止，将这20页中全部的第5行加起来，然后把计算结果写入答数栏中。

目前，计算器、计算机或珠算比赛用传票算多采用“限时不限量”的方式，每场比赛10分钟（或8分钟或5分钟）。如果答数完全正确，按每题10分或15分标准计分。要求按顺序计算，不准跳题，否则跳题部分按错题论，倒扣正确题的分数。有的银行招聘录用考试采用限时3分钟，每题20分，算对3题，书写完全正确，得60分为合格；有的银行采用限时4分钟，每题20分，算对4题，书写完全正确，得80分为合格。

2．复式传票的运算步骤和方法

不管是用计算器、计算机还是算盘做复式传票，除找页、记页和写答数与单式传票的运算方法有区别之外，其他步骤基本相同。下面重点介绍找页、记页和写答数的方法。

（1）整理传票。与单式传票的整理方法相同。

（2）传票的放置位置。与单式传票的放置位置相同。

（3）找页。在运算过程中，复式传票题不是按照传票的自然页数逐题进行运算的，而是交叉组合进行运算。如表10－1所示，第六题是26～45（二），即从第26页起计算到第45页的第2行合计；第七题是37～56（五），即求第37页到第56页第5行的合计，这就需要找相应的页。找页动作的快慢、准确与否，直接影响打传票的速度。因此，找页是一个很重要的基本功。

所谓找页，就是凭左手的感觉，借助眼睛的余光，迅速摸找到各题的起始页。要求做到翻动传票两三次就能解决。练习方法如下。

首先，练习手感。这就是用手摸传票前20页、前40页、前60页、前80页或前10页、前30页、前50页、前70页的厚度，经过一段时间的练习，达到能够摸准每20页和前10页、前20页、前30页、前40页、前50页、前60页、前70页、前80页厚度的水平。

其次，边念边找页。在上述基础上，练习迅速、准确地找出各计算题起始页的本领。方法是自我测试与相互考查相结合，自己心中默记一个页码或同学之间任意念出一个页码，凭手感觉传票厚度，至多翻动3次找到起始页。例如，找第32页，在凭手感30页厚度的基础上，再略多翻几页，如果不准，迅速调整一下，就应该翻到第32页。

最后，练习写答数与找页同时进行。方法是当一题运算完毕，右手抄写答数时，眼睛余光看下一题的起始页。例如，上题止页是第51页，下题起始页是第62页，则顺着向前用大拇指摸10页的厚度，稍做调整翻到第62页；如果下题起始页是第37页，则大拇指稍稍放松已翻过的页码，凭手感觉传票页码的厚度，倒翻到第37页。同时右手写完答数、清屏或清盘，进行下一题的运算。注意一定要双手配合默契，准确、快速找页。

（4）翻页、计算、记页。计算方法有一次翻一页、一次翻两页、一次翻三页等多种打法。除记页外，翻页、计算的方法与做单式传票的运算方法相同，下面重点介绍记页。

①一次翻一页打法。记页方法：传票是20页为一题，有的学生担心页码打多了，在打到最后几页时总是看页码，这必然影响计算速度。记页就是解决此问题的。记页的方法是每翻动一次就按顺序默记一次，一次翻一页的打法要翻记19次，就可写出答数。

【例2】

“1～20（五）”

第 1 页第 5 行数为 70 281. 45

第 2 页第 5 行数为 317. 68

第 3 页第 5 行数为 59. 36

……

解题步骤：

将第 1 页中的 70 281. 45 从左到右依次输入计算器（或输入计算机小键盘，或拨入算盘）中，在快输入（拨入）“45”时，拇指翻起第 1 页，食指和中指迅速夹住第 1 页，大脑按顺序默记 1 次。将第 2 页中的 317. 68 从左到右依次输入（拨入），在快输入（拨入）“68”时，拇指翻起第 2 页，食指和中指迅速夹住第 2 页，大脑按顺序默记 2 次……直至默记 19 次，最后一页不用记，运算到第 20 页，右手抄写答数，同时左手找下一题的起页，再进行下一题的运算。

② 一次翻两页打法。记页方法：边一次翻两页边采用一页一输入的方法，当输入到第 2 页的最后两个数码时，拇指迅速将已计算过的两页翻起，中指、食指同时弯缩跨过这两页，拇指移到下一页准备继续计算，同时在脑子里默记一次，重复以上动作，默记 9 次就输入了 18 页数据，最后两页不用记，输入完就可写出答数。

【例 3】

“1 ~ 20（五）”第 1 页、第 2 页、第 3 页上的数据同【例 2】。

翻打、记页解题步骤为：左手无名指和小指放在传票封面的中部偏左，用拇指翻起第 1 页，使第 1 页与第 2 页之间留有一定距离，让视线与上、下 2 张传票翻开的角度相适应，达到两行数字同时映入眼帘，右手将 70 281. 45 输入计算器（或输入计算机小键盘，或拨入算盘），再将 317. 68 输入，当输入到“68”时，左手拇指迅速将已计算过的两页翻起，中指、食指同时弯缩跨过这两页，交给无名指与中指夹住，大脑按顺序默记 1 次，拇指移到第 3 页准备继续翻页计算，重复以上动作，默记 9 次，运算到第 20 页，右手抄写答数，同时左手找下一题的起页，再进行下一题的运算。

③ 一次翻三页打法。翻打、记页方法是左手无名指和小指放在传票的封面中部偏左，中指放在起始页上，然后拇指翻起第 1 页，食指马上放在第 2 页上，拇指再翻起第 2 页，能看清第 1、2、3 页的数字。右手输入计算器（或输入计算机小键盘，或拨入算盘）的数据按一页一输入的方法，当第 3 页的最后两个数码即将输入计算器（或输入计算机小键盘，或拨入算盘）时，拇指迅速将已计算过的第 3 页翻起，中指、食指同时弯缩跨过这 3 页，交给无名指与中指夹住，大脑按顺序默记 1 次，拇指移到下一页准备继续翻页计算，重复以上动作，默记 6 次，最后剩两页输入完，就可写出答数。一次翻三页打法默记次数少，既快又准，建议采用此方法。

【例 4】

“1 ~ 20（五）”第 1 页、第 2 页、第 3 页上的数据同【例 2】。

翻打、记页解题步骤为：左手无名指和小指放在传票封面的中部偏左，中指放在起始页上，然后拇指翻起第 1 页，食指马上放在第 2 页上，拇指再翻起第 2 页，使眼睛能看清第 1、2、3 页的数字。右手将 70 281. 45 输入计算器（或输入计算机小键盘，或拨入算盘），再将 317. 68 输入，当输入第 3 页的数据 59. 36 到“36”时，拇指迅速将已计算过的第3页翻起，中指、食指同时弯缩跨过这3页，交给无名指与中指夹住，大脑按顺序默记1次，拇指移到下一页准备继续翻页计算，重复以上动作，默记6次，最后输入完第19、20页后，右手抄写答数，同时左手找下一题的起页，再进行下一题的运算。

（5）写数。采用盯显示屏或盯盘写数法写出答数。右手在写答数、清除显示屏中答数或清盘的同时，左手要找下一题的起始页。

传票运算的类型，除上面介绍的两种外，还有多种形式。例如发票算，为连加法，每本200张，正、反两面共印400页码，每页印一行数，每30页为一道题，命题时任意选定起止页码，如8～37、52～81等。还有百张传票算，即将每张传票的5行数字打出各行的合计数等。无论用哪一种形式进行运算，都少不了翻页、看数、计算、记页等几个环节。其中翻页、计算、记页是重点也是难点，必须刻苦练习，才能做到“眼准手稳、协调连贯、衔接紧凑、连续运算、计算迅速”。

[实训与达标10－1] 翻打百张单式传票实训

一、实训指导：翻打百张单式传票的练习方法

1. 用左手专门练习一次翻三页或一次翻两页的翻法。

2. 练习看数、记数。看数、记数一般应遵循分节看数、分节记数、分节输入的原则。其基本方法如下。

（1）看数时，应按分节号（或千分空）和小数点分段默读，看一小节数字，迅速反应在脑子里并记住，同时按相应的键（或拨相应珠）。当手指接触到这一小节的最后一个数字的键位（或算珠）时，眼睛马上去看下一小节的数字并记住，这样随看、随记、随按不间断地进行。开始时稍有停顿，熟练后，看数、记数和输入动作就会连贯起来。

（2）看数、记数时，不必记个、十、百等数位名和元、角、分等金额单位，只看数字、分节置数，切忌念出声音；不要将数字看颠倒、看漏、看夹行，数字中连续有几个相同数时，可连记几个数，如90 004.32，可记9、3个0、4.32。

（3）随着熟练程度的提高，分节看数、记数应由1节扩大到2节，逐步增大位数。待一目一行熟练后再练一目多行，以减少看数次数，把翻页与看数、记数结合起来练习，以加快计算速度。

（4）看数、记数的练习方法。

① 先做一些数的小卡片，并放在一起，随机抽一张，瞟一眼，再将看到的数写在纸上。以10个数为一组，看完写完后记下所用的时间，并检查自己的记数是否有差错。如有错误，分析出错的原因并改正。

② 以竖式加减法题为练习资料，由易而难、由准而快地进行练习。练习时，把计算题放在左前方，紧靠练习题的右边放一张白纸，右手握笔，瞟一眼，记下数字，随即把它默写在纸上。以10个题为一场来训练，记下每一场所用的时间，并逐行核对，以检查记数的速度和准确性。练习一段时间后，可以结合计算器、计算机或算盘上置

数、盯屏或盯盘写数来进行综合练习。

③ 采取看快速行驶的车辆牌号以及门牌号码、电话号码等办法来帮助练习，以养成看数、记数的好习惯。

3. 练习翻页、看数、记数、输入，争取做到边翻、边看、边记、边输入同时进行。

4. 按传票算比赛规则进行实际传票一次两页或三页的打法综合练习。

5. 计时练习是提高计算速度的有效方法；每做错一道题，反复打3遍，看答案是否错得一样。分析出错原因是提高正确率的有效途径。

二、翻打百张单式传票练习题

1. 用计算器（或计算机小键盘、算盘）翻打百张单式传票甲版或乙版，分别求出前10页、前20页、前30页、前40页、前50页、前60页、前70页、前80页、前90页、前100页的合计数，如表10－2所示。达标要求：做对甲版或乙版1～100页的合计数，5分钟以内为及格、4分钟以内为良好、3分钟以内为优秀。

表10－2　　翻打百张单式传票题（1）

序号	起止页码	甲版答数	乙版答数	序号	起止页码	甲版答数	乙版答数
1	1～10			31	67～96		
2	11～20			32	14～45		
3	21～30			33	49～78		
4	31～40			34	6～35		
5	41～50			35	38～67		
6	51～60			36	1～40		
7	61～70			37	41～80		
8	71～80			38	5～44		
9	81～90			39	45～84		
10	91～100			40	3～42		
11	1～20			41	43～82		
12	21～40			42	61～100		
13	41～60			43	13～52		
14	61～80			44	37～76		
15	81～100			45	57～96		
16	4～23			46	1～50		
17	24～43			47	51～100		
18	44～63			48	8～57		
19	64～83			49	18～67		

续　表

序号	起止页码	甲版答数	乙版答数	序号	起止页码	甲版答数	乙版答数
20	80～99			50	49～98		
21	8～27			51	1～60		
22	37～56			52	41～100		
23	42～61			53	14～73		
24	79～98			54	1～70		
25	65～84			55	31～100		
26	1～30			56	1～80		
27	31～60			57	21～100		
28	61～90			58	1～90		
29	7～36			59	11～100		
30	37～66			60	1～100		

2. 用计算器（或计算机小键盘、算盘）翻打单式传票，在 1～100 页中每折起任何 1 页不打，做一题，即将任意的 99 张传票进行连加，写一个答案，要做 202 道题，如表 10－3 所示。达标要求同上。

表 10－3　　翻打百张单式传票题（2）

序号和折页	甲版测试时间	答数	序号和折页	乙版测试时间	答数
1			1		
2			2		
3			3		
4			4		
5			5		
6			6		
7			7		
8			8		
9			9		
10			10		
11			11		
12			12		
13			13		
14			14		

续 表

序号和折页	甲版测试时间	答数	序号和折页	乙版测试时间	答数
15			15		
16			16		
17			17		
18			18		
19			19		
20			20		
21			21		
22			22		
23			23		
24			24		
25			25		
26			26		
27			27		
28			28		
29			29		
30			30		
31			31		
32			32		
33			33		
34			34		
35			35		
36			36		
37			37		
38			38		
39			39		
40			40		
41			41		
42			42		
43			43		
44			44		
45			45		

续 表

序号和折页	甲版测试时间	答数	序号和折页	乙版测试时间	答数
46			46		
47			47		
48			48		
49			49		
50			50		
51			51		
52			52		
53			53		
54			54		
55			55		
56			56		
57			57		
58			58		
59			59		
60			60		
61			61		
62			62		
63			63		
64			64		
65			65		
66			66		
67			67		
68			68		
69			69		
70			70		
71			71		
72			72		
73			73		
74			74		
75			75		
76			76		

续 表

序号和折页	甲版测试时间	答数	序号和折页	乙版测试时间	答数
77			77		
78			78		
79			79		
80			80		
81			81		
82			82		
83			83		
84			84		
85			85		
86			86		
87			87		
88			88		
89			89		
90			90		
91			91		
92			92		
93			93		
94			94		
95			95		
96			96		
97			97		
98			98		
99			99		
100			100		
1～100	合计		1～100	合计	

[实训与达标10－2] 翻打复式传票实训

一、实训指导

（1）记页练习。为了避免多打页或打错页，最好的方法是翻一次页记一次。在训练中，要采用分节看数法看运算的数据，不要默念，只凭数字的字形直接输入或拨珠，心里默记翻页次数，20页为一题的，用一次翻三页打法只需记6次，用一次翻两页打法只需记9次，如此反复练习，就会习惯记页。

(2) 练习翻页、看数、计算。先从相邻3页或2页第5行数字开始练习，因为第5行的数字容易看清；然后逐渐往上移，第4行、第3行、第2行、第1行，依次将数据输入计算器（或输入计算机，或拨入算盘）。

(3) 复式传票算比赛规则。

① 考生自带计算工具、笔。

② 由监考教师将复式传票发给每个学生，由学生整理清点传票，看传票是否有漏页、重页和错页，如有，须更换。

③ 正式开考前，监考人员发卷。待考生准备完毕后，监考人员发出“预备，开始!”口令，监考人员同时按下计时表计时，考生开始操作。每题答案必须写在试卷上。10分钟后，监考人员下达考试结束口令，考生停止操作，将考试传票、试卷放在各自桌面上，迅速离开考场。

(4) 传票算和账表算的错题与扣分标准。

① 答数必须书写清楚。凡字迹过于潦草，评分人员确实无法辨认的被判错题；一题有2个答案的被判错题。

② 更改答数必须画线更正，即将原答数用单线划去，重新写上新的答数。凡不按规定更正，任意涂改数字的被判错题。

③ 小数点和分节号（千分空）必须有明显区别。小数点左边起每隔3位数要写分节号（千分空），凡属小数点漏点或点错位置的被判错题。

④ 跳题者每跳一题，倒扣一题分数。

二、翻打复式传票算练习题

1. 自备百张复式传票，用一次翻三页或一次翻两页或一次翻一页的方法，从第1页开始，求每20页的第5行的合计数；再用同样方法求第4行、第3行、第2行、第1行的合计数，如表10－4所示。

表10－4　　**翻打复式传票算题（1）**

题序	起止页码	行数	答数	题序	起止页码	行数	答数
1	1～20	（五）		31	17～36	（四）	
2	21～40	（五）		32	9～28	（四）	
3	41～60	（五）		33	29～48	（四）	
4	61～80	（五）		34	36～55	（四）	
5	81～100	（五）		35	69～88	（四）	
6	1～20	（四）		36	56～75	（三）	
7	21～40	（四）		37	77～96	（三）	
8	41～60	（四）		38	74～93	（三）	

续 表

题序	起止页码	行数	答数	题序	起止页码	行数	答数
9	61～80	（四）		39	46～65	（三）	
10	81～100	（四）		40	67～86	（三）	
11	1～20	（三）		41	8～27	（二）	
12	21～40	（三）		42	13～32	（二）	
13	41～60	（三）		43	25～44	（二）	
14	61～80	（三）		44	43～62	（二）	
15	81～100	（三）		45	54～73	（二）	
16	1～20	（二）		46	65～84	（一）	
17	21～40	（二）		47	19～38	（一）	
18	41～60	（二）		48	47～66	（一）	
19	61～80	（二）		49	72～91	（一）	
20	81～100	（二）		50	63～82	（一）	
21	1～20	（一）		51	5～24	（四）	
22	21～40	（一）		52	14～33	（一）	
23	41～60	（一）		53	66～85	（二）	
24	61～80	（一）		54	79～98	（五）	
25	81～100	（一）		55	58～77	（三）	
26	10～29	（五）		56	32～51	（一）	
27	30～49	（五）		57	44～63	（四）	
28	50～69	（五）		58	36～55	（二）	
29	70～89	（五）		59	49～68	（三）	
30	79～98	（五）		60	53～72	（五）	

2. 计算表 10－5 中复式传票题的答数，采用限时不限量的方法，每天集中训练 30 分钟。达标要求：使用计算器或计算机小键盘进行运算，每 10 分钟做对 8 题为及格、9 题为良好、10 题为优秀；使用珠算运算，每 10 分钟做对 7 题为及格、8 题为良好、9 题以上为优秀。

表 10－5　　翻打复式传票算题（2）

题序	起止页码	行数	答数	题序	起止页码	行数	答数
1	1～20	（四）		31	13～32	（三）	
2	21～40	（二）		32	18～37	（四）	

续　表

题序	起止页码	行数	答数	题序	起止页码	行数	答数
3	41～60	（五）		33	24～43	（二）	
4	61～80	（一）		34	31～53	（一）	
5	81～100	（三）		35	38～57	（五）	
6	12～31	（二）		36	51～70	（二）	
7	34～53	（五）		37	62～81	（四）	
8	55～74	（三）		38	74～93	（一）	
9	9～28	（四）		39	44～63	（五）	
10	37～56	（一）		40	67～86	（三）	
11	46～65	（五）		41	8～27	（四）	
12	68～87	（二）		42	15～34	（一）	
13	6～25	（三）		43	26～45	（五）	
14	27～46	（一）		44	43～62	（二）	
15	49～68	（四）		45	54～73	（三）	
16	17～36	（三）		46	66～85	（一）	
17	29～48	（一）		47	19～38	（三）	
18	78～97	（五）		48	47～66	（五）	
19	52～71	（四）		49	76～95	（四）	
20	30～49	（二）		50	63～82	（二）	
21	25～44	（一）		51	7～26	（三）	
22	79～98	（二）		52	14～33	（一）	
23	58～77	（五）		53	27～46	（四）	
24	32～51	（四）		54	33～95	（二）	
25	23～42	（三）		55	35～54	（五）	
26	22～41	（五）		56	39～58	（五）	
27	16～35	（二）		57	11～30	（一）	
28	56～75	（三）		58	36～55	（四）	
29	28～47	（一）		59	48～67	（二）	
30	50～69	（四）		60	59～78	（三）	

第二节 账表算

账表算就是对各种账簿、表格的计算，也叫表册算。它是归类、分组、整理、汇总表的一种方法。在财务工作中，要经常计算账表，如资金平衡表、资产负债表和利润表等会计报表。在一张账表中，数据要进行纵横加总，要求纵横双方总额轧平。当然，现在大多数情况下可以用电子表格来处理，但有些场合还是需要财务人员用手工来计算。账表算是会计部门和金融部门日常工作中的重要业务之一，必须掌握好。

一、账表算的种类

账表算按形式的不同可分为竖式账表算、横式账表算；按计算内容的不同可分为单项目算、多项目算。账表算种类不同，打法上也有区别。现以计算器、计算机小键盘或珠算比赛用账表为例，说明账表算的方法。

二、账表算的规格及题型

1. 计算器和计算机小键盘比赛用账表算

每张表由横 10 栏、纵 10 列阿拉伯数码组成，纵向 10 个算题，横向 10 个算题，要求纵、横轧平，结出总计数。账表中各行数字最低 5 位，最高 9 位，纵向、横向每题 70 个字码，由 5、6、7、8、9 位各 2 个数组成；一般为金额单位，也有为整数的，不设减法，基本格式如表 10－6 所示。

表 10－6　　账表算（1）

行次	（一）	（二）	（三）	…	（十）	小计
一	2 805 714. 39	781. 35	491 250. 68	…	85 326. 49	
二	73 816. 05	4 297. 01	7 013 865. 24	…	2 691 403. 57	
三	398. 64	670 159. 28	657. 92	…	4 258. 36	
四	6 183. 90	3 208 517. 96	30 916. 85	…	385 017. 62	
…	…	…	…	…	…	
十	700 264. 12	26 479. 31	5 432. 06	…	726. 45	
小计						

账表算一般采用限时不限量的比赛办法，每场 15 分钟。每张表纵向、横向各 10 题，每题 5 分；小计 20 题，共 100 分。纵横轧平数正确，再加 10 分，全表共 110 分。该项要求按顺序算题，前表不打完，后表不计分。

2. 全国珠算比赛用账表算

全卷两张，每张表由横5栏、纵20列阿拉伯数码组成，纵向5道算题，横向20道算题，要求纵横轧平，结出总计数。账表中各行数字最低4位，最高8位，纵向每题120个字码，4~8位各4行组成；横向每题30个字码，由4、5、6、7、8位数各1行组成，均为整数，不带角分。每张表中有4个减号，纵向第4、5题中各有2个，横向分别在4个题中各有1个，不设倒减法，基本格式如表10－7所示。

表10－7　　账表算（2）

行次	（一）	（二）	（三）	（四）	（五）	小计
一	90 865 714	3 762 084	398 251	4 978	81 326	
二	23 816	4 296	7 013 865	－701 495	28 691 403	
三	4 372 598	370 159	83 401 657	59 684	4 257	
四	7 183	60 278 519	30 916	4 401 987	385 019	
…						
二十	638 295	26 478	5 431	61 083 729	5 049 726	
小计						

账表算一般采用限时不限量的比赛办法，比赛时间每场15分钟。全卷两张，每一张表纵向5题，每题14分；横向20题，每题4分。纵横轧平数正确，再加50分，全表共200分。要求按顺序算题，前表不打完，后表不计分；跳1题，倒扣1道正确题的分数。

3. 实际工作中的账表算

下面以会计报表填制为例说明会计报表的编制有其规律性，数据之间也相互关联。通过训练，要求学生掌握资产负债表、利润表部分数据的填制方法，并进一步巩固、增强计算能力。基本格式如表10－8所示。

表10－8　　利润表

项　目	2003年	2004年	2005年
一、主营业务收入	74 454 944	69 599 968	93 419 736
减：主营业务成本	18 342 630	16 996 936	20 697 476
减：主营业务税金及附加	3 528 211	2 882 190	4 574 361
二、主营业务利润			
加：其他业务利润	442 212	227 267	0
减：营业费用	17 671 828	16 467 402	23 447 544
减：管理费用	26 884 104	27 388 880	25 925 998
减：财务费用	7 088 224	5 345 317	7 715 119

续 表

项　目	2003 年	2004 年	2005 年
三、营业利润			
加：投资收益	-641 000	162 865	-3 813 979
加：补贴收入	0	460 000	0
加：营业外收入	80 632	102 648	3 030
减：营业外支出	2 486	411	691 314
四、利润总额			
减：所得税	213 295	421 776	1 542 895
五、净利润			

三、用计算器或计算机小键盘计算账表算

1. 账表的摆放位置

用计算器或计算机小键盘计算的账表，是一种横式多项目和竖式多项目相结合的综合表格。一般把账表（单页形式）放在计算器的下面稍左，左手一边点数，一边随着计算行数的下移，将账表往上推，即点题移卷运算，使计算的行数尽量与计算器距离接近。当账表左半部分的题计算完毕，马上调整账表右半部分与计算器的距离，尽量接近，以便看数、击键、写答案。

2. 账表算的计算要求

（1）使用加法计算。要求在规定的时间（一般为 10 分钟）完成横 10 行、竖 10 列的合计，以及纵横轧平，结出总计数。

（2）答案书写要规范。注意分节号（千分空）与小数点，漏掉应有的小数点时答案算错。

（3）熟悉计算器常用按键功能。例如，应熟记“M +”“MR”“MC”“AC”“C”“GT”等按键的功能。

（4）按要求调好计算器上的开关键。如果账表中的数据都是 2 位小数，则将计算器开关设定于“A”处，表示小数已自动设定为 2 位小数，免去小数点的输入，从而提高计算速度。如果是整数，就不用设定此开关。

3. 账表算的计算方法

（1）利用计算器的“ + ”“ = ”按键进行计算。此种方法是最基本的算法，只作为了解账表算的过程。其步骤如下。

① 纵向 10 道算题采用一目一行算法输入。每输入一个数按一次“ + ”号键，输入完这一道题的最后一个数，按“ = ”号键或“ + ”号键，显示屏上显示的数就是计算的结果。

② 横向 10 道算题采用一目一栏算法。方法与一目一行算法输入相同。

③ 纵横轧平运算。运算方法和纵算、横算方法一样，一般采用合计 10 道横向算题的答数，一次成功；再以合计纵向 10 道算题的答数进行核对。

为了提高计算速度，如果第1道能在规定的时间内打完，则在做完第10道横向题后不清除，紧接着连加第1、2…9道横向题的答案，得出总计数（即轧平数）。如无能力打完全张，则此总计数不要计算。在比赛中即使计算对了轧平数，也不评分。下面举几个简单的账表算来说明其运算过程。

【例5】　请用计算器或计算机小键盘求出账表算中纵向和横向的合计数，并纵横轧平求出总计数，如表10－9所示。

表10－9　账表算（3）

题号	①	②	③	④	合计
①	1.25	2.79	3.62	4.82	
②	2.16	3.92	4.56	6.35	
③	3.27	6.43	7.82	5.94	
④	5.03	8.17	2.35	9.78	
合计					

其运算步骤如下。

① 将计算器开关设定于“A”处，表示小数已自动设定为2位小数。如果是计算机小键盘就不用设定，每个数据必须输入小数点。

② 先做纵向4道题。

a. 按“125＋216＋327＋503＝”，显示屏上显示答案11.71，在账表纵向合计栏①中写上答案。

b. 按“279＋392＋643＋817＝”，显示屏上显示答案21.31，在账表纵向合计栏②中写上答案。

c. 按“362＋456＋782＋235＝”，显示屏上显示答案18.35，在账表纵向合计栏③中写上答案。

d. 按“482＋635＋594＋978＝”，显示屏上显示答案26.89，在账表纵向合计栏④中写上答案。

做完第4道题后答案不清除，紧接着连加纵向其他3道题的合计数得出总计数，即26.89＋11.71＋21.31＋18.35＝78.26。

③ 再做横向4道题。

a. 按“125＋279＋362＋482＝”，显示屏上显示答案12.48，在账表横向合计栏①中写上答案。

b. 按“216＋392＋456＋635＝”，显示屏上显示答案16.99，在账表横向合计栏②中写上答案。

c. 按“327＋643＋782＋594＝”，显示屏上显示答案23.46，在账表横向合计栏③中写上答案。

d. 按“503＋817＋235＋978＝”，显示屏上显示答案25.33，在账表横向合计栏④中写上答案。

④ 纵横轧平运算。

做完第4道横向题后答案不清除，紧接着连加横向其他3道题的合计数得出总计数，即25. 33 + 12. 48 + 16. 99 + 23. 46 = 78. 26。检查纵向和横向的答案是否相等，如果相等，说明纵横轧平；如果不等，则要检查错误，使其平衡，其计算结果如表10 - 10所示。

表10 - 10　　账表算（4）

题号	①	②	③	④	合计
①	1. 25	2. 79	3. 62	4. 82	12. 48
②	2. 16	3. 92	4. 56	6. 35	16. 99
③	3. 27	6. 43	7. 82	5. 94	23. 46
④	5. 03	8. 17	2. 35	9. 78	25. 33
合计	11. 71	21. 31	18. 35	26. 89	78. 26

（2）利用“M +”“MR”“MC”“C”“GT”“AC”等按键进行计算。此种方法可以减少求总和的运算，节省计算时间。其运算步骤如下。

① 将计算器总和记忆开关键设定在“GT”位置，即开启总和记忆键。

② 先计算纵向题之和。每算完纵向一列数字，按“M +”，将答案储存在计算器内。具体是先算第1列，当第1列计算完后，按“M +”储存，并在第1列的合计栏写上答案；再算第2列，当第2列计算完后，按“M +”储存，在第2列的合计栏写上答案，依次类推，把纵向所有题答案全部计算出来后，按“MR”就可得出所有纵向题答案的总计数，写在总计栏内；最后按“MC”键，清除储存在计算器里的全部数字。

③ 再计算横向题之和。每算完横向一行数字，按“ = ”，将答案储存在计算器内。具体是先算第1横行，当第1行计算完后，按“ = ”储存，并在第1横行的合计栏内写上答案；再算第2横行，当第2行计算完后，按“ = ”储存，在第2横行的合计栏写上答案，依次类推，把横向所有题答案全部计算出来后，按“GT”键就可得出所有横向题答案的总计数。

④ 纵横轧平运算。把横向题答案的总计数与纵向题的总计数核对，如果两个答案相同，表示纵横轧平。最后按“AC”键，清除储存在计算器里的全部数字。

【例6】　请求出纵向和横向的合计数，并纵横轧平求出总计数，如表10 - 11所示。

表10 - 11　　账表算（5）

题目	①	②	③	④	合计
①	81	62	53	74	270
②	32	36	45	39	152
③	93	69	17	48	227
④	65	78	24	56	223
合计	271	245	139	217	872

运算步骤如下。

① 将计算器总和记忆开关键设定在“GT”位置，即开启总和记忆键。

② 先计算纵向题之和。

a. 按“81 +32 +93 +65 M +”，得第 1 列合计数 271。

b. 按“62 +36 +69 +78 M +”，得第 2 列合计数 245。

c. 按“53 +45 +17 +24 M +”，得第 3 列合计数 139。

d. 按“74 +39 +48 +56 M +”，得第 4 列合计数 217。

③ 按“MR”，得出 4 列答案之总和“872”。按“MC”或“C”键清空储存在计算器内的全部数字，然后再计算每一行之和。

a. 按“81 +62 +53 +74 M +”，得第 1 行合计数 270。

b. 按“32 +36 +45 +39 M +”，得第 2 行合计数 152。

c. 按“93 +69 +17 +48 M +”，得第 3 行合计数 227。

d. 按“65 +78 +24 +56 M +”，得第 4 行合计数 223。

④ 纵横扎平运算。按“GT”键得出横向答案之总和“872”，与纵向答案之总和“872”相等，纵横扎平。按“AC”键，清除储存在计算器里的全部数字。

(3) 利用“M +”“MR”“AC”“GT”等按键进行计算。

此种方法可以减少求总和与第 1 行合计数两步运算。此种方法计算速度快，建议熟练掌握。

【例 7】　请求出纵向和横向的合计数，并纵横轧平求出总计数，如表 10 – 12 所示。

表 10 – 12　　**账表算（6）**

题目	①	②	③	④	合计
①	7.23	8.12	9.64	5.09	30.08
②	1.03	2.98	3.21	7.93	15.15
③	6.08	5.13	4.92	2.06	18.19
④	4.89	6.09	8.37	9.25	28.60
合计	19.23	22.32	26.14	24.33	92.02

运算步骤如下。

① 将计算器开关设定于“A”处，表示小数已自动设定为 2 位小数。将计算器总和记忆开关键设定在“GT”位置，即开启总和记忆键。

② 先计算纵向题之和，再计算横向题之和，最后纵横轧平求出总计数。

a. 按“723 M +　+103 +608 +489 =”，得第 1 列合计数 19.23。

b. 按“812 M +　+298 +513 +609 =”，得第 2 列合计数 22.32。

c. 按“964 M +　+321 +492 +837 =”，得第 3 列合计数 26.14。

d. 按“509 M +　+793 +206 +925 =”，得第 4 列合计数 24.33。

e. 按“GT”键得总和 92.02，按“MR”得第 1 行之和 30.08，再从第 2 行开始进行后面 3 行的计算。

f. 按“103 +298 +321 +793 M +”，得第 2 行合计数 15.15。

g. 按“608 +513 +492 +206 M +”，得第 3 行合计数 18.19。

h. 按“489 +609 +837 +925 M +”，得第 4 行合计数 28.60。

i. 按“MR”得总和 92.02，按“AC”键清空。

四、用珠算计算账表算

1. 账表的摆放位置

珠算比赛用账表是一种横式多项目和竖式多项目相结合的综合表格。它的摆放位置要针对所使用的算盘来确定。

使用大、中型算盘进行运算时，一般把账表（单页形式）放在算盘底下，左手一边点数，一边随着计算行数的下移将账表往上推，即点题移卷运算，这样使其计算的行数尽量与盘面距离接近，便于看数、拨珠、写答案。若算盘的长度不够放下账表时，必然会使账表在算盘下移动不便，加之比赛场上争分夺秒，根本没有时间折叠试卷，因而可能影响比赛速度。为了解决这一问题，有的选手对算盘进行了改装，如有的自制一个能够放下账表长度的小铁架，将算盘架起来；有的将算盘底部钉上一块稍长于账表的木板或塑料板，然后在板子上粘 3 只橡胶脚，使之略高于桌面，让试卷在算盘下畅通无阻。

使用小算盘的，可以采用上下移动压卷法，即把算盘放在账表的头行数字下边，露出上行。当快打完本行数字时，左手即把算盘挪向下行，右手继续打数，边打边向下移动。计算完最后一行数时，左手移开算盘，右手抄写答数。

2. 计算方法

（1）一目一栏法。纵向 5 道算题的计算，根据自己所掌握的加减算方法进行运算。如用一目一行或一目多行加减算法，还可以与穿梭运算法结合进行。

横向 20 道算题，一般采用一目一栏的传统打法或穿梭打法。

为了提高账表算的计算速度，可采用“一目数栏法”进行账表算的横向计算。所谓“一目数栏法”，是根据账表中横向数字的栏数，一次将两栏或三栏中的同位数心算相加减，把其和或差逐位拨入盘上对应档上的方法。

（2）一目两栏法。其方法是在对横向两栏数相加减时，用左手无名指和中指分别点在两栏数的相同位数上，对于相邻的两笔数中记住位数较少的一笔数，然后用心算将两个同位数相加减，将和逐位拨入盘上对应档上。当和数的最后两个数即将拨入盘时，手指又迅速移至横向题另两栏数，方法同上，最后单独加第 5 栏数。也可以根据横向题目的情况灵活组合，一般把位数较多的单独加减。

【例 8】设账表中某一行各栏数字为：

80 965 714 + 7 362 081 + 491 250 + 4 973 + 85 326 = 88 909 344

↑（无名指）　↑（中指）　↑（无名指）　↑（中指）

解题步骤如下。

① 第 1 栏 80 965 714 位数最多，可先从千万位档起拨加在算盘上。

② 对第 2、3 栏数字心算相加。用无名指和中指分别点在相邻两数的中心位置，在最高位百万位档上拨加 7，十万位档上拨加 7（3 + 4），十万位档上拨加 15（6 + 9），千位档上拨加 3（2 + 1），百位档拨加 2（0 + 2），十位档起拨加 13（8 + 5），个位档拨加 1（1 + 0），得前 3 栏的结果：88 819 045。

③ 对第 4、5 栏数字心算相加。用左手无名指和中指分别点在相邻两数的中心位置，引导将两数的同位数心算相加，把各位数的心算结果直接拨加到前 3 栏的小计数

上。在万位档上拨加8，千位档上拨加9（4+5），千位档起拨加12（9+3），十位档上拨加9（7+2），个位档上拨加9（3+6），得前5栏的结果：88 909 344。

（3）一目三栏法。其方法是在对横向3栏数相加减时，用左手无名指、中指和食指分别点在第1、2、3栏的相同位数上，一般点在千位数上，然后用心算将3个同位数相加减，并将其和逐位拨入盘上对应档上。当和数的最后2个数即将拨入盘时，手指又迅速移至横向题右2栏数的相同位数上，采用"一目两栏法"心算后2栏各位数的结果，并直接加到前3栏的结果上，从而计算出横向5栏数字的合计数。

【例9】设账表中某一行各栏数字为：

23 816 +2 497 +7 013 865 −407 951 +85 269 304 =91 901 531

↑ ↑ ↑ ↑ ↑

无名指 中指 食指 无名指 中指

解题步骤如下。

① 用"一目三栏法"求出前3栏的小计数。做法是用左手无名指、中指和食指分别点在相邻3个数的千位数上，引导将3个数的同位数心算相加，把各位数的心算结果直接拨加到前3栏的小计数上。在百万位档上拨加7；十万位档上是0，不用拨；万位档上拨加3（2+1），千位档上拨加8（3+2+3），千位档起拨加20（8+4+8），百位档起拨加16（1+9+6），十位档起拨加18（6+7+5），得前3栏的结果：7 040 178。

② 用"一目两栏法"计算后2栏的心算结果，并直接拨加减到前3栏的小计数上。做法是用左手无名指和中指分别点在第4栏和第5栏的千位上，在千万位档上拨加8，百万位档上拨加5，十万位档上拨减2（−4+2），万位档上拨加6（0+6），千位档上拨加2（−7+9），百位档上拨减6（−9+3），十位档上拨减5（−5+0），个位档上拨加3（−1+4），便得出这道横向账表题的计算结果：91 901 531。

账表算的"一目两栏法""一目三栏法"对于熟悉"一目多行"运算的人来说，心算是不成问题的，难点在于看数和对2笔数、3笔数的首位数判断上。只要多练习，定能见成效。

纵横轧平运算。运算方法和纵算、横算方法一样，一般采用合计5道纵向算题的答数的方法，一次成功；再以合计20道横向算题的答数的方法进行核对。

为了提高计算速度，如果第1表能在10分钟内打完，则在做完第5纵题后，不清盘，紧接着连加第1、2、3、4纵向题的答案，得出总计数（即轧平数）。如无能力打完全张，则此总计数不要计算。在比赛中，即使计算对了，也不评分。

[实训与达标10−3] 账表算实训

一、实训指导

（1）计算器、计算机或珠算比赛用账表中的数位比较多，最高为8位数，这对于初学者来说，确实有难度。为了让练习者尽快适应账表算的打法，可以先从数位少的题目开始练习，循序渐进，逐步过渡到适应计算器或珠算比赛用的账表算题型。

（2）数位少的账表算题型一般较少，可以把珠算等级鉴定练习题利用起来，在第5题的右边对应的每一行，写出横向15道算题的答案。这样既练习了珠算等级鉴定题型，又练习了账表算题型，而且通过纵横轧平，结出总计数来检查计算的准确率。

(3) 账表算需要反复练习，练习中根据自己的情况，确定适合的做法，如怎样心算，计算工具放置试卷何处，怎样折叠、移动试卷等。

(4) 账表算比赛规则如下。

①考生自带计算工具、笔。

②正式开考前，监考人员发卷，待考生准备完毕后，监考人员发出“预备——开始!”口令，监考人员同时按下计时表计时，考生开始操作。每题答案必须写在试卷上。10 分钟后，监考人员下达“时间到，五、四、三、二、一，停!”口令，考生停止操作，将考试卷放在各自桌面上，迅速离开考场。

③计算器计算传票算和账表算，一定要按顺序作答。书写答案要清楚、规范。

二、账表算练习题

运用计算器的“M +”“MR”等按键进行以下账表算的计算。将下面各表中每一纵列和每一横行分别汇总，再将其合计数加总写在右下角交叉处，两个答案应当完全一样。

1. 账表算练习题 (1)

表 10 – 13 为账表算全国珠算等级鉴定普通四级标准（限时：10 分钟）。

表 10 – 13 四级标准

序号	一	二	三	四	五	合计
一	418	324 056	731	23 076	276	
二	5 123	892	903 142	531	3 418	
三	159	7 135	865	809 476	509	
四	378	6 089	9 616	4 952	6 738	
五	698 704	247	75 038	138	720 951	
六	4 106	35 176	3 407	795	8 425	
七	2 087	560	169	26 042	36 041	
八	13 946	349	287	8 953	4 567	
九	5 821	82 067	45 398	604	129	
十	506	613 249	2 105	6 127	680 942	
十一	739	7 109	674	364 208	815	
十二	451 302	1 583	819	7 159	54 897	
十三	6 807	294	7 302	908	862	
十四	495	6 780	8 945	381	836	
十五	95 473	482	594 034	764	359	
合计						

2. 账表算练习题（2）

表 10－14 为账表算全国珠算等级鉴定普通三级标准（限时：10 分钟）。

表 10－14　三级标准

序号	一	二	三	四	五	合计
一	20 549	93 728	128 065	51 478	64 912	
二	974 601	807 142	816	9 063	607	
三	5 093	2 091	4 915	206 748	529 074	
四	49 561	384	724	35 916	607 548	
五	948	541 069	34 809	248	26 387	
六	6 539	81 427	528 091	248	26 374	
七	4 763 015	3 579	8 136	629	284	
八	269	14 562	50 247	2 730 158	390 145	
九	21 806	396	894 607	68 402	21 749	
十	6 189	304 782	365	8 419	3 594	
十一	843 105	8 015	14 293	175 304	25 046	
十二	37096	670	9 842	43 196	196	
十三	523 082	509 237	506 178	352 810	327 082	
十四	670	61 849	57 416	768	89 321	
十五	84 823	51 984	70 831	12 076	2 087	
合计						

3. 账表算练习题（3）

表 10－15 为账表算全国珠算等级鉴定普通二级标准（限时：10 分钟）。

表 10－15　二级标准

序号	一	二	三	四	五	合计
一	3 729	802 561	678 132	81 063	53 867	
二	160 895	3 072	1059 427	4 906 275	－2 416	
三	103 926	80 513	9 081	－1 728	615 208	
四	3 758	728 649	27 913	－31 246	－90 671	

续 表

序号	一	二	三	四	五	合计
五	29 137	24 375	3 807	460 395	1 025	
六	30 618	1 503	832 052	5 731	-170 542	
七	1 504 786	904 861	20 163	-206 948	6 834	
八	10 564	6 059 128	208 796	8 695 417	-264 783	
九	459 329	76 945	1 635	581 073	56 172	
十	10 478	4 236	539 027	1 947	867 094	
十一	432 097	186 542	61 204	-68 492	5 410 936	
十二	2 403 187	2 096	940 283	-275 309	-14 708	
十三	9 594	1 840 632	3 957	60 235	2 945 017	
十四	368 459	272 007	7 416 809	5 106	570 128	
十五	7 105	79 304	54 732	382 974	1 826	
合计						

4. 账表算练习题（4）

表 10-16 为全国珠算比赛用账表算，在 15 分钟内完成为合格。

表 10-16　珠算比赛用账表算

序号	（一）	（二）	（三）	（四）	（五）	小计
（一）	80 216	7 961 358	247 095	81 967 342	6 429	
（二）	29 064 813	5 472	2 879 026	-340 918	83 041	
（三）	5 987	532 701	16 843 904	26 891	4 509 863	
（四）	7 304 528	90 123 486	35 721	4 975	591 807	
（五）	341 079	27 198	3 548	7 458 321	-3 456 709	
（六）	98 073 241	64 392	170 459	8 459	67 580 231	
（七）	21 739	4 586	59 316 708	2 346 901	209 348	
（八）	3 351 768	106 942	2 379	59 021 476	15 847	
（九）	568 149	7 048 325	8 765 104	13 027	6 954	
（十）	5 048	3 702 958	37 169	561 087	97 642 801	

续　表

序号	（一）	（二）	（三）	（四）	（五）	小计
（十一）	5 479	18 237 904	8 750 234	28 713	5 089 312	
（十二）	87 213 690	45 312	6 734	6 780 285	-541 709	
（十三）	5 306 245	180 796	28 091	4 358	80 132 675	
（十四）	758 091	6 740	4 073 652	98 375 012	32 908	
（十五）	72 968	1 970 563	80 421 756	247 609	4 061	
（十六）	7 693	82 491 065	514 709	-5 607 481	12 346	
（十七）	21 869	346 719	3 208 795	5 670	87 091 425	
（十八）	135 097	5 683	18 246	94 312 087	6 790 412	
（十九）	90 731 245	4 357 708	6 984	41 537	479 085	
（二十）	9 621 807	14 079	29 318 405	743 802	5 623	
合计						

5. 账表算练习题（5）

表 10－17 为计算器比赛用账表算，在 15 分钟内完成为合格。

表 10－17　计算器比赛用账表算

序号	（一）	（二）	（三）	（四）	（五）	小计
（一）	4 852.16	79 603.58	1 470.95	819 603.42	2 408 574.29	
（二）	1 290 648.13	2 006 154.72	58 790.26	5 409.18	833.41	
（三）	359.87	5 327.01	168 439.04	268.91	45 098.63	
（四）	73 045.28	901 234.86	357.21	8 610 349.75	5 918.07	
（五）	3 410.79	271.98	6 470 935.48	74 583.21	34 567.09	
（六）	2 980 732.41	643.92	1 704.59	3 120 084.59	675 802.31	
（七）	706 217.39	7 083 145.86	593 167.08	23 469.01	2 093.48	
（八）	33 517.68	1 069.42	6 500 213.79	590 214.76	158.47	
（九）	305 681.49	70 483.25	87 651.04	130.27	1 052 869.54	
（十）	950.48	37 029.58	371.69	5 610.87	976 428.01	

续 表

序号	（六）	（七）	（八）	（九）	（十）	小计
（一）	7 810 054. 79	382 079. 54	182 379. 06	4 207. 613. 58	801 326. 75	
（二）	872 136. 90	67 502. 31	87 605. 34	267. 40	40 736. 52	
（三）	53 062. 45	4 006 297. 14	5 004 687. 13	983 750. 12	329. 08	
（四）	7 580. 91	250 869. 13	657 893. 12	19 705. 63	4 217. 56	
（五）	729. 68	253. 67	453. 12	2 476. 09	4 127 000. 61	
（六）	8 903 476. 93	9 012 567. 34	2 809 160. 35	824 910. 65	5 147. 09	
（七）	218. 69	69 802. 85	617 302. 84	56 074. 81	1 059 023. 46	
（八）	1 350. 97	3 417. 09	5 416. 08	3 467. 19	32 087. 95	
（九）	907 312. 45	1 807. 96	41 802. 93	356. 70	870 914. 25	
（十）	96 218. 07	380. 71	280. 92	5 000 126. 83	182. 46	
合计						

[实训与达标10－4] 资产负债表、利润表等填制实训

1. 计算资产负债表（见表10－18）

表10－18 资产负债表

资产项目	2003年	2004年	2005年
货币资金	32 039 384	18 718 276	5 993 620
短期投资	39 992 000	17 995 000	90 000 000
应收票据	8 000	5 000	0
应收账款	20 160 219	12 464 956	14 491 670
预付账款	9158 207	3 191 436	6 824 523
其他应收款	130 940 689	27 568 856	82 886 912
存货	15 884 342	5 929 084	32 505 339
流动资产合计			
长期股权投资	16 608 128	76 807 096	81 650 384
长期债权投资	9 999 991	29 999 992	34 000 012
固定资产	30 106 716	59 825 192	47 246 540
无形资产	12 809 545	8 229 000	5 071 012
长期待摊费用	92 164	64 800	72 900
资产总计			

续 表

资产项目	2003 年	2004 年	2005 年
短期借款	51 080 000	44 121 000	117 971 000
应付票据	18 340	0	0
应付账款	49 100 000	24 929 666	39 383 500
预收账款	24 324 174	29 040 196	31 584 474
应付工资	129 208	76 933	971 918
应付福利费	151 565	5 736 942	6 471 255
应付股利	20 021 581	7 661 447	14 260 190
应缴税金	10 408 289	51 005 664	46 584 848
其他应交款	237 991	4 616 024	4 751 072
其他应付款	24 608 324	53 907 808	20 520 367
流动负债合计			
长期借款	20 000	20 000	10 000 000
应付债券	0	0	30 000 000
长期应付款	80 000	80 000	0
长期负债合计			
负债合计			
股本	76 010 200	76 010 200	76 010 200
资本公积金	28 053 272	84 733 236	71 844 332
盈余公积金	6 876 873	21 694 836	21 694 836
未分配利润	3 679 607	－83 135 264	－91 305 080
股东权益合计			
负债和股东权益合计			

2. 计算利润表（见表 10－8）

第三节 票币计算

一、票币计算的概念

就是对不同面额、不同张数的票币组合，迅速计算出它们的合计金额。

二、票币计算题型

1. 票币计算竖版（见表10－19）

表10－19　　票币计算竖版表

序号	第1题		第2题		第3题		第4题		第5题		第6题	
券别	张数	金额(元)	张数	金额(元)	张数	金额(元)	张数	金额(元)	张数	金额(元)	张数	金额(元)
100元	98	9 800	14		36		25		29		52	
50元	53	2 650	24		97		37		19		53	
20元	92	1 840	59		46		62		37		19	
10元	97	970	52		67		78		25		76	
5元	12	60	98		14		92		32		37	
2元	28	56	85		65		51		65		47	
1元	24	24	68		54		26		23		92	
5角	68	34	47		62		42		12		74	
2角	23	4.60	65		14		86		45		87	
1角	58	5.80	34		58		74		78		96	
5分	24	1.20	68		94		68		62		214	
2分	17	0.34	64		67		120		56		352	
1分	64	0.64	25		94		35		78		426	
	答案	15 446.58	答案	5 072.83	答案		答案		答案		答案	

2. 票币计算横版（见表10－20）

表10－20　　票币计算横版表

序号	券别和张数													金额（元）
	100元	50元	20元	10元	5元	2元	1元	5角	2角	1角	5分	2分	1分	
1	98	53	92	97	12	28	24	68	23	58	24	17	64	15 446.58
2	24	24	59	52	98	85	68	47	65	34	68	64	25	5 072.83
3	36	97	46	67	14	65	54	62	14	58	94	67	94	10 340.58
4	52	54	49	26	17	71	92	74	87	96	14	52	26	9 525

三、票币计算的要点

1. 心算出券别金额。根据不同的券别金额张数心算出金额。心算方法如下：

（1）券别是5元、50元的，用张数除以2，分别乘以10、100。

【例8】　券别50元，53张，金额 $=53\div2\times100=26.5\times100=2650$；

券别5元，12张，金额 $=12\div2\times10=6\times10=60$。

（2）券别是2元、20元的，用张数乘以票面，或用张数加张数。

【例9】　券别20元，53张，金额 $=53\times20=1060$；

券别2元，26张，金额 $=26+26=52$。

（3）券别是1元、10元、100元的，用张数乘以票面。

【例10】　券别100元，53张，金额 $=53\times100=5300$。

2. 加到计算工具上。把心算好的券别金额加到计算工具上。

3. 边心算边加，直到运算完。不断重复1和2的步骤，直至运算完。

四、注意事项

1. 准备。题、笔、计算工具（计算器、计算机小键盘或算盘）清零。

2. 计算的题应放在计算工具下端，离工具越近越好，以利于看数。

3. 心算要准、快，键入数据或拨珠动作要简洁、利落、准确，数位要对准，切记不能串位。

4. 记数。分节号、小数点必须准确，不能漏写、写错，答案数字书写清楚。

[实训与达标10－5] 票币计算实训

1. 票币计算竖版（见表10－21）

表10－21　　票币计算竖版表

序号	1		2		3		4		5		6		7	
	券别	张数	券别	张数	券别	张数	券别	张数	券别	张数	券别	张数	券别	张数
	100元	38	100元	68	100元	96	100元	87	100元	25	100元	49	100元	89
	50元	27	50元	96	50元	37	50元	62	50元	34	50元	17	50元	37
	20元	15	20元	63	20元	32	20元	28	20元	72	20元	86	20元	26
	10元	24	10元	74	10元	78	10元	13	10元	35	10元	54	10元	38
	5元	66	5元	87	5元	69	5元	68	5元	28	5元	97	5元	23
	2元	34	2元	45	2元	85	2元	26	2元	67	2元	74	2元	52
	1元	15	1元	32	1元	59	1元	43	1元	23	1元	49	1元	75
	5角	28	5角	21	5角	64	5角	87	5角	69	5角	75	5角	31
	2角	67	2角	78	2角	19	2角	28	2角	91	2角	68	2角	45

续 表

序号	1		2		3		4		5		6		7	
	1 角	49	1 角	12	1 角	38	1 角	19	1 角	58	1 角	83	1 角	34
	5 分	84	5 分	76	5 分	64	5 分	18	5 分	72	5 分	69	5 分	21
	2 分	38	2 分	46	2 分	97	2 分	47	2 分	38	2 分	54	2 分	47
	1 分	51	1 分	37	1 分	59	1 分	27	1 分	53	1 分	99	1 分	24
	答案		答案		答案		答案		答案		答案		答案	

2. 票币计算横版（见表 10 – 22）

表 10 – 22　　票币计算横版表

序号	券别和张数													金额（元）
	100 元	50 元	20 元	10 元	5 元	2 元	1 元	5 角	2 角	1 角	5 分	2 分	1 分	
1	86	41	97	24	72	47	53	82	65	27	31	45	78	
2	52	34	69	12	98	85	68	47	65	34	36	21	65	
3	67	91	21	57	14	65	54	62	15	63	49	57	24	
4	48	26	38	21	57	61	92	74	37	96	14	68	53	
5	34	98	68	85	29	25	14	35	67	52	78	69	24	
6	12	78	90	23	61	48	27	31	34	32	65	80	37	
7	78	46	37	53	56	39	43	61	41	74	32	32	48	
8	45	23	89	34	78	76	18	72	73	65	47	69	61	
9	56	69	13	78	91	63	32	93	65	58	89	21	97	
10	78	17	19	29	36	23	51	58	39	82	37	95	66	